옴니 채널 시대의
럭셔리 브랜드 성공 전략

럭셔리
리테일
매니지먼트

옴니 채널 시대의 럭셔리 브랜드 성공 전략

럭셔리 리테일 매니지먼트

미셸 슈발리에 · 미셸 구사츠 지음
서재희 감수 | 예미 편집부 옮김

예미

감수자의 글

하이엔드 라이프스타일 매거진의 디렉터를 거쳐 브랜드 컨설팅을 하고 있다. 트렌드에 정통하고 신상품 리스트 목록을 줄줄 외면서 브랜드 담당자와 시도 때도 없이 연락하고, 여러 브랜드 CEO와 인터뷰를 진행하며 기업과 경영자의 전략을 들었다. 자연스럽게 산업의 흐름과 시야를 확장시킬 수 있었다. 그러나 실제적 경영이 이뤄지는 구조적인 디테일까지는 보이지 않았다. '전문가라 사업을 하면 잘 할 것'이라는 소리를 들으며, 결국 직접 사업도 벌였다. 이 경험은 결과와 상관없이 경영자의 역할을 엿본 것만으로 감사하다. 이후 학교에서 럭셔리 산업에 대해 가르치면서, 이에 대해 직접적이고 구체적으로 정리한 학습서가 있으면 좋겠다고 생각했다. 그렇게 찾은 책이 《럭셔리 리테일 매니지먼트》이다.

럭셔리 경영을 가르치는 곳은 전 세계적으로 많지 않다. 미국에는 거의 없고, 프랑스의 HEC, ESSEC, INSEAD 와 같은 몇몇 그랑제꼴의 과정이 전부이다. "럭셔리 브랜드는 명확한 아이덴티티를 갖추어야 하고, 이를 위해서는 매력적인 브랜드 스토리가 있어야 한다." 럭셔리 마케팅 전문가 장 노엘 카페레 교수가 말하는 럭셔리의 조건처럼, 이 산업은 역사적, 문화적인 배경을 바탕으로 오랜 시간을 거쳐 그들만의 이야기를 켜켜이 쌓는 것이 중요하다. 따라서 유럽에 비해 상대적으로 역사가 짧은 미국에서는 이를 애써 세분화하지 않는 것 같다. 그래서 몇 해 전 이화여자대학교 경영전문대학원에서 아트 & 럭셔리 전공을 신설한 것은 굉장한 모험이자 도전이라고 생각했다. 한국에서 럭셔리를 배운다? 그러나 지난해 딜로이트에서 발행한 리포트에 따르면 한국의 럭셔리 마켓 규모는 미국, 중국, 일본, 프랑스, 영국, 이탈리아에 이어 세계 7위의 규모다. 8위의 독일과 10위의 홍콩보다 높다. 2015년부터 2020년까지 국내 GDP 성장률이 3%를 상회하는 것에 반해 럭셔리 마켓의 성장률은 이에 1% 더 웃도는 연평균 4%대를 지속하며, 2020년 기준 약 15조 원 규모의 시장을 보유하고 있다. 지난 2021년 까르띠에, 반클리프 앤 아펠, 피아제 등 럭셔리 워치 & 주얼리 브랜드를 소유한 리치몬트 코리아와 루이비통, 디올, 셀린느 등 럭셔리 패션 하우스를 대거 포함한 LVMH는 펜더믹이라는 상황 속에서도 20% 이상의 국내 영업이익 성장률을 기록했다. 더불어 오픈 런과 같은 기이한 현상까지 벌어지고 있다. 상황이 이렇다 보니 학교에서 럭셔리 산업을 심도 있게 알아가고자 하는 것은 당연한 선택이 아니었을까 싶다.

일반적인 수요공급 곡선에서 가격이 높아지면 소비 심리가 위축되고 수요량은 줄어야 한다. 그런데 럭셔리 시장은 어떠한가? 재화의 가격 상승에도 수요가 증가한다. 사치재라는 재화의 특성상 가격이 높아져도 수요가 줄지 않는 베블런 효과Veblen effect가 적용되는 이 산업을 매스 마켓 같은 시선으로 바라보는 것이 과연 옳을까에 대한 고민을 하지 않을 수 없다. 그리고 이를 보다 정확하게 알기 위해선 기업의 구조와 경영에 대한 맥락을 학습하고 이 분야의 특수성과 섬세함을 인지하는 것은 더욱 중요할 것이다.

럭셔리 브랜드 매니지먼트와 리테일 전문가이자 HEC 초빙교수인 미셸 슈발리에와 미셸 구사츠는 이 책을 통해 럭셔리 리테일을 이해하는데 필요한 기본적이고 필수적인 요소들을 다뤘다. 매장의 종류, 품목에 따른 매장의 운영 방식, 고객 경험, 매장 입지 선정 등 제품이 최종 소비자에게 닿는 일련의 과정들을 설명하고 있으며, 디지털 시대에 럭셔리 산업이 가야 할 방향에 대해서도 이야기한다. 물론 중간중간에 경험적 인사이트도 더했다. 개인적으로 럭셔리 전문가라고 하면 주변에서 많이 묻는 질문 중 하나가 "왜 비싸죠? 브랜드 값인가요?"인데, 독자가 이 책에서 그 답을 찾아보기를 권한다. 이 책은 럭셔리 산업에 관심 있는 사람들 뿐만 아니라 유통에 관심있는 사람 모두에게 유용한 책이라고 생각한다. 어려운 경제 상황에서 더 잘 팔리고 있는 럭셔리 산업의 핵심을 이해한다면 당신은 분명 어떠한 상황에서도 당신의 기업을 성공시킬 통찰력을 얻게 될 것이다.

서재희

(브랜드 컨설턴트, 이화여자대학교 경영전문대학교 겸임교수)

개정판을 낸 이유는?

우리가 2010년과 2011년에 출판한 《럭셔리 리테일 매니지먼트Luxury Retail Management》의 영문판이 2012년 1월에 나왔다. 그로부터 7년 사이에, 우리는 럭셔리 브랜드 업계가 많은 변화를 겪었다는 사실을 알게 되었다. 실제로 이를 가까이에서 관찰했고 럭셔리 브랜드 업계에 몸을 담아 본 경험자로서 그러한 변화를 감지할 수 있었고, 이러한 변화를 반영한 개정판을 내야 한다고 생각했다. 기존의 원고를 다시 검토해 보니, 2012년 판에서 예상했던 많은 것들이 (특히 인터넷과 중국 관련 부분) 실제로 현실이 되었다. 그러나 다양한 나라의 럭셔리 유통업계의 모든 전문가가 읽어야 할 참고도서라는 평가를 유지하려면 책을 전체적으로 수정해야 한다고 생각했다. 그래서 이번에는 새로운 럭셔리 비즈니스 모델인 '옴니 채널omnichannel' 중심으로 내용을 재구성하기로 했다. 옴니 채널은 럭셔리 브랜드의 홍보와 유통 채널, 그리고 조직 체계에서 고객을 먼저 생각한다. 정말 그럴까? 그래야 할까?

이 책에서 읽게 될 내용이지만, 이는 앞으로 5년 동안 럭셔리 브랜드 업계의 중요한 과제가 될 것이다. 고객을 중심에 두고 고객을 위한 조직 체계와 정보 시스템을 구축하는 것이 중요해질 것이라는 뜻이다. 그러므로 고객을 출발점으로 삼아야 한다. 이를 위해서는 최근에 일어난 커다란 변화를 정확히 이해해야 한다.

빨라지는 변화: 달라진 고객

베인앤컴퍼니Bain & Co의 럭셔리 산업에 관한 2017년 보고서는 럭셔리 산업의 모든 핵심 트렌드는 밀레니얼 세대, 즉 1980년과 2000년 사이에 태어난 Y세대의 부상과 관련이 있다는 내용을 다루었다. 이들이 끼치는 영향은 크게 두 가지로 설명할 수 있다.

- Y세대는 현재 럭셔리 제품 소비자의 38%를 차지하며, 매출기준으로 보면 럭셔리 비즈니스 시장의 30%의 비중을 차지한다.
- 2017년 럭셔리 시장 성장의 85%가 Y세대에 의해 창출된 것이다.

따라서 Y세대의 기호, 행동, 기대치가 럭셔리 시장을 만들어가고, 다른 세대에 영향을 끼치고 있는데, 이들의 행동에는 본질적으로 중요한 세 가지 특징이 있다.

- 경험 추구: Y세대 소비자는 단순히 제품을 소비하는 것이 아니라 경험을 추구한다. 삶에 의미를 부여하는 것이 중요한 목표이다. 이들은 이런 의미를 반영하는 브랜드를 찾는다. 다시 말해, 이들은 열정이 있으며, 그 열정을 투영할 대상으로 브랜드와 관계를 맺는 것이다.
- 관여도: 이러한 성향의 Y세대 소비자는 자신들이 선호하는 브랜드를 위한 개

인 홍보대사의 역할을 할 가능성이 높다. 이들은 브랜드를 소비하는 것이 아니라, 브랜드의 '스토리를 경험하고' 이를 인터넷 등을 통해 공유하고 싶어한다.

• 정체성 확인: Y세대 소비자는 자신의 스타일을 통해 정체성을 확인하는데, 이때 럭셔리 브랜드는 자기표현을 위한 하나의 수단이다.

따라서 고객이 브랜드 스토리를 경험하는 장소로 오프라인 매장과 온라인 매장을 동시에 활용하도록 하는 것이 브랜드 매니지먼트의 핵심으로 여겨질 수 있다. 이때 기업은 고객의 일상적 경험(열정, 커뮤니티, 개인적 스타일)이 브랜드 경험(서비스, 구매, 가치, 브랜드 중심의 커뮤니티)으로 이어질 수 있도록 해야 한다.

이러한 이유로 베인앤컴퍼니의 럭셔리 산업 연구 보고서에서는 럭셔리 브랜드 경영자들에게 고객에 대해 '집착obsession'하고, 밀레니얼 세대의 감성에 흠뻑 빠져들라고 강력히 제안하며, 그들이 과제로 다루어야 할 6가지 사항을 제시했다.

1. 영감을 떠오르게 하는 대화와 경험을 통해 브랜드의 역사를 생생하게 만들어야 한다.
2. 고객과 개인 맞춤형 관계를 형성해야 한다.
3. 유통의 전체적인 관점에서 옴니 채널 고객의 이동 경로를 다시 검토해야 한다.
4. 고객의 열망을 파악해 그들에게 의미가 있는 것을 만들어야 한다. 반대로 말하면, 고객, 특히 밀레니얼 세대의 기대에서 벗어난 브랜드는 시대에 뒤떨어질 것이라는 의미다.
5. 고객의 일상생활 전반에 걸친 제품, 서비스, 메시지 등의 개인화가 필요하다.

6. 이러한 목표를 모두 달성하기 위해 인재양성과 기술향상에 투자해야 하며, 제품 마케팅 접근을 지속해야 한다.

요컨대 럭셔리 브랜드는 지난 20년 동안 새로운 매장을 계속 오픈하면서 (매장을 오픈하기 위해 상당한 투자가 필요하지만, 매출 증가로 이어진다) 성장해왔지만, 이제는 비즈니스 모델 변경, 마케팅 및 고객과의 관계 재설정이라는 도전에 직면했다. 이는 매년 홍보와 프로모션 비용을 증가시켜 결과적으로 손익계산서에 부담을 줄 것이다. 그러므로 지금은 럭셔리 브랜드가 자신을 재창조해야만 하는 역사적 전환점인 것이다. 베인앤컴퍼니의 2017년 연구보고서의 수치는 이런 관점에서 혼란을 야기한다. 럭셔리 브랜드가 대중화된 1994년~2007년과 럭셔리 브랜드가 중국 시장에서 폭발적인 인기를 끈 2010년~2014년처럼 럭셔리 비즈니스가 잘나가던 시절에는 전체 브랜드의 85~95%가 흑자를 기록했다. 그러나 2016년 이후에는 흑자를 기록한 브랜드는 전체의 65%에 불과하다. 그리고 이 중 35%의 브랜드만이 수익성이 향상됐다. 뉴노멀 시대라 할 수 있는 현재, 이들 사이에서 또 다른 승자와 패자가 만들어지고 있는 것이다. 그러므로 필자들은 이 책이 미래의 럭셔리 브랜드들이 직면해야 하는 새로운 도전을 이해하는데 기여하기 바란다.

| 사례 연구: 대표적인 예: '지금 보고, 바로 산다.'

2016년 2월 4일 버버리Burberry는 패션계에 혁명을 일으키겠다고 선언했다. 2016년 9월부터 남성복과 여성복으로 나누어 일 년에 4번씩

진행하던 패션쇼를 2번으로 줄이고 남성복과 여성복을 함께 선보이는 동시에, 패션쇼가 열린 후 5~6개월이 지난 후에야 매장에서 신제품을 소개하던 그때까지의 관행을 깨고, 패션쇼가 열리는 기간에 제품을 매장에 바로 선보이고 판매하기 시작했다. 버버리의 혁신적인 변화에 자극을 받은 타미 힐피거Tommy Hilfiger, 톰 포드Tom Ford, 레베카 밍코프Rebecca Minkoff, 베트멍Vêtements, 멀버리Mulberry 같은 브랜드들도 버버리의 방식을 따르기로 했다. 물론 2017년 2월 24일, 프랑스 오뜨꾸뛰르 & 레디투웨어 디자이너 협회French Federation of Ready-to-Wear Dressmakers and Fasshion Designers의 랄프 톨레다노Ralph Toledano 회장이 기존의 패션쇼 스케줄을 변경하지 않겠다고 선언하자, 구찌Gucci와 케어링Kering의 모든 브랜드는 이를 따랐다. 다시 버버리로 돌아가면, 당시 버버리의 CEO이자 크리에이티브 디렉터였던 크리스토퍼 베일리Christopher Bailey는 이러한 결정이 고객들에게 좀 더 가까이 다가가고자 하는 의도라고 설명했다. 왜 패션쇼의 제품을 패션쇼 후 바로 즉시 매장에서 구입할 수 없는지, 패션은 남반구와 북반구, 그리고 전 세계적으로 유통되는데 왜 봄/여름, 가을/겨울 컬렉션으로 나뉘어야 하는지 이해할 수 없었고, 결국 공급과 생산 과정을 최적화해야 한다고 생각한 것이다.

"이 문제를 세밀하게 분석해보면, 결국 공급망의 변화를 선언한 것입니다. 중대한 변화죠."(아메드와 아브넷Imran Amed and Kate Abnett의 2016년 인터뷰 기사 중에서)

그는 특히 버버리의 실적이 부진했던 시기에 위와 같은 결정으로 비용을 절감할 수 있었다고 말했다. (2015년 1~6월 사이의 기간에 매출과 수익은 안정적이었지만, 라이선스 수입은 13%나 감소했다.)

그러나 문제는 다른 곳에서 기다리고 있었다. 럭셔리 분야의 화려한 컴백과, 프랑스와 이탈리아가 연합한 진영과, 영국과 미국이 손을 잡은 진영으로 나뉘어진 대립이 그것이다.

미국 패션디자이너 협회CFDA의 다이앤 본 퍼스텐버그Diane Von Furstenberg 회장이 "디자이너와 소매업자 등 몇몇 사람들이 패션쇼에 불만을 갖고 있습니다. SNS 때문에 무언가가 제대로 작동하지 않고 사람들은 헤매고 있죠." 라고 말했다. 그녀는 패션계의 많은 사람이 '지금 보고, 바로 산다' 패션위크'See Now, Buy Now' Fashion Week에서 가능성을 보고 있다고 밝혔다. 이는 SNS와 소비자들의 강력한 요구에 의한 것이었다는 점에서 중요하다. 예를 들어, 타미 힐피거의 최근 패션쇼는 '인스타그래머들'을 위한 공간을 별도로 마련해 최적의 조건에서 패션쇼 현장을 촬영해 인스타그램 '라이브' 스냅샷에 포스팅할 수 있도록 했고, 과거에는 패션관계자 또는 VIP 고객에게만 특별하게 공개되던 뉴욕 컬렉션은 일반인에게 입장료를 받고 개방하고 있다. 뉴욕 컬렉션이 민주적인 행사가 된 것이다. 파리와 밀라노에서 패션쇼를 하는 럭셔리 브랜드들의 반응은 즉각적이었다. 제품의 희소성을 재차 강조하며, '창의적으로 만들어졌다'는 브랜드 이미지를 만들었다. 따라서 상대적으로 미국 브랜드들은 '마케팅이 이끄는' 브랜드라는 이미지를 갖게 된다. 이후 럭셔리 브랜드들은 '접근 가능한 럭셔리accessible luxury'로 표현되는 미국 브랜드 그리고 버버리와는 확실히 다른 차별화를 추구했다. 이로써 우리는 럭셔리 산업 안에서 브랜드들이 전반적으로 리포지셔닝 되는 것을 직접 보게 된 셈이다.

그렇다고 프랑스와 이탈리아 럭셔리 브랜드들이 변화를 거부하는 경직된 입장을 고수하는 것은 아니었다. 프라다는 패션쇼에서 선보인 제품 중 두 종류의 핸드백을 매장에서 즉시 구입할 수 있도록 했다. 또 칼 라거펠트는 샤넬의 구성이 이전에 생각했던 것보다 훨씬 더 스마트해졌다며 아래와 같이 말했다.

"샤넬은 1년에 6차례(매 2개월마다 봄/여름, 리조트, 공방, 2번의 오뜨꾸뛰르, 가을/겨울)의 컬렉션을 만듭니다. 저는 컬렉션을 하나 더 만들었는데, 언론이나 다른 누구에게도 공개하지 않는 '캡슐capsule' 컬렉션입니다. 매장에 카탈로그가 배포되면 그때 알려집니다. 다른 것도 한번 시도해 보고 싶은데, 아직 말씀드리기엔 이르지만 온라인 특별 컬렉션입니다. 15종류의 제품을 온라인 사이트에 선보이면 고객이 보고, 고객이 제품을 보고 주문을 하면 즉시 받아볼 수 있는 거죠."

'지금 보고, 바로 산다'보다 좀 더 발전된 아이디어였다.

럭셔리의 정의

럭셔리에 대해 이야기하려면 개념부터 정의해야 한다. 많은 전문가가 럭셔리란 과연 무엇인가를 놓고 논쟁을 벌이지만 아직 합의에 이르지 못했다.

우선은 럭셔리 브랜드와 패션 브랜드를 구분해야 한다. 패션이나 액세서리 분야에서 '패션' 브랜드가 일정 시간 동안 브랜드 아이덴티티와 제품 퀄리티를 유지할 때 비로소 '럭셔리' 브랜드가 된다. 패션 브랜드가 럭셔리 브랜드가 되려면 창의적이어야 하고 시즌마다 새로운 아이디어와 콘셉트를 담은 새로운 제품을 출시해 고객의 관심을 불러일으켜야 한다. 세월이 흘러도 지속해서 판매되는 타임리스 클래식 모델을 만들어 내고 세월이 흘러도 꾸준히 베스트셀러가 될 수 있다면 '패션' 브랜드에서 '럭셔리' 브랜드로 지위가 바뀌는 것이다. 물론 패션 브랜드와 럭셔리 브랜드를 구분하기 위해 이러한 기준을 적용한다고 해도, 샤넬이나 디올처럼 럭셔리 지위를 얻은 패션 브랜드마저 시즌마다 새로운 제품을 새로운 방식으로 선보이며 고객의 관심을 유도하기 위해 노력을 해야 하니, 이러한 기준만으로 패션 브랜드와 럭셔리 브랜드를 구분하는 것은 오해의 소지가 있다.

럭셔리의 정의를 내리는 것이 왜 이렇게 어려울까?

럭셔리의 개념은 세월이 흐르면서 바뀌었다. 중세 시대 사람들은 이를 불필요한 것으로 여겼다. 럭셔리 제품은 기능이 같다고 해도 일반 상품보다 복잡했다. 이들 중에 역사적으로 가장 주목할 만한 실제 사례가 크리스토플 Christofle이다. 크리스토플은 19세기 초 귀족들이 사용하던 순은 제품을 은도금 제품들로 대체하면서 부르주아와 프롤레타리아 계급의 중간층인 쁘띠 브루주아도 구입할 수 있게 했다. 19세기까지 럭셔리 제품은 상류층만이 사용했고, 상류층과 대중을 구분하는 하나의 수단이었던 것을 고려하면 이는 꽤 파격적인 변화인 셈이다.

오늘날 '럭셔리'라는 단어는 상대적으로 덜 부정적인 어감을 가진다. 더 이상 불필요한 것도 아니고 소수의 상류층만이 사용하는 것도 아니다. 브랜드 콘셉트라는 개념이 등장해 이제 럭셔리 아이템이라는 말은 신뢰할 만하며, 높이 평가되는 브랜드 제품을 의미하는 말이 되었다. 특히 브랜드의 시그니처라는 단어가 도입되면서 '모든 사람을 위한 것이 아닌 특별한 소수만을 위한 것'이라는 콘셉트는 뒤로 밀리고 제품의 품질로 초점이 옮겨갔다.

럭셔리 개념이 좀 더 긍정적으로 변화하는 데에는 또 다른 요소가 기여했을 수도 있다. 누구나 누릴 수 있는 럭셔리를 의미하는 '접근 가능한 럭셔리'의 등장이다. 이에 소비자는 '럭셔리 제품' 하면 강력한 매력을 지닌 브랜드가 내놓은 섬세하고 품질이 뛰어난 고가의 제품을 떠올리게 되었다.

럭셔리에 접근하는 다양한 방법

럭셔리의 정의를 내리는 또 다른 관점은 다양한 사람들이 제품들을 구분할 때 사용하는 기준을 살펴보는 것이다.

- 인식의 관점: 소비자들이 어떤 것이 럭셔리 제품이고 어떤 것이 럭셔리 제품이 아닌지 결정한다. 오늘날 소비자들은 '럭셔리'라고 하면, 미국 사회학자 소스타인 베블런이 사용했던 표현인 '과시적 소비Conspicuous Consumption'라고 말하지 않고 고급스러운 분위기에서 제공되는 품격 높은 서비스라고 말할 것이다.

- 제조의 관점: 제조사가 자사의 제품을 럭셔리 제품군에 포함할지 말지를 결정한다. 이에 따라 제조사는 럭셔리 아이템이 세심한 장인의 기술로 탄생해서 고급스러운 분위기에서 판매되고 독창적인 방식으로 홍보되며, 브랜드와 브랜드의 가치에 중점을 두도록 한다. 하지만 제조사와 소비자들이 반드시 서로 동의하는 것은 아니다. 예를 들어, 휴고 보스Hugo Boss의 경영진은 자사의 브랜드를 상대적으로 고급스러운 분위기에서 판매되는 고품격의 제품과 연결 짓기 위해 큰 노력을 기울인다. 도시마다 가장 좋은 위치에 익스클루시브 스토어 네트워크를 구축하기 위해 노력하고, 매장마다 새로운 모델을 끊임없이 내놓는데, 이는 자라Zara와는 다른 방식이다. 휴고 보스의 운영방식은

럭셔리 산업의 방식과 유사하다.

- 사회적 행동과 개인적 행동의 관점: 사회학자들은 럭셔리 제품을 사용자들이 대중과 자신을 차별화하는 수단이라고 말한다. 소비자는 쾌락주의자들의 표현을 빌어 이미 가지고 있거나 앞으로 구입할 예정인 럭셔리 제품의 정교함을 생각하며, 어느 특정 아이템을 소유한다는 것이 어떻게 개인적인 만족과 진정한 기쁨을 주는지 이야기할 것이다.

이처럼 럭셔리는 다양한 방식으로 정의할 수 있지만 한 가지 공통점이 있다. 브랜드 그 자체와 브랜드의 가치다. 제품마다 고유의 기술적, 미적 특성이 있지만, 브랜드 이름도 붙어 있다. 그리고 이러한 개성이 하모니를 이룬 브랜드 아이덴티티는 부가가치를 창출할 수 있도록 일관성 있게 유지 되어야 한다.

럭셔리를 정의하는 가치 체계

럭셔리를 정의하기 위한 또 다른 접근법은 럭셔리 아이템이 지녀야 하는 다양한 특성을 확인하는 것이다.

- 배타성은 럭셔리 콘셉트의 기본이 된다. 희소성이 있고 쉽게 얻을 수 없어야 한다. 물론 럭셔리 제품도 접근 가능해야 하지만, 고객이 제품을 사용하면서 특별하다고 느끼고, 다른 제품이나 브랜드와 어떻게 다른지 구별할 수 있는, 뚜렷하게 차별되는 정교함과 취향을 반영하고 있다는 인상을 주어야 한다.
- 품질은 럭셔리 브랜드의 명확한 특징이다. 일반 상품보다 훨씬 아름다워야 한다. 품질 보증은 보다 더 명확하게 규정되어야 하고, 보증의 범위가 넓어야 한다. 패키징은 우아하고 가격은 비슷한 품질의 대량 생산 제품보다 어떤 경우라도 더 비싸야 한다.

- 일종의 쾌락주의적인 속성도 있다. 럭셔리 제품은 소유하는 기쁨이자 사용하는 기쁨 그 자체이며, 제품을 가진 사람이 지극히 개인적인 만족감을 느껴야 한다.
- 브랜드 이미지는 의심할 여지없이 화룡점정이다. 유명하되 독특하고 차별성이 있어야 하며, 모두가 알아볼 수 있는 특색을 띠어야 한다.

궁극적으로 럭셔리는 지위의 문제로 귀결된다. 럭셔리 업계 종사자들은 그들의 진정한 업무가 고객에게 그들이 특별한 사람이라는 점을 느끼게 해주는 것임을 잊어서는 안 된다.

요약하자면, 럭셔리 제품은 위의 모든 특성을 통해 감성적으로든 상징적으로든 고객의 욕망을 채워주고, 잊을 수 없는 경험을 제공하기 때문에 고객은 기꺼이 높은 가격을 지불하는 것이다.

럭셔리의 다양한 유형

럭셔리의 공통적인 개념이 무엇인지 기나긴 토론을 하는 대신, 럭셔리에는 어떤 종류가 있는지 알아보자.

- 어센틱 럭셔리authentic luxury: 숙련된 장인이 손으로 만든 제품이라는 점이 대량 생산된 제품과는 확실히 구분된다. 내구성이 뛰어나고, 사용하기 쉬우며 브랜드의 정체성은 고객에게 만족감을 준다. 세월이 지나도 가치가 쉽게 변하지 않고, 장인들의 세심한 손길로 수없이 정교하게 가다듬어진 디테일은 제품 사용자에게 기쁨을 준다. 가격은 당연히 고가지만, 제품의 금액보다 훨씬 더 높은 가치를 나타낸다.

- 인터미디에이트 럭셔리intermediate luxury*: 브랜드 정체성과 관련해 창의성, 메시지, 일관성 측면에서 럭셔리의 속성을 지니지만 전통적인 소비 제품을 살짝 업그레이드한 버전에 가깝다. 장인이 하나하나 만들어 낸 제품은 아니다. 가격은 중상위권이고 자동화된 공장에서 상대적으로 많은 수량을 생산하지만, 브랜드 이미지는 정성스럽게 다듬어지고 관리된다.

- 오프비트 럭셔리offbeat luxury: 평범한 제품과는 뚜렷이 구별되는 특별한 제품이다. 페라리가 좋은 예인데, 포르쉐가 어센틱 럭셔리라면 페라리는 좀 더 특별한 다른 차원의 자동차이다. 페라리는 생산이 매우 한정되어 있고(수년 동안 연간 생산량을 7,000대로 한정했다), 마치 자유에 대한 권리와 페라리 특유의 창의성을 주장하고 있는 듯하다. 페라리가 만드는 것은 단순한 자동차가 아니라, 수집가들을 위한 특별 아이템이며, 여느 시골길에서는 절대 볼 수 없는 제품이다. 에르메스의 회장을 역임한 장 루이 뒤마Jean-Louis Dumas는 이런 말을 했다. "럭셔리 브랜드는 세 가지 조건을 지켜야 한다. 아름다운 물건을 만들 것, 개인 홍보대사가 될 고객들을 선별할 것, 원하는 것을 자유롭게 결정하는 것 등이 그 조건이다." 이보다 럭셔리를 잘 정의하는 특징은 없을 것이다.

- 어포더블 럭셔리affordable luxury: 전혀 럭셔리가 아니거나, 단지 인터미디에이트 럭셔리의 한 부류에 속하는 것일 수도 있다. 자라가 하나의 사례로, 상품회전율이 높은 창의적인 제품을 의미한다. 고객은 이런 패스트 패션 제품들을 구입하고 사용하면서 심리적인 만족감을 느낀다. 가격은 매우 합리적이고 브랜드 이미지도 장기적으로 잘 정립되어 정성스럽게 관리되고 홍보된다.

---

* 이 책의 공저자인 미셸 구사츠는 그의 다른 저서에서 '대중 럭셔리Luxe Populi'라는 용어를 만들었다.

자라의 비즈니스 모델은 매우 효과적이다. 제조사의 관점에서 보면 어포더블 럭셔리는 럭셔리 분야에서 나온 여러 수단을 활용하지만, 그저 인터미디에이트 럭셔리의 한 형태이거나, 정교하고 솜씨 있게 대량생산하는 브랜드다. 대부분의 독자는 자라가 럭셔리 브랜드와는 거리가 멀다고 말할 것이다. 어떻게 보면 자라는 어포더블 럭셔리의 좋은 사례가 아닐 수도 있다. 하지만 우리는 럭셔리 브랜드가 활용하는 많은 전략이 매스 마켓 브랜드에도 적용될 수도 있다는 점에서 생각해야 한다. 한쪽 끝에는 자라, 다른 한쪽 끝에는 구찌, 샤넬이 있는 연속선을 보는 넓은 관점에서 산업을 이해할 수 있어야 한다.

| 개정판의 내용

초판은 13개의 장으로 구성했으나, 개정판은 매장 경영에 필요한 4가지 필수요소를 비중 있게 다룬다. 럭셔리 분야뿐만 아니라 매장이 주 수입원인 다른 시장 분야도 다루었다. 럭셔리 비즈니스는 좀 더 전통적인 분야에 비해 주목할 만한 특수성이 있다. 고객의 정보를 상대적으로 쉽게 얻을 수 있고 고객의 구매 내역을 몇 년에 걸쳐 추적할 수 있다는 점이다. 동일한 고객이 집 근처나 직장 근처에서 또는 출장이나 개인 여행 목적으로 방문한 다른 나라에서 등 각기 다른 장소에서 럭셔리 브랜드 제품을 구입하는 경우도 있다. 따라서 1부에서는 럭셔리 브랜드가 유통 과정에서 결정해야 할 여러 사항들에 관해 다룰 것이다.

- 어떤 유통 모델을 도입해야 할까? (1장)
- 여전히 매장은 필요한가? (2장)
- 어떤 콘셉트를 매장에 적용할까? (3장)

• 오프라인과 온라인 비즈니스를 어떻게 통합할 수 있을까? (4장)

2부에서는 고객을 중심 테마로 다룬다. 럭셔리 고객은 서비스 간 구분이 없는 심리스 서비스seamless service를 기대한다. 이들은 언제든 온라인과 오프라인 양쪽 서비스를 오가고 싶어 하고, 이 모두를 이용할 수 있도록 브랜드가 준비되어 있기를 원한다. 오늘날 이를 설명하는 공통적인 용어는 없는데, 프랑스에선 옴니 채널이란 용어를 가장 많이 사용한다. 미국에서는 ROPOResearch Online, Purchase Offline; 온라인 검색, 오프라인 구매로 불린다. 온라인, 즉 인터넷에서 제품에 대한 정보를 검색하고 오프라인(매장)에서 제품을 구입한다. 혹은 반대로 오프라인(매장)에서 먼저 제품을 봐두었다가 온라인(인터넷)에서 구입할 수도 있다. 중국에서는 이를 O2OOffline to Online; 온-오프라인의 연결라고 부른다. 이 책에서는 '온오프라인 연결'이라는 용어를 주로 사용할 것이다. 이 시스템에서 저 시스템을 넘나드는 고객들에게 맞춰야 하는 온오프라인 연결 서비스를 구축하려면 매우 신속한 관리, 물류, 통제 시스템이 필요하다.

따라서 다음 내용을 차례로 살펴볼 것이다.

• 브랜드의 접근 방식과 조직 구성의 중심에 고객을 배치하는 방법 (5장)
• 브랜드가 고객과 고객 관계 관리(CRM) 관련 문제를 식별하는 방법 (6장)
• 브랜드가 O2O 세상에서 마케팅 캠페인을 조율하는 방법 (7장)
• 플랫폼 전쟁 (8장)

3부에서는 고객에게 제공할 서비스의 종류와 고객의 충성도를 높이는 방법, 서비스의 품질과 세심함을 확보하는 방법에 대해 자세히 알아보려고 한다.

이를 위해서는 꼭 기억해야 할 4가지의 필수요소가 있다.

- 고객의 행동 이해(9장)

- 고객과의 관계 구축(10장)

- 고객충성도를 확보하는 방법(11장)

- 인터넷이 전통적 세일즈 모델을 무너뜨리는 과정에 대한 이해(12장)

4부에서는 매장 관리에 필요한 기존의 일반적인 내용을 다루려고 한다.

- 매장의 위치(13장)

- 매장 직원의 관리(14장)

- 매장의 가격 결정(15장)

- 글로벌 시장의 재무 분석(16장)

또한 14장에서는 럭셔리 매장 매니저, 비즈니스 개발 또는 매장 개발 담당 매니저에게 필요한 유용한 정보들을 정리했다.

현재 럭셔리 브랜드들이 오프라인 유통과 관련하여 궁금해 하는 모든 질문에 답을 주고, 럭셔리 브랜드들이 고려해야 할 몇 가지 아이디어를 제시하고, 또 향후 몇 년 동안 일어날 일들에 대해 예상해 보고자 했음을 밝힌다.

Contents

PART I

럭셔리 유통의
중요한 선택

PART II

고객을 알고
이해하기

PART III

고객관계를 더욱
의미 있게 만들기

PART IV

럭셔리 매장 관리를 위한
여러 도구들

PART

I

———

럭셔리 유통의
중요한 선택

01

럭셔리 비즈니스 유통의
다양한 모델

오늘날 럭셔리는 더 이상 희소성 때문에 팔리는 것이 아니다. 배타성으로 인해 팔린다. 이는 우선적으로 오프라인이든 온라인이든 유통의 선별성에 좌우된다.

- 장 노엘 카페레 Jean-Noël Kapferer, HEC 명예교수, 브랜드 전략 전문가

겉으로만 보면 모든 럭셔리 브랜드가 같은 방식으로 즉, 브랜드가 소유한 익스클루시브 스토어exclusive store을 통해 유통되고, 브랜드 본사에서 유통의 전 과정을 관리할 수 있을 것이라고 생각된다. 그러나 현실은 훨씬 복잡하다.

향수나 시계와 같은 몇몇 제품은 주로 멀티브랜드 스토어multi-brand store에서 판매된다. 일반적으로 멀티브랜드 스토어는 자신들의 비즈니스에 가장 효율적이라고 여기는 방식으로 운영되기 때문에, 브랜드 본사가 멀티브랜드 스

토어 업체들에게 동기를 부여한다거나, 이들의 충성도를 끌어내는 것은 결코 쉬운 일이 아니다.

태국과 베트남 등 몇몇 나라에서는 해외에서 만들어진 제품을 수입하고 유통하는 외국 기업은 자국 내의 유통 자회사 지분을 절반 이상 소유할 수 없다. (중국에서는 2018년에서야 가능해졌다) 그러므로 절반 이상을 소유한 현지 국적의 협력업체와 제휴해야 한다. 따라서 어떤 럭셔리 그룹도 처음부터 해외의 모든 매장의 지분 전부를 소유할 수는 없다.

전 세계에 매장 네트워크를 구축하려면 굉장히 많은 시간과 돈이 필요하다. 몽골의 울란바토르에 자체 매장을 연다는 것은 멋진 일이지만 어떻게 파리나 밀라노 매장에서 제공하는 환대, 조언, 가격과 애프터서비스 등과 같은 경험을 울란바토르 매장에서 똑같이 제공할 수 있을까?

또한 구찌나 샤넬이라면 뉴욕 매장 오픈에 투자할 자금이 있을 수 있지만, 국내매장에서 수익을 내기 위해 고군분투 중인 작은 브랜드의 입장에서는 해외 매장을 개점할 만한 여유가 거의 없다.

따라서 세계 여러 나라에서 매장을 운영하려면 온오프라인을 가리지 않고 제품을 선보일 수 있는 모든 유통 모델을 살펴봐야 한다.

직접 유통과 간접 유통

럭셔리 브랜드라고 해서 전 세계 모든 도시에 단독 매장을 열고 시작하지는 않는다. 종종 럭셔리 브랜드는 브랜드가 탄생한 도시에 단독 스토어 연 후, 멀티브랜드 스토어 네트워크를 활용하는데, 이렇게 멀티브랜드 스토어 네트워크를 통해 브랜드를 대중에 노출하고, 해외에서도 매출을 올릴 수 있었다.

지난 150년 간 비즈니스 환경도 크게 바뀌었다. 매장의 종류가 바뀌었고, 이들 매장은 럭셔리 브랜드의 존재이유raison d'être가 되었으며 안정된 지위를 누리게 되었다.

| 역사적 관점

소매업은 의심할 여지없이 세계에서 가장 오래된 업종 중 하나이다. 인류의 역사가 시작되었을 때부터 사람은 생존에 필요한 것을 혼자만의 힘으로는 전부 얻을 수 없다는 사실을 깨닫고 사람들에게 필요한 다양한 상품들을 탐색하고 수집해, 대가를 받고 교환해 주는 타인에게 의지했다. 다양한 상품을 선택하고 수집한 후 타인에게 판매하는 이러한 행위는 상인과 소매업을 탄생시켰다.

이후 중세 시대에는 상거래가 발달하면서 비슷한 업종에 종사하는 상인들이 같은 거리에 모여 상권을 이루는 경향이 나타났다. 이들에게는 나름대로 전략이 있었다. 고객들이 거리를 다니며 상점들을 구경하다가 경쟁자의 가게에도 들어가겠지만, 자신의 가게에도 덩달아 들어올 가능성이 높다고 생각하여, 경쟁자들과 가까운 곳에 터를 잡는 편이 더 낫다고 본 것이다. 실제로 다른 상인과 떨어져 상권을 벗어난 곳에 가게를 열면 판매 기회가 줄었다. 하지만 음식과 같이 일상생활에 필요한 서비스업(예를 들면 편의점)은 다른 상점과 멀어도 거주지에 근접한 곳에 있는 것이 이로웠다.

근거리에서 구매하는 방식과 여러 다른 구매 방식과는 차이가 늘 있었고, 이는 입지 전략에 따른 차이가 왜 생기는지 보여준다. 같은 업종의 상인들이 함께 뭉쳐 고객들을 끌어 모으는 것이나, 오늘날 대도시에서 럭셔리 매장들이 한 지역에 밀집한 것이나 크게 다르지 않다.

이쯤에서 언급할 가치가 있는 중요한 사건이 있다. 1851년, 파리에서 세계 최초의 백화점 봉 마르셰Le Bon Marché가 탄생한 것이다. 남녀 기성복, 신발, 주방용품 등을 한 공간에서 판매했다. 늘 그렇듯, 아이디어가 좋으면 재빨리 모방이 이루어지는 법이다. 1856년에는 미국 뉴욕에 최초의 백화점 메이시스Marcy's가 문을 열었다. 메이시스는 지금도 여전히 같은 자리를 지키고 있다.

시간이 흐를수록 백화점에서 판매하는 상품의 종류나 진열 방식은 기술 혁신의 영향을 많이 받게 되었다. 1869년에는 파리의 한 백화점이 처음으로 엘리베이터를 설치해 고객이 쉽게 다른 층으로 이동할 수 있도록 했고, 상품도 네 개 또는 다섯 개 층에 걸쳐 진열할 수 있게 되었다.

1892년에는 또 다른 혁신이 일어났다. 전 세계 모든 백화점 고객의 이동 속도에 영향을 준 에스컬레이터의 출현이다. 이 덕분에 고객은 원한다면 엘리베이터를 기다리지 않고도 바로 다른 층으로 이동할 수 있었다. 에스컬레이터는 오늘날 거의 모든 백화점의 공간을 나누는 역할을 한다. 홀 한가운데 최대한 넓고 인상적인 모습, 어떤 곳에서는 돔 형식으로 만들어진 우아한 형태로 에스컬레이터가 오르고 내리는 덕분에, 고객은 원할 때 다른 층으로 이동할 수 있다. 최초의 에스컬레이터는 1895년 런던의 헤롯Harrods 백화점에 설치된 것이었다.

1915년에는 일본 최초의 백화점인 미쓰코시 니혼바시Mitsukoshi Nihonbashi가 도쿄에 문을 열었다.

1919년은 또 다른 의미에서 매우 중요한 날이다. 뉴욕의 아브라함 앤 스트라우스Abraham & Strauss에 최초의 에어컨이 설치되었기 때문이다. 이후 백화점 창문은 더 이상 필요하지 않게 되었다. 에어컨이 나오면서 환기용 창문이나 거리로 통하는 문은 더는 필요 없게 되었다. 그 결과 상점들은 회랑식 상가나 쇼핑몰 형태로 통합됐다. 제품 진열을 위한 쇼케이스로 사용하는 경우가 아니라면 이젠 상점들도 더 이상 창문이 필요하지 않았다. 이런 변화를 거친 백화점 건물의 외관은 현재까지 그대로 이어지고 있다.

1922년에는 캔자스시티에 최초의 쇼핑센터인 컨트리 클럽 플라자Country Club Plaza가 문을 열었다. 1957년에는 아일랜드의 섀넌Shannon 공항에 최초의 면세점이 문을 열었는데, 이를 제외한 쇼핑센터들의 모습은 미미한 리뉴얼만 거쳤을 뿐, 사실상 약 100년이 지난 지금도 같은 모습이다.

한편, 1970년 최초의 전자식 금전등록기가, 1975년에는 최초의 광학 판독 장치가 출현했다. 이들이 출현으로 세계에서 팔리는 모든 제품에 각각의 고유 코드가 붙어 기계로 쉽게 판독되는, 누구도 상상하지 못했던 일이 현실로 일어난 것이다. 현대의 백화점, 쇼핑몰, 쇼핑 아케이드, 면세점 등은 사실상 150년에 걸쳐 유통 분야에서 이루어진 혁신과 발전의 최종 결과물이다.

| 다양한 종류의 매장

리테일과 홀세일

실제로 소비자에게 제품을 소개하는 방식에는 두 가지가 있다. 하나는 자체 매장을 열어 고객 관계를 통제하는 리테일Retail; 소매이고, 또 다른 하나는 소매점에 제품을 팔아 소매점이 그들의 고객에게 제품을 선보이도록 하는 홀세일Wholesale; 도매이다. 물론 이러한 구분은 오프라인 매장은 물론 온라인 쇼핑몰에도 적용된다. 예를 들면, 셀린느Celine는 자체 웹사이트를 통해 신발을 판매하지만(리테일), 네타포르테Net-à-Porter의 웹사이트에서도 판매한다. (홀세일) 두 경우 모두 소비자 판매 가격은 똑같지만, 네타포르테를 통해 판매하는 후자의 경우에는, 셀린느는 네타포르테에 수수료를 지불해야 한다.

얼핏 보면 독자적으로 운영되는 멀티브랜드 스토어나 브랜드 본사의 웹사이트가 아닌 타사 온라인 사이트를 통한 홀세일 방식이 더 간단하다고 생각할 수 있다. 각 매장과 마진을 나눠야 하지만 브랜드 측에서 따로 일할 필요가 없고, 매장을 소유하기 위해 필요한 투자나 재고 관리에 자금이 묶이지 않기 때문이다.

반대로, 직영 매장에서만 판매하고 마진 전부를 가지는 것이 더 쉽다고 생각하는 이도 있을 것이다. 그런데, '브랜드는 고객들을 자신의 매장으로 유인할 만큼 충분히 유명할까?', '고객이 직접 와서 구매할 만큼 유명한 제품이 있는가?' 등 고려해야 한다. 이러한 문제에 대한 실제 사례를 살펴보자. 에르메스의 향수 오 도랑주 베르트Eau d'Orange Verte는 파리에 있는 모든 향수 매장에서 판매하는 것이 더 많이 팔릴까? 아니면 파리의 에르메스 직영 매장에서만 판매하는 것이 더 많이 팔릴까?

직영 매장Directly Operated Store

직영 매장이나 독립 매장은 많은 브랜드 매니저들이 우선적으로 생각하는 매장이다.

물론 브랜드가 고객을 유인하는 힘이 크고, 충분한 자본이 있다면, 이런 형태의 매장을 여는 방안에 솔깃할 것이다. 신제품에 대한 소비자의 반응을 빠르게 보여주기 때문이다. 그러나 대규모로 네트워크를 늘리면 특별한 제품을 만드는 럭셔리 브랜드로서는 그 기능에 변화가 생긴다. 직영 매장이나 독립 매장을 관리하는 총괄 매니저의 역할을 맡아야 하고 브랜드의 우선순위, 조직 구성 및 재무 자원을 활용에 영향을 받을 수 있다. 뒤에서 살펴보겠지만 판매를 한다는 것은 그 자체가 하나의 전문 영역이다. 과거 상품 개발을 위주로 조직되었던 대다수의 럭셔리 브랜드는 '리테일' 기술이 부족했지만, 시간이 지나면서 이러한 기술을 차근차근 습득하게 됐다.

협력 매장 Partner Store

겉으로 보기에 협력 매장(또는 제삼자 운영 매장Third-Party-Operated Store)은 직영 매장과 큰 차이가 없다. 동일한 콘셉트, 인테리어 및 레이아웃을 사용하기 때문에 고객이 이 둘을 구별하기란 불가능하다. 하지만 협력 매장은 파리나 밀라노에 있는 본점과 정확히 같은 방식으로 브랜드 제품을 진열하지만, 중간업자가 관리하고, 자금을 조달하며 성장시킨다는 점이 다르다.

중간업자intermediary는 선택한 지역에서는 찾아볼 수 없는 특정 브랜드를 취급하는 프랜차이지franchisee와 비슷하다. 이들은 매장을 열고 브랜드 콘셉트를 온전히 존중하며 각 컬렉션에서 최소량의 제품을 구매하고 매출액에서 일정 비율(일반적으로 2~5%)을 로열티 형태로 브랜드 본사에 지불한다. 이러한 시스템은 프리미엄 가격대의 내셔널 패션 브랜드들이 주로 사용하는데, 한 나라에 프랜차이지를 두기도 한다. 각 프랜차이지는 계약 기간 동안 한 도시 전체 또는 도시의 일부 지역의 독점권을 갖는다.

럭셔리 브랜드의 중간업자는 중국, 일본, 러시아처럼 특정 국가의 유통을 독점하는 독점유통업체exclusive distributor인 경우가 많다. 중간업자는 해당 지역의 독점권을 가지며, 브랜드 본사와 협의하여 매장을 오픈할 도시를 선택한다. 본사와 중간업자는 익스클루시브 스토어 네트워크 구축을 위해 직접 투자하며 장기 계약(길면 20~25년 이상)을 맺는다. 이 경우, 유통업체는 해당 국가 내 브랜드 광고, 디지털 미디어 노출, 홍보 등을 책임진다.

마지막으로 특정 형태의 독점 유통이 있다. 외국인이 유통 자회사의 지분의 과반을 소유할 수 없는 쿠웨이트, 카타르, 태국, 베트남 등의 국가에서 럭셔리 브랜드가 운영하는 방식이다. 브랜드 본사는 현지 유통 자회사의 지배주주가 될 독점 유통업자를 지정하고, 이들은 매장 디자인과 인테리어에 있어 브랜드 본사의 가이드라인을 준수하며, 해당 지역 내 물류를 책임진다.

백화점

전통적으로 백화점은 다양한 종류의 상품을 구매한 후 전문성을 갖춘 직원에 의해 상품을 판매대counter에 적절하게 진열하여 고객들에게 판매한다. 따라서 다음과 같은 업무를 수행한다.

- 상품 발굴과 선택
- 상품 구매, 수령 및 보관
- 상품 대금 지급, 경우에 따라 선지급
- 판매대에 상품 진열
- 고객에게 상품 소개
- 판매 직원의 판매 및 기타 활동
- 판매대금 회수

이렇듯 백화점의 서비스는 금융, 물류, 머천다이징, 상업적 서비스의 결합인 것이다.

오늘날 주요 럭셔리 브랜드 제품은 백화점에서 숍인숍shop-in-shop 매장에서 판매된다. 이 경우 백화점은 (부동산업자와 흡사한데) 공간을 제공하며, 브랜드 본사는 비용을 들여 매장 인테리어를 하고, 판매 직원들을 고용해 훈련시키며, 유니폼과 보수를 지급한다. 브랜드 본사는 각 매장에 가장 잘 어울리는 제품을 선정하고 대부분은 제품이 판매될 때까지 소유권을 갖는다. 백화점은 단순히 매출대금을 회수하고, 백화점 수수료를 취한 후, 홀세일 가격에 해당하는 금액을 공급자인 백화점의 '서플라이어supplier; 공급자'인 브랜드에 송금한다. 이 경우 백화점의 기능은 다음과 같이 간단하다.

- 공간 제공
- 판매대금 회수

따라서 백화점의 역할은 본래 업무보다 상대적으로 단순해지며, 빌딩 임대인의 역할과 비슷하다.

이 두 가지의 방식 이외에도 또 다른 방식이 있다. 백화점 내에 코너corner를 계약하는 것이다. 코너 매장은 각각의 공간이 연결되는 개방형 공간이지만 눈에 띄고 매장 형태의 전환이 용이하다. 일반적으로 코너 매장의 판매 직원의 급여는 브랜드 본사가 지급하고, 상품은 백화점이 소유하는 형태다.

다양한 종류의 매장, 그 발전과 전망

| 1950년 이후의 변화

표 1.1은 지난 18년간 일부 럭셔리 브랜드의 매장 수와 매출액의 변화를 보여준다. 여기서 다루는 브랜드는 불가리Bulgari, 까르띠에Cartier, 반클리프 앤 아펠Van Cleef & Arpels, 구찌, 루이비통Louis Vuitton, 티파니 앤 코Tiffany & Co 등이다.

표를 통해 알 수 있는 사실은 다음과 같다.

- 직영 매장 확대는 지난 20년 동안 럭셔리 비즈니스 업계의 주요 관심사이자 전략적 사안이었다.
- 예로 든 6개 브랜드의 단독 매장의 수가 922개에서 1,995개로 증가함에 따라 매장의 경영, 관리, 인사 등은 럭셔리 브랜드 경영에 있어 중요한 부분이 되었다.

표 1.1 일부 브랜드의 신규 매장 전개 상황 (추정)

매출액 단위: 1백만 유로

	2000	2003	2007	2012	2018
불가리					
매출액	376	759	1,019	1,100	2,800 (E)
매장의 수	126	182	207	267	300
까르띠에, 반클리프 앤 아펠					
매출액	1,500	1,994	2,435	5,206	6,447
매장의 수	250	250	301	400	401
구찌					
매출액	1,200	1,800	2,300	3,639	6,211
매장의 수	143	174	233	429	529
루이비통					
매출액	1,500 (E)	2,200 (E)	3,700 (E)	7,000 (E)	10,500 (E)
매장의 수	284	317	390	500	450
티파니					
매출액	1,334	1,600	2,342	3,035	3,682
매장의 수	119	141	184	275	315

웹사이트에 소개된 연간 보고서 발췌 또는 매출 추정 및 매장의 수. (E)는 저자의 추정

이 과정에서 우리는 시장의 전반적인 변화와 함께 대형 브랜드가 출현하고 뿌리를 내리고 있음을 확인할 수 있다.

유명 브랜드라면 도쿄나 파리와 같은 대도시에서 높은 임차료를 지불하며 좋은 장소를 얻는 것은 것이 용이하고, 개점 초기부터 많은 고객을 유인할만큼 충분히 매력적이며, 손익분기점을 쉽게 넘긴다.

그러나 규모가 작은 브랜드는 상황이 복잡하다. 브랜드 성장 주기 초기에는 보통 직영 매장으로 시작하고, 선별된 리테일러(소매업체), 특히 멀티브랜드 스토어를 물색해 제품을 유통한다. 새로운 시장에 진출하기 위해서는 현지 에이전시를 통하거나, 유통계약을 체결하는데, 부루벨Bluebell과 딕슨 푼Dickson Poon은 유럽 브랜드가 아시아 시장에 진출하려 할 때 주로 이용하는 유통업체

이다.

브랜드가 성장하는 시기에는 자체 매장을 설립하고, 유통계약을 프랜차이즈 계약으로 바꾸거나 현지 협력업체와 조인트벤처를 설립하기도 한다. 러시아 같은 신흥 시장에서는 프랜차이즈 계약이 해결책이 될 수 있다.

예를 들어, 2000년 12월에 에르메스는 러시아 파트너 자밀코JamilCo의 도움으로 모스크바에 250㎡ 규모의 매장을 열었다. 자밀코는 매장 건설과 인테리어 공사비용을 포함해 프로젝트 초기 투자비용 전체를 부담했고, 에르메스는 인테리어 디자인을 맡았다. 모스크바에 있는 구찌 매장 두 곳도 스위스에 본사를 둔 머큐리 유통Mercury Distribution이 운영했다. 또 다른 흥미로운 예로는 싱가포르의 클럽21Club 21이 있는데, 이들은 프랜차이즈 계약을 통해 영국과 미국, 아시아(싱가포르, 말레이시아, 태국, 홍콩, 호주)에서 아르마니Armani를 유통한다.

물론 언젠가 브랜드가 충분히 시장에 뿌리를 내리고, 시장이 성숙했다고 생각되면, 브랜드 본사는 프랜차이즈나 유통 조인트벤처를 다시 인수해 브랜드 본사가 전액 출자한 자회사를 만들 것이다. 이는 위에서 언급한 구찌나 에르메스, 그리고 루이비통, 아르마니 등과 같은 글로벌 브랜드에게서 최근 몇 년간 나타난 주요한 경향이다. 이중 구찌의 예는 상징적이다. 구찌는 20년 전에 CEO인 도메니코 드 솔레Domenico De Sole의 주도로 이 같은 비즈니스 모델을 시작했다.

결국 유통 관리는 아래 5개의 주요 채널을 어떻게 관리하느냐에 달려 있다.

- 주요 시장에 오픈한 직영 매장(해외에서는 자회사를 통해)
- 개발도상국을 포함한 해외에서는 유통업체나 프랜차이즈
- 비주얼 머천다이징, 판매 및 고객관계에 대한 모든 권한을 가질 수 있는 백화

점 내 숍인숍 매장. 확고한 지위를 가진 브랜드만이 단독으로 백화점 내 대형 매장을 운영할 수 있다. 기타 브랜드는 백화점의 영향력이 크게 미치는 판매대counter로 만족해야 한다.

- 트래블 리테일Travel Retail 매장. 면세점 운영자가 요구하는 운영비용과 마진이 높아도 판매량이 상당하다. 그러나 브랜드 본사가 이들 면세점 매장 운영을 충분하게 지속해서 통제할 수 없다면, 시간이 흐르면서 브랜드 이미지, 배타성, 제품의 품질이 저하될 수 있다는 단점이 있다. 구찌는 1999년 첫 번째 면세점 매장을 이탈리아가 아닌 영국 히스로Heathrow 공항에 열었고, 로마와 밀라노의 면세점 매장의 규모를 100㎡로 확장했다. 샤넬은 1999년 히스로 공항의 몇몇 터미널에 각각 100㎡ 크기의 첫 면세점 매장을 열었고, 이후 시간이 많이 지난 후에 프라다가 면세점 매장을 열었다.
- 시계, 주얼리, 향수, 화장품, 안경 등은 브랜드 이미지에 걸맞은 최고의 멀티브랜드 스토어를 선택하는 브랜드들이 늘고 있다.

유통의 종류와 브랜드

앞서 설명했듯 모든 럭셔리 제품에 딱 맞는 '맞춤 제작된' 유통방식은 없고, 각 브랜드의 매력도와 판매량에 따라 다양한 유통 방식이 있다. 전문가들은 매장의 ㎡당 매출액을 기준으로 브랜드를 평가한다. 매출액이 매우 높을 때는 (㎡당 연매출액이 5만~10만 유로 사이) 신규 매장을 오픈하고, 임차료를 지불하는 것은 문제가 되지 않는다. 하지만 매출액이 이보다 10분의 1 또는 20분의 1로 규모로 적다면, 멀티브랜드 스토어와 협업하는 것이 바람직하다.

이처럼 럭셔리 제품 유통은 매장에서 발생하는 매출액에 따라 유통방식이 달라진다. 상대적으로 잘 알려지지 않은 브랜드는 브랜드가 시작된 지역에 직영 매장을 하나 운영하고, 다른 지역에는 멀티브랜드 스토어를 선택하는 편이 바람직해 보인다. 백화점을 활용하는 것도 좋은 방법이다. 백화점에는 매장 여기저기를 지나다니며 쇼핑할 마음의 준비가 되어 있는 고객들이 기다리고 있다. 이곳에서는 상대적으로 인지도가 떨어지는 브랜드라도 정도의 차이는 있지만, 소구력이 높고 이미 유명한 여러 브랜드와 함께 고급스럽게 진열된다. 선반shelf에 진열되는 형태로 백화점에 입점한 경우라면, 판매 직원의 급여는 백화점이 지급할 것이다.

물론 매출이 너무 낮다면 백화점은 변화를 주려할 것이고, 해당 브랜드는 다른 유통 시스템을 찾아야 할 것이다.

브랜드가 매우 작다면 백화점은 이상적인 유통 채널이 아니다. 백화점은 정도의 차이는 있지만, 일정액 이상의 매출액 달성을 요구하기 때문에, 다른 장소에서 소규모 매장을 오픈하는 것이 효과적일 수 있다. 이 경우 매장은 판매가 이루어지는 공간이자 브랜드 홍보센터로 사용될 수 있으며, 매장의 주소는 브랜드의 대표 주소로 사용할 수도 있다.

유통 방식이 상품 정책에 미치는 영향

제품의 품질은 이상적인 유통 모델과 관련이 있을 수 있다. 하지만 반대로 유통 모델에 맞춰 제품 정책을 수립할 수도 있다.

표 1.2에서 볼 수 있듯이 간접 유통 채널과 직접 유통 채널은 마케팅 전략도 서로 매우 다르다.

제품 범위가 너무 다양하고 넓으면 간접 유통은 적절하지 않다. 오히려 충분히 성공할 가능성이 있는 단일 제품을 출시하는 것이 더 낫다. 하지만 단일 브랜드 매장에 의존하는 브랜드라면 매장을 찾는 고객들이 원하는 제품을 찾을 수 있도록 다양한 제품을 갖추어야 한다.

표 1.2 직접 유통 모델과 간접 유통 모델의 차이

	간접 유통 비독점 매장	직접 유통 독점 매장
제품 라인	제한적	넓은 범위
제품 종류	주력 제품 중심	다양한 제품
광고와 홍보	제품 위주의 홍보	브랜드 이미지 위주의 홍보
가격 유동성	유연	제한적
고객과의 관계	제한적	끈끈함
물류 필요성	제한적	필수

멀티브랜드 향수 매장에 입점한 브랜드라면 고객이 쉽게 찾을 수 있는 대표적인 제품을 구비하는 것이 중요하다. 하지만 단일 브랜드 매장에서는 같은 제품이더라도 반드시 모든 고객에게 어필할 필요는 없다. 이는 특정 고객층을 겨냥하는 다른 제품에 방해가 될 수 있다.

직접적이든 간접적이든 유통 채널에는 다양한 종류의 광고와 홍보 지원이 필요하다. 간접 유통을 할 경우 대중 매체를 통한 광고는 매장에서 판매되는 다양한 제품 가운데서 선택을 해야 하는 고객에게 해당 브랜드가 다른 브랜드보다 더 인기 있고, 고급스럽고, 적합하다는 점을 설득시키려 할 때 우선적으로 고려되는 사항이다. 직접 유통의 경우, 고객을 매장으로 끌기 위해 주류 언론의 광고가 필요할 수 있지만, 매장 내의 판매 직원이 자신들의 설득력과 논리를 사용하며 제품을 홍보한다는 점이 다르다.

간접 유통에서는 고객이 다양한 브랜드를 접하기 때문에 가격이 선택의 기준이 된다. 직접 유통에서는 고객이 가격이 너무 비싸다고 생각되면 제품을 구입하지 않을 수도 있지만, 고객이 합리적이라고 여기는 가격대의 제품군이라면 가격이 선택의 중요한 기준이 되지는 않는다.

직접 유통에서는 CRMCustomer Relationship Management; 고객관계관리을 통해 고객과 브랜드 사이에 강한 유대감을 형성해야 한다. 고객은 이름과 주소뿐만 아니라 기호, 구매 패턴으로도 식별된다. 그런 후에 고객과 끈끈한 관계를 발전시키고, 해당 고객을 위한 특별 홍보 행사를 계획한다. 간접 유통에서는 대부분의 고객이 익명이고 식별되지 않기 때문에 고객과 특정 브랜드 간의 특별한 관계를 구축하기가 어렵다. 고객은 그저 홍보 행사를 안내받는 여러 사람 중 하나일 수 있다.

물류에서도 시스템마다 요구되는 조건이 많이 다르다. 간접 유통에서 중간업자는 종종 창고보관, 매장배송과 같은 물류의 한 부분을 관리할 때도 있다. 직접 유통에서는 이런 업무들은 브랜드를 소유한 회사가 단독으로 관리한다.

| 사례 연구: 랄프 로렌

랄프 로렌Ralph Lauren의 사례는 간접 유통 시스템의 장점을 잘 보여준다.

랄프 로렌의 경영진은 직접 유통, 간접 유통, 프랜차이즈를 포함하는 '유연한 통합 모델'을 추구한다. 그들은 2018년 연간 매출 53억 유로, 순이익 1억4,000만 유로를 기록하며, 메이저 브랜드와 견줄만한 수익을 달성했다. 여전히 창업자가 이끄는 1세대 브랜드로서는 나쁘지 않은 성과다. 광고와 마케팅의 통합적 접근방식을 기본으로 하지만, 영업 관련해서는 각 지역에서 직영 매장과 프랜차이즈를 결합한 방식을 채택하는데 경우에 따라 현지 유통업체가 감독하기도 하고, 랄프 로렌 본사가 직접 감독하기도 한다.

매출을 나눠보면, 간접 유통 55%, 직접 유통 40%, 라이선스 로열티 5%인데, 전체 영업이익의 23%만이 직영 매장에서 창출된다는 사실이 인상적이다.

랄프 로렌은 간접 유통 부문에 1만 1,000개의 매장이 있는데, 미국과 캐나다에 8,611개의 매장이 있지만 일본에는 120개뿐이다. 직접 유통 부문에서는 북미 134개, 유럽 19개, 총 153개 매장과 158개 팩토리 아웃렛 관리하고 있다.

랄프 로렌은 향수는 로레알L'Oreal, 안경은 에실로 룩소티카Essilor Luxottica, 시계는 리치몬트Richemont, 커스텀메이드 남성복은 여러 취급점들, 언더웨어와 잠옷은 헤인즈Hanes, 스포츠웨어와 챕스Chaps는 PVH 그룹 등과 라이선스 계약을 맺고 있다.

본사 경영진은 일본, 한국, 홍콩, 중국, 싱가포르, 콜롬비아, 에콰도르, 페루, 볼리비아, 그리고 중앙아메리카와 카리브해 지역의 기타 국가 등 많은 나라에서 독점 유통업체와 협력하여 간접 유통을 관리하고 있다.

랄프 로렌의 제품 제안 방식은 다각화 접근 방식이다. 모든 제품은 최종적으로 매장에 입고 되지만, 반드시 직영 매장으로 가는 것은 아니다. 간접 유통 채널을 이용하기도 하지만, 현지 협력업체 및 취급허가 업체와 유통계약을 체결해 대중들에게 제품을 보다 효과적으로 선보이고, 글로벌 성장의 가능성을 지속해서 개선한다.

여기서 중요한 점은 각 상황마다 적응하고 진화하는 하나의 유통 정책이 있고, 각각의 유통 정책은 장단점이 있다는 것을 이해하는 것이다.

다양한 유통 채널의 장점과 단점

영향력 있는 어떤 브랜드가 통합된 직접 유통 시스템을 이용해 크게 성장해도 직접 유통 시스템을 럭셔리 산업의 유일한 변수로 삼아서는 안 된다. 모든 것은 회사의 규모와 재무 상황 그리고 전망에 따라 결정되어야 한다. 재무적 관점에서 볼 때 여러 유통 시스템 사이에는 커다란 차이점이 존재한다.

| 마진과 유통 비용

유통 시스템의 중요한 차이는 통합형 유통에서는 브랜드 본사가 소매가로 판매하고 전체 마진을 갖지만 멀티브랜드 스토어나 백화점들을 통해 간접 판매한다면, 브랜드는 판매가의 40%나 50%에 해당하는 소매 마진(수수료)을 이들에게 지불해야 한다는 것이다. 소매 업체 간의 차이와 브랜드 경영에 미치는 영향은 표 1.3에서 볼 수 있다. 예를 들어, 어떤 샤넬 매장이 본사 소유이고 연간 매출액이 세전 50만 유로라면 샤넬 본사는 매출액 전체를 가져간다. 반대로 백화점에 입점해 동일한 매출액을 달성하면 백화점에 20만 유로 또는 25만 유로의 수수료를 지불해야 할 것이고 매출액은 그만큼 줄어든다. 표 1.4는 소매형태에 따른 비용 및 가격구조를 계산한 것이다.

직영 매장은 얼핏 보면 가장 높은 수익을 내는 모델로 보이지만, 판매 계획, 재고 관리, 판매 직원의 급여 및 가장 중요한 요소인 임차료에 대한 책임을 맡아야 한다.

표 1.3 다양한 유통 채널의 상대적인 장단점

	장점	단점
직영 매장	브랜드 이미지 제고 전 제품 진열과 머천다이징	보증금 플래그십 스토어는 수익달성 용이 잠재력이 제한된 도시의 매장은 수익달성 어려움
프랜차이즈 매장	브랜드 입지와 인지도 상승	브랜드 이미지 통제력 상실
백화점 숍인숍 매장	브랜드 이미지 제고 브랜드 입지와 인지도 상승 전 제품 진열	
멀티브랜드 매장	브랜드 이미지 제고	한정된 진열 제품 브랜드 이미지 통제 불가
독립 매장	브랜드 인지도 상승	세분화된 제품 진열 브랜드 이미지 통제력 상실 (매장을 엄선한 경우 제외)
백화점 코너 매장	브랜드 인지도 상승 상품 회전율 증가	세분화된 제품 진열 브랜드 이미지 통제력 상실 (일부 백화점에 해당)
트레블 리테일 매장	입점 고객 다수 상품 회전율 증가 신규 고객 유치	브랜드 이미지 통제력 상실 (멀티 브랜드 매장과 공항 매장에 해당)

표 1.4 유통 시스템에 따른 마진 계산

	직영 매장	제3자가 운영하는 매장	유통업체가 운영하는 매장
리테일 가격	€100	€100	€100
홀세일 가격		€50	€50
독점 유통업체의 마진			€20
본사 청구 금액	€100	€50	€30

표 1.5 고정비용과 변동비용이 수익성에 미치는 영향

단위: 유로

	연간 매출액 5백만 유로			연간 매출액 1백만 유로		
	직영 매장	백화점 입점 매장	멀티 브랜드 매장	직영 매장	백화점 입점 매장	멀티 브랜드 매장
매출액	5,000,000	5,000,000	5,000,000	1,000,000	1,000,000	1,000,000
소매마진(수수료)		2,500,000	2,500,000	500,000	500,000	500,000
도매가		2,500,000	2,500,000		500,000	500,000
임차료	-1,000,000			-1,000,000		
급여	-200,000	-200,000		-100,000	-100,000	
원가 제외전 마진	3,800,000	2,300,000	2,500,000	-600,000	400,000	500,000

고정비용과 변동비용

브랜드 본사가 자체 매장 네트워크를 관리할 때는 고정비용(임차료와 급여 등)을 책임져야 하는 반면, 프랜차이지를 두고 있다면 그들에게 마진만 확보해 주면 된다는 점이 가장 큰 차이다. 표 1.5는 고정비용이 수익성에 미치는 영향을 계산한 것이다.

한발 더 나아가 생각해 볼 수도 있는데, 매출이 낮을 때에는 판매 직원의 급여를 지급해야 하는 백화점 시스템은 임차료가 아주 낮은 평범한 입지에 작은 매장을 임차하는 것보다 비용이 더 커질 수 있다. 이런 작은 매장에선 판매 직원이 판매 외에 다른 업무들(예를 들어 회계업무)도 처리할 수 있어, 비용의 부담을 덜 수 있다.

1장에서 전하려는 메시지는 분명하다. 가장 효율적인 유통 구조에 관한 정답은 없다는 것이다. 모든 것은 브랜드의 규모와 전망 등에 따라 달라진다. 또한 제품 자체에 따라 달라진다. 패션과 액세서리 분야는 분석하기가 쉽지만, 시계나 향수 분야는 좀 더 복잡하다. 시계나 향수를 찾는 고객들은 종종 최종 선택 전에 여러 브랜드의 제품을 비교하기 위해 각 매장들을 직접 방문하는 것을 선호한다.

이번 1장에서는 온라인 판매는 거의 언급하지 않았다. 간과하고 지나친 것은 아니다. 이번 장의 목표는 무엇보다도 독자들에게 주제의 다양함과 복잡함을 이해시키는 것이고, 독자들에게 럭셔리 제품 유통에는 여러 방식이 있다는 사실을 설득시키는 것이다. 앞으로 다룰 내용에서는 매우 탄탄한 브랜드도 하나의 시스템에 한정하지 않고, 각국의 상황, 법률, 전통에 따라 모든 시스템을 적절하게 이용하고 있다는 것을 설명하려 한다. 이런 점에서, 온라인 유통과 온라인-오프라인 유통 간 완벽한 연속성 추구는 이 사안을 더욱 복잡하게 할 뿐이다.

내용 요약:

- 그동안 럭셔리 경영은 상품개발, 장인정신, 제조 등에 중점을 두었던 단계에서 온-오프라인 유통과 매장 관리가 보편적인 관심사가 된 단계로 이동했다.
- 최종 소비자에게 제품을 소개하는 방식은 직접적 방식과 간접적 방식이 있는데, 두 방식 모두 브랜드의 생명력과 성장에 기여할 수 있다.
- 백화점은 멀티브랜드 스토어와 마찬가지로 상황에 따라 또는 브랜드 성장 단계에 따라 충성스럽고 중요한 협력자가 될 수 있다.
- 매장의 재무적 분석(16장에서 다룰 예정이다)은 각각의 유통 접근방식의 장점과 단점을 평가하는데 꼭 필요하다.

02

럭셔리 제품은 여전히
오프라인 매장에서만 팔린다?

유통을 장악한다면 이미지도 장악한다.

–베르나르 아르노Bernard Arnault, LVMH 그룹 회장

　'럭셔리 제품은 여전히 오프라인 매장에서만 판매될까?' 이번 장의 제목에
는 명확히 답할 수 있다. "그렇다!"라고. 럭셔리 제품은 최종소비자를 대상으
로 만들기 때문에, 집 앞으로 직접 배송되는 경우를 제외하고는, 소비자가 어
딘가에 직접 가서 구입을 해야 할 것이다. 그곳은 우리가 짐작하듯이, 바로 매
장이다.

　위 질문을 다른 방식으로 물어볼 수 있다. 해당 브랜드가 소유한 매장에서
제품을 구입할까, 아니면 서비스의 품질과 수준을 자체적으로 결정하여 운영
하는 독자적인 중간업자의 매장에서 구입할까? 즉, 자체 브랜드 매장에서 구

입할까, 아니면 멀티브랜드 스토어에서 구입할까?

다음 두 가지 서로 다른 상황도 구별할 수 있어야 한다. 한 고객이 프랑스의 갤러리 라파에트 백화점에서 까르띠에 시계를 구매할 때, 그는 이 매장이 까르띠에 소유가 아니라는 것을 알고 있다. 하지만 그가 방콕에 있는 까르띠에 익스클루시브 스토어에서 구매한다면, 그는 마치 자신이 까르띠에에 있다고 느낀다. 사실 태국의 까르띠에 독점 유통업체의 매장에 있었을 뿐인데 말이다. 1장에서 설명했듯, 미국인은 간단한 방식으로 이 두 가지 매장을 구별한다. 하나는 브랜드가 직접 운영하는 직영 매장DOS: Directly Operated Store, 다른 하나는 제삼자가 운영하는 제삼자 운영매장TPOS; Third-Party-Operated Store이라고 구분하여 말한다. 물론 이 구분법은 유용하기는 하지만, 항상 명확한 것은 아니다.

미국 브랜드들의 연례 보고서를 보면, 같은 브랜드라 하더라도 백화점 내 숍인숍 매장을 어떤 경우에는 DOS(판매 직원이 브랜드 본사 직원이므로)라고 여기지만, 어떤 경우에는 TPOS라고 구분한다. 백화점이 공간을 제공하고, 판매 대금을 회수하고, 수수료를 취하고, 때에 따라 재고도 소유하기 때문이다.

용어를 어떻게 정의하고, 사용하든 한 가지는 확실하다. 오늘날 패션과 액세서리로 유명한 샤넬 같은 브랜드는 자신을 리테일러라 여기고, 매장의 위치, 디자인, 관리에 매우 깊이 관여하고 있다. 샤넬의 매니저는 리테일러인 셈이고, 부서 내에선 매장관리 스페셜리스트들이 '상승세'이다.

언뜻 보면, 1960년대에서 오늘날까지 럭셔리 비즈니스의 매니저들은 전 세계의 매장을 관리하고, 고객의 취향을 고려한 제품 디자인과 생산을 담당하면서, 마치 인터내셔널 리테일러에 가까운 역할을 하게 되었다. 이번 2장에서는 이러한 변화가 어떤 단계를 거쳐 이루어졌는지 살펴볼 것이다.

표 2.1 유통 시스템에 따른 패션 브랜드 매출 변화

	1960	1990	2010	2025
단일 브랜드 매장	20%	50%	65%	55%
독립 멀티브랜드 매장 (백화점 입점 매장 포함)	80%	50%	30%	20%
온라인 판매	0%	0%	5%	25%
합계	100%	100%	100%	100%

*뷰티 산업이나 시계 제조 산업에서의 매출 변화와는 완전히 다르다.　　　출처: 저자 추정

지난 20년 동안 또 다른 현상이 하나 생겨나 상황을 좀 더 복잡하게 만들었는데, 바로 경제의 디지털화와 제품의 물적 유통physical distribution이다. 최종 소비자와 직접 접촉하던 일부 럭셔리 브랜드들은 온라인 판매 플랫폼을 개발했고, 그 효과가 매우 좋다. 현재 최종 소비자를 대상으로 한 (직접 또는 간접적인) 온라인 판매는 (주요 패션 브랜드 등) 럭셔리 비즈니스 매출의 10%를 차지하는데, 2025년에는 25%에 달할 것으로 보인다.

표 2.1은 1960년부터 2025년까지 패션 브랜드의 판매 경로가 어떻게 변했으며, 앞으로 어떻게 변할지 예상하고 있다.

여기서 주목할 것은 멀티브랜드 스토어의 매출 급감(및 주요 브랜드에게 숍인숍 매장 형태로 공간을 제공하기로 결정한 백화점 경영의 변화), 그리고 온라인 판매의 성장이다.

온라인 쇼핑이 성장하면서 럭셔리 브랜드는 유통 방식을 재검토해야 하는 상황에 놓일 것이다.

브랜드 오너도 리테일러

| 전통적인 기능 구분

1950년대~1960년대까지 패션 브랜드는 전 세계에 매장을 단 하나, 즉 오리지널 스토어original store만 두는 것이 일반적이었다. '플래그십flagship'이라는 용어는 아직 등장하지 않았다. 디올은 파리의 몽테뉴 거리Avenue Montaigne에, 샤넬은 캉봉 거리Rue Cambon에 매장을 가지고 있었다. 불가리는 로마에 오리지널 부티크가 있었는데, 당시에는 불가리의 주얼리를 사려면 그곳까지 가야 했다. 사실, 특히 패션업계의 경우 해외유통은 꽤 구조화 되어 있었다. 디올은 뉴욕의 일부 대형 백화점에서 의류 제품을 판매했고, 미국의 기타 지역에서는 의류 패턴을 판매했는데, 미국 여성들은 이 의류 패턴을 구입해, 단골 재단사에게 옷 제작을 주문했다.

디올은 이 때부터 해외에서 좀 더 탄탄한 상업적 입지를 구축하기를 원했고, 미국과 일본에 마스터 라이선스master-license와 서브 라이선스sublicense를 허가한다. 반대로 샤넬은 이러한 비즈니스 방식을 전혀 원치 않았다.

이들 브랜드의 비즈니스 운영 팀은 파리의 매장 관리와 해외 파트너 네트워크 구축에 중점을 두었는데, 해외 파트너 네트워크는 외국의 백화점이나 멀티브랜드 스토어로 구성했고 이들은 서로 매우 구체적인 패션 콘셉트를 공유했다. 주된 업무는 해외 유통업체 네트워크를 관리하는 것이었고, 라이선스를 획득한 파트너에게 디자인과 제품 모델을 제공하고, 제조과정과 이에 따른 영업활동을 감독했다.

패션 비즈니스에서는 이미 업무들이 '크리에이티브 디렉터'를 중심으로 진행되었고, 크리에이티브 디렉터는 언론을 상대하고, 전 세계 수많은 주요 도시에서 패션쇼를 주최했다.

프랜차이즈와 유통업체의 성장

1980년대에는 프랜차이즈 시스템이 빠르게 성장했다. 이로써 브랜드 본사는 브랜드 본점의 콘셉트와 디자인을 구현한 단일 브랜드 매장의 개점과 관리를 특정 국가나 도시에서 아웃소싱할 수 있었는데, 이 경우 매장에 대한 독점권이 보장되었다. 이러한 시스템은 친숙한 매스 브랜드인 베네통Benetton의 가파른 성장을 가능케 했는데, 베네통은 전 세계 도시에 프랜차이즈 매장을 열고, 절정기에는 매장을 매일 한 개씩 오픈할 정도였다.

그러나 주요 브랜드, 특히 럭셔리 브랜드들은 프랜차이즈 시스템으로는 어느 특정 지역에서 판매 및 마케팅 활동에 일관성을 유지하기 어려웠다. 게다가 단일 매장에 투자한 프랜차이지는 때로는 종종 자금이 제한적이어서 브랜드가 성장할 때 그들이 담당하는 지역에 2개, 3개 또는 5개의 매장을 항상 오픈할 수 있었던 것은 아니었다. 그리하여 독점 유통업체의 장점이 부각되었다. 독점 유통업체는 보통 행정, 인사, 재무 역량을 활용하여 재빠르게 10개에서 30개의 매장을 오픈할 수도 있고, 전문적인 공급체계를 갖춰, 매장에서 제공되는 서비스 품질의 수준을 유지하는 동시에 적절한 광고 및 마케팅 활동도 전개할 수 있었다.

독점 유통은 지금도 빠르고 효율적인 유통 시스템 중의 하나다. 주요 국가나 직접 접근이 어려운 지역 진출에 추천할 만한 시스템이다. 현지 실정에 맞는 강력하고 변형된 시스템이 빠르게 정립될 수 있다.

이 시기에 상당히 중요하게 여겨졌던 또 다른 유통 시스템은 백화점이다. 백화점은 숍인숍 콘셉트 즉, 백화점이 자리를 제공하면, 브랜드는 그 자리에 고유의 색과 로고, 구별되는 인테리어 등으로 브랜드의 콘셉트를 재현하고 공간에 어울리는 인테리어를 자유롭게 만들어 낼 수 있는 매장을 장려했다.

숍인숍은 앞서 언급했듯이, 어느 한 도시나 국가에서 빠르게 자리 잡을 수 있다는 점에서 프랜차이즈의 또 다른 형태이기도 하다. 버그도프 굿맨Bergdorf Goodman 이나 삭스 5번가Saks 5th에 입점을 꿈꾸지 않은 브랜드가 있을까? 파리나 런던에서의 성과가 고무적이고, 미국에서 입지를 굳히고자 하는 계획이 있다면 시도해 볼 만한 일이다.

지난 30~40년 동안 프랜차이즈와 백화점은 브랜드의 글로벌 확장에 있어 중요한 역할을 했던 유통 방식이었다. 이들은 지금도 계속해서 그러한 역할을 담당하고 있으며, 때로는 필수 불가결하다고 인식되기도 하다.

| 이해관계자 선택하기

2000년대 이후 백화점은 더 이상 럭셔리 브랜드의 성장을 견인할 수 없게 되었다. 아마도 브랜드 본사 입장에서는 백화점이 제공할 수 있는 매장 수보다 더 많은 매장을 열고 싶었기 때문일 것이다. 그뿐만 아니라 럭셔리 브랜드의 성장 속도(연간 8~10%의 성장)가 백화점의 성장 속도(연간 1~2% 성장)보다 빨라서 브랜드 매출의 성장세를 이어가려면 백화점을 넘어선 대안이 필요했다.

럭셔리 브랜드의 이 같은 빠른 성장은 부분적으로는 주요 국가에서 전액 출자한 자회사를 설립하거나 현지에서 최고의 유통업체와 조인트벤처를 설립했기 때문에 가능했다.

앞에서 설명했듯이, 점차 브랜드가 소유하거나 관리하는 매장(이른바 '직영 매장')의 매출이 증가해 왔는데, 까르띠에 같은 주얼리 브랜드는 그들의 직영 매장에서 매출의 대부분을 창출했다. 까르띠에는 몇 년 전만 하더라도 매출의

50%가 그들의 '리테일' 매장(직영 매장)에서, 나머지 50%는 (멀티브랜드 스토어에) '홀세일' 판매로 창출했었다. 까르띠에를 소유한 리치몬트 그룹은 리테일 부문 매출의 비중이 2011년에는 50%이었으나 2018년에는 63%로 증가했다고 발표했다.

| 온라인 시스템 구축

2000년부터 럭셔리 브랜드는 어떤 온라인 시스템이 브랜드 성장에 가장 적절할지 고민하기 시작했다.

그 첫 번째 고민은 온라인 시스템 자체에 대한 것이었다. 여러 브랜드를 한데 모은 사이트가 좋을까? (럭셔리 백화점을 똑같이 옮겨 놓은 사이트, 프랑스에선 쁘렝땅이나 갤러리 라파예트 백화점이 쉽게 개발할 수 있었다.) 아니면 브랜드마다 사이트를 별도로 만드는 것이 좋을까?

이 당시만 해도 개별 브랜드 사이트 구축에 비용이 크게 들지 않고, 호스팅 사이트가 IT와 물류 관리를 매우 잘 처리할 수 있을 것이라는 인식이 별로 없었다.

초기 단계에서는 육스Yoox와 네타포르테Net-a-porter.com(이 둘은 현재 하나로 합병되어 Ynap이 되었다. 리치몬트 그룹이 소유하고 있다) 등 몇몇 럭셔리 그룹들이 온라인 비즈니스에 먼저 뛰어들었다. 그러나 장기적으로 생각해 보아야 할 질문이 있었다. 멀티브랜드 사이트가 물류관리는 간단하겠지만, 샤넬이나 까르띠에의 공식 사이트보다 더 큰 고객 만족과 편리함을 제공할 수 있을까?

구체적으로 말하면, 멀티브랜드 사이트의 부가가치는 다음과 같은 요인에 의해 창출될 것이다.

- 낮은 비용
- 지난 시즌 제품과 신제품 동시 판매
- 독점 판매 모델

그러나 이러한 이점에도 불구하고 불리한 점이 있다. 만약 가격이 너무 높아 다량의 재고가 발생한 제품을 팔아버리고 싶어 가격 할인을 해야 하는 경우가 자주 발생하는데, 왜 브랜드 공식 사이트에서 이런 세일 행사를 하지 않는 걸까?

루이비통, 에르메스 등 초대형 럭셔리 브랜드가 잇따라 온라인 비즈니스에 진출하기로 했다. 초기에는 온라인 비즈니스를 기존 매장과 별도로 관리하고, 고객이 거주하는 국가와 적용될 관세에 따라 가격을 조정했다. 매출은 증가했다.

현재 주요 럭셔리 브랜드는 매출의 5~10%가 온라인 사이트에서 나오는 것으로 추정된다. 그리 나쁘지 않은 실적이다. (대형 플래그십 스토어 한 개의 매출에 해당한다고 한다. 오늘날, 이 수치는 훨씬 더 커지고 있다.) 구찌는 2017년 온라인 사업 매출이 2억 7,000만 유로에 달한다.

오랫동안 에르메스와 같은 럭셔리 브랜드는 온라인에 큰 관심이 없었다. 온라인 카탈로그는 간단한 선물용 제품이나 넥타이나 스카프처럼 손쉽게 구매할 수 있는 제품 위주였다. 지금도 몇몇 예외를 두긴 했지만, 온라인 부서는 매장 영업 부문과는 별도로 운영되고, 단순히 부수적인 역할을 하고 있다.

뒤에서 살펴보겠지만, 앞으로는 여기서 한 단계 더 크게 나아가 디지털 비즈니스를 통합된 브랜드 운영의 한 부분으로 관리하고, 불필요한 장벽을 모두 없애 정보 검색, 시착試着, 구매, 애프터서비스가 온라인 사이트와 오프라인 매장을 넘나들 수 있도록 해야 한다.

럭셔리 브랜드의 분류에 따른 다양한 상황

지금까지는 우리는 럭셔리의 범위를 패션, 액세서리, 주얼리까지 상당히 폭넓게 설정하여 다루었는데, 이는 홀세일에서 멀티브랜드 스토어까지, 매장 개발에서 온라인 판매까지 업계의 변화를 상대적으로 빠르게 따라 가기 위해서였다. 사실, 이러한 변화와 병행하여, 단일 브랜드 매장이 갈수록 중요해지는 것도 감지할 수 있었는데, 여기에는 매우 다양한 제품의 출시를 동반한다.

| 시작점

1990년대까지는 제품군에 따라 단일 브랜드 직영 매장을 운영하는 것이 일반적이었다.

향수와 화장품의 경우는 홀세일 유통을 통해 여러 개의 멀티브랜드 향수 전문매장에 판매하는 것이 유일한 방법이었다. 일부 국가에서는 멀티브랜드 매장이라 하면 주로 백화점을 의미하며, 멀티브랜드 매장의 매출이 브랜드 매출의 50% 이상을 차지했다.

미국, 일본, 영국, 멕시코, 캐나다, 호주 등을 포함한 몇몇 나라의 경우, 디올, 샤넬, 에스티 로더, 생로랑, 아르마니, 랄프 로렌, 구찌 등의 향수 매장은 백화점 1층에 위치하고 브랜드 이름과 로고가 적힌 칸막이로 칸칸이 분리해 만든 방 형태인 큐비클cubicle 매장에서 판매가 이뤄졌다. 사실 큐비클 매장을 얻으려면, 매출이 커야하기 때문에 주로 메이크업이나 스킨케어 제품을 함께 선보이는 브랜드나 가능한 일이었다. 한편, 이탈리아, 프랑스, 러시아, 남아메리카 국가에서 향수는 근린 지역의 수많은 향수 매장에서 판매됐다.

세계 곳곳에 있는 수많은 매장을 둘러보고 지원하려면, 각 나라에서 이 모든 매장들을 찾아가 판매를 독려할 영업 인력이 많이 필요하다. 와인과 양주 같은 상품군도 마찬가지로, 대부분의 매출이 멀티브랜드 스토어에서 일어났다. 이야기가 나왔으니 말인데 주류의 경우에는 레스토랑, 카페, 나이트클럽 등에 공급하는 2차 판매 네트워크도 존재한다는 사실을 잊어서는 안 된다.

시계는 여러 브랜드를 취급하는 매장이나 백화점에서만 판매했다. 당시 시계 브랜드가 단독 매장을 연다는 것은 타당해 보이지 않았다.

주얼리와 시계가 함께 있는 브랜드는 시계 유통에 더 어울리는 유통 시스템을 가지고 있었다. 시계 매출이 매우 높았던 까르띠에와 같은 브랜드는 직영 매장과 많은 개별 주얼리 숍에서 판매됐다. 시계가 우선적으로 알려지지 않은 티파니 앤 코와 반클리프 앤 아펠은 단일 브랜드 매장이나 백화점 숍인 숍 매장에서 발생하는 매출이 압도적으로 많았다.

그렇다면 펜과 필기구류의 상황은 어떠했을까? 이러한 제품은 백화점과 전문 문구류 매장에서 독점적으로 판매되었다. 당시 프리미엄 필기구 시장은 몽블랑Montblanc, 파커Parker, 쉐퍼Schaeffer, 워터맨Waterman 등 4개의 주요 브랜드가 장악하고 있었고, 멀티브랜드 스토어들은 이들 브랜드 제품들을 함께 판매하고 있었다. 1991년에 몽블랑은 첫 번째 단일 브랜드 매장을 홍콩에 열었다. 그 결과 몽블랑은 제품을 다각화해야 한다는 부담도 함께 느꼈고, 이를 기회로 삼아 남성과 여성 가죽 제품과 주얼리 제품을 선보이게 된다. 몽블랑은 7억 6,000만 유로의 매출과 매우 높은 영업이익을 기록하고 있다. 다른 세 브랜드가 그리 눈에 띄지 않는 걸 보면 단일 브랜드 매장을 열고 동시에 제품 다각화를 하며 유통 시스템을 바꾼 몽블랑의 시도는 성공적이었다고 볼 수 있다.

주류는 마트, 카페, 식당, 주류전문점 등 각기 독립적인 서로 다른 유통 채널을 통해 판매되기 때문에 분석이 복잡하다. 전문가들은 시장을 두 개의 부문으로 크게 나눈다. 하나는 판매 현장에서 바로 소비되는 온 프레미스on-premises 부문인데, 예를 들자면 레스토랑, 바, 클럽 등에서 소비되는 주류를 말한다. 다른 하나는 판매장소 밖에서 소비되는 오프 프레미스off-premises 부문, 즉, 주로 가정에서 소비되는 주류를 말하는데, 이 경우 보통 슈퍼마켓, 식료품점 또는 인근 와인 전문점에서 구매하게 된다.

몇 가지 예외를 제외하면, 주류는 여러 브랜드를 취급하는 매장에서 계속 판매될 것이다. 와인과 양주는 주요 식품 매장과 할인점에 유통되는 유일한 럭셔리 상품이다. 까르푸Carrefour가 와인 특판 행사를 기획하면, 정말 많은 와인이 판매된다. 까르푸는 고객층(대형마트 구매자)과 물류 시설(주차장과 카트)을 확보하고 있으며, 막대한 판매력과 구매력을 활용해 저렴하게 제품을 공급받을 수 있는데, 다른 유통 채널에서는 이를 따라 하기는 힘들다.

단일 브랜드 매장을 여는 시계 브랜드와 니치 향수

몽블랑을 따라서, 다른 시계 브랜드들도 단일 브랜드 매장을 열었다. 우선, 에벨Ebel은 1990년쯤 홍콩에서 첫 매장을 열었다. 하지만 처음에는 매출이 기대했던 만큼 나오지 않아 어려움을 겪었다. 오메가Omega와 롤렉스Rolex는 중국 멀티브랜드 스토어에 유통하는 동시에 십여 개의 매장도 열었다. 이는 오메가에 행운을 가져다준 선택으로 중국에서 선망의 대상이 되는 브랜드가 되었다.

브레게Breguet는 다른 전략을 폈다. 파리, 런던, 모스크바와 같은 주요 국가 수도의 입지가 좋은 곳에 단일 브랜드 매장을 열고, 각 매장을 멀티브랜드 리테일러들을 위한 쇼룸, 홍보 활동을 위한 쇼케이스, 그리고 판매를 위한 부티크로 사용하고 있다.

| 니치 향수의 성장

지난 40년 동안, 많은 향수 회사가 일반 향수보다 2~4배 비싼 니치 향수를 런칭하고, 유니크한 단일 브랜드 매장에서 판매하기로 했다. 이는 '향수 전문가'가 '향수 분야의 다른 전문가들'과 이야기를 나누는 분위기 속에서 향수에 대한 지식이 많고 관심도 많은 소비자에게 더욱 특별한 향수를 선보이는, 향과 향수에만 중점을 둔 발상이었다.

르 자르댕 르트루베Le Jardin Retrouvé(1975), 라티잔 파퓨미에르L'Artisan Parfumeur(1976), 아닉 구탈Annick Goutal(1984) 등이 니치 향수의 선구자였는데, 라티잔 파르퓨미에르는 푸이그Puig그룹, 아닉 구탈은 한국의 아모레퍼시픽 Amore Pacific, 조 말론Jo Malone과 프레데릭 말Frederic Malle은 모두 에스티 로더 컴퍼니Estée Lauder Companies에 빠르게 인수됐다. 2006년 한 해에만 여러 개의 니치 브랜드가 탄생했다. 에따 리브르 도랑쥬Etat Libre d'Orange, 르 라보Le Labo, 바이레도Byredo, 이센트릭 몰리큘Escentric Molecules 등이 대표적이다. 모든 럭셔리 그룹이 빠르게 성장하는 니치 향수 부문에 눈을 돌리는 것처럼 보였다. 로레알은 아틀리에 코롱Atelier Cologne을(2017), LVMH는 메종 프란시스 커정Maison Francis Kurkdjian을 인수했고(2017), 에스티 로더 컴퍼니는 바이 킬리안By Kilian을 니치 브랜드 포트폴리오에 추가했다. 니치 향수의 잠재력을 알아본 럭셔리 브랜드들은 최근 기본 향수 가격대보다 훨씬 더 높은 가격대의 향수 컬렉션을 개발하고 있다. 그리하여 샤넬의 레 젝스클루시프Les Exclusifs, 디올의 라 콜렉시옹 프리베La Collection Privée, 생로랑의 르 베스티에르 데 빠르팽Le Vestiaire des Parfums, 아르마니의 아르마니 프리베Armani Privée, 랑콤의 메종 랑콤Maison Lancôme, 루이비통의 레 젝스트레Les Extraits 등이 등장했다.

니치 향수 부문은 매년 25% 정도의 빠른 성장세를 보이고 있고, 빠르게 성장하며, 이 제품군만의 완전히 새로운 유통방식을 도입하고 있다. 오늘날, 럭셔리 그룹이 소유하고 있지만 (매출의 큰 부분이) 단일 브랜드 부티크에서 팔리는 향수 브랜드와 이미 잘 알려진 유명 브랜드의 니치 버전을 포함하면, 2018년에는 30억 유로 이상 매출을 달성한 것으로 추정된다.

멀티브랜드 매장의 미래

럭셔리 브랜드의 지위가 탄탄해지고 높아져서, 상품의 범위가 넓어질수록, 멀티브랜드 스토어의 영향력은 줄어든다. 이는 높은 매출을 기록하는 브랜드가 속속 떠나고, 멀티브랜드 스토어는 고객을 유인할 힘이 없어 팔기 힘든 신생 브랜드만 남는 것을 지켜보게 될 위험에 처했다는 것을 의미한다.

| 백화점의 예

2011년에 출판된 초판에서 우리는 약 15페이지 분량을 백화점에 할애했다. 특히 미국과 일본에서 백화점이 심각한 재정적 어려움을 겪고 합병 또는 인수로 이어지고 있는 현상에 대해 언급했다. 미국에서의 메이시스와 메이

May, 그리고 블루밍데일Bloomingdale의 3자 합병과 일본의 미쓰코시와 이세탄Isetan, 그리고 마루이Marui의 합병, 그리고 세이부Seibu와 소고Sogo의 합병 등에 대해 언급했다. 이번 개정판에서는 이에 대해 간단하게 이야기하고 넘어가려고 한다. 이보다는 백화점이 앞으로 몇 년간 어떻게 성장할 것인가 하는 것이 더 중요하기 때문이다.

1장과 2장의 도입부에서 처음에는 판매할 상품을 선택하고, 매입했던 백화점이 인기 브랜드에 자리를 임대하고 관리하는 방식으로 바뀌어가는 과정을 설명했다. 이러한 변화가 백화점이 자체 브랜드PB; private brand를 개발하고 홍보하는 것을 막은 것은 아니다. 예를 들어, 파리의 봉 마르셰 백화점은 남성복 매장의 주요 자리에서 PB인 발타자르Balthazar의 폭넓고 혁신적인 컬렉션을 소개한다.

브랜드의 미래는 의심할 여지없이 폭넓은 선택 제공과 신제품 개발에 달려있는데, 백화점은 이 부분에서 강점이 있다. 많은 고객을 끌어 모을 수 있을 뿐만 아니라 이들과 유망한 브랜드를 연결하는 다리 역할을 한다.

백화점은 도시에서 역사적으로 의미 있는 장소나 유동 인구가 많은 매력적인 위치에 자리한다. 그래서 레스토랑이나 박물관, 극장 등과 함께 상권을 활성화하기가 아주 쉽다. 또한 더욱 큰 규모의 쇼핑센터 개발로 이어질 수도 있다.

백화점이 직면한 위기

이 책의 초판이 나온 이후에도, 백화점의 상황은 크게 나아지지 않았다. 상업 공간 관리자라는 새로운 역할로 럭셔리 브랜드만 입점 시킨 쇼핑센터(현재 중국에 많은 형태)와 경쟁해야 한다. 하지만 유동성이 많은 도심을 선호하는 백화점이 인구이동을 따라 도시 밖 교외로 진출해 매장을 오픈하는 것은 여전히 어려워 보인다.

표 2.2를 보면, 미국의 JC페니J.C. Penny와 일본의 두 주요 백화점 그룹인 이세탄 미쓰코시Isetan Mitsukoshi와 다카시마야Takashimaya 등 3개의 백화점 그룹이 성장세가 약해지고, 2개의 그룹(메이시스와 쁘렝땅)은 성장세가 완만하지만, 노드스트롬 등 빠르게 성장하는 3개의 백화점 그룹은 목표를 상향 조정했다는 것을 알 수 있다.

표 2.2 백화점 체인 매출

	2010	2017
갤러리 라파예트	3.0	4.5
헤롯	0.58	2.2
이세탄 미쓰코시	11.7	10.1
J.C. 페니	12.9	10.8
메이시스	19.0	21.6
노드스트롬	6.1	13.0
쁘렝땅	1.3	1.5
다카시마야	7.2	6.9

(단위: 10억 유로)

출처: 연간 보고서 또는 저자 추정

갤러리 라파예트의 경우, 파리의 인테리어 용품 백화점인 베아슈베BHV, 그리고 프랑스 카탈로그 통신판매 전문업체인 라 흐두뜨La Redoute의 실적이 포함된 것이 분명하다. 갤러리 라파예트가 라 흐두뜨를 인수한 주요 이유는 온라인 비즈니스에 진출하기 위한 것인데, 이는 현명한 결정으로 보인다. 해외에 위치한 8개의 매장(2025년 정도까지 20여 개 오픈 계획)과 2019년 5월 문을 연 갤러리 라파예트의 샹젤리제 매장도 또 다른 장기적 성장의 발판이 될 것이다.

또 다른 백화점인 헤롯과 노드스트롬Nordstrom은 급격한 성장에 맞추어 빠른 변화를 시도 중이다. 특히 노드스트롬은 117개의 지점과 216개의 프라이스 노드스트롬 랙Price Nordstrom Racks을 운영 중인데, 이 중 프라이스 노드스트롬 랙은 재고 정리와 할인 행사를 하는 매장이라 점에서 전자와 매우 다르다는 점이 흥미롭다. 사실 노드스트롬은 시애틀에서 탄생해 미국 서부지역에서 입지가 탄탄하게 다진 백화점 체인이다. 이들은 2018년 9월 13일, 뉴욕에서도 문을 열었다. 처음에는 남성 매장으로 시작했다가 이후 2019년 9월 맞은편에 여성 매장도 선보이며 놀랄 만한 성장과 탄탄한 입지를 굳혔다. 많은 미국 백화점이 뉴욕 지점을 폐점하는 시기에 가족 경영 기업인 노드스트롬이 보여준 괄목한 성과는 주목할 만하다.

전문가들은 미국 백화점이 하락하는 이유로 부진한 매출을 꼽는다. 2018년 가을에 들려온 헨리 벤델Henri Bendel의 폐점 소식에서 보듯이 백화점 체인을 유지하기란 쉽지 않다. 특히 미국에선 이런 유통시스템이 과도하게 발달하여 너무 흔하다. (미국에만 5,000 여개 인데 비해, 프랑스에는 92개다.) 할인점의 증가도 고객이 백화점을 방문하려는 의지를 꺾는다. 뉴욕 5번가의 가장 럭셔리한 백화점인 헨리 벤델마저도 말이다.

다른 나라의 백화점 소식도 그리 좋은 건 아니다. 독일에서는 카우호프Kaufhof와 카슈타트Karstadt가 결국 합병했다. 영국 백화점 체인인 하우스 오브 프레이저House of Fraser는 파산 선언을 했고 주요 경쟁사였던 존 루이스John Lewis는 2018년 초반, 이익이 99%나 감소했다!

글로벌 시장 진출에 대해 이야기해보면, 럭셔리와 패션 업계의 글로벌 시장 진출이 활발하지만, 많은 백화점들은 다른 나라에 진출해 뿌리를 내리는 데 실패했다. 셀프리지Selfridge와 데브햄스Debenhams 백화점을 제외하면, 미국,

일본, 유럽의 주요 백화점은 해외에서 입지를 구축하는 데 힘들어 했다. 시어스Sears는 스페인과 칠레, 그리고 브라질에서, 다이마루Daimaru는 홍콩과 싱가포르 등지에서 철수했다.

백화점이 해외 시장에 성공적으로 진출하려면 다음과 같은 어려운 조건들이 충족되어야 한다.

(1) 해당 백화점이 시작된 나라에서 이주해오거나, 또는 해당 백화점이 이미 진출했던 나라에서 거주한 경험이 있는 현지 거주자

(2) 현지 다른 백화점과 계약을 체결하지 않아, 해당 백화점과 독점 계약을 체결할 수 있는 해외 유명 패션 브랜드

(3) 진출한 나라의 문화와 패션 관습을 존중하면서 고객들의 관심을 끌 수 있는 홈데코 기능까지 포함한 라이프 스타일 브랜드

백화점은 자신이 탄생한 국가나 도시에서는 자신의 지위를 유지할 수 있었지만 새로 진출한 나라에서는 참신함과 창의성을 충분히 발휘하지는 못하는 경우가 많다.

| 향수와 화장품 멀티브랜드 체인

코스메틱 부문에는 소규모의 개별 향수 브랜드들과는 별도로 네 개의 향수 제국이 있다. 첫 번째는 유럽, 미국, 아시아에서 탄탄히 지위를 누리며 2018년 80억 유로 이상의 매출을 달성한 세포라Sephora이다. 세포라는 유명 브랜드 향수와 선별한 코스메틱 제품을 판매하면서, 동시에 자신의 브랜드 이름을 붙인 PB제품을 만들었고, 이것이 전체 영업이익의 24%를 차지하는

것으로 추정된다. 두 번째는 아시아 체인 왓슨스Watson's와 연계한 마리오노 Marionnaud로 중국 시장을 장악하고 있는데, 모든 사업영역을 합한 연결 매출 consolidated turnover이 1,500만 유로에 달한다.

세 번째인 울타 뷰티Ulta Beauty는 1990년 미국에서 탄생해 미국 내에 1,074개의 매장(평균 매장면적 1,000㎡)을 운영하며, 2017년 52억 유로의 매출을 올렸다. 북미대륙에선 세포라보다 매출액이 높을 수도 있는데, 매장 콘셉트가 더 개방적이다. 매장마다 스킨 케어 센터 있고, 고가 제품에서 대중적인 제품까지 폭넓게 갖추고 있다. 네 번째는 더글라스Douglas인데 독일, 동유럽, 이탈리아, 프랑스, 스페인, 폴란드 등에서 인지도가 높으며 매출액은 30억 유로에 달한다.

일반적으로 위 4개의 그룹은 거의 모든 유명 향수와 화장품 브랜드를 취급하지만, 자체 메이크업과 스킨케어 제품도 개발했다. 이 중 몇몇 제품은 매출의 상당 부분을 차지하고 있다.

| 패션 멀티브랜드 스토어

파리의 빅투아르Victoire와 콜레트Colette, 밀라노의 10 꼬르소 꼬모10 Corso Como와 같은 몇몇 패션 멀티브랜드 스토어는 한동안 유명했다. 콜레트는 파리에 약 400~500㎡ 규모의 단독 매장을 열어 익스클루시브 패션 제품을 판매했다. 매장은 늘 붐볐다. 이곳을 찾는 사람들 가운데는 주기적으로 방문하는 사람들이 많은데, 반드시 뭔가를 구입할 생각으로 오는 것은 아니었다. 방돔광장Place Vendôme과 팔레 루아얄Palais Royal 사이에 위치해, 산책하며 들리는 경우도 많았다. 또 이곳을 찾는 고객들은 가격은 비싸지만 다른 곳에서는 찾아볼 수 없는 특별한 패션 아이템을 찾는 이들이 주를 이루었다. 예를 들면, 이곳에서만 판매하는 리미티드 에디션 제품인 라코스테Lacostes의 레드 컬러 악어 로고 장식폴로 셔츠나 랄프 로렌의 다른 셔츠에 비해 두 배 이상으로 크게 수놓인 폴로 플레이어polo player 로고 장식 셔츠를 찾았다. 2018년 1월 1일, 꼴레트는 오너인 콜레트 루소Collette Rousseaux의 은퇴와 함께 문을 닫았지만, 1997년 오픈한 이후 20년 동안 이곳은 유행에 민감한 패션 빅팀*들이 즐겨 찾는 곳이었다.

이처럼 멀티브랜드 스토어의 성공 공식은 신제품과 독창적인 제품, 또는 특별한 선물이 될 수 있는 작은 기념품과 고객이 호기심으로 둘러볼 수 있는 공간을 제공한다는 것이다. 2015년 꼴레트가 루이비통 스니커즈 단독 전시 판매 행사를 특별 이벤트로 기획한 것처럼 말이다.

홍콩의 조이스Joyce도 살펴볼 만하다. 패션 멀티브랜드 스토어 체인인 조이스는 조이스 마Joyce Ma가 설립했는데, 그녀는 빠른 성장 가능성을 지닌 감각적인 신진 디자이너를 고객에게 선보이고자 했다. 물론 2008년 힘든 시기를 겪으며 레인 크로포드Lane Crawford에 인수됐지만, 레인 크로포드는 조이스를 인수한 덕분에 매우 세련된 패션 전문 백화점이라는 이미지를 얻었다.

꼴레트나 조이스의 사례를 통해 우리가 배울 수 있는 것은 멀티브랜드 스토어의 지속성이나 성장 가능성에 대해 의문을 가질 수는 있지만, 새로운 패션 트렌드를 감지하고 독창적이거나 독점적인 다양한 제품을 고객에게 선보일 수 있는 장소인 것은 사실이라는 것이다. 또 꼴레트의 폐점은 중국에서 10 꼬르소 꼬모 프랜차이즈가 실패한 것처럼, 스토어 콘셉트가 스토어 설립자와 매우 긴밀하게 연결되어 있다는 것을 보여준다.

---

* 패션 빅팀fashion victim: 직역하면 패션의 희생자. 매 시즌 트렌드를 쫓아 신상품을 사기 위해 여러 노력을 하며 희생되는 상황에 놓이는 것을 의미

트레블 리테일의 특별한 사례

2017년의 트레블 리테일Travel Retail 업계의 매출은 570억에 달했다. 향수와 화장품이 36%(245억 유로), 와인과 양주가 17%(114억)를 차지한다. 대부분 간접 판매indirect sale로 이뤄진다. 제품은 한정된 지역, 대개는 면세점 안에서 오프라인으로만 판매되는데, 이는 국경을 넘어 이동하며 항공이나 선박에서 탑승할 때 세관을 통과해야하기 때문이다.

승객들로 가장 많이 붐비는 공항 12곳에는 미국의 공항이 4개(애틀랜타, 로스앤젤레스, 시카고, 댈러스), 아시아의 공항이 4개(베이징, 도쿄, 홍콩, 상하이)가 포함되어 있다. 반면, 매출에서는 아시아가 럭셔리 제품 판매의 선두를 달리고(트레블 리테일 판매의 44.4%), 유럽(29.9%)과 미국(16.5%)이 뒤따르고 있다. 이는 미국에서는 항공기 이용자들의 대부분이 국내선 이용자라는 사실로 설명할 수 있다. 트레블 리테일 매출이 가장 높은 공항은 서울(18억 유로), 두바이(16억 유로), 싱가포르(15억 유로) 순이고 런던 히스로 공항, 파리 샤를드골 공항이 뒤따르고 있다.

여기서 우리는 넓고 커다란 공항이 입지가 탄탄한 유명 백화점보다 높은 매출을 올린다는 점을 알 수 있다.

이런 트레블 리테일 매장을 공항이 직접 관리하는 경우는 매우 드물다. 공항은 면세사업권 입찰을 진행하고 가장 많은 수수료를 지불하겠다는 면세사업 운영자와 면세사업권 계약을 체결한다. 면세사업권 계약은 보통 장기(종종 5~7년) 계약이고, 면세사업권을 취득한 운영자는 공항에 보통 매출의 40~55%의 수수료 지급을 보장해야 한다. 이로써 알게 된 두 가지는 다음과 같다.

• 첫째, 면세 운영업자에게서 받는 수수료는 공항의 주 수입원으로, 항공사가

지불하는 착륙료, 정류료, 이륙료보다도 훨씬 많다.

- 둘째, 면세사업권 입찰에 성공해 높은 수수료를 지급하려면, 면세사업 운영
자들은 매우 높은 매출을 달성해야 하고, 이를 위해서는 제조업체로부터 향
수, 와인과 주류, 패션과 액세서리 등의 상품을 좋은 가격 또는 할인된 가격
으로 납품 받아야 한다. 결국, 제조업체의 마진이 줄어드는 것이다.

트레블 리테일의 운영자들은 주로 유럽 업체(듀프리Dufry, 앨리아 라가르데
르Aelia Lagardère, DFS 및 하이네만Heinemann 등)이며 일반적으로 특정 지역에서
운영 중이다. LVMH 그룹의 DFS는 주로 아시아-태평양을 무대로 하고, 독일
함부르크에 본사를 둔 가족경영 기업 하이네만은 동유럽국가에서 활발하며,
듀프리는 북미대륙에서 입지를 잘 구축했다.

일반적으로, 면세사업 운영자에게 제품을 공급하는 업체의 영업조직은 지
역적으로 구분되어 있지는 않고, 대부분의 경우 면세사업 운영자 전담 영업인
력을 구성해 관리한다.

럭셔리 브랜드에게 트레블 리테일 부문에서 창출한 매출은 매우 중요하
다. 뿐만 아니라 트레블 리테일을 통해 브랜드의 가시성을 높이고 새로운 영
역에 제품을 유통할 기회를 모색할 수 있다는 점도 간과할 수 없다.

내용 요약:

- 럭셔리 비즈니스에서 리테일 매장의 역할은 지난 50년~60년 동안 여러 차례
급변했다. 디지털 세상이 도래하면서 새로운 변화가 일어났고, 이는 또 다른
도전을 불러왔다.
- 오늘날은 리테일 매장의 미래가 문제가 아니라 이보다 더 넓은 옴니 채널 시

스템에 어떻게 적응할지가 관건이다.

- 현재 온라인 매출 규모는 아직 10% 정도에 불과하지만, 2025년에는 25%에 이를 것으로 예상된다. 물론, 온라인 매출이 25%에 이른다 해도, 오프라인 매장이 불필요하다는 것은 아니다. 오프라인 매장은 고객이 항상 옴니 채널 서비스를 이용할 수 있도록 기획되어야 한다. 이는 하나의 시스템에서 다른 시스템으로 이동이 매끄럽게 연결되어야 하고, 고객을 상대하는 직원이 어느 한 시스템을 다른 시스템보다 더 중요시하고 있다는 인상을 받지 않도록 해야 한다. 이를 위해서는 직원, 외부 협력업체, 중간업자가 어느 한 시스템만을 내세우는 것이 결코 최선의 이익이 되지 않는다는 것을 느끼는 것이 중요하다.

- 오늘날에는 오프라인과 온라인 비즈니스를 담당하는 외부 업체가 있다. 결국 직접 비즈니스와 간접 비즈니스의 구분이 달라질 수는 있지만, 어떠한 럭셔리 브랜드도 해외 사업 전부를 통합할 수는 없을 것이다

- 백화점, 개별 프랜차이지, 특정 지역의 독점 유통업체에서 이커머스 전문업체에 이르기까지, 럭셔리 비즈니스의 중간업자 모두가 성장하는 것을 보게 될 것이다. 하지만 이들 모두 경영목표를 재정립하고, 고객과 브랜드 관계자에게 제공할 부가가치를 키워야 한다.

03

럭셔리 매장의
콘셉트와 디자인

고객이 세계 어디에서나 브랜드를 식별할 수 있고, 매장에 들어서는 순간 놀라게 해야 한다.

-크리스티앙 블랑카에르Christian Blanckaert, 에르메스 인터내셔널 전 부회장

럭셔리 브랜드는 제품을 유통업체에 판매할 뿐만이 아니라, 자체 매장에서도 직접 판매해야 한다는 것을 인지하고, 즉시 브랜드를 재정비했다. 그들은 여기에 맞춰 매장의 콘셉트와 디자인 등 새로운 마케팅 기술을 개발했다.

럭셔리 세일즈에서 중요한 마케팅 요소를 다음 네 가지 주제를 통해 살펴보자.

- 매장 콘셉트: 브랜드의 비전을 보여주어야 한다.

- 매장 디자인: 레이아웃을 이해하고 쇼윈도의 중요성을 인지해야 한다.
- 비주얼 머천다이징: 고객이 브랜드 고유의 아름다움을 느낄 수 있도록 돕는다.
- 이커머스 사이트 디자인: 온라인 고객을 유치하기 위해선 오프라인 매장보다 디자인 개념이 더 중요하다.

브랜드 재정비: 새로운 매장 콘셉트가 시급하다.

1994년 5월 월 도메니코 드 솔레Domenico De Sole가 구찌의 CEO가 된 후, 가장 먼저 내린 결정 중 하나는 매장을 새롭게 디자인하는 것이었다.

1994년 12월, 6주 만에 전 세계의 모든 구찌 매장이 밀라노 매장을 모델로 새롭게 디자인됐다. 큰 비용이 들지 않은 작은 변화였지만 그 파급 효과는 매우 컸다.

1999년 11월 구찌가 생로랑을 인수한 후, 가장 먼저 착수한 것은 매장네트워크를 확장하고, 매장의 레이아웃을 바꾸는 것이었다. 2000년 디자이너 톰 포드와 건축가 윌리엄 소필드William Sofield가 디자인한 첫 매장이 미국 라스베이거스의 벨라지오Bellagio 호텔에 문을 연 데 이어, 2001년 9월에는 매디슨 애비뉴Madison Avenue에 플래그십 스토어가 문을 열었다. 구찌가 인수할 당시 15개였던 생로랑의 매장은 1년 후 30개, 이후 42개로 확장되었다. 2010년에는 전 세계에 78개, 2017년엔 184개의 매장을 운영하게 되었다.

2001년 2월 구찌가 보테가 베네타Bottega Veneta를 인수했을 때, 보테가 베네타의 매장 수는 19개였다. 같은 해 12월 새로운 디자인의 플래그십 스토어를 매디슨 애비뉴에 개장한 데 이어 기존의 매장들 역시 전면 리뉴얼했고, 2002

년에는 파리, 밀라노, 런던, 산호세, 코스타 메사Costa Mesa, Califonia, 시카고(하얏트 호텔의 더 고급스러운 장소로 이전)등에서 6개의 매장을 새로 선보였다. 한편, 일본에서만 8개의 매장을 새로 열었는데, 결과적으로 보테가 베네타가 구찌에 인수된 지 불과 2년 만에 전 세계 모든 매장을 리뉴얼하고 매장 수 역시 두 배로 늘어난 것이다! 그리고 인수 9년 후인 2010년에는 매장 수가 148개, 2018년에는 270개가 되었다.

2015년 1월 알레산드로 미켈레Alessandro Michele가 구찌의 크리에이티브 디렉터로, 마르코 비자리Marco Bizzari가 CEO로 임명됐다. 두 사람이 가장 먼저 내린 결정은 첫째, 구찌의 매장 콘셉트를 새롭게 하고(2015년 9월 최초의 리뉴얼 매장이 밀라노에 오픈), 둘째, 구찌의 새로운 디자인 비전을 고객과 공유할 수 있도록 광고, 웹사이트, 고객 후기, 홍보, 행사, 소셜 미디어, 카탈로그, 쇼윈도, 패키징, VMDvisual merchandiser 등처럼 고객과 브랜드의 접점이 되는 부분을 재정의하는 것이었다.

| 사례 연구: 조르지오 아르마니의 세계관은 매장 디자인을 어떻게 발전시켰는가?

"우리의 패션은 세상과 조화를 이루고 있습니다. 저는 제 일을 하나의 사명처럼 생각합니다. 불필요한 것을 만들어서는 안 되고, 앞으로 나아갈 길을 보여주고, 다름을 만들어야 합니다. 저는 직장, 가정, 사회활동에서 의미 없는 것을 없애는 것이 중요하다고 생각합니다. 모든 것은 의미가 있어야 하고 주변 환경과

잘 어울려야 합니다. 아르마니를 입은 여성은 정제된 창조물이며, 가슴을 드러내는 대신, 내면의 아름다움을 발산합니다. 남성 재킷을 입어도 우아합니다." (엘르Elle, 1991년 11월 18일)

아래는 조르지오 아르마니의 세계관을 구성하는 3가지 기본 요소다.

1. 혼합Blending: 다양한 현실의 혼합. '요즘 패션은 다양한 차원의 현실을 소재로 하고, 여성이 옷을 입는 방식은 매우 다채롭다. 따라서 유행은 하나만 존재할 수 없고, 다양한 트렌드가 섞여야 한다.'(하퍼즈 바자 Harper's Bazaar, 1996년 9월). '하나의 트렌드가 아니라 혼합된 트렌드가 존재한다.'(엘르 데코Elle Décoration, 1989년)

2. 대조Contrast: 같은 사람이라도 마음 속에는 서로 다른 감수성을 품고 있다. '요즘 가장 매력적인 남성상은 아이러니하게도 불안감을 있는 그대로 받아들이고 당당히 보여주는 남성이라고 생각한다. 이들은 부드럽고 감정에 솔직하며 수줍기도 한데, 이 모든 성향이 개성을 만드는 중요한 부분이다.'
   우아한 여성은 서로 반대되는 것도 균형 있게 소화하고 서로 대조되는 것도 자연스럽게 녹여낼 줄 안다. (패션에는 성별이 있어 '여성이 실크 새틴 티셔츠 위에 남성 재킷을 입는다는 것'은 당시로써는 매우 이상한 믹스매치였다. 하퍼즈 바자, 1996년)

3. 조화Harmony: '오늘날 럭셔리 제품을 사용하는 것은 다른 사람들에게 자신의 힘을 보여주는 것이 아니라 조화로운 삶을 추구하는 것이다.

자기 자신과의 조화, 자신이 입고 있는 옷과 하모니를 이루려면 집, 혹은 장소와 잘 어울려야 한다. 이처럼 조화는 모든 것을 연결하는 고리가 되어야 한다. 이것이 나의 철학이다.' (엘르, 1991년 9월)

조르지오 아르마니는 '여성의 있는 그대로의 모습who is herself'과 '여성이 보여주는 모습who shows herself'을 구분한다. 전자를 선호하는 그는 자신이 디자인한 옷은 여성의 개성을 강조하고, 조화로운 삶을 이루는 데 도움이 돼야 한다고 생각한다. 색은 평온해야 하고, 패턴은 몸이 자연스럽게 움직일 수 있어야 한다. 그는 자기 인생의 무대에서 배우가 된 사람을 위한 옷을 만들어 자신의 옷을 입는 이들이 자유롭고 자율적인 존재가 되는 것을 보고 싶어 했다. 그리고 이런 말을 했다.

"패션을 강요하는 것이야말로 디자이너의 창작품인 옷을 입는 사람을 존중하지 않는 행위입니다. 저는 반대로 합니다. 목표는 간단합니다. 제가 디자인한 옷을 통해 사람들이 자신의 스타일을 세련되게 드러내고, 트렌드만 쫓는 패션 빅팀이 되지 않도록 돕는 것입니다."(엘르, 1991년 11월 18일)

아르마니는 이런 철학을 적용해 직물을 혼합하고 "나는 그 어떤 형태도 발명하지 않았다. 가죽과 면직물, 하얀 실크와 표면이 거친 트위드를 조합 하는 것처럼, 그저 직물과 형상을 각각 독창적인 방식으로 어울리게 했을 뿐이다."(마담 피가로, 1992년 9월 19일), 뉴트럴 컬러를 사용하고 "톤이 다른 두 가지 베이지색을 합하면 무언가 미묘해집니다."(엘르, 1995년 4월 24일), 불필요한 것은 모두 없애고 "적을수록 풍성해 지는 것입니다." 매장에 흥미로운 공간을 만들었다. "음반 코너, 신문대, 작은 레스토랑을 만들고 싶었습니다. 갤러리도 있으면 좋겠다고 생각했습니다. 매장은 사람들이 만나는 곳이어야 합니다. 패션만 있는 동네는 최악입니다."(마리끌레르, 1998년 2월)

이는 그의 매장이 왜 베이지색과 회색 톤의 조합인지, 아르마니 카사 매장이 왜 브라운과 베이지 색이 중심이 되는지, 파리의 엠포리오 아르마니 매장에 왜 처음으로 아르마니 카페를 열었는지 설명해준다. 파리 생 제르망에 있는 아르마니 카페는 2016년 이후 독자적으로 운영되고 있는데, 매장 출입문도 달리 사용하고 있다. 하지만 모든 브랜드의 매장 콘셉트는 브랜드의 비전과 일치한다.

매장의 콘셉트: 브랜드의 비전 적용하기

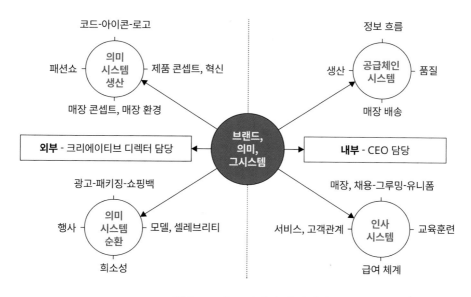

그림 3.1 브랜드 비전의 네 가지 축

럭셔리 브랜드는 브랜드의 비전이 어디에서나 성공적이고 일관되게 드러나는 것에 초점을 맞춘다. (그림 3.1에 나온 네 개의 축) 이것이 비주얼 머천다이징에 어떤 영향을 미치는지 이해하려면, 브랜드의 활동을 크게 네 가지 요소로 나눠 보아야 한다.

- 브랜드 비전 수립: 브랜드(혹은 창립자가 경영하고 있다면, 창립자)의 비전을 구현하는 아이디어와 이미지의 연속된 흐름을 유지한다. 패션쇼, 제품, 매장 콘셉트, 브랜드의 코드, 로고, 아이콘 제품, 대표 색상과 같은 아이코노그래피 iconography가 대표적이다. 이는 매장 디자인이 왜 그토록 중요한지 말해준다. 매장은 전자상거래 웹사이트와 함께 고객이 일상에서 브랜드와 만나는 공간이기 때문이다.

- 브랜드 비전 확산: 브랜드의 비전이 만들어지면 소비자에게 전해져야 한다. 이를 알리려면 광고, 포장, 쇼핑백, 브랜드와 잘 어울리는 모델 등이 중요하고 브랜드가 기획한 기념일, 출시, 전시회와 같은 이벤트가 필요하다. 특히 주요 브랜드들이 중국의 고객들에게 브랜드의 역사와 유산에 대한 정보를 알리기 위해 사용한 다양한 전략들을 살펴보자. 2010년 상하이에서 열린 '루이비통 회고전Louis Vuitton Retrospective', 에르메스의 장인들을 전 세계에 소개하며 에르메스의 노하우와 품질을 보여준 전시회 '에르메스, 장벽을 넘어Hermes hors les murs'는 좋은 예다. 브랜드의 비전 홍보와 마찬가지로, 제품 생산은 크리에이티브 디렉터의 책임 하에 진행된다. 만들어진 상품은 리테일 이미지 부서의 비주얼 머천다이저를 통해 매장에 진열된다. (아래 그림 3.4의 발리 Bally의 조직도의 사례 연구) 리테일 이미지 부서는 예술적 통제를 담당하는데, 매장의 레이아웃 기준을 만들고 쇼윈도의 디자인을 정한다. 더불어 매장에서 사용할 음악을 자체적으로 작곡하기도 한다.

- 공급망: 브랜드 비전에 맞춰 일관되게 조직돼야 한다. 즉, 신제품은 대중이 제품 런칭 소식을 듣고 난 후가 아니라 듣기 전에 매장에 배송되어야 한다. 그렇지 않으면, 판매 기회를 놓치고, 이미지에 타격을 입는다.

| 실제 사례

저자 중 한 명이 발리Bally의 인사책임자로 근무할 때, 브랜드 이미지가 훼손된 상황을 목격했다. 경영진 미팅 도중에 크리에이티브 디렉터가 흥분하며 얘기했다.

"새 쇼핑백은 어디에 있죠? 브랜드 아이덴티티를 전부 바꿨어요. 매장 콘셉트도 바꾸고, 패키징도 바꿨는데, 새로 만든 쇼핑백이 매장에 없어요. 대체 어디 있는 거죠?"

그런데 아는 사람이 아무도 없었다!

며칠 후, 크리에이티브 디렉터가 어느 창고에 갔다가 바닥에 놓인 커다란 상자들을 보았다.

"이게 뭡니까?" 그가 물류 매니저에게 물었다.

"쇼핑백이에요." 물류 매니저가 대답했다.

"이런, 여기저기 쇼핑백을 찾아다녔어요. 쇼핑백이 왜 매장에 없는 거죠?" 크리에이티브 디렉터가 물었다.

"쇼핑백 코드가 없어요. 코드가 없으면 아무것도 배송할 수 없는 거 아시잖아요! IT 부서는 최근에 업무가 너무 밀려서 쇼핑백 같은 무상 서비스 물품에 사용할 코드를 만들 시간이 없다고 합니다." 물류 매니저가 말했다.

(브랜드의 일관성을 해치는 관리결함이다!)

오늘날 이런 문제는 인피니티 글로벌Infinity Global과 같은 업체를 통해 해결할 수 있다. 인피니티 글로벌은 주요 브랜드들의 머천다이징 자재를 주문하고 매장에 배송한다. 이 같은 업체를 통해 각각의 브랜드는 전 세계 매장에 필요한 물품을 적시에 배송할 수 있다.

• 인사HR 체계: 모든 일에는 인력이 필요하다. 럭셔리 브랜드를 구축하려면 적합한 기술을 지닌 사람이 있어야 하고, 브랜드 이미지에 맞는 매장을 구성해야 하며, 브랜드가 구축하려는 고객관계관리 유형을 정확히 정립해야 한다. 후자의 두 가지 업무는 CEO와 경영진이 직접 책임진다.

| 사례 연구: 중국에 펼쳐진 럭셔리와 전문성

2010년 5월 14일부터 23일까지, 홍콩은 프랑스 상공회의소와 손잡고 럭셔리 브랜드를 모아 '부티크 블루바드: 그렇게 멋진 곳, 바로 그곳 센트럴Boutique Boulevard, So Lush, So Central'이라는 행사를 개최했다.

럭셔리 브랜드 업계 종사자와 고객과 만남을 주선한 자리로, 각각의 브랜드들은 자신의 노하우를 선보이며, 고객을 특별한 세계로 초대했다.

행사는 홍콩에서 가장 활기찬 장소인 센트럴 지역Central District에서에서 엄선한 소수의 게스트를 위한 행사를 시작됐다. 행사 참여한 이들은 럭셔리 쇼핑몰을 구경하며 다음과 같은 여러 매장을 체험했다.

- 겔랑의 향수 워크숍, '향기와 감성Scent & Sensibility'에서 겔랑의 향수 랭스땅L'Instant의 크리에이터 중 한 명인 실벤 들라쿠르트Sylvaine Delacourt가 강사로 나서 향수는 왜 필요한지, 그리고 어떻게 뿌려야 하는지 설명했다.
- 만다린 오리엔탈 호텔의 이발사 앙헬 곤잘레스Angel Gonzales가 더블 셰이빙 워크숍을 진행했다.
- 저명한 프랑스인 소믈리에 피에르 르그랑두아Pierre Legrandois를 초청해 와인에 관한 조언과 정보를 알리는 행사를 열었다.
- 던힐, 티파니 앤 코, 아르마니, 까르띠에, 구찌, 루이비통 등 여러 브랜드가 패션과 에티켓에 관한 조언을 담은 프리젠테이션과 워크숍을 진행했다.

사실 이 행사는 디올이 로즈우드Rosewood 주얼리 컬렉션을 선보이기 위해 같은 해 4월 30일부터 5월 2일까지 홍콩에서 개최한 '사부아르 페르Savoir Faire' 전시회를 모방한 것이다. 바로 전 해, 파리에서 처음으로 열렸던 이 전시회는 디올의 전문성과 창의적 열정을 표현하는 독창적인 주얼리 컬렉션을 돋보이게 하는데 일조했다.

파리 전시회의 성공에 고무된 디올은 이후 세 명의 주얼리 디자이너를 홍콩으로 보내, 그들은 노하우를 시연하고, 빅투아르 드 카스텔란Victoire de Castellane이 디자인한 뉴 로즈우드 컬렉션을 소개했다. 뉴 로즈우드 컬렉션은 크리스찬 디올이 가장 좋아했던 꽃, 즉 밀리 라포레Milly-La-Fôret에 있는 그의 정원에 핀 장미꽃들을 의미하는 13개의 주얼리가 포함됐다.

같은 방법으로 몽블랑도 2014년 4월 상하이에서 브랜드의 역사와 장인 정신을 소개하는 비슷한 전시회를 기획했고, 에르메스는 전 세계 순회 전시회, '페스티발 데 메티에Festival des Métiers'를 기획해 장인들의 작업 모습을 보여주었다. 이 전시회는 이후 '에르메스, 장벽을 넘어 Hermès hors les murs'라는 이름으로 바뀐다.

럭셔리 브랜드는 왜 이런 종류의 이벤트에 집착하는 것일까? 이를 통해 얻는 것은 무엇일까?

최고의 명성을 자랑하는 브랜드의 노하우를 선보이는 이런 종류의 '유혹 작전'은 아시아에서 큰 인기를 끈다. 실제로 신흥 부자들이 많아진 중국에서 럭셔리 브랜드는 현재와 미래의 고객에게 유럽에서 쌓은 명성의 기반이 되는 가치를 전달하기 위해 애쓴다. 이러한 노하우, 전문성, 가장 숙련된 장인들의 세심한 수작업 시연 등은 브랜드의 정통성을 확인하고, 높은 가격에 타당성을 부여해 준다.

브랜드의 역사, 제작과정, 그리고 브랜드가 추구하는 세계를 고객들에게 알리는 것은 중요하다. 고객이 제품의 품질에 만족하면 브랜드의 이미지와 브랜드가 추구하는 것에 설득당하고 애정을 갖게 된다. 이러한 과정은 단순히 고객의 관심을 끄는 수준을 넘어서기 때문에 더 많은 시간이 걸린다. 하지만 설득에 성공하면 고객은 브랜드에 대한 충성도가 생기고, 고객 자신의 가치를 반영하는 고품질의 럭셔리 브랜드를 신뢰하게 된다.

그뿐만 아니라 럭셔리 브랜드가 대규모 마케팅 이벤트를 열면 미디어의 주목받게 되고, 홍콩, 상하이 혹은 서울과 같은 도시들은 아시아의 럭셔리 브랜드의 주요 공략 도시로 떠오른다. 실제로 중국과 홍콩은 많은 화제를 불러일으키는 화려한 홍보 이벤트에 관심이 많다. 가장 좋은 것을 남에게 보여주는 것을 중요하게 여기는 중국에서 럭셔리 브랜드는 이웃 나라보다 더 많은 상상력을 동원해, 이벤트의 수준을 끌어올린다. 예를 들어, 샤넬이 2010년 가을, 크루즈, 디올이 2013년 봄-여름, 루이비통이 2012/13년 가을-겨울 컬렉션을 상하이 번드Bund에서 컬렉션을 선보였다.

물론 이벤트가 바로 고객을 끌어 모으는 것은 아니다. 다만 호기심을 불러일으켜 향후 고객이 될 수 있는 잠재 고객을 끌어오는 과정의 시작이 될 수 있다. 이러한 예비적인 접근 방식은 럭셔리 브랜드에 익숙하지 않은 고객에게 종종 위화감을 느끼게 하는 유명 브랜드를 좀더 알기 쉽게 설명하는 계기가 된다.

최근에 일부 브랜드가 팝업 스토어 겸 새로운 형식의 전시회를 기획했다. 향수 브랜드 딥티크Diptyque는 2019년 4월 상하이에서 50년의 역사를 보여주는 전시회를 성공적으로 열었는데, 관람객은 현장에서 제품을 구입할 수 있었다. 전시회를 보려는 관람객들로 줄이 길었을 뿐만 아니라, 제품도 많이 팔렸다. 브랜드의 인지도도 높이고 매출도 올린 완벽한 예다.

매장 분류: 폐쇄형? 개방형?

전통적으로 럭셔리 브랜드 매장은 폐쇄형으로 유리문을 열고 안으로 들어갔다. 사실, 브랜드의 특별함을 고수하기 위해서는 이처럼 매장 접근을 제한하는 것이 가장 좋은 방법이었다. 그러나 이런 모습은 많이 사라졌다. 현재 매장의 형태는 가장 폐쇄적인 형태에서 가장 개방적인 형태에 이르기까지, 크게 세 가지로 구분해 볼 수 있다. 이 세 가지 형태에 따른 매장 접근 방식은 각각 다르다.

- 박스형boxed-in: 밖에서 매장 내부를 들여다볼 수 없고, 요청해야만 출입문이 열리는 형태로 시계와 주얼리 브랜드가 사용하는 전통적인 형태다. 2000년 대까지 까르띠에가 대부분의 매장에서 사용한 녹색 대리석 쇼윈도가 그 예인 데, 파리의 뒤 드 라 빼Rue de la Paix 거리의 까르띠에 매장에서 여전히 볼 수 있다.

- 반개방형half-open: 쇼윈도 배경backdrop이 탈착이 가능해 매장의 내부도 부분적으로 볼 수 있다. 패션 및 가죽 매장에 주로 활용하며, 최근에는 다음 사진처럼, 발렌시아가, 버버리, 딥티크 매장에서도 사용한다. 주얼리 브랜드도 종종 이런 형태를 사용하기도 하는데, 파리 포부르 생 토노레Faubourg Saint-Honoré 거리에 있는 까르띠에 매장이 그 예다. 이런 형태의 매장은 럭셔리의 대중화에 어울리는 형태로 고객은 매장 전체를 볼 수 있고, 쇼윈도에 진열된 것보다 더 많은 제품이 구비되어 있는 것을 알 수 있다.

- 개방형open: 전면이 투명해 매장 안이 다 들여다보이고 문턱이 없다. 세포라와
  같은 코스메틱 전문 매장이나 쇼핑몰 내 대부분 매장이 이런 형태다.

매장의 형태에 따라 고객과 브랜드의 관계가 달라지며, 매장의 형태는 브랜드와 고객의 거리에 따라 정해진다. (표 3.1) 미국의 쇼핑몰 개발업자이자 전 소더비Sotheby's 회장인 알프레드 토브만Alfred Taubman은 이런 말을 했다.

"매장의 형태에 따라 고객이 느끼는 '임계 저항threshold resistance'의 높이가 달라진다. 매장에서 임계 저항이라는 것은 고객들이 매장 문을 열고 문턱을 넘어 매장 안으로 들어오는 것을 막는 어떤 작용을 말한다. 매장의 디자인만 고쳐도 이를 낮출 수 있다고 생각한다."

표 3.1 매장의 형태와 브랜드-고객 관계

	단골 고객	일회성 고객
폐쇄형 쇼윈도	고객은 매우 엄선된 환경에서 세상과 떨어져 안락하고 보호받는다고 느낄 것이다.	고객은 환영을 받지 못한다고 느끼고 매장 문을 열려고 하지조차 않을 것이다.
개방형 쇼윈도		일회성 고객을 매장 안으로 들어오게 할 수 있는 좋은 방법이다.
반개방형 쇼윈도		고객들은 매장 안에 무엇이 있을지 예측할 수 있기 때문에 더 편안함을 느낄 것이다.

럭셔리 브랜드가 대중화되려면, 브랜드 내부 직원이 아니라, 잠재 고객층이 소외되거나 위축되는 기분을 느끼지 않고 접근할 수 있어야 한다. 따라서 새로운 고객 유치에는 개방형 매장이 훨씬 적합하다.

- 완전 개방형fully open: 잠재 고객을 맞이하기 위해 매장의 입구를 최대한으로 넓힌 형태이고, 고객의 출입을 막는 문이나 쇼케이스도 없다. 완전 개방형 매장의 두 가지 예를 살펴보자.
  - 공항에 있는 대부분의 매장: 문이 없어서 누구나 자유롭게 들어갈 수 있다. 많은 보고서에서 얘기하듯이 잠재 고객이 럭셔리 브랜드에 접근할 수 있게 돕는 형태이다. 까르띠에나 불가리와 같은 주얼리 브랜드도 공항매장은 완전 개방형을 선택한다.
  - 향수 및 화장품 유통 전문매장 세포라: 샹젤리제에 있는 세포라의 플래그십 스토어는 완벽한 예로, 50미터 떨어진 겔랑의 전통적 향수 부티크와 비교해보면 흥미롭다.

| 실제 사례

2012년: 세포라와 겔랑, 두 매장의 정면은 크기가 거의 같았지만, 겔랑 매장의 문턱을 넘는 것은 부담스러웠다. 우선, 육중한 문 뒤로 경비원이 있고, 출입문 옆에 있는 두 개의 쇼윈도를 통해 보이는 작은 매장 안에는 판매 직원이 네 명 있다. 전체적으로 쉽게 접근하기 힘들어 보인다.

반면, 세포라 매장은 입구가 대로변으로 완전히 열려 있고, 살짝 기울어진 경사면을 통해 매장 안으로 들어갈 수 있다. 보안 요원의 존재는 거의 느껴지지 않았고, 실제로 매장을 드나드는 사람도 더 많았다.

출입을 막는 어떤 장애물도 없다. (그림 3.2) 결국 겔랑 매장에 들어가기가 부담스럽던 사람은 옆에 있는 세포라 매장으로 향하는데, 아마도 이곳에서 겔랑 향수와 화장품을 샀을지도 모른다!

그림 3.2 세포라 매장 전면

그림 3.3 겔랑 매장 전면

2018년: 겔랑의 브랜드 매니저들은 세포라와 겔랑 매장 사이에 있는 점포가 비었을 때, 이곳에 아틀리에 겔랑 파퓨머Atelier Guerlain Parfumeur 매장을 열기로 했다. 샹제리제 거리에 있는 이 매장은 완전히 개방된 형태다. (그림 3.3)

커스터마이징 매장과 플래그십 스토어

럭셔리 브랜드는 전 세계에 있는 자사 브랜드 매장이 서로 비슷해야 브랜드만의 고유한 이미지를 만들어 고객이 바로 알아본다고 생각한다. 프라다가 그 좋은 예였다. 이들이 선보인 민트 그린 컬러 페인트와 윤기 나는 카펫으로 꾸민 인테리어는 매장뿐만 아니라 본사 사무실에도 똑같이 적용됐다.

이러한 전략은 21세기 초, 특히 플래그십 스토어 위주로 달라졌다. 브랜드 스스로 탄탄함을 갖췄다고 판단한 이들은 시장 접근 방식을 바꾸기로 했고, 언제나 그렇듯이 프라다가 앞장섰다. 1999년에 프라다는 건축가 렘 콜하스Rem Koolhaas를 기용해 세 가지 프로젝트에 투입했다. 구겐하임 소호Guggenheim

Soho 지역에 있는 2,250㎡의 신규 매장, 로스앤젤레스의 2,000㎡의 매장, 샌프란시스코의 4,300㎡의 매장을 설계하는 프로젝트였다. 런던의 테이트 모던Tate Modern 미술관을 설계해 명성을 얻은 헤르조그와 드 뫼롱Herzog & de Meuron 은 도쿄 매장은 물론 뉴욕 사무소와 토스카나의 공장 사무소까지 새롭게 디자인하는 프로젝트를 맡았다. 미우치아 프라다Miuccia Prada는 WWD와의 인터뷰에서 "이번 프로젝트는 매우 특별합니다."라고 말했다.

"많은 브랜드 매장들이 서로 비슷해서 지루해 보입니다. 실험적인 매장을 만들고 싶었습니다. '쇼핑이란 무엇인가?'라는 질문을 하고 싶었습니다. 요즘 고객은 쇼핑을 즐깁니다. 이는 사교와 소통의 한 방식이 되었습니다."

이어서 프라다는 도쿄 아오야마에 다이아몬드 모양의 유리판으로 덮인 오각기둥 형태의 조형미가 돋보이는 새로운 콘셉트의 '에피센터 스토어epicentre store; 패션 업계에서는 플래그십 스토어와 비슷한 개념으로 사용된다'를 선보였다. 이후 이 매장은 럭셔리 브랜드 플래그십 스토어의 주요 트렌드가 됐다. 에피센터 스토어는 럭셔리 브랜드라면 보여줄 수 있는 조형미, 특별함, 고급스러움을 표현하며 프라다를 정의하는 데 기여했다. 램 쿨하스Rem Koolhaas의 말을 들어보자.

"수가 늘어나면 반복되게 됩니다. 신규 매장이 생길 때마다 전체적인 아우라는 줄어들고 익숙함이 생겨나죠. 규모가 커지면 생기는 이런 위험을 가리켜 스탠더드 베어러 증후군Standard Bearer Syndrome이라고 합니다. 명확함이 과도해지면 놀라움과 신비함이라는 요소들을 전부 없애 버립니다. 브랜드의 정체성은 구호로만 남게 되죠. 하지만 브랜드가 성장하면 이를 새롭게 정의할 기회를 제공하기도 해서 이때는 전형적인 매장과 유니크한 매장, 두 종류의 매장을 선보일 수 있습니다. 에피센터 스토어는 유니크한 매장으로 브랜드 이미지 리뉴얼의 도구가 될 수 있습니다. 흐름을 바꾸고, 프라다는 현재 어떠하며, 무엇을 하고, 어떻게 될까에 대한 사람들의 기존 생각을 흔들어 줄 수 있죠. 에피센터 스토어는 콘셉트가 있는 쇼케이스 기능을 합니다. 미래에 나아갈 방향성을 선언하는 수단으로, 일반 매장의 많은 대중에게 긍정적인 이미지를 심어줍니다."(베르텔리Bertelli, 2001)

일반적으로 플래그십 스토어는 일반 매장보다 5~8배 넓고 1층 이상으로 구성되며 차별화된 요소를 포함한다. 샤넬은 2005년 도쿄 긴자에 10층 규모의 플래그십 스토어를 열었다. 건축 잡지 아키텍처럴 레코드Architectural Record에 실린 글을 보자.

"21세기형 옥외 광고판 기능을 한다고 할 수 있는 샤넬의 플래그십 스토어는 시멘트를 사용해 클래식 샤넬 트위드를 개념화한 것이죠." 건축가 피터 마리노Peter Marino의 설명이다. "설계팀은 샤넬다움을 현대적이고 상징적인 건축물로 표현하고자 했습니다. 215피트 높이의 건물은 고급 쇼핑 거리인 긴자에서 가장 높은 빌딩입니다. 10층으로 된 건물의 1~3층은 매장, 4층엔 전시 및 콘서트 공간이 자리합니다. 그 위로는 임대 사무실이고 펜트하우스 층에는 레스토랑, 옥상엔 다목적 가든 테라스가 있습니다."(웨더스비Weathersby, 2005, 204쪽)

한 마케팅 디렉터는 플래그십 스토어에 대해 다음과 같이 말했다.
"럭셔리 브랜드의 규칙은 분명합니다. 공간과 공간을 호화롭게 사용하는 것이 럭셔리 경험이라고 할 수 있습니다. 상업적으로 이용되지 않는 공간을 확보해 럭셔리의 핵심 가치인 배타성과 화려함을 암시합

니다.”(무어Moore, 2010)

아래와 같은 요소를 영리하게 조합해 활용하면 브랜드의 명성을 높일 수도 있다.

- 역사적 건물: 건물의 역사와 브랜드의 역사를 자연스럽게 연결할 수 있다. 가장 눈에 띄는 예로는 이러한 사용을 최초로 시도한 1986년 랄프 로렌의 라인랜더 하우스Rhinlander House 매입을 들 수 있다. 2,000㎡ 규모의 이 플래그십 건물은 20세기 초에는 뉴욕의 한 엘리트 가문의 소유였다. 그림과 가구뿐만 아니라, 원래의 건물 주인이 가지고 있던 소품까지 그대로 보존하고 활용하여 WASPWhite Anglo Saxon Protestant; 백인 앵글로색슨 개신교로 대변되는 미국 주류 사회의 라이프 스타일을 대변하는 브랜드로서의 정통성을 보여주었다. 매디슨 애비뉴에 있는 랄프 로렌 본사도 정통성을 강화했다. 프로젝트 담당 건축가에 따르면 마호가니로 만든 로비는 대서양을 횡단하던 여객선인 노르망디호의 퍼스트 클래스 라운지를 떠올리게 한다.
- 유명 건축가: '럭셔리 브랜드는 교황과 왕실의 뒤를 잇는 건축의 새로운 후원자다!' 2000년대 초부터 주요 럭셔리 브랜드는 거물급 건축가들과 협력해왔다. 이는 브랜드 이미지에 긍정적인 영향을 끼쳤을 뿐만 아니라 건축가의 창의성을 활용하여 브랜드의 혁신적인 모멘텀을 만들었기 때문이다. 피터 마리노Peter Marino는 샤넬, 디올, 루이비통, 제냐의 매장을 디자인 했고 마시밀리아노 푹사스Massimiliano Fuksas는 아르마니의 뉴욕, 도쿄, 홍콩 매장을 디자인했다.

2017년과 2018년에는 큰 규모의 인상적인 플래그십 스토어들이 많이 건축됐다. 몇 가지만 예로 들자면, 루이비통은 파리의 방돔 광장에 3,500㎡ 규모의 매장을 열었고, 에르메스는 2014년 상하이에 1,200㎡ 규모의 메종 에르메스의 5번째 매장을 오픈한 후, 홍콩의 프린스빌딩에 920㎡ 크기의 플래그십 스토어를 열었다. 샤넬의 첫 번째 긴자 매장은 규모 1,000㎡로 새로운 빌딩에 다시 문을 열었고, 이 책을 쓰는 시점에서 보면, 파리의 캉봉 거리에 있는 매장 리뉴얼을 포함해 여섯 개의 신규 플래그십 스토어를 열 계획이다.

• 브랜드의 이미지를 높이려면 언론, 특히 패션 관련 전문 매체들과 돈독한 관계를 맺어야 하는데 플래그십 스토어도 이에 한 몫 한다. 다음의 사례는 이를 잘 보여준다. 어느 유통업체에 따르면, 런던의 플래그십 스토어의 운영비를 감당하지 못해 문을 닫자 패션 매체들은 더 이상 그 유통업체의 브랜드를 다루지 않았다고 한다. 이는 다른 매장의 매출에도 부정적인 영향을 끼쳤다고 해당 업체는 밝혔다.

"언론은 장소와 브랜드를 연결한다. 매장의 문을 닫자마자 기자들의 머릿속에서 우리의 이름이 바로 지워진 것 같았다. 신기했다. 우리가 무엇을 했는지는 상관없었다. 우리는 그들에게 더 이상 중요한 존재가 아니었다. 재빠르게 결정을 번복해야 했다. 언론에 노출 여부는 럭셔리 브랜드의 매출에 영향을 미치기 때문이다."(무어Moore, 2010)

플래그십 스토어의 역할은 또 있다. 브랜드와 유통업체와의 관계를 지탱해준다. 유명 건축가가 만든 새로운 매장 콘셉트는 협력업체나 유통업자들이 매장을 리뉴얼하기를 바라는 브랜드에게는 버팀목 역할과 중간업자를 모집하고 유지하는 쇼케이스 역할도 한다.

"플래그십 스토어가 홀세일 전개에 중요한 역할을 한다는 것은 확실하다. 상하이에 스토어를 오픈했을 때 홀세일에 끼친 영향은 엄청났

다. 플래그십 스토어를 리뉴얼하면, 100여 명의 중간업자를 새로 유치
할 수 있다는 것을 안다."(무어Moore, 2010)

플래그십 스토어를 활용하여 프랜차이지를 교육하기도 하고 새로운 컬렉
션과 신제품 라인을 출시할 때 관련 정보를 제공하기도 한다. 중간업자들 매
장에 도입해야 할 새로운 머천다이징 전략을 소개하는 곳이기도 하다.

따라서 플래그십 스토어와 새로운 매장의 콘셉트는 브랜드, 고객, 유통업
체, 언론 사이의 복잡하게 얽힌 관계를 조정하는데 핵심적인 역할을 한다. 새
로운 콘셉트의 매장을 선보이거나 플래그십 스토어에 투자를 한다는 것은 비
용이 많이 들지만, 파급효과도 크다. 따라서 투자를 매출액만으로 평가해서는
절대 안 된다!

발리의 크리에이티브 디렉터였던 스콧 펠로우즈Scott Fellows는 이렇게 말을
했다.

"남성용 구두 쇼윈도에 왜 빨간색 구두나 파란색 구두를 놓았다고 생
각하십니까? 고객이 호기심에 매장에 들어왔다가 검은색 신발이나
갈색 신발을 구입하거든요!"

쇼윈도는 고객, 브랜드, 제품 사이의 첫 시각적 접촉이 이뤄지는 곳이다.
지나가는 사람들의 발길을 붙잡아 매장 안으로 끌어들일 수 있다.

저자 중 한 명이 어느 날 뉴욕의 소호 근처를 걷고 있었는데 텅 빈 쇼윈도가 눈에 띄었다. 길 맞은편 다른 상점의 쇼윈도마저 빈 것 같았다. 비주얼 머천다이징에서 상상할 수 있는 모든 기법과는 정반대였다. 그는 길을 건너가 보기로 했다. 가까이 갈수록, 매장의 내부가 보이기 시작했다. 윈도 앞에 다다르자 매장 내부가 훤히 보였다! 이는 2000년대 초, 브랜드가 쇼윈도와 지나가는 행인 사이에 맺어지는 복잡한 관계를 얼마나 잘 알고 있었는지 보여주는 흥미로운 실제 사례다. 이세이 미야케Issey Miyake의 플리츠 플리즈Pleats Please 매장은 새로운 유리 기술로 고객을 놀라게 하면서, 그들의 시선을 브랜드와 제품으로 끌어들였다.

몇 년 후(2005년 말) 아베크롬비 앤 피치Abercrombie & Fitch는 쇼윈도가 없는 매장을 탄생시켰다. 5번가에 있는 새로운 플래그십 스토어의 10개가 넘는 창문을 모두 닫고, 쇼윈도에 제품을 하나도 진열하지 않았다. 대신, 고객은 이곳에서 흘러나오는 음악에 이끌려 매장으로 들어왔다.

쇼윈도는 감성이 태어나는 곳이다. 브랜드 이미지에 힘을 불어넣고, 고객과 정서적인 교감을 높이는 쇼윈도를 운영하는 럭셔리 브랜드는 얼마나 될까? 거의 없다.

고객에게 브랜드를 알리는데 쇼윈도를 활용하는 이들은 얼마나 될까? 저자 중 한 명은 최근 런던 뉴 본드 스트리트의 발리 매장 쇼윈도에 19세기 혹은

20세기 초에 발리에서 만든 신발 사진이 걸려 있는 것을 보고 깜짝 놀랐다. 브랜드의 메시지가 몇 초 만에 큰 목소리로 명확히 들려왔기 때문이다.

1930년대에 본윗 텔러Bonwit Teller 백화점이 했던 것처럼, 매장 쇼윈도 디자인을 예술가에게 맡기는 브랜드가 얼마나 될까? 살바도르 달리나 맨 레이, 마르셀 뒤샹, 혹은 1950년대의 앤디 워홀 같은 예술가들이 매장 쇼윈도의 디자인에 참여한 적이 있을까?

브랜드들은 대부분, 제품을 진열하기 위해 쇼윈도를 사용한다. 럭셔리 브랜드는 지나가는 고객이나 행인에게 말을 걸 필요가 없다. 브랜드의 독창성을 보여주며, 강한 정서적 유대관계를 구축하기 위해 쇼윈도를 사용한다. 에르메스는 레일라 멘샤리*의 훌륭한 창작물로 쇼윈도를 꾸미고, 폴 스미스도 대부분의 매장의 쇼윈도를 그런 식으로 꾸몄고, 존 갈리아노를 영입해 브랜드의 이미지를 완전히 바꾸기 위해 노력했던 디올이 몽테뉴 거리의 매장에 지젤 번천의 사진을 걸어 화제를 끌었던 것처럼, 쇼윈도는 보는 사람의 욕망을 자극해 브랜드의 스토리에 참여하고 싶다는 감정을 만들어 낸다.

비주얼 머천다이징과 공식 이미지

매장의 쇼윈도는 브랜드의 비주얼 머천다이징에서 중요한 부분이다. 럭셔리 브랜드는 한때 백화점의 쇼윈도를 브랜드 이미지를 구성하는 핵심 요소로 활용했다. 디테일은 하나도 빠짐없이 모두 중요하다는 사실과, 본사에서 결정한 예술적 방향성을 매장에서 구현하는데 꼭 필요한 전문 부서인 비쥬얼 머천

---

* 레일라 멘샤리Leila Menchari: 1978년부터 2013년까지 에르메스 쇼윈도의 VMD를 맡았다. 현재는 프랑스 영화계의 유명 세트 데코레이터 앙투안 플라토Antoine Platteau로 대체했다.

다이징 부서가 필요하다는 사실을 알게 되었다.

이해를 돕기 위해 발리에서 근무했던 저자 중 한 명이 겪었던 사례를 살펴보려 한다. 2000년 당시 발리는 미국 백화점에서 영감을 얻어 조직을 개편했다.

| **사례연구: 발리의 리테일 이미지 담당 부서의 조직도**

리테일 이미지 관리 팀에는 글로벌 팀과 지역별 전담 팀이 있다. 이들은 각 매장에서 본사가 전 세계 매장에 적용하기로 결정한 가이드라인을 실행에 옮기는 업무를 담당한다.

글로벌 팀은 크리에이티브 디렉터 직속으로 '리테일 이미지 관리팀'이라고 불리며(그림 3.4), 아래와 같이 구성됐다.

- 글로벌 비주얼 머천다이징 코디네이터
- 직영 매장을 담당하는 비주얼 머천다이징 스페셜리스트 4명
- 직영 매장을 담당하는 쇼윈도 디자이너
- 홀세일과 트레블 리테일 매장을 담당하는 비주얼 머천다이징 코디네이터
- 유럽 시장을 담당하는 비주얼 머천다이징 스페셜리스트 또는 디자이너 4명
- 아시아와 미국 시장을 담당하는 비주얼 머천다이징 스페셜리스트 또는 디자이너 4명

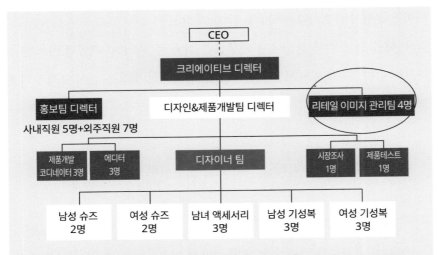

출처: 슈발리에와 마짜로보, 럭셔리 매니지먼트와 마케팅 (2015)

그림 3.4 발리 조직도 - 리테일 이미지 관리팀

우리는 쇼윈도 장식이 얼마나 중요한지 알고 있다. 쇼윈도만 전담하는 비주얼 머천다이징 스페셜리스트 덕분이다.

비주얼 머천다이저VMD는 매장을 직접 방문해서, 매장 매니저가 본사의 가이드라인을 실행하고 있는지 확인해야 한다. 따라서 가이드라인을 상세하게 마련해야 한다. 그림 3.5에 보이는 자료는 매장을 다녀온 비주얼 머천다이저가 작성하는 표다.

럭셔리 부티크 콘셉트와 디자인

국가	프랑스	도시	파리
매장	에투왈	날짜	14/03/01
매장 매니저		매장 부매니저	
담당 지역 매니저		담당 부서 매니저	
VM 책임자			

파일럿 매장	일반 매장				
	1	2	3	4	5
	매우 안 좋음	안 좋음	보통	좋음	매우 좋음
매장의 전반적인 상태					
디스플레이					
임팩트					
남성복 코너					
여성복 코너					
정리 상태					
직원의 복장					
직원의 도움					

총점 27/40

매장의 현재 상태에 대한 매니저의 피드백 (해당되는 경우)

	매우 안 좋음	안 좋음	보통	좋음	매우 좋음
참고 사진		이전	이후	이전과 이후	

그림 3.5 발리 - 비주얼 머천다이징 평가서

한 달 후, 비주얼 머천다이저는 매장을 다시 찾았다. 코멘트를 읽어 보면 현지의 리테일 팀이 비주얼 가이드라인을 이해했다는 사실을 알 수 있다.

비주얼 머천다이저의 코멘트

- 매장 세팅은 양호하다.
- 이전 매장 방문 시 주문했던 블록들이 배송됐다.
- 레이아웃을 변경하니 제품을 더 다양하게 보여줄 수 있다.
- X가 큰 도움이 되었다. X가 이 매장의 VM이 되기를 바란다.

프라다의 에피센터 스토어와 그 외 모든 브랜드의 플래그십 스토어를 둘러보면 '우와!'하고 감탄하게 된다. 이들 매장은 단순히 타 브랜드에 강한 인상을 주기위해 시도한 것에 불과한 것일까? 그보다는 다른 의미가 있지 않을까? 시들해진 고객들의 관심을 얻기 위해 럭셔리 업계가 힘을 합치는 새로운 단계로 볼 수는 없을까? 쿨하스 vs. 게리Gehry (2014년 파리에 문을 연 루이비통 재단 Louis Vuitton Foundation 건축을 담당), 또는 마리노 vs. 퓨처 시스템즈Future Systems 의 경쟁은 어쩌면 브랜드 간의 전쟁을 대행하는 고가의 아바타일 수 있다. 고객은 옆으로 밀려나고, 결국 아티스틱 디렉터가 다른 아티스틱 디렉터에게, 디자이너가 다른 디자이너에게 말을 거는 것에 지나지 않을 브랜드 간의 경쟁 속에서 고객은 단지 인질이 아닐까? 브랜드가 벌이는 서커스 게임에서 고객은 관심을 받는 대상이 아니라 점점 더 구경꾼이 되어 간다. 럭셔리 브랜드는 매장의 콘셉트와 비주얼 머천다이징에 매우 신경 쓴다. 하지만 이것들이 아무리 중요해도 전부가 되어서는 안 될 것이다. 더 이상 서비스의 품질이 중시되지 않는다면, 고객은 구경만 할 것이고, 결국 데코레이션에 지나지 않을 매장이 얼마나 인상적이었는지에 대해 이야기하는데 그칠 것이다.

내용 요약:

- 지난 30년 동안 럭셔리 브랜드는 리테일러로 변모했다. 매장 건축 콘셉트는 브랜드의 아이덴티티 구축에 특히 중요하다.

- 매장의 형태는 더 크고 열린 공간으로 변화하며, 고객의 출입을 방해하는 요소들을 모두 제거해 나간다.

- 쇼윈도는 브랜드를 표현하는 특별한 수단이다. 이를 통해 기존 고객과 잠재 고객에게 매우 강한 영향을 끼칠 수 있는 감성을 만들어 내야 한다.

온라인과 오프라인
그리고 O2O

네타포르테의 설립 원칙은 과거나 지금이나 똑같다. 컨텐츠와 비즈니스 사이에 균형을 만드는 것이다.

－나탈리 마스넷Natalie Massenet, 네타포르테 설립자, 전 영국패션협회 회장

인터넷은 유통과 홍보를 위한 주요 채널이다. 럭셔리 브랜드가 인터넷에 투자를 하는 이유이다. 하지만 럭셔리 브랜드가 온라인 활동을 받아들이는 과정은 쉽지 않았다. 이번 4장에서는 럭셔리 브랜드와 현대의 통신 기술이라 할 수 있는 인터넷 사이의 파란만장한 애증 관계를 짚어본다. 우선 이를 잘 보여주는 사건을 살펴보자. 육스Yoox.com와 육스의 비즈니스 모델은 이커머스를 바라보는 럭셔리 브랜드의 시각을 어떻게 변화시켰는가?

럭셔리 산업과 인터넷의 문화 차이를 이해하려면 과거부터 최근까지 양측

의 관계가 어떻게 변했는지 추적하고, 인터넷이 통신 수단이자 이커머스의 매개체로 사용되는 현재의 상황을 살펴야 한다. 이는 분명 지금 이 순간도 앞으로도 진화하고 있을 것이다. 이어 디지털 마케팅의 복잡함에 대해서도 설명하고, 온라인 비즈니스를 발전시키는 브랜드라면 인터넷과 소셜 네트워크에서 반드시 지켜야 할 7가지 가이드라인을 알아보고자 한다.

육스와 네타포르테의 합병

2009년의 밀라노 패션위크Milan Fashion Week에서 센세이션을 일으킨 사람이 있었다. 육스의 CEO 페데리코 마르체티Federico Marchetti, 그는 모든 쇼에서 맨 앞줄의 좌석에 앉는 영광을 누렸다.

어떻게 이런 영광을 누리게 되었을까? 페데리코 마르체티는 육스를 럭셔리 업계의 핵심 참가자key player로 탈바꿈시켰다. 총매출은 2010년 2억 1,400만 유로, 2014년 5억 2,400만 유로, 네타포르테와 합병한 이후인 2017년에는 21억 유로를 기록했다.

육스의 역사를 살펴보면 그가 세운 비즈니스 모델의 혁신적인 아이디어를 엿볼 수 있다.

2000년에 런칭한 육스는 온라인 할인 매장 1세대로 이탈리아 럭셔리 브랜드와 패션 브랜드에게 세련된 포털 사이트를 이용해 지난 시즌에 팔리지 않은 재고를 처리할 기회를 제공했다. 이들 기업은 취급하는 브랜드에 어울리는 서비스를 제공하기에 충분한 물류 시스템을 갖추고 있다. 특히 판매가 완료된 후에 공급업체에게 대금을 지불하는 방법을 사용하고 창고보관료가 들지 않았다는 점이 특징이다.

또한 젊은 디자이너들의 창작물뿐만 아니라 소품과 책도 판매했다. 이 차별화된 전략에는 두 가지 특징이 있다. 첫째는 제품을 할인 없이 정가에 파는 것, 둘째는 '메이드 인 이탈리아Made in Italia'의 이미지를 크게 부각시키는 것이다. "우리의 영혼은 이탈리아인이다Our soul is Italian." 페데리코 마르체티가 한 말이다. 이제부터 육스는 패션업계의 주요 참가자로 포지셔닝하며 '모든 것이 세일 중everything is on sale'이라는 기존의 이미지를 날려버린다.

육스는 전자상거래에서 전문기술을 습득한 후, 두개의 중요한 기능을 외부업체에 위탁했다. 재고 관리 및 포장 업무pick and pack는 노베르트 덴트레스앵글Norbert Dentressangle에, 배송은 UPS에 맡겼다.

럭셔리 브랜드가 온라인 판매에 대해 연구하기 시작했을 때, 육스는 자신들이 이미 럭셔리 브랜드들이 찾고 있는 온라인 노하우를 가지고 있다는 것을 깨달았다. 온라인 판매를 위해 럭셔리 브랜드는 독자적이고 전문적인 운영업체를 찾아야 했는데, 바로 육스의 자회사인 육스 서비스Yoox Services가 적임자였던 것이다. 2006년 마르니Marni가 이커머스 웹사이트를 열자, 엠포리오 아르마니, 디젤Diesel, 돌체 앤 가바나Dolce & Gabbana, 질샌더Jil Sander, 발렌티노Valentino, 발리, 디스퀘어드Dsquared, 미스 식스티Miss Sixty, 커스텀 내셔널Costume National, 에밀리오 푸치Emilio Pucci, 스톤 아일랜드Stone Ireland와 CP 등이 육스가 관리하는powered by Yoox 이커머스 웹사이트를 런칭했다.

또한 육스는 밀라노공과대학교 경영대학원Politecnico di Milano School of Management에 온라인 패션 석사과정을 개설했다. 이 과정에는 아르마니가 장학금을 후원했다. 육스는 또한 브랜드 매니지먼트와 이커머스 분야에서 실전 교육훈련 전략을 세우려는 브랜드들과 특별한 관계를 구축하며 성장할 수 있었다.

yoox.com 웹사이트는 현대 이커머스 사이트의 훌륭한 본보기로, 다양한 정보와 런웨이 비디오, 익스클루시브 제품, 그리고 에코 디자인 섹션인 육시젠Yooxigen을 담고 있다. 단, 커뮤니티 부분은 없었다. 육스의 비즈니스 모델이 성공한 이유는 다음 네 가지 전략적 운영의 이점을 바탕으로 구축했기 때문이다.

- 종합적이고 통합적인 이커머스 제안: 각각의 럭셔리 브랜드 측에서는 고용할 수 없는 특별히 훈련된 사람들로 구성된 전담팀이 필요하다.
- 고객과 공급업체 사이의 신뢰: 각 브랜드의 세일즈와 관련해 철저히 알고 있어야 한다.
- 사내에서 완전히 통제 가능한 기술 사용: 전 제품에 무선주파수를 이용해 ID를 식별하는 전자태그 RFIDRadio-Frequency Identification 부착, 전용 이비즈니스 소프트웨어, 디자인 스튜디오 등을 활용한다.
- 패션과 할인 분야 전문업체 이미지: 유명 브랜드의 세일 상품, 프라이빗 라벨, 익스클루시브 상품, 빈티지 상품 등 누구나 원하는 것을 구할 수 있다.

2012년 육스는 케어링 그룹과 조인트벤처를 설립해, 구찌를 제외한 케어링 그룹의 모든 브랜드의 이커머스를 담당한다. 이후 스스로를 이커머스 운영업체로 포지셔닝하며 (케어링 그룹의 브랜드를 제외한) 30여개 럭셔리 브랜드의 이커머스를 담당한다.

그런데 2015년 3월, 새로운 국면이 전개되기 시작했다. 육스가 2010년부터 네타포르테의 대주주였던 리치몬트와 합병해 육스-네타포르테 그룹Yoox-NET-A-PORTER Group을 설립한 것이다. 육스-네타포르테 그룹은 2015년 매달 사이트 방문자 수가 2,700만 명, 매출은 17억 유로였고, 2017년 매출은 21억 유로를 기록했다. (리치몬트는 전체 주식의 50%, 의결권의 25%를 소유하고 있다.)

이는 리치몬트가 네타포르테를 인수한 지 5년만이었다. 분석가들은 주요 럭셔리 그룹이 디지털의 중요함을 인식하는 계기가 됐다며 환영했다. 하지만 육스-네타포르테 그룹이 기록적인 성장을 거듭하는 동기간에 리치몬트 그룹의 브랜드는 다른 럭셔리 시계, 주얼리 브랜드와 마찬가지로, 온라인 부문에서 여전히 뒤쳐져 있었다. 2013년 미국의 럭셔리 전문 싱크 탱크 L2는 다음과 같이 썼다.

> 시계와 주얼리 브랜드의 제품 페이지는 대체로 실망스럽다. 이중 절
> 반은 클로즈업 이미지가 있지만, 다양한 각도에서 제품을 보여주는
> 페이지는 1/3뿐이다, 인터액티브 콘텐츠가 있는 페이지는 1/4뿐이
> 고, 여러 옵션을 비교할 수 있는 툴이 있는 페이지는 1/5도 안 된다.
> (L2, 2013)

2018년 2월은 이러한 변화의 중요한 전환점이 된다. 리치몬트는 육스의 전체 지분을 인수하고 YNAPYoox-NET-A-PORTER의 경영권을 획득했다고 발표한다. 온라인 비즈니스에 대한 인지도는 더욱 높아졌고, 2년도 채 안 돼 리치몬트 그룹의 까르띠에, 보메메르시에Baume & Mercier, 피아제Piaget, IWC 등 시계와 주얼리 브랜드뿐만 아니라 제니스Zenith, 태그호이어Tag Heuer, 그리고 티파니Tiffany와 같은 LVMH 그룹의 브랜드, 그리고 쇼파드Chopard와 같은 독립 브랜드까지 육스-네타포르테 온라인 유통채널에 합류한다. (그림 4.1)

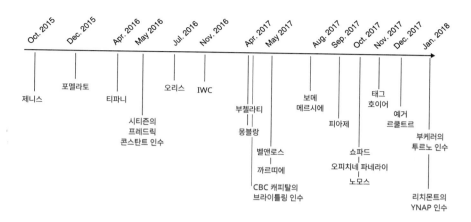

협력관계
육스-네타포르테   브랜드 인수

그림 4.1 YNAP 파트너십과 주얼리 및 시계 브랜드 인수

무슨 일이 일어난 것일까? 최근 몇 년 동안 인터넷상에서 병행시장parallel market의 영향력 커지면서,(중국의 '다이궈Daigu'현상처럼 말이다. 이에 대해선 7장에서 언급할 것이다.) 그동안 오프라인 매장 위주로 안정적으로 운영되던 이 산업은 큰 타격을 입었다. 인터넷은 잘해봤자 매력적인 쇼케이스일 뿐이라는 생각에서 벗어나 마침내 자신들이 시대에 뒤처져 있는 현실을 인지한 것이다. 스와치 그룹Swatch Group이 여러 해 동안 시계 브랜드의 메커니즘을 조달할 수 있는 유일한 공급업체였듯이, 리치몬트가 육스-네타포르테 그룹을 통해 몇몇 럭셔리 브랜드의 이커머스 운영에 관문 역할을 하게 될까?

| 사례 연구: 파페치

로렌 산토 도밍고Lauren Santo Domingo라는 이름을 들어본 적이 있는가? 패션 잡지 <보그> 미국판의 에디터 출신으로 2011년, 모두스 오페란디Modus Operandi를 설립했다. 모두스 오페란디는 패션쇼에 선보인 옷을 선주문pre-order할 수 있는 최초의 프리-테일러pre-tailer 사이트로 2017년 말 1억 6,500만 달러의 투자를 유치했다.

더 리얼 리얼The Real Real을 아는가? 정품 인증된 중고 제품을 판매하는 일종의 온라인 장터이다. 2011년에 설립 후, 2017년에 1억 7,300만 달러의 투자를 유치해 뉴욕에 첫 매장을 열었다.

이처럼 새로운 럭셔리 플랫폼이 인터넷상에서 빠르게 성장하고 있고, 여기에 관심 있는 투자자도 많다. 그중 가장 흥미롭고, 가장 발전된 플랫폼은 의심할 여지없이 파페치Farfetch이다. 2008년 창업 당시, 창업자 조세 네브스José Neves의 아이디어는 매우 간단했다. 고객층을 전 세계적으로 확장하고, 보다 정교한 온라인 세일즈 툴을 보유하려는 럭셔리 멀티브랜드 스토어가 많다는 점에서 착안, 이러한 멀티브랜드 스토어에 해답을 제시했다. 바로 멀티브랜드 스토어와 특별한 제품을 찾는 전 세계 고객들을 연결하는 소통 플랫폼을 만드는 것이었다. 파페치에 연결된 매장은 애플리케이션과 보안 접속 등 세일즈 툴을 활용해 고객 데이터베이스에 접속할 수 있었다. 판매가 이루어지면 파페치는 약 25%의 수수료를 받고, 매장은 배송 및 반품 업무를 처리한다. 따라서 재고는 매장에 보관된다. 하지만 이들은 단순히 온라인에 제품을 올리는 데에 만족하지 않았다.

그들은 앞으로 유입되는 신규 고객들의 온라인상의 구매 비중이 이전보다 높아질 것이라는 점을 인지하고 더욱 편리한 온라인 구매 프로세스를 구축했다. 파페치는 2018년 12월, 40여 개 나라의 524개의 매장을 연결해 200여 개의 다양한 브랜드의 제품을 취급할 수 있게 되었다. 유니크하고 일관된 '룩look'을 유지하기 위한 상품기획을 했다. 특히, 고객은 어떤 특정한 매장에 연결되지 않고, 제품을 바로 볼 수 있다. 매장과의 연결은 결제 시점에서만 이뤄진다. 여기에 더하여 주문 후 원하는 매장에서 픽업 가능한 클릭 앤 콜렉트click and collect 시스템을 도입하고, 10여 개의 도시에서는 당일 배송 서비스를 시행했으며, 구입한 매장이 아닌 다른 매장으로 반품할 수도 있게 했다. 2015년에는 브랜드를 플랫폼에 직접 연결했다. 2016년 말에는 75개 이상의 럭셔리 브랜드 제품을 취급하게 되었고, 2018년부터는 버버리도 판매했다. 현재 매출은 7억 유로 이상으로, 단일 브랜드와 멀티브랜드 판매 채널을 하나의 플랫폼으로 통합하며 온라인 럭셔리 세일즈의 핵심 주체가 되었다.

파페치는 2018년 중국 진출을 통해 더욱 발전했다. 중국 시장의 특수성을 더 잘 이해하기 위해 먼저 디지털 마케팅 에이전시인 큐리오시티 차이나Curiosity China를 인수한다. 이로써 이곳에 진출하려는 브랜드에 이커머스, 데이터 및 광고, e-CRM, 디지털 마케팅 솔루션 등 완전히 새롭게 구성한 전문기술을 제공할 수 있게 된다. 파페치가 제공하는 서비스는 YNAP이 대부분의 고객에게 제공하던 서비스의 수준에 매우 가깝게 접근한 것이다. YNAP는 중국 시장에 진출하기 위해 알리바바 Alibaba와 파트너십을 맺었지만, 파페치는 텐센트Tencent의 도움을 받았다.

파페치는 YNAP를 중국 내 주요 경쟁자로 설정했는데, 미래에는 전 세계 시장에서 두 업체가 경쟁하게 될 것이다.

파페치의 주식을 보유한 기업들도 늘어났다. 여러 펀드 외에도, 콘데 나스트Condé Nast, JD.com징동닷컴(2017년부터 중국시장에 진출하고, JD의 물류 시스템 활용하여 사업을 전개했다. 최근 파페치 차이나Farfetch China와 JD.com의 럭셔리몰인 톱라이프Toplife와 합병) 등이 파페치의 주식을 보유하고 있고, 그리고 2018년부터는 파페치를 통해 제품을 유통하지 않는 샤넬도 파페치에 투자하고 있다. 여전히 온라인 판매를 하지 않는 샤넬이지만 샤넬과 파페치의 파트너십으로 파페치 애플리케이션을 다운로드한 고객은 샤넬 매장에 들어가면 자동으로 고객식별이 이루어지고, 자신의 구매 이력을 바탕으로 고객 맞춤 서비스를 받을 수 있다. 결국, 파페치는 샤넬에 그들과 연결된 고객들의 기대를 충족시키기 위해 파페치의 기술적 노하우를 이용할 수 있게 한 것이다.

파페치가 최근 착수한 사업은 오프라인 매장인 스토어 오브 더 퓨처Store of the Future의 오픈이다. 범용 식별장치universal identifier를 이용한 고객 식별, 고객이 찾는 제품이 구입 가능한지 한눈에 보여주는 디지털 미러, 애플과 같은 모바일 결제 시스템, 제품을 식별해주는 RFID 시스템 등을 갖추고 있다. 매장에 설치한 기술적 툴을 고객이 사용할 수 있는데, 이는 데이터 수집용이기도 하다. 이 매장이 추구하는 목표 중 하나는 판매 직원이 재고 관리와 행정 업무에서 해방되어 고객 서비스에 집중할 수 있도록 하는 것이다. 파페치는 협력하여 1,000개의 스토어 오브 더 퓨처 매장의 네트워크를 구축할 계획이다. 그리고 이곳을 럭셔리 서비스의 허브로 만들기 위해 협력 매장에 기술을 제공하는 대신 협력 매장으로부터 데이터를 수집한다. 협력 매장은 애플리케이션을 이용해 제공 받은 기술을 보완할 수도 있다. 진정한 에코시스템이다. 조세 네브스의 말처럼. "데이터는 그 자체가 돈입니다. 고객이 자신의 데이터를 우리와 공유하기를 허락한다면, 저도 뭔가 줘야 할 것 같아요. 데이터는 황금처럼 귀한 것이죠."

간단히 살펴보는 럭셔리 브랜드와 인터넷의 애증 관계

럭셔리 업계에서 육스의 사례는 하나의 촉매제가 되었다. 럭셔리 브랜드는 육스의 성공에 자극을 받아 각자 자신만의 온라인 전략에 관해 생각하기 시작했고, 모두가 같은 의문을 품게 되었다. 지난 20년 동안 럭셔리 브랜드의 전략은 전체 유통과정을 직접 관리하는 비즈니스 모델 위주로 구축되었다. 그런데, 이렇게 매우 유망한 유통 채널을 외부 운영업체의 손에 맡기려 하는 이유는 무엇일까? 높은 수익을 위해 이커머스 마진까지 자신의 것으로 하려 하지 않는 이유는 무엇일까?(16장) 임대료가 점점 오르는 비싼 장소에 새롭고 흥미로운 매장을 오픈하기 위해 지출하는 CAPEXCapital expenditures; 자본적 지출는 갈수록 커지고 있는데, 매장보다 훨씬 낮은 비용의 유통채널을 통해 돈을 버는 기회를 애써 부정하는 이유는 무엇일까?

과거 럭셔리 브랜드가 해를 거듭하며 전통적 비즈니스 노하우를 획득한 것처럼, 새로운 e-비즈니스 노하우를 획득해야만 이와 같은 문제에 답할 수 있을 것이다. 이런 이유에서, 럭셔리 브랜드는 e-비즈니스 인재 발굴에 나서게 되었다.

- 리치몬트 그룹: 2010년 패션업계 최고의 e-비즈니스 기업으로 여겨지던 네타 포르테를 인수하고, 육스-네타포르테 그룹의 경영권 전부를 획득.
- 케어링: 2012년 육스와 조인트벤처를 설립해 보테가 베네타, 생로랑, 발렌시아가, 브리오니Brioni, 알렉산더 맥퀸Alexander Mcqueen, 스텔라 매카트니Stella McCartney 등 6개 브랜드의 e-비즈니스를 운영. 이커머스 사이트 구축 및 관리, 웹 마케팅, CRM, 고객관계를 담당.
- LVMH: 그룹 내 브랜드 중 최고의 이커머스 사이트인 sephora.com을 개발하고 2000년에서 2009년까지 럭셔리 비즈니스 최초의 럭셔리 멀티브랜드 웹사이트 e-luxury.com를 소유. 이로써 인터넷과 이커머스에서 광범위한 경험을 쌓게 됨. 이후 르봉 마르셰의 디지털 플랫폼 24sevres.com(2017년 6월)을 구축. 하지만 24sevres의 카드 소개 브로슈어를 읽다 보면, 마치 온·오프라인이 공존하지만 서로 별개인 것처럼, 웹사이트 주소를 찾기 어렵다. 결국 2015년 애플 출신의 이안 로저스의 책임 하에 디지털 사업부인 디지털 아틀리에Digital Atelier를 신설. 디지털 사업부의 목표는 그룹 내 진정한 디지털 문화를 만드는 것.
- 샤넬: 오랫동안 디지털에 저항. 이후 파페치와 파트너십 체결 및 투자. (2018년) 파페치는 전 세계 190개의 샤넬 매장에 다양한 디지털 서비스, 증강현실을 이용한 고객 경험을 포함한 새로운 체험과 고객 서비스를 제공.

우리는 럭셔리 업계의 디지털 러시가 실제로는 2015년경에 시작되었다는 것을 알 수 있는데, 불과 몇 년 전 이었다!

구체적으로 말하자면, 럭셔리 브랜드의 전통적인 사업 방식은 중기적인 관점에서는 더 이상 효과적이지 않음을 인지하기 시작한 것이다. 이를 바라보는 두 가지 관점이 있는데, 두 관점에 따른 분류 방식은 매우 다르다. 하나는 세 개의 시기로 나누고, 다른 하나는 5단계로 나누는데, 각 단계마다 각 브랜드가 웹사이트에 부여한 역할이 다르다.

| 2000~2005년 이전(브랜드에 따라 다르다)

21세기 초 럭셔리 업계는 인터넷에 이질감을 느꼈다. 두 산업이 서로 매우 다른 문화를 바탕으로 만들어졌다고 믿었기 때문이다. (그림 4.2)

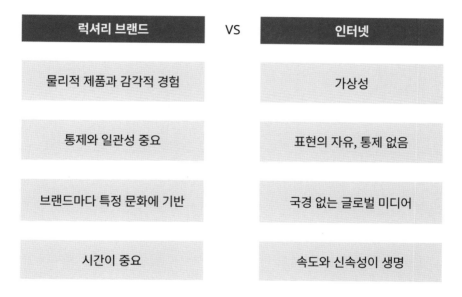

럭셔리 브랜드	VS	인터넷
물리적 제품과 감각적 경험		가상성
통제와 일관성 중요		표현의 자유, 통제 없음
브랜드마다 특정 문화에 기반		국경 없는 글로벌 미디어
시간이 중요		속도와 신속성이 생명

그림 4.2 럭셔리 브랜드와 인터넷의 문화적 비교

두 개의 요소, 즉 가상성virtuality과 통제가 럭셔리 업계와 인터넷 사이의 애증 관계에 결정적인 역할을 했다. 이 두 요소는 4개의 주요 단계를 거쳐 발전해 온 럭셔리 업계와 인터넷의 관계를 이해하는 데 필수적이다.

가상성이라는 문제를 제거해 보자. 럭셔리 제품의 본질이 직접 '느끼고 만

질 수 있는' 것이라고 한다면, 영업 및 마케팅 담당자는 럭셔리 제품은 매장에서만 살 수 있으며, 고객이 만지고 느껴야 하며, 판매 직원이 꼭 필요하다고 생각할 것이다. 이는 중요하지만, 반드시 그래야만 하는 것은 아니다. 소비자 연구에 따르면, 럭셔리 제품 소비자는 꽤 융통성이 있어서 웹사이트가 충분히 매력적이고 기능성 있는 서비스를 제공할 수 있다면, 온라인으로 구입할 수 없는 제품은 없다고 생각한다고 한다. 여러 해 동안 이러한 주장은 받아들여지지 않았는데, 사실 그 이유는 다른 우려가 있었기 때문이다.

럭셔리 브랜드의 마케팅 담당자들과 경영진들은 그들이 통제할 수 없는 강력한 가상의 존재가 브랜드를 위태롭게 하진 않을지 두려워했고, 여전히 조심스럽다. 자칫 통제의 주도권이 인터넷 사용자들의 손에 넘어갈지도 모른다는 우려이다.

이러한 우려 때문에, 인터넷은 스스로 네 가지 역할을 수행하는 방향으로 발전했다. 이에 대해서는 럭셔리와 인터넷의 관계를 관찰, 분석, 측정하는 온라인 싱크탱크 L2의 흥미로운 연구 보고서에서 설명하고 있다. L2의 2010년 보고서는 72개의 브랜드를 분석한 결과를 담고 있다. (이후 카테고리 별, 국가별 보고서들이 더 추가되었다)

2000년에서 2005년까지의 시기에는 웹사이트 없이 운영되던 럭셔리 브랜드를 볼 수 있었다. 이 시기 웹사이트의 역할은 아래와 같이 정의할 수 있다.

본래의 역할Original role: 인터넷은 무시되었고 브랜드는 웹사이트를 따로 구축하지 않았다. 프라다의 웹사이트에는 몇 년 동안 '오픈 예정'이라고만 적혀 있었다. 2005년 말에 가서야 프라다는 향수 사이트를 만들었고, 메인 사이트는 2007년에서야 만들어졌다.

| 2005년과 2015년 사이: 플래그십을 닮은 웹사이트, 서로 분리된 비전

이후 럭셔리 업계는 대부분의 이탈리아 브랜드가 육스에 맡겼듯이 이커머스를 아웃소싱하거나, 독자적으로 웹사이트를 구축한 후 영업팀의 관리 아래 두는 등 조직의 비전에 따라 운영했다. 첫 번째 경우는 이커머스 마케팅을 협력업체에 위임하고, 브랜드 본사는 부티크 마케팅을 계속했는데, 이 둘은 서로 분리되어 있었다. 두 번째 경우는 디지털과 소셜 미디어 홍보를 마케팅 부서 내 홍보 및 영업 업무로 할당해 병행했다. 여기서 우리는 조직을 정비하면서 고객의 입장을 우선 고려하지 않았음을 알 수 있다.

이 시기 인터넷 사이트는 아래와 같이 세 가지 새로운 역할을 맡았다.

역할 1: 홍보형 사이트. 브랜드의 DNA, 역사, 이벤트, 컬렉션을 소개하는 사이트로 고객과의 소통기능은 없다. 온라인은 여전히 럭셔리 브랜드와 거리가 있었고, 그 둘의 관계는 일방적이었고, 탑다운 방식이었다. 웹사이트 방문자에게 마치 '우리 브랜드를 숭배하라venerate our brand'고 엄숙히 외치는 것 같았다. L2는 2010년 현재, 조사한 72개 브랜드 중 39개(2009년 32개)만이 이커머스 사이트를 구축하고 있었다는 사실을 확인 했다. 거의 절반에 해당하는 럭셔리 브랜드가 소셜 네트워크에서 활동하고 있었지만, 온라인 개발 단계는 여전히 이 수준에 머물러 있었던 것이다.

역할 2: 이커머스 사이트. 인터넷이 본격적인 유통 채널로 인식되자 럭셔리 브랜드들은 홍보형 사이트에 이커머스 기능을 추가했다. 비로소 육스와 같은 운영업체가 참여할 기회가 열린 것이다. 오늘날에는 절반 이상의 브랜드가 온라인 비즈니스 개발 단계에 이르렀다.(아래 에르메스 사례) 제품이 온라인에서 판매되면 여러 플랫폼에 노출되고, 커뮤니티는 통합해 더 커지며, 팬과 팔로워들과 더 빈번하게 교

류할 수 있다. 이커머스를 통해 브랜드들은 더 나은 디지털 마케터digital marketer가 될 것이고, 고객을 웹사이트와 매장으로 유인하기 위해 이메일과 검색 광고도 사용할 것이다.(L2, 2010년)

역할 3: 이커머스 SNS 활동이 모두 합쳐진 네트워크로서 인터넷. 인터넷에 친숙해진 럭셔리 브랜드는 소셜 미디어라는 열차에 탑승했다. 브랜드는 페이스북 페이지, 트위터 계정, 아이폰이나 아이패드용 애플리케이션을 가지고 있었다. 2010년 L2가 조사한 브랜드 중 90%는 페이스북 페이지가 있었고(2009년 79%), 48%는 트위터, 55%는 유튜브, 39%는 스마트폰 애플리케이션을 가지고 있었다. 이렇듯 고객들과 접점은 많아졌으나 브랜드는 고객을 잘 몰랐고 상호교류도 없었다. 항상 고객과의 관계, 고객에게 전하는 메시지를 통제했고, 소셜 미디어 활동은 여전히 어딘가 개선되어야 할 부분이 있었다. 이에 대해선 뒤에서 살펴보자.

| 2015년 이후: 브랜드의 근본적 도전 과제는 고객 중심의 비즈니스

중국 고객의 영향력 급증(베인앤컴퍼니 보고서에 따르면 전 세계 럭셔리 판매의 32% 점유)과 밀레니얼 세대의 중요성을 인지하면서 럭셔리 업계가 한 번 더 요동쳤다. 이 둘은 디지털 네이티브digital native라는 공통점을 지니고 있다. 손에 휴대전화를 들고, 세계를 여행하고 일상을 탐험하며 경험을 공유하고 친구들과 쇼핑을 한다. 가상과 현실 세계를 자유롭게 오가며, 다양한 정보와 단일, 멀티, 온라인, 오프라인 등 여러 매장의 정보를 수집하고 취합하는 독특한 고객 여정*을 걷고 있으며, 오직 또래를 신뢰하며, 럭셔리 브랜드에 대해 근본적인 질문을 제기한다. 이전 단계의 특징이었던 브랜드와 고객 사이의 '귀족적인' 탑다운 방식에서 대화 중심의 '민주적인' 방식으로 바뀌어 갈 것인가?

---

* 고객 여정customer journey: 고객이 브랜드를 인지하는 순간부터 시작해서 여러 경로를 거쳐 구매에 도달하는 과정

이는 소통 구조와 직접적인 연관성을 가진다. 어떻게 고객을 소통 메커니즘의 중심에 놓지 않고 고객 여정과 고객 서비스, 만족스러운 고객 경험을 구성할 수 있겠는가?

이런 점에 있어 브랜드 업체는 시간과 싸우고 있다. 그래도 처음 시작했을 때와 비교하면 브랜드는 많은 발전을 이뤘다. 2015년 엑산 비엔피 파리바 Exane BNP Paribas와 콘택랩 ContactLab이 미국에서 실시한 연구는 이를 잘 보여준다.

30개 럭셔리 브랜드의 온라인, 오프라인 성과는 전년도보다 25% 개선되었으나, 전반적인 결과는 미흡하다. (그림 4.3) 고객이 인터넷으로 주문한 제품을 매장에서 픽업할 수는 있는 브랜드는 많아야 6개이고, 고객이 인터넷으로 구매한 제품을 매장에서 반품할 수 있는 브랜드는 16개뿐이다. 고객이 바라는 온오프라인 통합 서비스는 여전히 요원하다.

육스-네타포르테가 옴니 채널 서비스를 보강한 이유도 이러한 결점을 극복하기 위한 것이다. (그림 4.4) 육스-네타포르테는 고객들에게 3단계의 온라인 배송을 제안한다. 그중 가장 발전한 단계는 '완전 통합 옴니 채널fully-integrated omnichannel'이라 부르는데, 이는 고객들에게는 9가지 서비스를 통해, 오프라인 매장과 온라인을 넘나들며 브랜드를 접할 기회를 제공하며, 브랜드 본사에는 통합 고객 데이터베이스를 제공한다.

그리고 이제 다시 또 다른 경쟁이 시작되는데, 바로 고객에 관한 데이터 확보 싸움이다. 파페치의 CMO 존 베이크마니스John Veichmanis는 "데이터는 곧 새로운 형태의 돈이다."라고 말했다.

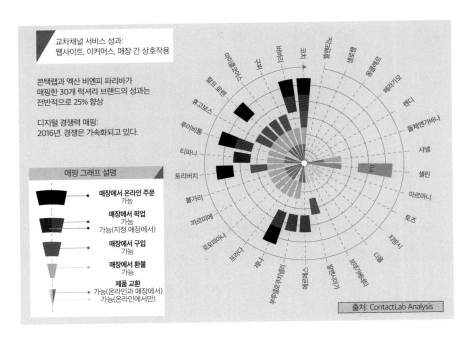

그림 4.3 옴니 채널 시스템에서의 럭셔리 브랜드의 성과표

YNAP과 협력하는 모든 브랜드는 자신의 브랜드와 관련한 고객 데이터만을 보유하고 있다. 하지만, YNAP은 자신들과 협력하는 50개 브랜드의 모든 고객 데이터를 가지고 있다. 진정한 황금을 손에 쥐고 있는 셈이다. 이에 대해선 CRM를 다룬 6장에서 다시 짚어볼 것이다.

옴니 채널 서비스 업스케일링

클릭과 콜렉트
온라인에서 구입하고
매장에서 픽업

고객통합 관점
온라인과 오프라인 고객정보를
하나의 데이터베이스로 통합

클릭과 예약
온라인에서 예약하고
매장에서 픽업 시 결제

매장출고 및 당일배송
온라인에서 구입하면
근처 매장에서 당일 배송

매장에서 반품
온라인에서 구입 후
매장에서 반품

패션 조언
온라인 쇼핑 시 전화응대 및
실시간 채팅

매장에서 클릭
매장에 비치된 아이패드나
키오스크에서 온라인 구입

전화로 하는 쇼핑
전문 컨설턴트가
응대하는 전화 통화

클릭과 교환
온라인에서 구입하고
매장에서 반품 및 교환

매장 방문 예약
온라인에서 매장 방문 예약

그림 4.4 육스-네타포르데가 제공하는 서비스

이제 우리는 L2가 언급한 네 가지 역할에 한 가지 역할을 추가해 볼 수 있다.

역할 5: 옴니 채널 경험을 판매하고 구축하기. 럭셔리 브랜드는 고객 여정에 있어서 인터넷이 얼마나 중요한지 알게 되었다. 고객에게 브랜드에 관한 유니크한 경험을 제공하면서 가능한 모든 유통채널과 홍보 채널을 통해 고객관계를 필수적으로 구축한다. 정보 시스템은 하나의 고객 데이터베이스와 CRM을 기반으로 새롭게 구축하고, 영업과 홍보 활동이 영구적으로 서로 연결된 진정한 비즈니스 에코 시스템을 수립한다. 이로 이커머스 사이트의 목표에 도달하게 되는데 바로 '판매를 위한 장소'가 되는 것이다. 그림 4.5에서 보여주는 2016년에 구찌가 완성한 새로운 '허브

형hub type'조직은 가장 좋은 실제 사례다. (구찌는 YNAP과의 조인트벤처에 참여하지 않은 케어링 그룹의 유일한 브랜드이다.)

구찌

구찌닷컴은 구찌 옴니 채널 전략의 초석

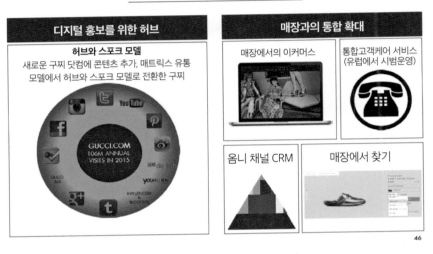

그림 4.5 구찌의 옴니 채널 전략

고객 중심의 구조를 구축하기 위한 분투는 여전히 진행 중이다. 그런데 럭셔리 브랜드의 인터넷 전략을 일차적으로 분석해 보면, 다음과 같이 두 가지 중요한 결론에 도달한다.

- 럭셔리 브랜드는 홍보 채널과 유통 채널을 통합해야 한다.
- 인터넷과 SNS는 고객관계 전략에 필요한 도구일 뿐이다.

| 사례 연구: 럭셔리 브랜드 웹사이트의 디자인의 변화 - 에르메스

브랜드의 이미지를 알리는 데 중점을 두었던 에르메스의 웹사이트 hermes.com가 판매 기능에 중점을 두어 개편된 것은 앞서 살펴본 변화를 보여주는 대표적인 사례이다.

브랜드 이미지와 일치하는 웹사이트 구축

럭셔리 브랜드가 이커머스 단계에 이르러 브랜드 가치와 이미지에 완전히 일치하는 웹사이트를 만들 땐 중요한 선택을 해야 한다. 최고의 사례는 단연코 에르메스이다.

에르메스는 시간을 충분히 활용할 줄 아는 브랜드이다. 2008년에 서야 런칭한 이커머스 사이트는 브랜드의 특성을 훌륭히 반영했다. 당시의 웹사이트는 첫 화면부터 에르메스의 미학적 기본요소를 보여주는데, 각 요소는 에르메스의 글로벌 비전을 충분히 드러내고 있다.

- 중앙을 벗어난 살짝 기울어진 로고: 많은 브랜드가 로고를 큼직하게, 거의 공격적으로 드러내는데, 에르메스는 그렇지 않다.
- 드로잉과 손글씨체 사용: 핸드 메이드, 장인과 디자이너의 손길을 중시하는 브랜드답다.
- 로맨틱하면서 독창적인 인상: 고객의 상상력을 깨운다.
- 브랜드를 상징하는 오렌지색과 오렌지 박스를 활용했다.
- 모든 페이지에 표시된 점선(웹페이지 구분에 사용): 에르메스의 핵심 비즈니스의 상징인 새들 스티치saddle stitch; 말 안장을 만들 때 사용하던 전통 수공 박음질로 마구를 만들던 에르메스의 상징적 요소 적용

페이지를 넘기면 마차와 마부가 나오고 마부는 마차에서 내려 고객에게 제품을 전달했다. 그리고 우리를 에르메스의 세계로 안내한다. 고객은 '사브레sabrer, 검으로 베다'의 의미와, '사브르즈sabreuse, 양가죽 불순물 처리할 때 사용하는 기계'작업, 그리고 각종 도구들의 어울림을 만나게 된다. 또 니카 오브 쾨닉스와터Nica of Koenigswarter 남작 부인의 에르메스 다이어리, 에밀 에르메스Emile Hermès의 소장품인 나폴레옹 3세의 작은 삼륜차 등 고객을 즐겁게 할 만한 많은 것들을 만나게 된다. 또 에르메스의 사이트는 에르메스의 장인들과 제품의 소재, 그 밖에 여러 일화 등을 만나는 감동적이고 특별한 산책을 제안한다.

매장으로 향하는 동안, 마우스를 움직일 때마다 어딘가에 링크된 숲이 열리고, 스케치, 명문銘文, 제품 등이 지그재그 모양으로 나타난다.

에르메스의 사이트는 진정한 감각의 향연이다. 귀와 눈을 모두 사로잡으며 브랜드의 세계관과 윤리, 미학을 표현한다. 제품 소개도 훌륭하다. 구매 행위는 사이트를 보면서 느끼는 감성이 만들어 내는 자연스러운 결과물이다. 온라인에서 판매되는 제품의 범위가 꽤 한정적이라해도 말이다. (물론 어떤 이들에게는 불만족스러울 수도 있다)

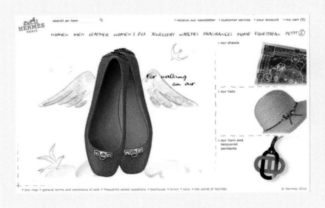

럭셔리 리테일 매니지먼트

2017/2018: 새로운 세일즈 사이트 구축

2017년, 에르메스 CEO 악셀 뒤마Axel Dumas는 2016년 실적을 발표하면서 새로운 웹사이트를 만들겠다고 발표하며, 홍보형 사이트를 새로 구축하기보다는 온라인 판매에 승부를 걸겠다고 말했다.

그는 사이트를 고객에게 독특한 경험을 제안하는 데에 최적화하려 한다고 밝혔다. "에르메스의 마법을 더 잘 복원하여, 사람들이 길을 잃어버릴 수 있는 사이트를 만들기로 했습니다." 결과적으로 정말로 사람들은 길을 잃었다. 새로운 에르메스 웹사이트는 미국에서 시범 운영한 후 2018년 초 유럽 전역으로 확장되었다.

이전 사이트와는 확 달라졌다. 브랜드 코드가 거의 눈에 띄지 않지만, 네비게이션이 최적화된(세포라 웹사이트처럼 왼쪽 칼럼에서 가격, 카테고리, 인기 제품 등을 선택할 수 있다.) 온라인 판매 사이트였다. 브랜드를 나타내는 특징적인 요소들은 있지만 이전보다 훨씬 줄었다. 고객들은 구매라는 주된 목적을 벗어나 '길을 잃어서는' 안 된다.

에르메스는 다른 곳에서, 애플리케이션이나 소셜 미디어를 통해 지속해서 브랜드 스토리를 얘기하고 고객과의 대화를 이어갈 것이다.

에르메스의 사례는 우리가 말하고자 하는 요점을 충분히 설명해 준다. 지난 10년 동안 럭셔리 브랜드는 상당히 변화했고, 오늘날에는 인터넷을 비즈니스 전략에 포함했다. 하지만, 주요 멀티브랜드 플랫폼의 압력은 더욱 크게 느껴질 것이고, 이제 승부는 고객경험과 고객데이터 통제에서 갈릴 것이다.

내용 요약:

- 럭셔리 브랜드는 오랫동안 인터넷에 소홀했지만, 이제는 인터넷을 유통과 홍보 전략의 필수요소로 사용하고 있다.
- 유명 럭셔리 그룹이 온라인 판매 플랫폼에 진출했고, 이를 필수 전략적 요소로 삼고 있다.
- 앞으로의 도전 과제는 고객 중심의 마케팅으로, 이를 위해 새로운 고객 경험을 기획해야 한다. 고객들은 브랜드의 한 접점에서 다른 접점으로 자유롭게 이동할 수 있어야 한다.

PART

II

고객을 알고
이해하기

05

다시 고객 중심

매장 안으로 들어가 사람들이 무엇을 하고 있는지 보라.

–파코 언더힐Paco Underhill, ‘쇼핑의 과학Why We Buy’ 저자

럭셔리 브랜드는 인터넷이라는 새로운 매체를 만났고, 이미 존재하는 하나의 레이어layer 위에 새로운 레이어를 중첩하여 쌓듯이 점진적인 변화를 모색하며 온라인에서 존재해 왔다. 그러나 이제 이들의 온라인 비즈니스 모델을 전면 수정해야 할 시간이 왔다.

지난 10년 동안 이들의 기본 비즈니스 모델에 두 가지 레이어가 추가되었다.

• ‘세일즈’ 레이어: 직영 매장, 백화점의 숍인숍 매장, 트레블 리테일 매장, 온라

럭셔리 리테일 매니지먼트

인 판매 사이트, 간접 유통을 포함.

- '홍보' 레이어: 기존의 홍보, CRM, SNS와 모바일 애플리케이션을 포함. 모두 글로벌 옴니 채널 고객관계 전략에 사용되는 간단한 툴이다.

럭셔리 브랜드의 전형적인 조직도에서는 세일즈를 마케팅으로부터, 때로는 홍보로부터도 분리하는데, 홍보는 크리에이티브 디렉터의 책임하에 놓여 있다. 불행히도 이는 홍보, CRM, 인터넷, 세일즈 등의 서비스를 모두 다루는 통합된 고객관계 전략을 세우는데 장애가 된다.

우리는 브랜드와 브랜드의 가치를 브랜드 판단의 기준으로 삼던 과거의 문화와는 반대 방향으로 달려가야 한다. 온라인에 연결된 더 많은 고객의 요구를 충족시키려면, 럭셔리 브랜드는 디지털 비즈니스 모델에 집중해 전략을 재구축해야 하며, 21세기의 가장 영향력 있는 참가자인 고객을 출발점으로 삼아야 한다. 이는 물론, 가치 사슬을 전면 재고해야 한다는 것을 의미한다.

전통적인 가치 사슬(그림 5.1)은 내부에서 외부로 흐른다.: 브랜드는 자사의 핵심 역량을 파악해 비즈니스 모델을 도출한 후, 고객에게 무엇을 제안할 수 있을지 찾고, 어떤 유통 채널을 선택할지 결정한 후, 마지막에 고객을 만나러 간다.

새로운 가치 사슬(그림 5.2)은 외부에서 내부로 흐른다.: 브랜드는 주요 고객층과 그들의 니즈needs을 식별하고 세분화한 후, 고객에게 어떤 브랜드 경험을 공유하게 할 것인가를 정한 후에 고객에게 제안할 제품과 서비스를 구성하고 비즈니스 모델을 구축한다.

이는 구체적이고 식별 가능한 고객관계를 쌓는 것이 각 브랜드에 중요한 과제가 되었다는 것을 의미한다. 그렇다면 어떻게 해야 할지 살펴보자.

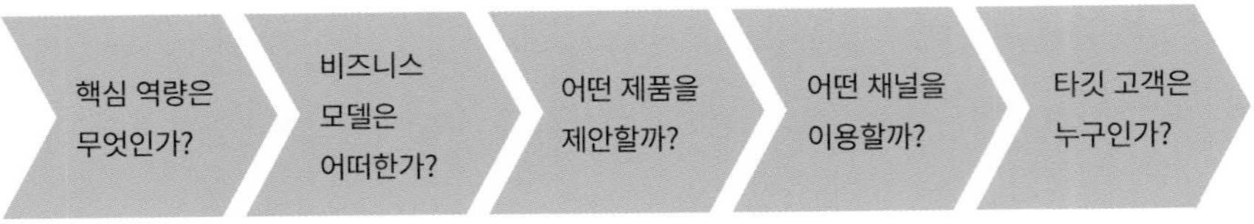

핵심 역량은 무엇인가?	비즈니스 모델은 어떠한가?	어떤 제품을 제안할까?	어떤 채널을 이용할까?	타깃 고객은 누구인가?

그림 5.1 전통적인 가치 사슬

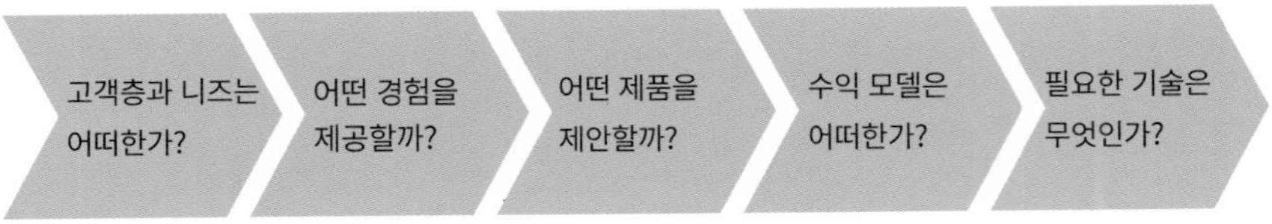

고객층과 니즈는 어떠한가?	어떤 경험을 제공할까?	어떤 제품을 제안할까?	수익 모델은 어떠한가?	필요한 기술은 무엇인가?

그림 5.2 새로운 가치 사슬

브랜드와 고객이 관계를 구축하는 데엔 다음 5단계를 거친다.

1. 유인하기Attract

2. 접근하기Approach

3. 지속시키기Sustain

4. 학습하기Learn

5. 유대감 형성하기Bond

각 단계마다 고객과 관계를 구축하고 지속하는 데 도움이 될 구체적인 수단이 필요하다. 그림 5.3은 매장과 인터넷은 상호 보완적이므로 하나의 전체로 보아야 한다는 같은 내용의 이야기가 각 단계에서 어떤 식으로 전달되는지를 보여준다.

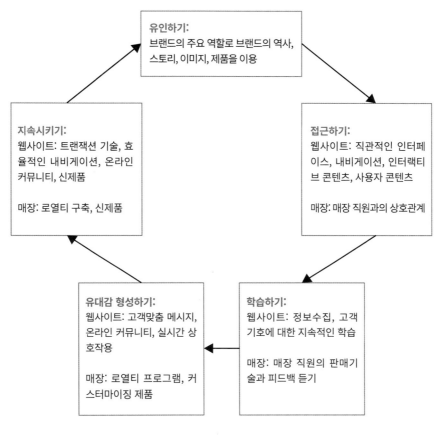

그림 5.3 고객 관계 구축을 위한 다양한 지렛대

고객의 입장에서 바라보기:
고객은 어떻게 인터넷을 사용하고, 왜 로그인을 할까?

인터넷 사용자의 행동 패턴 혹은 고객 여정에 관한 최근의 연구는 다음과 같은 내용을 담고 있다.

- 정보를 검색하기 위해 인터넷에 로그인한다.

- 관심 있는 토론방으로 이동한다.

- 관심사와 열정을 공유할 사람과 접촉한다.

결론: 고객은 적극적으로 인터넷 검색을 하고, 다른 사용자들과 이를 공유한다. 인터넷은 커뮤니티의 세계다. (여타 지역보다도 중국에서는 더더욱 그러하다!) 페이스북에는 와인, 향수, 시계 등 다양한 주제에 따른 애호 그룹이 존재한다. 커뮤니티 멤버가 커뮤니티에 얼마나 공헌하느냐는 다음 두 가지 요소에 의해 결정된다.

- 커뮤니티의 주요 온라인 활동을 중심으로 맺어진 관계: 멤버는 자신의 이미지에 중요하다고 생각하면, 해당 커뮤니티에 속하고 싶어 하고 커뮤니티에 속 있는 것을 좋아할 가능성이 크다.
- 멤버가 커뮤니티의 다른 멤버들과 유지하고 있는 사회적 관계의 강도

그림 5.4와 같이 커뮤니티 멤버를 네 종류로 구분할 수 있다.

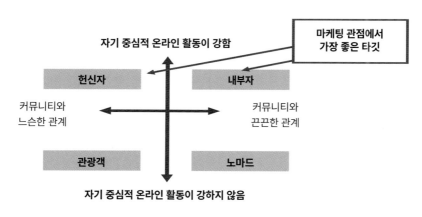

그림 5.4 커뮤니티 멤버의 4가지 유형

| 사례 연구: 크루그와 세포라

아래 사례는 인터넷 혹은 브랜드의 나이만큼이나 오래된 이야기이지만, 여전히 큰 영감을 준다. 럭셔리 브랜드가 고객관계를 구축하는 데에 필요한 인터넷의 잠재성이 어떠한지 이해하기 위해서는 아래 사례에 대해 깊이 생각해 보아야 한다.

크루기스트Krugist의 등장

1998년 말, 크루그 샴페인Krug Champagne의 CEO인 레미 크루그Remy Krug는 와인 전문 매거진인 와인 스펙테이터Wine Spectator가 주최한 온라인 샴페인 시음회에 초대받았다. 그는 매거진 에디터 중 한 명에게 이렇게 말했다. "우리 딸의 아이디어이긴 하지만 전 별로입니다. 샴페인은 사람들과 함께 마시는 겁니다!"

그러나 놀랍게도 온라인에는 수백 명의 크루그의 팬이 로그인해 혼자서, 또는 단체로, 크루그 샴페인 병을 들고, 그를 환영하며 브랜드와 제품에 대한 지식과 열정을 나눌 준비를 하고 있었다. 이후 그는 "독특한 경험이었습니다."라고 말했다.*

이처럼 온라인도 의외로 감성이 풍부한 세계이다.

세포라쿨릭Sephora-coolic의 등장

세포라는 1998년 7월, 미국에서는 처음으로 소호Soho에 매장을 열

---

* 코로나로 전세계 프레스가 모이기 어려운 요즘 와인 및 주류 업계에서는 줌zoom을 통해 이와 같은 온라인 와인 시음회를 종종 진행한다.

었다. 1998년 12월, 사람들이 알트 패션Alt Fashion 사이트에 접속하여 이렇게 물었다. "세포라는 언제 미니애폴리스Minneapolis에 오나요? 전 세포라쿨릭Sephora-coolic이에요!" 대중은 중요한 것을 표현하고 싶을 때, 새로운 단어를 만들어낸다. 새로운 단어조합은 대중이 브랜드나 판매자와 맺고 있는 관계가 어떠한지를 보여준다.

다시 한 번 이야기하지만 온라인도 의외로 감성이 풍부한 세계이다.

인터넷과 SNS의 7가지 규칙

럭셔리 브랜드가 인터넷과 SNS의 잠재력을 활용하고자 한다면 다음의 7가지 기본 규칙을 실행에 옮겨야 한다.

규칙 1: 인터넷과 SNS는 브랜드와 고객이 소통하는 공간이다. 대화를 나누려면 두 명이 필요하다. 인터넷은 토론방이나 다른 채팅서비스를 통해 고객에게 일상생활에서의 팁이나 조언을 해주는 등 비상업적인 대화를 나누는 데 사용돼야 한다. 이는 고객에게 소속감을 줄 수 있는 가장 좋은 방법 중 하나이다.

| 실제 사례

하기스Huggies의 토론방에서는 기저귀를 팔지 않는다. 무료로 조언을 해주고, 가상 도우미 서비스를 제공해 아기의 방을 꾸미는 것을 도와

주고, 출산 진통 관리와 아기 마사지하는 방법 등을 상담해 준다. 또, 중고 유아용품을 사고파는 공간을 제공한다.

규칙 2: 통제하지 않는다. 소셜 미디어의 기본은 '공헌의 상호성mutual commitment'이다. 따라서 브랜드는 정보 교환에 있어 상호성을 인정하고, 콘텐츠를 고객과 공유하며, '이런 일이 벌어졌어요.' '이렇게 해결했습니다' 등 사례를 통해 배워야 한다. 이는 브랜드의 신뢰를 쌓는데 일조한다.

| 실제 사례

다보스의 세계경제포럼World Economic Forum의 지도자들은 인터넷상에서 자신들의 이미지를 새롭게 하고자, 그들의 데이터베이스에 있는 사진과 동영상을 플리커Flickr와 유튜브YouTube에 올렸다. 일부 사진과 동영상은 몇몇 지도자들 정적들에 의해 악용되기도 했으나, 다보스 포럼에 대한 신뢰도를 높이는 데 일조했다.

규칙 3: 고객을 알아야 한다. 이것은 핵심 포인트이다. 대부분의 브랜드는 지나치게 자주 인구 통계학적 지표나 판매 지표를 기준으로 고객을 세분화해 왔는데, 가장 좋은 방법은 더욱 다양하게 세분화하고(이를 대중 브랜드에서만 사용하는 도구라고 생각하는 럭셔리 브랜드가 아직도 있다!), 브랜드에 대한 고객의 공헌과 투자의 정도를 고려해야 한다.

| 실제 사례

레고Lego는 고객을 5개의 세그먼트로 구분한다.

- 일반 가정Included households - 레고 제품을 구입할 가능성이 있는 모든 가정
- 적극적인 가정active households - 최근 12개월 이내 레고 제품을 구입한 가정
- 연결된 커뮤니티connected community - 웹사이트나 매장을 방문하는 등 레고와 어떤 방식으로든 연결된 사람들. (적극적인 가정의 약 절반) 적극적인 가정이 브랜드와 연결되면, 구입액이 평균 3배로 늘어난다.
- 1:1 커뮤니티1:1 community - 레고클럽Lego Club의 회원, 팬 등으로 등록한 성인이나 온라인 카탈로그 사용자. (연결된 이들의 약 절반이 개인 정보를 제공) 적극적인 가정이 1:1 커뮤니티로 편입되면, 구입액이 평균 5배로 늘어난다.
- 트렌드 선도 사용자lead users - 레고 유니버스 파트너로 이들 팬 가운데는 신제품 디자인에도 관여하는 사람이 있다.

이는 피라미드의 위로 이동할수록 제품 구입액이 증가하고, 각 세그먼트마다 브랜드에 대한 관여도 달라지고 있음을 보여준다.

이 같은 세분화는 구매자 페르소나*의 관점에서 접근할 때 훨씬 생산적이다. 고객 행동 데이터를 이용해 고객들을 식별한 후 표준 프로필을 만든다. 이 과정에서 일반적인 인구통계학적 특징에 더하여, 브랜드와 제품 등에 대한 고객의 의견, 고객의 느낌과 활동, 고객의 기대와 욕구, 고객의 소비 특징, 고객의 불만, 그리고 이에 해당하는 키워드 등을 발견할 수 있다.

규칙 4: 측정하고 또 측정하라. 인터넷상에서 퓨어 플레이어들이 개발한 규칙으로 어떠한 행위의 결과를 항상 측정하는 것이다. 놀랍겠지만 럭셔리 산업에서는 새로운 규칙이다. 예를 들자면, 게임을 출시 하거나, 이메일 홍보 캠페인 등을 실행한 후 그 효과를 빠르게 파악할 수 있다. (구글 애널리틱스Google Analytics와 페이스북 애드 매니저Facebook Ads Manager는 측정에 필요한 도구를 제공한다) 그 결과 어떤 프로젝트를 실행 한 후 기대한 목표를 달성하지 못한 것으로 드러나면, 중단하거나 일부를 변경할 수 있다. (디지털 마케터들은 이를 A/B 테스팅이라고 부른다.) 예를 들어, 이메일의 제목을 변경하거나 웹사이트에서 실행 버튼의 위치를 바꾸는 등 사소한 변화를 줄 수 있다.

온라인 비즈니스를 하는 대부분의 브랜드는 다양한 관리 도구들을 사용하는데, 예를 들어 순추천고객지수NPS, Net Promoter Score와 같은 도구는 추천고객promoter(예를 들어 브랜드 서포터)의 수를 비추천고객detractor(브랜드에 불만이 있는 사람)의 수를 비교 계산한다. 이는 매우 중요하다. 대부분의 브랜드는 전반적인 만족도만 계산하고 만족도가 85%를 넘으면 기뻐한다. 그러나 고객의 재구매 가능성과 주변 추천 가능성을 알아내려면 추천 비율과 비추천 비율을 모두 측정해 비교해 보아야 한다. 고객 충성도는 어느 수준이며, 고객 충성도가

---

* 구매자 페르소나buyer persona: 잠재고객 개발을 위해 기업이 설정한 가상의 고객_옮긴이

브랜드를 다른 고객들에게 긍정적으로 (또는 부정적으로) 홍보하는데 어떻게 작용할까?

> **| 실제 사례**
>
> 레고는 차별화된 추천 비율을 높일 수 있는지 측정하기 위해 순추천고객지수(NPS)를 이용하는데, 제품 경험(즉시 구매), 온라인 경험, 매장 내 경험, 고객 서비스 경험 등 네 가지 요소를 고려한다.

규칙 5: 디지털 전담팀을 구성한다. 어떻게? 브랜드 기업은 사내에 각 부서와 조직 사이를 원활하게 연결하는 효율적인 팀을 구성해야 한다. 디지털 업무(이커머스, 디지털 데이터베이스, 디지털 마케팅 등)를 마케팅과 홍보팀으로 나누는 대신 (YNAP에서처럼) 모두 한 팀으로 묶는 것도 좋다. 디지털 마케팅은 아름다운 이미지, 훌륭한 영상물을 제작하는 방법, 아름다운 이야기를 들려주는 방법 등의 그래픽만이 아닌 다양한 기술을 필요로 한다. 또한 아래와 같은 활동도 할 수 있어야 한다.

- 고객 세그먼트를 식별하고, 페르소나를 생성한다. (규칙 3)
- 페이스북 광고를 관리하고, 이에 맞춰 이커머스 사이트를 구축한다.
- 고객 세그먼트에 따른 차별화된 맞춤형 이메일 캠페인을 시도한다.
- A/B 테스트를 한다.
- 모든 행위를 분석하고 측정한다. (규칙 4)
- 고객과의 대화를 지속한다.

그뿐만 아니라 디지털 마케팅은 모든 채널을 통해 지속적해서 유포될 콘텐츠(이미지, 영상, GIF, 이벤트 등)가 필요하다. 결국 럭셔리 브랜드는 마케팅 전략의 허브 역할을 할 콘텐츠 제작 부서를 별도로 운영해야 한다. (전문 에이전시에 외주를 주어야만 하는 것은 아니다)

인터넷과 관련하여 지켜야 할 기본 규칙은 아래와 같다.
- 신속한 대응
- 대화 참여
- 채널의 역동성과 흥미 유지
- 디지털 풋프린트digital footprint 확장
- 커뮤니케이션 채널 구축, 그리고 (앞으로 발생할) 모든 위기 상황에 대비

이를 위해선 본사의 실질적인 투자가 필요하고 직원들의 개별적인 SNS 활동도 활발해야 한다. 전문성을 가진 커뮤니티 매니저 채용도 필수다. 커뮤니티 매니저는 특히 위기 상황이 닥쳤을 때 브랜드의 이미지를 책임지는 홍보대사 역할을 해야 한다.

| 실제 사례

2011년 2월 3일, 케네스 콜Kenneth Cole 브랜드의 공식 트위터 계정에 디자이너(또는 적어도 글쓰기 권한을 가진 자)가 직접 쓴 글이 올라왔다.

'#카이로Cairo에 수백만 명의 시위대. 소문에 따르면 그들은 우리의 뉴 스프링 컬렉션을 인터넷에서 볼 수 있다는 것을 알게 되었다고 한다.'

이집트의 시위가 한창이던 시기에 일어난 일이다. 수만 명의 시위대가 진정한 민주주의를 요구하며 매일 타흐리르Tahrir 광장에 집결하던 때였다. 시위가 한창인데 케네스 콜은 브랜드 소식을 홍보하기 위해 이집트 시위를 이용하려 하고 있었다. 이 트윗은 인터넷을 통해 삽시간에 퍼졌고 대중은 사실 확인을 요구하며 신랄하게 비판했다. 네티즌들이 갑자기 분열됐다. 한쪽에서는 트윗의 내용이 부적절하다며 브랜드의 무책임함을 비판했고, 다른 한쪽에서는 재미있다며 브랜드에 대한 충성도를 재확인시켜 주고 있었다. 결국, 케네스 콜은 이집트인들의 기분을 상하게 하려 한 것은 아니라며, 페이스북에 정중한 사과문을 올렸다.

규칙 6: SNS는 자체로는 판매를 하지 않는다. 날리지 네트웍스Knowledge Networks의 한 보고서(2009년)는 광고주, 마케터, 그리고 연구자들에게 미국의 소셜 미디어 사용자(블로거 제외)의 구매 동기나 접근방식을 분명하게 알려주고 있다.

- 인터넷 사용자(13~54세)의 83%가 SNS를 하며 시간을 보낸다. 이 중 47%는 주 단위로 한다.
- 정기적으로 SNS 사용하는 인터넷 사용자 중 5% 미만이 구매를 결정하기 전 조언을 구한다.
- 오직 16%의 사용자만이 SNS를 통해 홍보하는 기업의 제품을 구매할 것 같다고 말했다.

규칙 7: 럭셔리 브랜드는 온오프라인 비즈니스를 하나의 응집된 관점에서

바라봐야 한다. 소셜 미디어는 브랜드 인지도, 브랜드 이미지, 고객관계를 개발하고, 판매를 증대시키기 위한 전반적인 전략의 일부가 되어야 한다.

인터넷은 단순히 홍보용 웹사이트, 온라인 스토어, 블로그, 트위터 계정, 페이스북 페이지, 유튜브 계정을 열고 이메일이나 기타 메시지 사용만을 위한 용도가 아니다. 이를 모두 통합적으로 사용할 수가 있다. 브랜드의 모든 계획은 통합돼야 하며 브랜드 로고를 표시하고 일관성이 있어야 한다.

럭셔리 브랜드는 그들의 '디지털 놀이터digital playground'가 앞으로 더욱 성장할 것이며, 이를 하나의 전체로 인식해야 한다는 것을 깨달아야 한다. (그림 5.5)

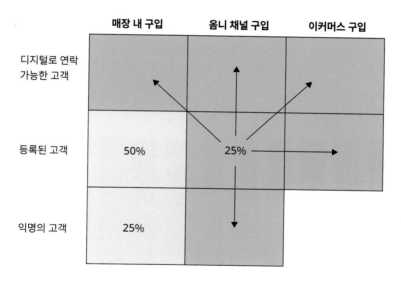

그림 5.5 디지털 놀이터

고객을 이메일 주소를 제공해 온라인으로 접촉가능한 고객과, 이름, 성별, 주소를 제공해 매장에 등록된 고객, 그리고 익명의 고객 등 2014년의 경우 '디지털 놀이터'를 통해 브랜드와 온라인상의 접촉을 한 번 이상 했던 고객이 창출한 매출이 2014년엔 전체 매출의 25%를 차지했음을 볼 수 있다. 이는 2020년엔 50%에 이를 것이다. (그림 5.6) 따라서 럭셔리 브랜드들은 반드시 모든 비즈니스 활동을 통합적으로 보아야 한다.

이로서 우리는 신뢰할 만한 잠정 결론을 도출할 수 있다. 다양한 유통 채널과 홍보 채널을 통합한다는 개념은 오늘날의 브랜드들에 꼭 필요한 개념이다.

맥킨지McKinsey의 2009년 보고서 '멀티채널 소매업의 장래The Promises of Multichannel Retailing'도 이런 견해에 힘을 실어주고 있는데, 아래와 같이 중요한 사실과 견해를 제시한다.

- 확인된 사실: 미국에서는 2001년의 불황 이후, 5년 만에 이전의 성장률을 회복한 기업은 백화점의 25%, 소매점의 40%, 패션 전문점의 60%에 불과했다. 그러나 오늘날 어떤 브랜드도 이렇게 오래 기다릴 수는 없다.

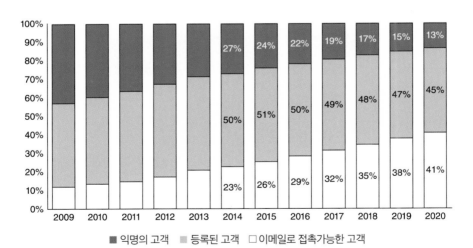

출처: 콘택랩 ContactLab 시뮬레이션(엑산 비엔피 파리바와 콘택랩 2015a)

그림 5.6 이메일로 접촉가능한 고객의 매출 비중

럭셔리 리테일 매니지먼트

- 너무나 자주 간과되는 사실: 여러 유통채널을 통해 구매하는 소비자는 한 가지 유통채널만 사용하는 소비자보다 훨씬 더 많은 구매를 한다. 패션 부문의 경우 그 격차가 5배에 이른다.

- 그렇다면 왜 많은 브랜드가 이 수준에 도달하지 못했을까? 많은 업체들이 유통채널을 통합하는 것을 매장이나 매거진의 콘셉트를 인터넷상에 똑같이 구현하거나 매장에 비치된 제품 카탈로그의 내용을 발췌해 만드는 것이라고 생각했고, 제품의 구입가능성을 높이면 고객이 더 많이 구매할 것이라고 생각한다. 이는 크게 잘못된 것이다. 각 채널은 나름의 특성이 있기 때문이다. 제공하는 서비스, 이용 가능한 정보, 소비자 기대 인식 측면에서 각 채널은 각각 다르며, 서로 다른 채널을 보완한다.

따라서 브랜드에게 인터넷 미래는 회사의 경영자가 추진하는 전략과 모바일을 포함한 다양한 채널의 활용에 달려 있다. 하지만 그런 전략에 대한 책임의 문제는 분명 나타난다. 럭셔리 브랜드 경영자들 가운데 유통과 홍보가 밀접하게 연결된 웹이라는 조직에 살고 있는 온라인 거주민denizens이 얼마나 될까?

| 사례 연구: 브랜드 기업들은 언제쯤 소셜 네트워크의 '사회적' 영향을 이해할까?

인터넷 환경이 지금과는 많이 다른 오래전에 행해진 연구이기는 하지만, 이 연구는 럭셔리 브랜드의 SNS에 대한 태도를 잘 보여주고 있다. 2010년, 인터브랜드Interbrand가 선정한 글로벌 브랜드 상위 50개에

관하여 글로벌 컨설팅 업체인 A.T. 커니A.T Kearney가 1,115개의 페이스북 게시물과, 상위 45개 브랜드의 60,750개의 댓글을 분석했다. 45개 브랜드는 총 70,016,541명의 친구 혹은 팔로워를 가지고 있었다.

분석 결과는 매우 흥미롭다.

- 상위 50개의 글로벌 브랜드 중 5개는 페이스북 계정이 없었다.
- 구찌와 루이비통(이후 많이 개선되었다!)을 포함한 7개 브랜드는 브랜드가 먼저 제안한 주제에 관한 대화만 허락했다.
- 오직 한 개의 브랜드만이 팬들에게 오픈 페이스북 게시판 접속을 허용했다. 상위 45개의 브랜드는 고객들의 글 가운데 필터링을 통과한 홍보성 글만 선택적으로 게시했다.

이는 럭셔리 브랜드들을 포함한 이들 브랜드가 SNS를 전통적인 마케팅(일방적인 커뮤니케이션 채널)의 변형된 형태의 하나로 인식하고 있었음을 의미한다. 디지털 세상과는 전혀 어울리지 않는 것이다.

그런데 이게 전부가 아니었다.

페이스북에 올린 고객의 메시지 중 89%는 브랜드로부터 어떤 답변도 듣지 못했다. 예를 들면, 구찌는 당시 연구 시점 기준으로 3개월 동안 어떠한 답글도 달지 않았다. 오직 11개의 브랜드만이 1개 이상의 고객 메시지에 답변을 제공했다.

답변을 언제 했는지에 상관없이, 답변의 15%만이 고객들이 계속해서 대화를 이어갈 수 있도록 권유하고 있었다. 이는 '무슨 소리인지는 알겠지만, 우리를 좀 내버려 두세요!'라고 해석될 수 있는 상황인 것이다. 이는 분명 대화가 아니며, 대화의 질을 높이려는 노력은 보이지 않았다. 또한 대부분의 브랜드가 고객들과 유대관계를 맺는 것을 원치 않거나 고객들로부터 배우려 하지 않는다는 것을 의미하기도 한다. 따라서 위에서 언급한 인터넷상에서 지켜야 할 다섯 가지 기본규칙을 지키려면 아직 갈 길이 멀고 개선해야 할 부분도 많은 것이다.

우리는 브랜드가 통제력 상실을 두려워하고 있다는 사실과 우리가 '마케팅 부진marketing sluggishness'이라고 부를 만한 그 무언가를 다시 한 번 느낄 수 있었다. 브랜드 측이 포스팅한 메시지의 71%가 할인 쿠폰, 사은품, 기타 혜택을 알리는 홍보성 메시지였다.

브랜드와 고객 사이 진정한 대화로 분류할 수 있는 메시지는 전체의 5% 정도였으나 매우 유익했다. 이는 고객들의 감성을 자극하는 세 가지 중요한 기술을 보여준다.

- 고객이 기억하는 제품과 브랜드 역사를 활용해 향수를 불러일으키기
- 제품에 관한 대화에 참여하고 새로 나온 컬러와 향, 신제품 등에 대해 고객의 평가와 의견을 구하기
- 고객과의 공동의 목표를 위해 협력하기

| 럭셔리 브랜드의 디지털 전략을 다시 생각해 보자

3장에서는 럭셔리 브랜드가 인터넷 전략을 세우는 동안 거쳐 가는 다섯 가지 단계를 설명했다. 2009년 웹페인트 앤드 앨티미터 그룹Wetpaint &Altimeter

Group의 연구 보고서는 고객관계(탑다운 방식 또는 대화식)와 브랜드가 선택한 채널(단일 채널 혹은 멀티채널) 등에 따라 4가지 전략으로 분리하고 있다. (그림 5.7) 여기서 전략을 형성하고 있는 주요한 두 가지 요소를 보여주는데, 이 두 가지 요소는 구축하고자 하는 고객관계의 유형(탑다운 방식 / 대화식)과 채널 전략 선택(단일 채널 / 멀티채널)이다.

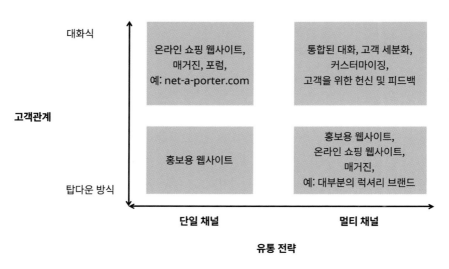

그림 5.7 고객 전략 매트릭스

오늘날 대부분의 럭셔리 브랜드들은 여전히 멀티채널과 탑다운 방식 전략을 사용한다. 연구에 따르면, 그림의 오른쪽 윗부분에 나타난 전략(우리가 현재 옴니 채널과 고객 경험이라고 부를 멀티채널과 대화)은 관여도가 높은 수준으로, 더 높은 매출(18% 증가, 타 전략은 10%), 더 높은 매출총이익(15% 증가, 타 전략은 3%), 더 높은 순이익 (4% 증가, 타 전략은 손실)을 창출한다. 우리가 도출할 수 있는 결론은 이 전략은 브랜드 자체를 재창조하고 조직을 재구성해야 하므

럭셔리 리테일 매니지먼트

로 실행하기 어렵지만, 수익성에 가장 큰 기여를 한다는 것이다. '이는 고객 경험을 중심으로 한 유효한 옴니 채널 전략 수립에 찬성하고 있는 것이다.'

엑산 비엔피 파리바의 연구도 비슷한 주장을 펼치고 있다. 연구에서 밝힌 내용은 아래와 같다. (수치는 평균값이다.)

- 2014년, '온라인으로 접촉 가능한digitally contactable' 럭셔리 브랜드 고객은 '매장에 등록된store-registered' 고객보다 16% 더 지출했다.
- 옴니 채널을 이용하는 고객은 '부티크'에서만 구매하는 고객보다 1년 지출액이 50% 이상 많았다.

여기서 우리는 두 번째 중요한 결론을 도출할 수 있다. '럭셔리 브랜드는 고객관계 전략을 먼저 정의하고 구축해야 한다는 점이다. 이는 모든 디지털 전략의 초석이기 때문이다.'

엑산 비엔피 파리바 연구팀은 2020년 전망을 다음과 같이 예측했다.

'2020년에는 럭셔리 업계가 완전히 달라질 것으로 보인다.' 우리의 예상은 다음과 같다.

- 럭셔리 브랜드는 사실상 거의 모든 고객을 이름으로는 알게 될 것이다. 고객의 45%는 고객 데이터베이스에 등록될 것이고 41%는 이메일을 이용하여 접촉이 가능할 것이다. 이는 고객의 거의 90%에 해당한다.
- 디지털과 오프라인 채널을 분리하는 것은 의미가 없다. 옴니 채널이 매출의 80%를 차지할 것이다.

- 디지털 프로세싱digital processing이 럭셔리 브랜드의 성패를 좌우할 것이다. 디지털 놀이터 판매digital playground sales(O2O고객 대상 판매, 오프라인에서 온라인으로/온라인에서 오프라인으로)는 매출의 50%를 차지할 것이며, 순수 이커머스 판매(온라인에서만 구매하는 고객)는 두 배, 세 배까지도 증가해 매출의 12~18%까지 성장할 것이다.

내용 요약:

- '익명의 고객'이 사라져 가고 있다. 그들은 더 이상 단일 브랜드 매장 매출의 10%를 넘지 못한다. 조직이 잘 갖추어진 브랜드는 고객을 알고 있으며, 고객의 연락처는 물론 이메일 주소도 알고 있다. 이런 툴을 어떻게 최적화해 사용할지 결정하는 것은 브랜드 운영업체에 달려있다.
- 효과적인 글로벌 옴니 채널 전략을 수립하기 위해, 판매 활동(부티크, 숍인숍, 트레블 리테일, 온라인)은 마케팅 활동(CRM, 소셜 미디어)과 통합해야 한다.
- 고객관계의 진정한 수단은 고객에게 보내는 온라인 메시지뿐만 아니라 친구로부터 받은 메시지나 SNS에 공유된 게시물도 해당한다.
- 고객에게 서로 대화를 나누고, 생각을 표현하고, 인상을 공유하도록 하는 것은 통제력 상실을 받아들이는 것이다. 브랜드는 댓글이 과도하거나 비윤리적인 경우를 제외하고는 개입하지 않아야 한다.

06

고객 식별 및
고객관계관리

불만 가득한 고객은 위대한 배움의 원천이다.

–빌 게이츠Bill Gates, 마이크로소프트Microsoft 창업자

　고객의 취향을 잘 알수록 고객을 설득하기 쉽다. 그러므로 가능하다면 고객과 개인적인 친분을 쌓는 것은 중요하다. 이 매장 저 매장을 방문하는 고객의 전반적인 프로필을 더 많이 식별할수록, 그들의 수요와 요구를 더 잘 맞출 수 있다. 예를 들어 매장을 방문하는 한국인이 많다면 한국어를 할 줄 아는 직원을 두는 것이 좋다. 고객층이 젊다면 젊은 직원을 배치하는 것이 좋다. 따라서 브랜드를 운영하려면 가능한 한 포괄적인 데이터베이스를 갖춰야 한다.

　이 데이터베이스는 매장마다 핵심성과지표KPI와 함께 작성되어 고객관리 작업을 돕는다. 그 내용은 다음과 같다.

- 고객 유입률: 매장으로 들어오는 고객 수와 지나가는 행인의 수를 비교한 것. 이 지표는 쇼핑센터에서 중요하며, 쇼핑센터에 입점한 브랜드가 쇼핑센터를 찾는 고객층에 부합하는지를 파악하는 데 도움이 된다.
- 구매 전환율: 매장에 들어오는 고객 수 대비 구매하는 고객 수
- 매일 매장에 들어오는 고객 수
- 고객 당 평균 매출
- 패션 제품에서 나오는 매출과 액세서리에서 나오는 매출 (선택적 사항)

적절하게 운영되는 매장에서는 매장 매니저가 지나가는 행인의 수(직접 확인하거나 카메라 사용)와 매장에 들어오는 고객의 수를 집계하여 컴퓨터에 입력할 수 있다. 혹은 계산원이나 안전요원에게 맡길 수도 있다. 아니면 매장 내 CCTV를 이용해도 된다. 컴퓨터에서 다른 데이터들도 볼 수 있는데, 위 다섯 가지 KPI 구성항목은 모니터에 자동적으로 표시된다.

그러나 이는 기본적인 데이터일 뿐이다. 고객에게 추가로 얻을 수 있는 정보는 무엇일까?

6장에서는 고객 데이터베이스를 구성하고 사용하는 방법을 이야기하고자 한다.

제품의 대부분이 직접 운영하거나 통제하는 매장에서 판매되는 럭셔리 브랜드는 고객과 직접 접촉한다. 그 덕분에 처음부터 잘 구성한 효율적인 데이터베이스를 만든다. 10여 년 전에는 주로 호텔업계 출신 전문가를 채용해 만들었었다.

고객 데이터베이스 관리

고객 기록은 항상 존재해왔고 초기에는 계산원이나 매장 매니저가 정보를 수집해 고객관리 대장에 기재했다. POS가 중앙 컴퓨터에 연결되고 각 고객의 구매 내역을 매일 자동으로 업데이트할 수 있게 되면서 상황은 달라졌다.

오늘날 주요 럭셔리 브랜드들은 500만 명에서 1,000만 명에 이르는 고객 리스트를 담은 '포괄적인' 데이터베이스를 가지고 있다. 예를 들어, 전 세계에 500개의 매장을 운영하는 브랜드라면 매장 당 1만 명의 개인 구매자가 있으며, 이 중 매우 많은 수(아마 절반 정도)가 실제로 1년에 1회 구매한다.

앤드류 윌러먼Andrew Wileman과 마이클 제리Michael Jary는 '데이터 혁명' 전인 1997년에 출간한 책에서 '브랜드 고객 데이터베이스'에 대해 정의했다.

표 6.1에서 21%의 고객(3%를 14%로 나눈 것)이 매출의 68%를 구매한다는 사실을 알 수 있다. 따라서 고객들을 잘 알고 이해하며 그들을 대상으로 홍보와 광고를 집중시켜야 한다. 그리고 고객의 71%는 가끔 구매하는 (한 번만 구매할 가능성이 높은) 고객으로 매출액의 20%를 차지한다. 따라서 브랜드는 두 가지 목표를 달성해야 한다.

- '충성' 고객을 매장으로 다시 끌어들인다. 특히 브랜드에 대한 충성도가 점점 약해지는 시기에는 더욱 필요하다.
- 1년에 한 번 정도 가끔 구매하는 고객의 정보를 지속해서 갱신한다.

데이터베이스의 가치는 수집되고 구성된 정보의 질에 따라 결정된다. 결제할 때 제시한 신분증이나 여권을 통해 이름과 주소, 생년월일 등을 알 수 있다. 생년월일을 알 수 없는 경우에는 15~30세, 30~45세, 45~60세 이상 등으로 대략 추정해야 한다. 서구권 사람들에게는 아시아인의 나이를 가늠하기 어렵다는 것을 염두해야 하며, 그 반대의 경우도 마찬가지일 것이다.

표 6.1 고객층 분석

	고객 수 비율(%)	판매 건수 비율(%)	매출액 비율(%)
매우 충성 고객	1	30	40
충성 고객	2	25	28
세일 고객	1	15	12
간헐적 고객	10	30	20
구매한 적 없음	86		
합계	100	100	100

온라인 매장도 고객의 이름으로부터 나이를 짐작해 볼 수 있다. 특정 연령대에서 많이 사용하는 이름이 있기 때문이다. 예를 들자면, 프랑스의 경우 케빈Kevin은 1988년과 1995년 사이에 태어난 아이들에게 인기있던 이름이다. 어떤 경우이든, 고객의 구매 관련 자료를 분석해 정보를 도출해낼 수 있어야 한다.

오늘날 이용 가능한 여러 소프트웨어(예를 들어, 메일침프MailChimp)는 소비자의 연령을 추정하는 알고리즘을 갖추고 있다. 그러나 효과적인 데이터베이스를 구축하려면 소비자의 구매 행동을 기준으로 구성해야 한다.

마케팅 데이터

| 기본 마케팅 데이터

클래식한 제품과 트렌디한 제품 중 어떤 것을 구매하는가?

소프트웨어는 입력된 데이터를 기반으로 고객의 구매 성향을 '클래식' 또는 '트렌디'로 자동 구분한다. 고객이 매장에 들어설 때, 판매 직원은 고객의 옷차림을 보고 성향을 짐작할 수도 있으나 과거 기록된 정확한 통계 정보가 있다면 마케팅에 도움이 된다. 마케팅 팀은 고객 프로필에 맞는 맞춤 카탈로그를 만들어 타깃 고객에게 보낼 수 있다.

남성 고객과 여성 고객의 구매 성향

고객의 성별에 따라 구매 유형이 달라진다. 여성은 보통 자신이 사용할 패션 제품을 직접 구입하는데 남성도 같은 행동 패턴을 보인다. 그러나 몇몇 여성은 주로 선물하기 위해 남성 브랜드에서 제품을 구입하기도 하지만, 반면 남성은 거의 선물용으로만 제품을 구입한다. 이런 차이는 줄어들고 있지 않는데 이는 타깃 홍보 캠페인을 어떻게 진행할지 단서를 제공한다. 이 경우 선물을 사는 사람이 선물 받는 사람을 데리고 매장에 오는지, 아니면 자신이 사용하기 위해 구매하는지 파악하는 것도 중요할 수 있다.

다양한 제품군

판매되는 제품군에 따라, 의류만 또는 액세서리만 구매하는 고객을 구분하는 것이 유용할 수 있다. 이 기준은 고객의 국적을 식별하는 데에도 도움이 될 수 있다. 예를 들어, 일본 고객은 같은 브랜드라도 여성 의류는 구입해도 액세서리는 거의 사지 않는 경향이 있다. 반면에, 독일이나 러시아 사람들은 액세서리만을 구매한다. 이렇게 정확하고 정량화된 정보는 마케팅팀에 유용하다. 마케팅팀은 이를 토대로 광고 캠페인이나 홍보 활동을 기획할 수 있다.

뉴 컬렉션을 구입하는 고객인가? 세일 행사 때 구입하는 고객인가?

어떤 고객은 뉴 컬렉션만 구입하고 세일 기간에는 구매하지 않는다. 반대로, 어떤 고객들은 항상 세일 기간에만 구매한다. 따라서 매장의 행사 정보는 서로 다른 날짜에 서로 다른 유형의 고객에게 전송되어야 한다. 얼핏 보면 세일 기간에 구입하는 고객들은 별로 중요하지 않고 이익이 되지 않아 보일 수도 있으나 사실, 이들도 도움이 된다. 오히려 비즈니스에 매우 중요한 고객 그룹이다. 매장에서는 본격적인 세일이 시작되기 전, 이들을 '프라이빗 세일'에 초대할 수 있다.

시즌 초에 뉴 컬렉션만 구매하는 고객들은 매장에 뉴 컬렉션이 비치되기 전에 컬렉션 프리뷰에 초대할 수도 있다. 물론 대부분의 고객은 시즌 초와 세일 기간에 모두 구매할 것이다. 정가 구매 비율이 전체 구매의 75%, 50% 또는 25% 등 어느 정도에 해당하는지 분석해 보는 것도 유용하다.

| 매장의 고객 데이터

특정 기간 중 구매 금액

이러한 자료는 고객의 평균 결제 금액과 구매 빈도를 보완하는 역할을 한다. 이 수치를 매장의 매출과 비교해 볼 수 있다. 예를 들어 매장의 매니저는 '상위 50명의 고객이 매출의 15%를 차지한다'는 등의 판단을 할 수 있다. 데이터베이스의 상업적 유용성에 대해서는 나중에 논의하겠지만, 구매 금액을 알면 판매자가 상위 50명의 고객을 더 잘 인식하고 파악할 수 있다. 가장 논리적인 구매 산정 단위는 1년이라고 생각할 수도 있다. 이는 물론 회사의 회계 연도와 일치하는 장점이 있다. 하지만 패션업체들은 평균 결제 비용과 구매 빈도 변화를 살펴보기 위해 구매 산정 기간을 2년으로 정하는 경우가 종종 있다.

구매 빈도

평균 구매 비용, 해당 연도 총 구매액, 구매 빈도 등 세 가지 기준은 서로 보완하는 관계다. 이들 중 두 개만 있으면 세 번째 기준은 계산할 수 있다. 그러나 방금 구매를 하고 매장을 나선 고객이 언제 다시 방문할 지 날짜를 예측하려면 구매 빈도가 매우 중요하다. 이 기준은 고객들의 연간 매장 방문 횟수, 혹은 연간 구매 횟수에 유용한 통찰력을 제공한다. 이는 판매 직원이 응대하고 있는 고객들을 구별할 수 있는 또 다른 방법이다.

이러한 고객은 매장을 두 번 방문(또는 두 곳의 매장을 방문)하는데 걸린 평균 시간차에 따라 묶을 수 있다.

- 1일~45일 사이
- 46일~90일 사이
- 91일~180일 사이
- 181일~365일 사이
- 366일~730일 사이

이 기준은 이전보다 매장 방문이 증가한 고객과 줄어든 고객을 구분하는데도 도움이 된다. 두 경우 모두 맞춤형 홍보캠페인이 가능하다.

물론 구매 빈도는 제품 종류에 따라 다르다. 예를 들어, 스킨케어나 메이크업 제품의 구매 주기는 향수의 구매 주기보다 훨씬 짧을 것이다.

다음 구매까지 걸리는 시간

이 개념은 언뜻 보면 구매 빈도와 같은 것으로 보인다. 예를 들어, 어떤 사람들은 45일 혹은 90일마다 구입한다. 구매 빈도와 마지막 구매한 날짜를 비교하면 방문 시점이 지난 고객의 수를 확인할 수 있다. 만약 이들 고객이 20일, 45일, 90일이 더 지났는데도 매장을 방문하지 않는다면, 전화를 걸어보거나, 짧은 메시지를 한 번쯤 보낸다면 좋지 않을까?

슈퍼마켓의 경우, 15일 정도에 한 번쯤 방문한다면 정상으로 간주할 수 있다. 그러나 패션 매장의 경우, 한 시즌에 해당하는 기간인 180일을 넘기면, 지난 시즌 컬렉션이 고객의 마음에 들지 않았던 것은 아닌지 의심해 볼 필요가 있다.

이런 식의 관리는 판매 직원들이 고객을 체계적으로 관리하는 데 상당한 도움을 주고, 우수 고객을 한 사람도 잊지 않고 지속적으로 관리하는 데 도움을 준다.

| 판매 직원의 성과 데이터

결제 건당 품목 수

매장 매니저들에게는 다소 '집착'이 되는 기준이다. 각 판매 직원들의 결제 건당 품목 수를 최고 성과 직원 선정의 기준으로 삼는다. 이 기준은 매장 규모와 비교해서도 확인이 가능하다. 매장 규모가 크면 다양한 제품들을 전시할 수 있고, 고객은 다양한 제품을 동시에 접할 수 있기 때문에, 한 번에 여러 종류의 상품을 구매할 가능성이 커진다.

결제 건당 평균 1.4개의 제품을 판매한 직원은 평균 1.1개의 제품을 판매한 직원보다 확실히 고객을 설득하는 능력이 더 있고 창의력도 더 높다고 판단할 수 있다. 하지만 결제 건당 평균 구매 금액을 기준으로 판단할 수도 있다. 이처럼 기준을 어떻게 세우는가에 따라 판단도 달라진다.

화제를 돌려 다시 데이터베이스의 존재 이유인 고객으로 돌아오면, 매장 방문 시 매번 2~3개의 제품을 구입하는 고객은 분명 특별하게 관리해야 할 중요한 고객이다.

평균 결제 금액

신규 매장의 잠정예산을 편성할 때 중점적으로 고려하는 기준이다. 상권의 인구수와 비교해 기대되는 고객 수와 이들의 평균 수입을 고려하여 계산한다. 이 기준은 예상 매출액을 설정하고 이를 임차료 및 급여 같은 고정비용과 비교하면 도움이 된다. 손익분기점 계산은 더 쉽다. 이는 특정 기간의 고정비용의 합이 같은 기간의 매출총이익과 같아지는 지점이다. 손익분기점에 도달하는데 필요한 매출액을 평균 결제 금액으로 나누면 매달 구매고객수가 몇명이어야 하는지 계산할 수 있다.

최근 문을 연 매장의 상황, 상권에 대한 지식, 매장의 입지 등을 고려할 때, 이런 월별 예상 고객 수가 현실적인 수치일까?

고객 알아보기

| 첫 방문

매장을 처음 찾은 고객이거나, 혹은 잘 기억이 나지 않는 고객이라면 매우 신중하게 '관찰'해야 한다. 우선, 여성의 경우 그녀가 착용하고 있는 옷, 주얼리, 시계, 가방 등을 관찰하면 나이와 생활수준을 짐작할 수 있다. 물론 사람을 겉만 보고 판단하면 자칫 오해할 수 있기 때문에 조심해야 한다. 미국의 유명 언론인이자 방송인인 오프라 윈프리Oprah Winfrey의 경험담을 기억하는 사람이 있을 것이다. 그녀는 어느 토요일 밤, 폐점 시간이 임박하여 에르메스 매장에 들어가려다가 저지당했다고 한다. 보안 요원들은 찢어진 청바지와 그런지grungy 룩 차림으로만 그녀가 누구인지 알아보지 못한 것이다.

주얼리만으로 모든 것을 판단할 수는 없다. 아주 오래된 비싼 시계는 롤렉스나 스와치Swatch의 최신 모델과는 여러모로 느낌이 다르기 때문이다. 에르메스 가방을 들고 있는 여성은 롱샴Longchamp이나 다른 브랜드의 가방도 가지고 있을 가능성이 크고, 상황에 따라 다른 가방을 들고 다닐 것이 분명하다.

남성의 경우는 넥타이의 유무에 따라 어느 정도 알아볼 수 있지만 국적에 따라 선호하는 넥타이의 색상은 다를 수 있다는 점도 기억해야 한다. 북아메리카 사람들은 밝은 색을 선호하지만 유럽 사람들은 튀지 않는 색을 선호한다.

물론 어떤 판단도 오류가 있을 수 있으니, 판매 직원은 성급하게 결론을 내리지 말고, 훈련을 통해 고객을 관찰하는 법과 디테일을 놓치지 않는 안목을 키워야 한다.

오늘날은 소프트웨어를 활용해 고객 관찰만으로는 부족한 부분을 보강할 수 있다. 예를 들어 고객들이 함께 매장에 들어오면 앱은 이들이 서로 말하는 언어를 듣고 지난 주에 왔던 동일한 언어를 사용하는 고객들과 비교하여 이들의 국적을 짐작할 수 있다. 중국인이나 우크라이나인 고객이 많다면, 이들의 언어를 구사할 수 있는 판매 직원을 배치한다면 좋을 것이다. 같은 논리로, 파리나 홍콩에 여러 매장을 둔 브랜드라면 해당 언어를 구사하는 판매 직원이 가장 필요한 매장에 배치되어야 한다.

이렇게 고객에게 주의를 기울이는 데는 또 다른 이유도 있다. 제품에 대한 긍정적이거나 부정적인 피드백, 선호하는 색상과 실제 구매한 색상, 가격에 대한 의견 등을 익명으로 기록하고 종합해서 전년도와 비교해 볼 수 있다.

구매 결정을 한 고객은 계산대로 간다. 만약 고객이 현금으로 지불하지 않고 수표나 신용카드로 지불한다면, 고객의 이름은 알 수 있다. 이제 정중하게 자세한 고객정보를 물어보기만 하면 되는데, 대부분의 경우에 고객은 고객정보를 기꺼이 제공해 준다. 일부 매장은 매력적인 혜택을 누릴 수 있는 회원 카드를 발급한다. 직원은 고객에게 세부사항을 양식에 직접 기입하게 하거나 대신 작성해 준다. 계산원이 컴퓨터에 직접 입력하는 것을 선호하는 매장도 있는데, 전화번호와 이메일 주소를 물어보기에 알맞은 순간이기도 하다.

직원 평가 기준으로 일부 브랜드는 유치 비율capture rate 또는 디지털 정확도digital accuracy를 사용한다. 매장에서 필요한 모든 고객 정보를 얻은 고객의 비율을 말한다. 이러한 업무는 점점 더 공식화되고 있다.

고객이 매장을 다시 찾았을 때

고객이 매장을 다시 찾았을 때 매장에서 그를 알아봐 주고, 가능하면 이름을 불러준다면 브랜드와 고객과의 관계는 완전히 새로운 차원으로 바뀐다.

그래서 판매 직원들은 고객의 이름을 기억하기 위해 애를 쓴다. 이들은 작은 수첩에 고객의 특징을 메모하고, 심지어 (긍정적인) 신체 특징을 적어 실전용 큐 카드로 사용하기도 한다. 그뿐만 아니라 고객과의 에피소드도 적는데, 추후에 고객과의 대화를 시작할 때 활용할 수 있다. 이는 고객에게 늘 감사하고 있으며, 진심으로 관심이 있음을 보여주기 위한 것이다.

오늘날 제도적으로 허용된 국가에서는 얼굴 인식 소프트웨어도 사용할 수 있다. 이로써 고객은 중요한 존재로 인식되고 환대받는 경우가 많아진다. 이 시스템을 신중하고 효과적으로 활용하면 고객에 대한 매장 서비스의 질이 크게 향상 된다.

실제로 휴대전화의 GPS를 이용하여, 고객이 매장이 들어오는 순간 식별될 수 있다면 서비스의 질은 훨씬 높아질 것이다. 그들의 연락처와 과거의 구매 내역을 즉시 확인할 수 있을 것이다. 기술적으로 이런 정보에 접근할 수가 있는데 '구글 안경'이 있었다면, 판매 직원이 착용한 안경의 작은 스크린에 해당 정보가 표시될 것이다. 고객 정보에 접근하는 것이 기술적으로는 가능하더라도 이것이 개인정보보호 규정과 충돌하는지 여부는 각 나라의 관련 법에 따라 판단해야 할 것이다.

매장에 들어선 고객을 알아보는 것이 매장에 도움이 된다는 사실을 이해하는 중요하다. 판매 직원은 고객의 이전 구매 내역과 이로서 알 수 있는 고객의 취향을 고객의 취향을 염두에 두고 고객에게 조언을 할 수 있다.

고객 관련 정보는 즉시 사용할 수 있어야 한다. 고객이 수표나 신용카드로 결제할 때만 접근할 수 있다면, 그리 유용하지 않다.

분명히 앞으로는 얼굴 인식 소프트웨어를 사용하든, 휴대전화의 GPS 서비스를 사용하든, 또는 POS에서 결제하며 확인을 하든 단골 고객에 대한 온전한 정보를 얻기는 더욱더 쉬워질 것이다.

또한 고객이 매장이나 레스토랑에 들어설 때 고객의 이름을 부르며 인사

럭셔리 리테일 매니지먼트

하면, 고객에겐 정말 흐뭇한 경험이 될 것이다. "안녕하세요, ○○씨!" 레스토랑에서는 손님이 테이블을 예약할 때 이름을 알려주니 이 정도 서비스는 누구나 쉽게 할 수 있다. 예약 시간이 되기 전, 플로어 매니저는 예약한 손님들의 이름을 살펴보고 이들의 선호사항과 특별 요구 사항을 재확인하며, 더욱 친근하고 개별적인 고객 응대를 준비할 수 있다. 그러나 패션 매장에서는 이런 서비스가 훨씬 어렵다. 훌륭한 직원이라면 백 명 혹은 이백 명 정도의 베스트 고객의 이름을 외우고 있을 수도 있다. 하지만 계산대에서만 이런 정보를 얻을 수 있는 다른 직원들은 계산이 끝난 고객을 문 앞까지 배웅하는 동안 고객과 대화를 나누며 언급할 수 있는 고객에 대한 세부 정보를 데이터베이스를 통해 얻을 수 있을 것이다. 고객과의 작별 인사는 매번 같아서는 안 되며, 고객을 항상 환영하고, 고객에게 감사하고 있다는 것을 보여주기 위해 사용돼야 한다.

고객 데이터베이스 사용

이런 고객 식별 방법은 물리적 매장에 한한 것이다. 온라인 이커머스 사이트는 주소와 이메일 등을 이용해 고객을 식별 하는데, 별도의 외부업체의 소프트웨어를 사용해 고객 데이터베이스의 질을 높일 수 있다.

일단 데이터베이스가 만들어지고 나면(신뢰할 수 있는 데이터를 수집하는 데 2년 이상이 소요됨) 회사의 모든 직원이 데이터베이스를 활용하도록 해야 한다. 그렇지 않으면, 해당 업무 담당자들은 흥미를 잃고 이를 업데이트하려 하지 않을 것이다. 또한 담당자들은 이렇게 구축한 데이터베이스가 일상 업무에 얼마나 도움이 되는지 매니저들과 직원들에게 시연해 보여 주어야 한다.

데이터베이스는 정확하고, 정기적으로 업데이트될 때에만 쓸모가 있다. 판매 직원은 정확하고 온전한 고객 정보를 얻기 위해 모든 노력을 기울일 것이다. 실제로 판매 직원은 위에서 언급한 '고객 유치 비율' 목표를 달성하기 위해 노력한다. 하지만 이들은 같은 매장의 다른 직원이나 다른 매장의 직원이 우수 고객을 빼앗아 그들의 다른 매장으로 오도록 하는 것을 방지하기 위해 일부러 전화번호를 허위로 입력하려는 유혹에 빠지기도 한다. 따라서 확보한 데이터를 무작위로 선정해 각 매장에서 얻은 데이터의 정확도를 평가해야 한다.

하지만 우리가 알고 있듯이 정기적인 데이터 업데이트는 피곤하고 힘든 일이다. 판매 직원들이 데이터베이스 업데이트에 자발적으로 노력하게 하려면, 데이터베이스가 판매 업무에 얼마나 유용한지 분명하게 인식시켜야 한다.

데이터베이스 설정

데이터베이스를 가장 간단하고 적극적으로 사용하는 부서는 마케팅팀이다. 마케팅팀은 다양한 유형의 고객들의 구매를 분석하고 다음과 같은 질문에 답할 수 있다.

- 주요 고객들이 클래식한 제품과 트렌디한 제품 가운데 어느 쪽을 선호하는가?
- 일부 고객은 액세서리 대신 의류를 구입하는데 그 이유는 무엇인가? 이들 고객에 대해 아는 것은 무엇이며 국적은 어디인가? 같은 질문을 주로 액세서리를 구입하는 고객에 대해서도 적용할 수 있을 것이다.
- 제품 카탈로그 특별호를 보낼 고객 프로필 10가지를 어떻게 정할까?

- 특정 구매 행동을 보이는 고객에게 어떻게 접근할까?
- 먼 곳에서 제품을 구입하는 고객에게 어떻게 접근할까?

매장의 판매 직원들에게 동기를 부여하려면, 이들도 모든 사용 가능한 데이터, 예를 들어 매장 근처에 사는 구매자(또는 매출) 비율, 다른 도시에서 온 구매자 비율, 외국인 비율, 해당 월에 예상되는 고객 리스트와 이들의 방문 빈도 및 마지막 방문 날짜, 매장별/직원별 평균 결제 금액, 결제 건당 구매 품목 수 등등의 데이터에 접근할 수 있어야 한다.

고객 잠재력에 따라 고객 경험 늘리기

고객 데이터베이스는 중요한 정보를 제공한다. 고객 그룹별 구매 습관을 보여준다. 예를 들어, 매출이 7억 유로이고 120만 명의 고객 데이터베이스를 가진 한 럭셔리 브랜드의 경우 표 6.2(저자가 수집한 비공식 자료를 이용)와 같은 내용을 확인할 수 있었다. 놀라운 것은 상위 5,000명의 고객이 매출의 10%를 담당하고 있다는 것이다. 이들에겐 특별히 관심을 쏟고 정성을 기울여야 한다. 하지만 고객그룹별로 나눴을 때는 명확해 보여도 매장에 적용해보면 복잡해진다. 전 세계에 250개의 매장을 운영하는 브랜드가 있다고 해보자. 일부 매장에는 이 상위 카테고리의 고객이 약 20명쯤 있을 것이다. 다른 매장에는 이런 고객이 3~4명뿐일 수도 있어 이들을 위한 마케팅 캠페인을 기획하기 힘들 것이다. 각 매장 매니저들은 고객의 생일에 직접 손으로 쓴 카드와 함께 꽃을 보낼 수 있지만, 다른 방법으로도 고객에게 감사를 전할 수 있다.

표 6.2 연 7억 유로 매출을 기록하는 브랜드의 고객 구성 예시

	전체 매출 비율 (%)	누적 백분율 (%)	연간 평균 구매
상위 1,000명의 고객들	4	4	€28,000
1,000명~5,000명까지	6	10	€10.500
5,001명~10,000명까지	4	14	€5,600
10,001명~50,000명까지	10	24	€1,750
50,001명~100,000명까지	6	30	€700
100,000명 이상	70	100	*

*주소를 알 수 없는 고객들이 많이 포함되어 있어 위 데이터는 전적으로 신뢰할 수는 없다.

일부 럭셔리 브랜드들은 우수 고객을 브랜드 패션쇼에 초대하기도 한다. 하지만 처음 기획부터 원칙을 잘 세워야 한다. 한 번 초대받으면, 그 후에도 매 시즌 초대받기를 기대할 수 있기 때문이다.

표 6.3에 나타나듯, 상위 10만 명의 고객들에게는 가까운 매장으로 초대해 칵테일을 제공하며 뉴 컬렉션 프리뷰 행사를 진행할 수도 있고, 이들 가운데 '세일 행사를 선호하는 프로필'로 분류된 고객들이 있다면, 세일 기간에 앞서 특별 할인을 제공할 수도 있을 것이다.

주요 고객을 위한 포괄적인 후속 프로그램을 기획하는 것은 필수인데 우선 브랜드 차원에서 기획하고 이후 해당 국가별로 기획할 수 있다. 각 매장은 고객과 돈독한 관계를 맺는 데 도움이 되는 행사를 준비해야 한다. 이런 행사를 적절하게 기획하는 매니저들은 주요 고객들이 누구인지 알게 되기 때문에, 매장 입구의 얼굴 인식 장치에 덜 의존하게 될 것이고, 얼굴 인식은 그저 '따라 잡기' 용으로 이용될 것이다.

표 6.3 주요 고객에 집중된 매출

상위 100명의 고객들	매출액의 4%
상위 10,000명의 고객들	매출액의 14%
상위 100,000명의 고객들	매출액의 30%

6장의 결론으로, 소위 '효율성의 역설'이라 부르는 것에 관해 설명하려 한다. 매출 증대를 위해서는 비고객이 가장 중요한 타깃이라고 생각할 수도 있을 것이다. 이들 중 절반을 1년에 한 번이라도 구매하도록 설득할 수 있다면 이 생각은 옳다. 매출은 두세 배 증가할 것이다. 가끔 오는 고객들을 좀 더 자주 와서 구매하도록 설득할 수도 있으나, 단기간에 정말 더 쉽고 효과적인 방법은 단골 고객들을 다음 해에 다시 오도록 설득하는 것이다.

그러나 이번 6장의 도입부와 들어가는 글에서 말했듯이 럭셔리 브랜드 고객들의 행동은 변화하고 있으며 브랜드에 대한 충성도는 점점 낮아지고 있다. 따라서 브랜드 본사는 고객정보를 갱신해야 하고, '매장으로' 유인하기를 주요 목표로 하는 홍보 전략을 수립해야 할 필요가 있다.

내용 요약

• 고객은 자신이 존중받고 있고 특별한 대우를 받는 그룹에 속한다고 느끼면 고객 정보를 기꺼이 공유하려 한다.

• 수집한 데이터의 질은 세일즈 팀의 의욕에 많이 좌우된다. 그러나 데이터베이스의 품질을 관리하고 사내에 그 효용성을 알리는 담당 팀의 시간과 노고에 대한 공감도 중요하다.

• 데이터베이스가 구축되면, 이는 목표를 달성하기 위해 이용돼야 하며, 그 효

과가 증명돼야 한다. 그렇지 않으면 데이터베이스는 조금씩 시간에 뒤처져 신뢰도가 떨어지고 곧 쓸모가 없어진다. '고객 유치 비율'은 매장 직원에게 데이터를 정기적으로 업데이트하는 것이 중요하다는 것을 상기시켜 준다. 물론 관광객이 주로 찾는 매장에선 고객 유치 비율이 낮아 지는데, 데이터베이스 담당 팀은 이를 정기적으로 분석하고 검증해야 한다.

- 데이터베이스 시스템이 운영되면, 매장 직원과 마케팅 매니저는 고객에게 제공할 '선물'(전달방법에 대해서도 고려한다.)과 '개인별 맞춤 서비스'를 창의적으로 기획해야 한다. 그러면 고객은 자신이 브랜드에게 중요한 사람이며 브랜드에서 특별한 관심과 배려를 받고 있다는 느낄 것이다.

07

오프라인과
온라인 통합의 과제

온라인 판매와 오프라인 판매는 계속해서 서로 보완하며 고객에 접근하기 위한 보다 광범위한 방법을 찾아낼 것이다.

-프랑수아 앙리 피노 François-Henri Pinault, 케어링 그룹 이사회 의장 겸 CEO

엑산 비엔피 파리바Exane BNP Paribas는 2015년 연구 보고서에서 럭셔리 브랜드의 디지털 놀이터라는 개념을 소개했다. 매장 또는 이커머스 사이트 등 판매 지점을 기준으로 판매 채널을 구분하는 사일로silo적 관점을 깨고, 고객의 경험을 중요시하는 고객 중심의 관점을 채택하는 개념이다. 이 책에서는 이런 관점을 채택하고 있으며 5장에서 이미 소개한 바 있다. 디지털 놀이터(그림 5.5)는 계속 확장되고 있고, 엑산 비엔피 파리바의 2020년 전망은 매우 의미가 있다.

- 디지털 놀이터의 매출, 즉 온라인 검색 후 오프라인에서 구매하는 매출ROPO 는 51%(2014년 27%)까지 성장할 것이다. 럭셔리 브랜드에게는 급진적인 변화이다.
- O2O 고객은 매장에서만 구매하는 고객보다 한 해 동안 60% 더 많이 지출하며(이 수치는 해마다 증가하고 있다), 온라인 구매 매출이 점점 더 높아지고 있어 O2O 순환구조는 전반적인 매출을 늘린다.
- 럭셔리 브랜드 측은 매장 고객의 90%를 디지털 형식(이메일) 또는 종합 데이터 파일(등록된 고객) 형식으로 분류할 수 있다. 2014년 이 수치는 이미 73%에 이르렀다.

영국과 스페인에서 광범위하게 이루어진 연구에서도 옴니 채널 통합(또는 온라인-오프라인 연계)은 고객의 만족도를 높이며, 이는 다시 온라인과 오프라인 양쪽에서 고객 충성도에 영향을 미친다고 보여준다. 연구자들은 온라인 고객 충성도와 오프라인 고객의 충성도 사이에 직접적인 연관성이 없다는 사실에도 주목한다. 이는 고객 충성도를 높이기 위해선 두 배의 노력을 해야 한다는 뜻이다.

최근 맥킨지의 2018년 연구(그림 7.1)는 고객이 구매에 이르는 과정을 살펴본 결과, 온라인과 오프라인 양쪽에서 접점의 수가 증가한 것을 보여준다. 조사대상 국가가 어디든 상관없이, 온라인과 오프라인의 접점의 수가 균형을 이루었다. 이는 오프라인 매장은 사라질 것이라고 주장하던 종말론적 예측은 틀렸으며, 이 두 채널이 서로 보완적인 관계를 이루고 있음을 보여준다. 또한 주목할 점은 고객 여정이 길어지는 경향이 있다는 것인데, 2016년의 경우 2014년에 비해 첫 탐색에서부터 구매에 이르는 기간이 두 단위 늘었다. 최종 구매 결정까지 과거보다 훨씬 긴 시간이 소요되는 것이다.

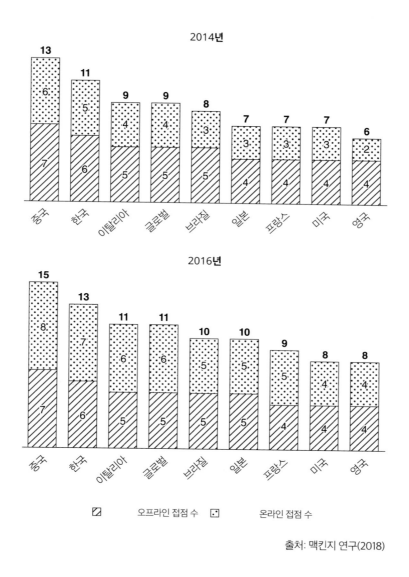

2014년

2016년

오프라인 접점 수   온라인 접점 수

출처: 맥킨지 연구(2018)

그림 7.1 구입 전 평균 온라인 및 오프라인 접촉 수

마찬가지로, 중국 소비자들을 살펴보면, 흔히 절대다수의 중국인들이 온라인을 통해 구입한다고 알려졌지만, 실제로는 온라인과 오프라인 사이에 접점의 수가 완전한 균형을 이루고 있고, 이들의 고객 여정은 서구의 소비자들에 비해 두 배나 길다. 또 다른 연구(워크더챗WalktheChat, 2018)에서는 중국의 20~30대 연령층의 64%가 럭셔리 제품을 매장에서 구매하는 것을 선호하는 것으로 나타났다.

이러한 사실은 럭셔리 브랜드에게는 운영을 위한 기초 작업과도 같지만 브랜드를 운영하면서 실제로 적용할 수 있어야 한다. 다음은 브랜드가 직면한 두가지 주요 운영과제이다.

- 과제 1: 디지털과 물리적 매장의 통합. 조직은 일반적으로 리테일(매장), 이커머스(리테일과 이커머스 모두 세일즈 팀으로 통합), 소셜 미디어(마케팅 부서로 통합), 이렇게 세 가지의 영역으로 구분된다. 이들 사이에 적어도 두 개의 벽 즉, 세일즈와 마케팅을 구분하는 벽과 매장과 이커머스를 분리하는 벽은 제거돼야 할 것이다.
- 과제 2: 글로벌 고객의 데이터베이스 활용. 사실, 고객의 90%를 식별할 수 있다는 것은 고객 행동을 추적할 수 있는 능력과 판매 분석 도구를 가지고 있다는 것과는 아무 상관없다. 대부분의 브랜드는 지역별 데이터베이스를 가지고 있지만 이들이 서로 연결되어 있지는 않다.

이러한 과제에 더 잘 대응하기 위해서 우리는 온라인, 오프라인 통합 기준과 글로벌 고객 추적이라는 두 개의 핵심 주제에 대해 생각해 볼 것이다.

온라인/오프라인 통합이란?

'온오프라인 통합이라는 위업을 달성한 브랜드는 거의 없다.'라고 엑산 비엔피 파리바는 설명한다. 피지컬과 디지털 통합이라는 위업을 달성한 브랜드는 거의 없다. 이 결론은 럭셔리 브랜드의 디지털 활용에 관한 연구 중 현재로서는 가장 상세하고 완전하다고 여겨지는 연구에 기반한다. 여기서 온오프라인 통합의 주요 필수 요소들을 종합해 살펴보자. (표 7.1)

표 7.1 O2O 통합 기준

축	카테고리	기준
전략적 도달 범위 (22개의 매개 변수)	1. 전자상거래 전략적 도달 범위 2. 원산지 설명 3. 고객 참여 전략	1. 온라인 지리적 범위 2. 온라인 제품 범위 3. 원산지 설명 4. 사용 가능한 언어 수
	4. 웹사이트 경험	5. 이메일 도달 범위 6. 제품 비주얼라이제이션 7. 제품 진열 8. 제품 선택 지원 9. 기본 고객 서비스 10. 퍼스널 서비스
디지털 고객 경험 (63개의 매개 변수)	5. 전자상거래 경험	11. 온라인 쇼핑 12. 배송
	6. 교차 채널 경험	13. 스토어 로케이터 14. 교차 채널 서비스
	7. 고객 참여 경험	15. 이메일 숙련도 16. 공유 17. 어플리케이션

출처: 엑산 비엔피 파리바와 콘텍랩 (2016)

7개 범주로 나눈 85개의 기준은 34개 럭셔리 브랜드의 이커머스 전략과 고객 디지털 경험을 설명하고 있다. 각 기준에 부합하는 잠재력은 100점을 만점으로 평가되며, 브랜드는 성취도에 따라 점수를 받는다. 따라서 성취 가능한 전체 잠재력의 60%, 또는 50% 정도만 달성할 수 있을 것이다.

전반적으로 이커머스 사이트는 비주얼, 판매, 공급, 사용 가능한 언어 및 기본 서비스에서는 효율적이다. (이론적 성취 가능 잠재성의 65% 이상 달성) 제품 소개, 제품 선택, 매장 식별 및 판매 판매 지원 등에 관해서는 평균은 50~65% 정도의 달성도를 보여준다.

2018년 브랜드들이 가장 크게 향상시켜야 할 부분, 즉 전반적으로 전체 잠재력의 50% 미만에 그친 기준이 어떤 것인지 파악해 보는 것은 중요하다.

- 가장 초라한 결과를 보여주는 (45% 미만) 두 가지 기준은 예상대로 '개인 맞춤 서비스'와 '옴니 채널 서비스'이다. 브랜드들은 온라인-오프라인 연계 서비스(고객 위치, 지도, 매장 영업시간), 매장 이메일, 매장 연락처와 같은 온라인 서비스(채팅, 전화, 이메일, 예약, 개인 맞춤 제안 등 다양한 종류의 지원)를 제대로 하지 못하고 있다. 배송 서비스의 성취도도 46%에 머물렀다. (오늘날 고객 기대의 핵심요소임에도 불구하고)

이런 O2O 서비스를 도입한 브랜드를 들자면 오데마 피게Audemars Piguet를 들 수 있는데, 오데마 피게의 웹사이트에는 'Click to Try'라는 기능이 있어, 고객이 웹사이트에서 관심 있는 제품을 찾아 클릭하면 가까운 매장과 직접 시간을 예약하여 방문 시간을 시착해 볼 수 있다.

- 이메일 마케팅 전략과 관련하여 각 브랜드의 평균 성취도는 보통 수준(57%)이었다. 엑산 비앤피 파리바의 또 다른 연구에 따르면 럭셔리 브랜드는 고객 관계에 있어 필수적인 도구들을 어떻게 사용해야 하는지 잘 알지 못하는 것으로 나타났다. 이메일의 구조, 고객 획득, 편집 기획 및 공유(소셜 미디어, 친구와 함께) 등 많은 발전 영역에서 지금보다 훨씬 더 발전해야 한다. (연구 보고서 저자들은 현재의 수준을 '원시적'이라고 부른다)
- 제품 원산지를 51%만이 표시하고 있다. 'Made in⋯'이라는 문구가 없다. '미표시'가 브랜드 본국에서 제조하지 않았음을 인정하는 것으로 받아들여진다면 브랜드는 경쟁우위를 잃는다.
- 웹사이트를 사용하지 않을 때도 고객 경험을 늘려줄 수 있는 자체 앱을 37%만이 가지고 있다.

그러나 34개 브랜드의 결과를 비교해 보면 몇몇 브랜드에 의해 새로운 움직임이 전개되고 있음을 알 수 있다.

- 6개의 브랜드가 대부분의 항목에서 일정 수준 이상의 성취도를 보이며 상위

순위를 차지하고 있다. 버버리, 구찌, 발렌티노, 루이비통, 펜디Fendi, 까르띠에가 이에 해당한다.

- 2016~2018년, 8개의 브랜드가 O2O 고객 경험과 전략 영역에서 (고객관계 개발, '메이드 인 …' 강조, 이커머스 전략 구축) 향상되었다. 펜디, 마이클 코어스Michael Kors, 불가리, 프라다, 페라가모Ferragamo, 셀린느, 보테가 베네타, 까르띠에가 이에 해당한다.

따라서 아직도 22개의 브랜드가 O2O 통합에 있어 경쟁적 지위를 얻으려면 큰 노력을 기울여야 할 것이다.

글로벌 고객 추적(특히 중국 고객)

| 실제 사례

2014년으로 돌아가서, 파리 몽테뉴 거리의 한 부티크에 있다고 상상해 보자. 한 무리의 중국인 매니저들과 임원들(유명 EMBA과정 학생들)이 브랜드의 오뜨 꾸뛰르 살롱과 부티크를 방문할 기회가 있었다. 투어가 끝나자 이들은 서둘러 제품을 구매했다. 그런데 놀랍게도 고객 정보를 수집하는 직원은 아무도 없었다. 플로어 매니저는 우리의 질문에 "중국 관광객입니다…"라고 대답을 하고는 '우리는 중국 고객의 데이터베이스를 관리하지 않는다.'고 밝혔다.

2016년으로 시점을 옮겨 보자. 우리는 어느 럭셔리 뷰티 브랜드의 경영진 앞에서 중국인 고객에 대해 말하고 있었다. 세계 모든 나라에 진출한 브랜드의 경영진이었던 그들은 열심히 경청하고 있었는데, 누군가 불쑥 말했다.

"우리는 자회사가 21개인데, 그래서 서로 연결되지 않은, 아마도 서로 연결할 수 없을 데이터베이스를 21개 가지고 있는 것을 아시나요?"

이는 많은 글로벌 브랜드의 사각지대, 즉 고객의 구매 이력과 모든 고객관계를 추적할 수 있는 통합된 단일 고객정보 시스템의 부재를 보여주는 여러 사례 중 두 가지일 뿐이다.

이런 점에서 중국인 고객의 사례는 흥미롭다. 2017년 중국인 고객은 개인 럭셔리 제품 매출의 32%를 차지했는데, 이 중 8%만이 중국에서 구매한 것이었다. 그렇다면 중국인 고객은 어디서 구매하는 것일까? 관광지로 열기가 식어가고 있긴 하지만 유럽, 홍콩, 마카오, 그리고 빠르게 성장하고 있는 여행지인 일본과 한국에서 구매한 것이다. 즉, 중국인 고객은 여행을 많이 한다는 것이다.

여기에 더하여 기존의 지리적 여행의 개념을 뛰어넘을 필요가 있다. 중국인 고객은 O2O 여행자이기도 한데, 오프라인과 디지털 사이를 오가며 계속해서 가장 저렴한 가격을 찾거나 자국에서 구할 수 없는 제품을 찾는다. 2014년 어느날 러시아에서는 루블화가 급락했는데 (이전 해 12월 16일 화폐 가치 대비 20% 하락) 럭셔리 브랜드들은 러시아 판매 가격을 즉시 조정하지 않았다. 바로 다음 날, 엄청난 규모의 중국 관광객과 다이궈_{중국인 해외 구매 대행업자}들이 모스크바와 상트페테르부르크에 착륙하더니 럭셔리 부티크를 싹쓸이했다. 중국인 고객들은 인터넷을 이용해 가격 변동을 관찰하며 가장 좋은 가격으로 쇼핑을 하는데 선수다. 이들은 이 나라에서 저 나라로, 이 매장에서 저 매장으로, 오프라인에서 온라인으로 쉴 새 없이 '여행'한다. 어떤 럭셔리 브랜드도 이런 흐름을 무시할 수 없으며 모두가 이를 따라가야 한다.

이제 이들 여행자의 '쇼핑 여행'을 따라가 보자.

| 지리적 여정

가장 최근의 통계에 따르면, 전체 중국 인구의 8.7%에 해당하는 1억 2천만 명만이 여권을 가지고 있는 것으로 나타났다. 씨트립Ctrip; 중국 최대의 온라인 여행사의 CEO에 따르면 이 숫자는 2020년에는 2억 4천만 명 수준으로 늘어난 것으로 보인다.

중국인의 여행 방식은 변화하고 있다. 이는 향후 그들의 럭셔리 제품 구매 방식을 변화시킬 것이다. 가장 주목할 것은 더 많이 교육받고, 재정적으로 부유하며 혼자 여행하는 젊은 여행객(35세 미만)의 출현이다. 중국의 대부분의 젊은이처럼 휴대전화가 그들 삶의 중심에 있다. 이들은 휴대전화로 친구들과 소통하고 기본적인 것들을 사고 필요한 모든 정보를 찾는다. 이들의 인적 네트워크(친구와 가족)의 역할을 과소평가해서는 안 된다. 그들은 온라인상에서 선택할 때 씨트립 혹은 온라인 배달 업체인 메이투안 디앤핑Meituan-Dianping과 같은 사이트에 올라온 고객평가나 위챗 모멘트*에 집계된 추천 건수의 영향을 크게 받는다.

---

*   위챗 모멘트WeChat Moments: 위챗과 위챗 모멘텀은 각각 우리나라의 카카오톡과 카카오스토리와 비슷한 서비스이다.

이는 럭셔리 브랜드에 즉각적으로 영향을 미친다. 새로 등장한 이들 여행자들은 여러 추천 사이트에 많은 영향을 미치기 때문에, 이들과의 관계를 장기적인 관점에서 구축하는 것이 중요하다. 이를 위해서는 이들의 여행 궤적과 국내외 구매 기록을 추적할 수 있는 글로벌 데이터베이스가 필수적이다.

전 세계 럭셔리 시장 2010~2017추정

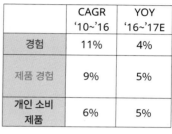

	CAGR '10~'16	YOY '16~'17E
경험	11%	4%
제품 경험	9%	5%
개인 소비 제품	6%	5%

출처: 다르피지오와 레바토 연구(2018)

'경험'에는 호텔, 크루즈, 레스토랑 경험이 포함된다. '제품 경험'에는 자동차, 와인과 양주, 개인 전용기, 예술품이 포함된다. '개인 소비 제품'은 기타 모든 럭셔리 제품을 포함한다.

그림 7.2 2010~2017년 경험, 제품 경험, 개인 소비 제품의 소비 변화

이들 여행자는 무엇보다도 '경험'을 추구한다. 이들의 구매 범위도 개인 소비 제품(의류, 주얼리, 시계, 화장품 등)에서 홀리데이 리조트, 스파, 크루즈, 가스트로노미gastronomy 등으로 바뀌었다. 이런 점에서, 이들은 그림 7.2에서 보여주듯 경험과 제품 경험, 즉 여행, 음식, 와인과 양주, 자동차로 선호도가 바뀐 럭셔리 소비자의 뒤를 따르고 있다.

| 온라인 여행과 쇼핑 여행

중국의 럭셔리 소비자들의 고객 프로필은 상상 그 이상으로 복잡하다. 이들은 매장에서 정가로 제품을 구입하면서도, 동시에 오프라인과 온라인에서 여기저기 기웃거리며 저렴한 물건을 찾는다. 이들의 고객 여정은 시간이 흐를수록 더 복잡해질 것이며 점차 모든 럭셔리 소비자도 이와 같은 고객 여정을 따를 것이다.

럭셔리 브랜드가 마주하게 될 완전히 새로운 이 패러다임에 대한 이해는 매장의 분류에서부터 시작해야 한다. 럭셔리 브랜드 소비자가 제품에 접근할 수 있는 곳이라면 어디라도 상관없다. 우리는 곧 럭셔리 제품의 확산이 (이 책에서는 중고 명품이나 명품 대여에 대해서는 다루지 않을 예정이다) 브랜드에 문제가 되는 것을 보게 될 것이다. 현실에서는 많은 매장이 통제를 받고 있지 않다. 그래서 우리는 이를 더 잘 이해하기 위해서 매장을 분류해야 한다. 이를 위해서는 통제라는 개념과 관련해 두가지 사항을 파악해야 한다.

- **첫 번째는 브랜드 본사가 행사하는 통제 수준에 관한 것이다.**: 본사가 소유한 매장이 있는가 하면, 본사의 소유는 아니지만, 통제 가능한 매장이 있고, 완전히 제삼자의 지배를 받는 매장도 있다.
- **두 번째는 가격과 관련한 것이다.**: 정가 판매, 할인 판매, 리베이트 판매 등이다. 브랜드 본사는 가격을 통제하려 하지만 모든 판매 지점에서 가격을 통제할 수 있는 것은 아니다. 특히 병행 시장 업체들이 운영하고 있는 이커머스 사이트에서는 더욱 더 그러하다. 제멋대로인 홀세일 업체의 행태는 디지털 매체나 브랜드 자신들의 탓으로 더욱 심해졌는데, 마치 자신들이 앉아 있는 나무가지를 스스로 톱으로 베어내고 있는 것처럼 보인다. 엑산의 보고서의

애널리스트들이 말하듯, '유럽이나 미국에서보다 중국 현지에서 더 높은 가격에 판매하면서, 중국 온라인 구매자에게 유럽이나 미국 웹사이트에서 유럽이나 미국 현지의 가격으로 구매할 수 있는 기회를 주는 브랜드는 분명 여러 문제에 부딪히게 될 것이다.

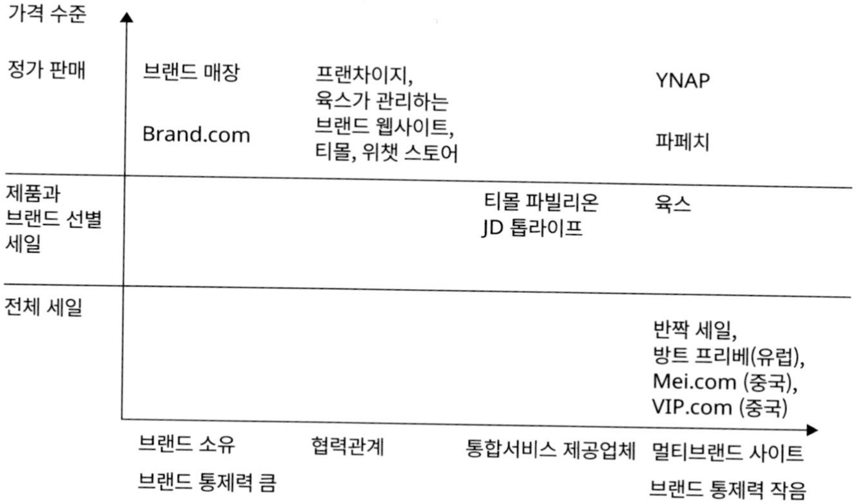

출처: 베인앤컴패니의 연구(2017)

그림 7.3 럭셔리 유통 채널 매핑

그림 7.3은 판매 지점의 분포를 보여준다. 사실 앞에서 언급한 육스, 네타포르테, 파페치처럼 중국인이든 아니든 모든 럭셔리 소비자들이 이용할 수 있는 판매 채널이 급증하고 있다.

온라인 판매가 증가하면서 고객들이 누리는 혜택은 늘어나고 리테일 업계는 복잡해져 럭셔리 브랜드는 이를 통제하기 힘들다. 따라서 럭셔리 브랜드가 그들의 '비즈니스 모델'과 수익 달성에 중요하게 생각했던 유통에 대한 통제는 고객에게 혜택만을 주는 많은 신규 사업자들로 인해 약해지고 있다. 몇몇 브랜드는 자신들이 진부한 브랜드로 전락할 수 있다는 것을우려하고 있다.

이렇게 보면 럭셔리 업계는 겉으로 보기에는 해결하기 힘든 딜레마에 빠져 있는 것 같다. 브랜드가 통제하는 매장에서 통제하지 않는 제삼자의 매장으로 이동하는 고객을 '추적'할 수 있을까? 어쩌면 서구권의 YNAP, 파페치, 중국의 알리바바, JD와 같은 새로운 대형업체들과 구체적인 파트너십을 맺는 데서 해결책을 찾을 수도 있을 것이다. (중국의 예를 보면 명품 전문 온라인 쇼핑몰이라 할 수 있는 티몰 럭셔리 파빌리온Tmall luxury Pavillion과 JD 톱라이프JD Toplife 등이 등장하자, 럭셔리 브랜드들이 알리바바나 JD를 통해 판매하면서 겪었던 애로 사항이 어느 정도 해결되었다.) 럭셔리 브랜드가 오랫동안 배척했던 알리바바와 JD(특히 알리바바가 모조품에 강력하게 대응하려 하지 않아서)가 갑자기 중국 시장에서 중요한 역할을 하게 된 것이다.

리테일 업계가 복잡해진 것은 분명하다. 1부에서 다룬 전통적인 오프라인 매장(매장, 백화점, 트레블 리테일 등) 외에도 온라인 매장이 많아지면서 럭셔리 업계는 아래와 같이 세 가지 필수 과제에 대응해야 할 것으로 여겨진다.

- **필수 과제 1: 고객을 추적할 수 있는 통합된 단일 정보 시스템을 갖추어야 한다.** 모든 글로벌 기업들이 현재 마주하고 있는 문제다. 알리바바(업계에서 퓨어 플레이어Pure Player가 하나 있다면 알리바바일 것이다)도 이를 2017년에야 실현했다는 점이 흥미롭다. 티몰, 타오바오(이커머스), 알리페이(모바일 결제), 디디(택시), 알리바바 은하계 안에 있는 다른 행성(보험 등)이든 상관없이 모든 고객을 다루는 고유 식별 시스템인 유니아이디(Uni-ID)를 구축했다. 덕분에 모든 고객의 모든 구매 행동 데이터를 이용하고 분석하는 것이 가능해졌다.

- **필수 과제 2: 자본적 지출CAPEX 논리에서 운영 비용OPEX 논리로 이동해야 한다.** 모든 브랜드 사이에서 직영 매장을 오픈 하는 것이 주춤해지고, 그 결과로 CAPEX가 낮아지면서, 새로운 투자가 가능해졌다.

  럭셔리 브랜드는 기존 매장을 모두 리노베이션 하는데 투자해야 한다. (그러므로 새로운 접근 방식을 이용해 매장을 관리해야 한다.) 사실, 매장 유지비용은 평상시에는 매출액의 5%, 리노베이션 기간에는 15%에 이를 것이다.

  글로벌 정보 시스템을 구축하고 디지털 마케팅과 글로벌 브랜드 경영에 필요한 인재를 채용하며 고객 경험에 공들이는 등 이 모든 업무는 운영비용을 증가시킨다.

- **필수 과제 3: 브랜드의 포지셔닝에 어울리지 않는 가격을 해결할 방법을 찾아야 한다.** 럭셔리 브랜드의 현황을 두 가지 측면, 즉 제품에 적용하는 평균 할인가와 할인 전문 인터넷 사이트에서 판매되고 있는 제품의 비율이라는 측면에서 분석해보면, 많은 브랜드의 상황이 좋지 않다는 것을 알 수 있다. (엑산비엔피 파리바, 2018b).

  마이클 코어스, 스텔라 매카트니, 크리스토퍼 케인, 마크 제이콥스, 호건, 브루넬로 쿠치넬리, 아르마니 등의 제품이 할인 가격으로 판매된다. (두 기준 적용) 이는 위태로운 상황이다. 브랜드의 진부화 지위 상실이라는 위험이 있다. 많은 브랜드들이 그들이 기획한 할인 판매는 통제하지만, 오프프라이스 스토어 off-price store에 유통되는 것은 통제하지 못하고 있다. 베르사체, 돌체 앤 가바나, 에밀리오 푸치, 엠포리오 아르마니, 발렌티노 등이 그러하다. 병행시장에서 많이 보이는 이런 브랜드 제품의 유통경로를 정확히 파악해 보아야 한다.
- 랄프 로렌은 자체 할인 판매를 기획하는 유일한 브랜드이다. 이는 랄프 로렌의 비즈니스 모델의 일부로 많은 팩토리 아웃렛들이 랄프 로렌이 통제하는

유통채널에 속한다.

온라인 유통채널이 늘어나고 있는 글로벌 시장에서 가격 통제는 럭셔리 브랜드의 노하우를 입증하는 것이다.

내용 요약:

- 옴니 채널 통합은 고객 만족과 브랜드 충성도를 높인다. 이는 매장과 온라인 양쪽에서 발견된다.
- 온라인과 오프라인 고객 데이터가 연결돼야 하지만 브랜드의 해외 모든 자회 사간 데이터 연결도 모색해야 한다.
- 유통 통제는 점점 더 어려워지고 있다. 외부 서비스 제공업체나 가까운 사이 가 아닌 이해관계자나 총괄 책임업체 등 여러 회사의 다양한 부서들이 같이 일해야 하기 때문이다.
- 모든 온라인과 오프라인을 통합해야 하는 필요는 개인 럭셔리 제품에 한정된 것이 아니라 고객 경험과 제품 경험에까지 확장된다.

디지털 문화에
적응한 물류

질서와 무질서의 경계는 조정력 있다.

-손자

디지털 혁신이 파격적인 이유는 무엇보다도 고객에게 제공하는 서비스가 완전히 새로워지기 때문이다. 2018년 9월 노드스트롬 백화점은 뉴욕의 이스트 코스트East Coast에 신규 매장을 열면서 고객에게 두 가지 새로운 서비스를 제공 했다.

- 만일 뉴욕에 있는 어느 고객이 한밤중에, 이를테면 새벽 3시에 갑자기 넥타이나 여행 가방을 사고 싶다면, 그는 온라인에서 원하는 제품을 고르고 결제한 후, 57번가에 새로 오픈한 백화점으로 가면 된다. 노드스트롬 직원은 고객

이 방금 구매한 제품을 들고 문밖에서 기다리고 있을 것이다.

- 전날 구매한 신발이 마음에 들지 않는다면 낮이든 밤이든 어느 때나 신발을 다시 가져가 디지털 키오스크에서 신발을 스캔한 뒤 보관함에 넣어두면 된다. 환불 금액은 당일 고객의 은행 계좌로 입금된다.

옴니 채널 관점에서 보면, 이러한 서비스는 오프라인 판매와 디지털 판매 사이의 원활한 상호 작용을 추구한 결과이다. 모든 것이 언제든지 가능해야 하는 오프라인/온라인 서비스는 고객에게 가장 포괄적인 서비스를 제공하기 위해 서로 보완하는 관계여야 한다. 그러나 이렇듯 원활한 상호작용을 위해서는 브랜드 본사와 협력 업체 사이의 포괄적이고 긍정적인 유연성, 그리고 완벽하고 효율적인 물류 서비스가 요구된다.

아마존의 물류창고 시스템을 다룬 유튜브 동영상을 관심을 가지고 시청해 볼 볼만하다. 물류 발송 부서에서 일하는 직원을 상상해보면, 직원이 선반과 선반 사이를 돌아다니며 주문한 제품을 찾는 모습이 그려질 것이다. 하지만 동영상을 보면 컴퓨터가 주문을 스캔하면 랙rack이 알아서 움직여 주문한 제품을 포장 담당 직원 앞으로 가져다준다. 랙 아래 부착된 납작한 로봇이 랙을 움직여 포장 담당 직원 앞으로 이동 시켜 주는데, 주문 시퀀스에 따라 랙의 위치가 조정된다. 하나의 주문이 끝나면 컴퓨터는 새로 주문을 받을 확률에 따라 랙을 적절한 위치로 이동시킨다.

축구장 59개를 합쳐 놓은 규모의 물류 창고, 배송 상자에 물건을 담기까지 모든 과정을 책임지는 자동화 시스템은 감탄을 자아낸다. 자동화된, 무결점의, 경제적인 서비스를 제공하도록 설계된 시스템 전체가 인상적이다. 여기서 한 가지 주의할 점은 이러한 시스템을 제대로 운영하려면 모든 작업을 모니터하고, 비용을 최대한 낮추고, 특히 오류를 줄여야 한다는 것이다.

전통적인 시스템

| 골목의 작은 매장

동네 식료품점은 가능한 한 모든 제품을 진열대에 놓고 판매한다. 예를 들어, 아주 가끔 팔리는 소금과 한 시간에 몇 개씩 팔리는 우유가 나란히 진열되어 있다.

회전율이 높은 제품은 매장 안에서 너무 많은 공간을 차지하지 않도록 일부 재고를 보관할 백룸back room (매장 내 작은 창고) 따로 마련하는 것이 당연하다. 회전율이 낮은 잘 팔리지 않는 물품은 하나만 진열해 놓고, 나머지는 백룸에 보관해야 한다. 예를 들어 여성복 매장에서 베스트셀러 드레스는 모든 사이즈(36~48)를 몇 벌 진열하고, 회전율이 낮은 모델의 경우에는 38과 40 사이즈만 진열하고 나머지 사이즈는 백룸Back roon(매장 내 작은 창고)에 보관하는 것이 실용적일 수 있다. 회전율이 느린 제품에 너무 많은 공간을 할애해 전체 매장의 활기를 떨어트려 매장이 덜 매력적으로 보이게 하는 것은 정말로 미련한 일이다.

패션 매장이 3월에 봄/여름 컬렉션, 9월에 가을/겨울 컬렉션의 각 시즌 판매 물량을 한 번에 공급받으면, 매장 매니저는 모든 모델을 동시에 진열하고 싶은 마음이 생길 수도 있다. 하지만 매 시즌 4~5번쯤 매장을 방문하는 고객의 경우 4월과 5월, 10월과 11월에는 더 이상 새로운 것이 없다는 느낌이 들 수 있다. 따라서 일부 모델을 따로 보관해 두었다가 마치 신제품이라는 인상을 주면서 조금씩 선보이는 것이 좋은 판매 기법이 될 것이다. 백룸은 종종 이런 목적으로도 유용할 수 있다.

버퍼 스톡buffer stock*인가, 디스패칭 배송 시스템 인가?

일부 소매업자는 매장 근처에 별도 보관 시설이나 창고를 가지고 있어 매장에 진열할 제품을 선택하고 나머지 제품은 따로 보관할 수 있다.

한 도시에 여러 개의 매장이 있는 브랜드, 예를 들어서 파리에 12~15개의 매장이 있는 가죽 제품 브랜드가 있다고 하자. 매일 저녁 영업이 끝난 후 직원은 재고가 소진 된 제품과 조만간 소진될 제품을 파악하고 동일한 제품의 여분이 충분히 많이 남아 있는 매장을 확인하여 밤중이나 이른 아침에 재고가 이동될 수 있도록 준비한다. 물론 요즘은 이런 업무를 사람이 하지 않는다. 컴퓨터는 일 드 프랑스Ile de France 지역의 모든 매장의 영업이 끝나자마자 이런 재고 이동을 최적화하는 방법을 찾고, 48시간 이내에 프랑스의 모든 매장에 재고 이동과 배송을 권고한다. 사실 이와 같은 디지털 시스템은 이미 존재한다. 이제 남은 것은 가능한 매끄럽고 효율적인 프로세스로 제품을 운송하는 일이다.

약국이나 안경점, 카센터에서 사용하는 또 다른 시스템도 있다. 매장에서는 일부 재고만 가지고 있고, 트럭으로 45분 이내에 있는 배송 전담 직원인 디스패처dispatcher들이 오전에 한 번, 오후 이른 시간에 한 번 더 돌면서 모든 매장에 원하는 제품들을 배송한다. 예를 들어, 오전 8시 30분에 자동차 클러치 수리를 요청받은 정비사는 오전 11시경에 필요한 부품을 받을 것이고 자동차는 오후에 고객이 픽업할 수 있도록 준비된다. 디스패칭 시스템은 각 매장에서 보관할 물리적 재고는 줄이고 매장의 서비스 효율은 높인다.

그러나 디스패처 시스템은 가용한 재고를 정밀하게 분석해야 하며, 가능한 한 자동화된 예측과 보관창고를 사용해야 한다. 또한 보험 가입된 상품의 정기

---

* 버퍼 스톡buffer stock: 예기치 않은 재고부족을 방지하기 위한 안전 재고

적인 배송과 수거 및 잦은 배송을 소화할 수 있는 잘 조직된 운송 시스템도 필요하다.

디지털 혁명으로 고객은 온라인으로 주문한 물건을 찾으러 종종 매장을 방문하지만 항상 그런 것은 아니다. 편리성을 이유로 고객이 주문한 제품을 배송받기를 원할 수 있다. 따라서 브랜드 본사는 매끄럽고 정확한 고객 배송 물류 체계를 확보해야 한다. 이는 모든 브랜드 운영자들의 주요 과제이다.

꽤 직설적인 표현이기는 하지만, 우리는 '쇼핑하러 가는 것'에 너무 익숙해서 홈 딜리버리의 편리함을 잘 모르고 있다. (지역적인 편차가 존재한다. 아시아 국가 중 한국은 배송 서비스가 매우 발전한 나라이다.) 하지만 항상 다음과 같이 얼버무린다.

- '내가 집에 없을 때 택배가 도착하면 어떡하지? 그러면 주문한 것이 분실될 것이고, 처음부터 구매절차를 다시 시작해야 할 거야.' 물론 위험이 없는 것은 아니다. 하지만 이런 위험은 쉽게 피할 수 있다. 배송받기 편리한 시간을 정해주기만 하면 배송은 이에 맞춰 이루어질 것이다. (정말 그럴까? 아마존과 알리바바는 자체 배송 시스템을 그들의 비즈니스 생태계에 통합하면서 동시에 고객 배송 문제를 해결했다. 하지만 다른 업체들은 어떨까?)
- '아주 비싼 주얼리를 사는데, '구매 세레모니'를 꼭 하고 싶어.' 실제로 유니폼을 입는 직원이 집으로 제품을 가지고 와 테이블에 앉아 제품을 보여주는, 어쩌면 준비한 다른 제품들도 보여주는 배송서비스가 가능한 상황이다. 런던에서는 네타포르테 기사가 롤스로이스를 타고 주얼리를 배송한다는 소문도 있다. 어쩌면 사실일 수도 있다. 파리에서는 에르메스에서 구입한 선물은 유니폼을 입은 배달원을 통해 배송한다.*

---

* 한국에서도 에르메스는 일반적인 택배 업체가 아닌 특수 배송 및 호송 경비 전문업체가 진행한다. 고가의 럭셔리 브랜드의 경우는 딜리버리 서비스에 있어서 브랜드에 이미지에 맞는 차별화된 업체를 선택하는 것도 중요하다.

확실한 것은 고객이 주문한 제품을 집으로 배송해 주는 서비스는 이제 꽤 흔해졌다는 것이다. 따라서 기업들은 배송 서비스를 기획하고 이에 대한 안전을 확보하며 완전히 자연스러운 프로세스가 될 수 있도록 노력해야 한다.

각 도시의 매장 수

일반적으로 주요 브랜드들은 각 나라에서 가장 중요한 도시에 첫 번째 매장을 오픈한 후 제2의 도시에 매장을 연다. 물론 매우 큰 도시라면 한 도시에 매장을 두 세개 오픈할 수도 있다. 하지만 같은 도시에 있는 매장이라도 그 용도는 다를 수 있다. 가장 큰 매장은 모든 제품군을 구비한 대표 매장으로 사용될 것이다. 이런 매장은 보통 도심의 번화한 상업지구에 위치한다. 다른 매장은 보통 더 작은 규모인데, 브랜드의 입지를 강화하는데 기여한다. 이런 매장들은 고객의 편리함을 위한 것으로, 고객이 도심으로 이동할 필요없이 쉽게 구매할 수 있도록 돕는다.

일반적으로 주요 브랜드는 매장 네트워크를 A, B, C로 분류한다.

A 매장은 플래그십 매장이다. 이런 매장은 전체 컬렉션을 재고로 보유하고 있으며 대도시에 있는 매장은 소위 리테일테인먼트retail-tainment라고 부르는 서비스를 제공하며 브랜드 전시관의 역할을 한다. 이런 매장의 목적은 대중에게 브랜드의 힘, 다양성, 매력을 알리는 것이다.

B로 분류된 매장은 상대적으로 더 작고, 컬렉션을 전부 보유하지는 않는다. 예를 들어, 여성 컬렉션 재고를 가지고 있을 수는 있지만 남성 컬렉션을 보관할 공간은 충분하지 않을 수도 있다. 일부 브랜드의 B 매장은 정규 컬렉션을 보유하지만 레저나 아웃도어 컬렉션은 보유하지 않는다.

C로 분류된 매장은 판매 제품을 베스트셀러 제품으로 한정한다.

| 물류 도구의 사례: RFID

RFID무선 주파수 인식 장치는 1970년대에 미국에서 개발됐다. 다양한 품목을 식별, 추적하기 위해 물건에 칩을 장착하는 것이었다.

RFID칩은 몇 미터의 원거리에서도 판독할 수 있는데, 바코드와는 달리 판독기/송신기 근처에서 칩에 정보를 추가할 수도 있다.

이 시스템은 2005년 미국 노스캐롤라이나에 있는 프리덤 쇼핑Freedom Shopping Inc이 처음으로 리테일 매장에서 사용되었다. 제품 라벨에 부착된 RFID칩(칩의 가격은 개당 5센트였다)을 이용해 각 제품이 품질 검사를 통과한 날짜, 창고로 발송된 시간, 진열대에 오른 시간(매장 식별, 가격 표시), 판매 날짜, 반품 날짜(반품된 물건의 경우) 등을 기록할 수 있다.

이런 시스템을 이용해 브랜드 본사는 물건 하나하나에 관하여 제조 시점부터 판매 시점까지 전 과정을 추적할 수 있으며 매장의 재고 일수를 정확히 알 수 있다. 또한 제품의 위치를 파악하여 한 매장에서 다른 매장으로 이동시킬 수도 있다.

효율적인 전자 시스템으로도 특정 매장에 배송된 SKUstock keeping unit의 수량, 판매된 수량, 재고 수량 등을 파악하는 것은 이전에도 있었다. 그러나 RFID를 사용하면, 이러한 시스템에 담긴 전자정보가 실제 매장에 존재하는 물품과 일치하는지를 교차확인이 가능하다는 점에서 차이가 있다. 예를 들어 동일한 모델이라도 매장에 먼저 도착한 SKU가 먼저 팔렸는지 아니면, 그 반대인지까지 확인할 수 있다.

2005년 월마트는 100여개의 주요 공급업체에게 이들이 납품하는 모든 상품에 RFID칩을 부착해 줄 것을 요청했고 프로모션 진행 상황을 추적하는 데 RFID를 사용하기도 한다. 한정된 기간에만 유효한 특가를 붙인 제품이 얼마나 출고됐는지, 프로모션 기간 동안 할인가로는 얼마나 팔렸는지, 프로모션 기간 외 할인가로는 얼마나 팔렸는지, 프로모션용으로 만들어진 제품이 결국 정가로 얼마나 팔렸는지를 추적할 수 있다.

럭셔리 제품의 경우 RFID 시스템은 시간이 흘러도 각각의 제품의 위치를 파악할 수 있고 제품이 마지막으로 있던 매장을 식별할 수 있다. 제품이 재고에서 사라지면 시스템은 도난 가능성을 의심할 수 있다. 또 그레이 마켓* 등에서 발견된 제품의 출처를 식별할 수 있기 때문에 공급업자들의 신원을 비밀에 부쳐야 하는 그레이 마켓 사업자로서는 일이 더 어려워질 수 있다. 하지만 일반적인 RFID 태그는 전자레인지에 집어넣으면 파괴 되는 등 문제점은 여전하다. (최근에는 이를 극복한 RFID 태그도 개발되어 출시되고 있다.)

RFID는 정보 관리 시스템으로서 유일한 기술을 아니지만 개별 품목을 하나하나 추적할 수 있는 유일한 방법이다.

물류 시스템은 디테일이 중요하다

아래의 내용은 저자 중 한 명이 현업에 있을 때, 해외 지사에서 사용하던 물류의 1차 진단표에는 다음과 같은 내용이 들어 있었다.

미국 지사에서는 배송받은 상품 상자를 모두 개봉했는데 그 이유는 아래와 같다.

---

* 그레이 마켓Gray market : 회색시장灰色市場, 즉 가격이 공정되어 있는 상품을 공정가격보다 비싼 값으로 매매하는 위법적이면서 합법적인 면도 있는 시장.

- 포장 상자에 기재된 정보가 불완전하거나 부정확하거나(선적의 30%에 해당) 출고전표가 누락되었다.
- 어느 한 공장에서 출고된 (전체 물량의 20%에 해당) 제품에는 라벨이 전혀 붙어있지 않아 미국의 자회사가 자체 라벨 부착 장비를 구입해야 했다.
- 배송된 제품이 주문과 맞지 않는 경우가 10%에 달했다.

도쿄 지사와 홍콩 지사에서는 다음과 같은 이유로 모든 상자를 개봉했다.

- 아시아인, 특히 일본인들의 품질관리 기준은 유럽 공장에서 적용하는 절차와 기준과 다르며, 매우 엄격하다.
- 제품의 라벨도 아시아 시장의 요건에 맞지 않아 모든 제품에 라벨을 다시 붙여야 했다.

오늘날의 기준으로 보면, 이야기가 과장되었고, 그렇게 나쁘지 않았을 것이라고 생각할 수 있다. 그러나 이는 실제 일어났던 상황이다. 이런 상황이 발생한 이유는 다음과 같다.

- 유럽의 공장들은 일본과 미국의 유통업체와 최종 소비자의 구체적인 니즈를 고려하지 못했다.
- 물류 시스템이 명확하거나 완전하게 구축되지 않았고, 물류 프로세스가 체계적이지 않았다.
- 생산에서 선적, 배송, 입고까지 물류 프로세스의 여러 단계가 명확히 구분되지 않았고, 면밀하게 조직되지 않았다.
- 공장마다 서로 다른 코드를 사용했으며 시스템의 동기화가 항상 이루어진 것

은 아니었다.

이 물류 시스템은 충분히 투명하지도, 견고하지도 않았고 신뢰성도 떨어졌다. 허점이 생길 여지를 너무 많이 남겨둔 것이다. 마침내 물류 체인의 최종 단계, 즉 제품이 매장에 도달했을 때에는 도저히 신뢰할 수 없는 상황이 되었다.

정보 시스템 전문가, 물류 전문가, 제품 개발 매니저, 품질 관리팀, 공장 및 세계 각지의 유통 전문 자회사 대표들로 위원회가 구성되었다. 위원회는 권고 사항 목록을 작성하고 물류 절차를 전면적으로 개혁할 것을 권고했다. 물류 개혁을 위한 자세한 일정과 절차가 수립되었으며, 제조와 품질 관리 프로세스가 새로이 구축되고, 라벨링과 물류 정보 시스템에 새로운 투자를 했다. 그리고 2년 후 회사는 빈틈없이 완벽하게 계획을 실행에 옮길 수 있었다.

저자 중 한 사람이 일했던 이 회사는 공급 프로세스를 분석하는 과정에서 다양한 경쟁사들이 표면적으로 행하던 통제 수준을 연구했는데, 그 결과는 표 8.1에 나타나 있다.

우리는 상황마다 평가표를 자유롭게 공개했는데 그 결과, 지난 몇 년 동안 확실히 달라졌다. 그러나 우리가 말하고자 하는 요점은 간소하고 효율적인 유통 프로세스는 오직 다음의 경우에만 가능하다는 것이다.

- 관련된 모든 행위자, 공급업체, 하청업체 및 사내 공장들이 완전히 협력하고 동일한 목표를 향해 일하며 동일한 절차를 사용한다.
- 시스템은 사용자 친화적이고, 매장의 요구 사항을 철저히 이해하고 지원 부서 직원들의 전폭적인 지지를 받아 개발되어야 한다.
- 절차는 쉽고 간단해야 하며, 시행 전 반복해서 테스트를 한다.

이런 프로세스가 완성된 후에야 '고객에게 잊지 못할 경험을 제공한다'는 핵심 업무에 중점을 두고 브랜드의 강점을 최대한으로 활용할 조직을 구상할 수 있는 것이다.

표 8.1 다양한 물류 모델

	원료 공급	제조	유통	비고
발리	평균적인 통제	약한 수준의 통제	완전한 통제	개선이 필요
페라가모	평균 수준에서 높은 수준의 통제	약한 수준의 통제	완전한 통제	공급업체에 미치는 영향이 지나치게 큼
구찌	평균적인 통제	평균적인 통제	완전한 통제	개방적이고 효율적인 시스템
프라다	평균적인 통제	완전한 통제	완전한 통제	공급업체에 대한 강한 통제
세르지오 로시	평균적인 통제	평균적인 통제	평균적인 통제	개선 되는 중
발렌티노	평균적인 통제	매우 약한 수준의 통제	완전한 통제	성장 우선

새로운 물류 시스템

주문에 따른 배송물량이 상당히 많을 것이라고 예상된다면, 물류 시스템을 완전히 개편해야 할 것이다.

| 매장은 충분한 재고를 가지고 있어야 할까?

기존 시스템 하에서 판매된 제품의 40~50%를 고객에게 배송해 주어야 한다면, 매장에는 진열에도 사용하고 배송에도 사용할 충분한 재고가 있어야 한다. 그렇다면 상황이 크게 달라진다. 예를 들어, 드레스는 모든 사이즈를 보유할 필요가 없다. 모델마다 한두 개의 대표 사이즈를 구비하고, 고객을 안심시키기 위해 모든 사이즈를 구비한 한 두 개의 샘플 모델을 구비하면 된다.

만약 파리에 12개의 매장을 가지고 있는 브랜드가 있다면 당일이나 다음 날 배송해 줄 수 있는 재고가 풍부한 중앙 집중식 물류창고만 있으면 된다. 제품이 판매될 때마다 중앙 창고에 재고가 확보되어 있는지 확인하고, 주문받은 물량을 별도로 빼내어 정해진 시간에 배송될 수 있도록 배정하면 된다.

이러한 시스템에서는 각 매장은 굳이 많은 양의 재고를 보유하지 않아도 되기 때문에 패션 매장의 규모는 더 작아질 수 있다. 매장은 한편으로는 쇼룸이자 피팅룸이 되는 것이다. 고객이 직접 만져보고, 자연광에 노출해보고 마감처리의 품질을 평가할 수 있도록 각 제품은 한 사이즈 이상 진열될 것이다. 매장은 이 정도만 갖춰 놓으면 된다.

도시의 매장은 각각의 포지셔닝이 달라질 수 있다. 예를 들어, 전체 컬렉션의 모든 사이즈 재고를 보유한 한 개의 중앙 매장이 있고, 교통량이 많은 지역에 고객의 수요에 맞춘 한정된 재고를 보유한 좀 더 작은 규모의 서브 매장들이 나타날 것이다. 그리고 어떤 배송이든 당일이나 다음날 도착할 것이다.

이런 시나리오에서는 매장을 A, B, C로 분류하는 것은 적절치 않다. 언뜻 보면 쇼룸과 매장 역할을 모두 할 수 있는 매우 큰 단일 매장이면 충분할 것이라는 생각도 할 수 있다.

그러면 매우 큰 대도시에 있는 다른 매장은 필요하지 않다는 뜻일까? 종종 그렇게 말하기는 하지만 사실은 그렇지 않다, 대도시에서 6~10개 매장을 전개하는 것은 브랜드에 대한 접근성을 확보하기 위한 것이다. 이는 디지털 시대에도 여전히 필요하다. 제품을 직접 만져보거나 판매 직원의 도움을 받거나 전문가의 조언을 받고 싶어 하는 고객들이 있기 마련이다.

다만 다른 점이 있다면 분류 B와 C가 더 이상 구분되지 않을 것이다. A로 분류된 매장 외에, 회사에서 필요한 것은 한정된 재고지만, 모든 제품군을 선보일 수 있는, 그러므로 고객을 안심시킬 수 있는 몇 개의 매장일 것이다. 그러면 이제 B로 분류된 매장은 불필요해지는데, 물론 A로 분류된 매장이 하나도 없는 제2의 도시에서는 예외적으로 B로 분류된 매장이 계속해서 필요할 것이다. 그러므로 새롭게 만들어질 구도는 간단하다. 대도시에는 A와 C 매장으로, 다른 도시에는 B 매장이 전개될 것이다.

| 창고 운영 기준

무엇보다도 중요한 점은 물류 시스템이 중앙 집중화되고, 경제적이며, 정밀해야 한다는 것이다. 그리고 '불량 제로' 달성을 목표로 삼아야 한다. 예를 들어, 프랑스에서는 파리에 창고를 하나 두고 프랑스 전역의 전략적 위치(리옹, 보르도, 렌느, 랭스 등)에 여러 다른 창고를 둘 수 있다.

이 창고들은 브랜드 본사의 소유여야 할까? 규모가 큰 브랜드라면 그럴 수 있지만, 작은 브랜드에는 그렇지 않다. 작은 브랜드라면 아무리 완벽한 서비스를 제공하겠다는 야심이 있어도 5개의 분산된 디스패칭 센터를 관리한다는 것은 과도해 보이고, 결과도 확신할 수 없다. 가장 쉬운 해결책은 외부 서비스 제공업체에 하청하는 것인데, 하청업체는 동기화가 잘 이루어지는 구체적인 절차를 지켜야 한다. 여기서 끝이 아니다. '네트워크'가 프랑스 밖으로 확장되어 해외로 진출할 수 있다. 그러면 미국이나 중국, 또는 일본에서도 동일한 서비스를 제공할 수 있는 물류 업체를 선택해야 한다.

혹자는 어디에서나 신속한 프리미엄 배송 서비스를 제공할 필요는 없고 매스 마켓 온라인 비즈니스에서 사용하는 방법처럼 근처에 픽업 장소를 만들면 된다고 생각할 수도 있다. 그러나 이렇게 하면 럭셔리 산업에 걸맞는 특수성과 독특함에서 멀어져 갈 것이다.

| 실행 속도

그러나 물류창고의 기술적 성능만 중요한 것은 아니다. 탄탄하고 유연한 IT시스템은 조직의 효율을 더 높일 것이다.

예를 들어 프랑스 기업인 라 후드트La Redoute의 시스템은 온라인에서 고객이 최종 클릭하면 제품이 담긴 배송 상자를 고객에게 배송할 운송업체의 물류 허브로 이동할 트럭에 싣기까지 평균 2.15시간이 걸린다. 이를 위해서는 매우 효율적인 IT 네트워크, 창고 내 제품의 신속한 위치 파악, 적절하고 분명한 포장과 표시, 그리고 물론 매우 신속한 고객 배송 시스템이 전제되어야 한다.

| 플랫폼 '전투'

위의 설명으로 짐작할 수 있듯이, 온라인 세일즈 개발에는 오류가 없고 효율적이며 경제적인 플랫폼 구축하는 것도 포함된다. 그리고 이런 플랫폼에 접근할 수 없고 비즈니스 규모가 자체 플랫폼을 구축할 만큼 충분히 규모가 크지 않은 브랜드라면 디지털 혁명을 빠르게 달성할 수 없고, 또 물류를 완전히 통제할 수도 없을 것이다. 그러나 간단한 대안이 있다.

- YNAP 또는 파페치와 같은 전문 업체에 모든 온라인 판매를 아웃소싱하는데 (이 경우 유통을 완전히 통제할 수 없다), 온라인 비즈니스(외부 온라인 소매업체)와 오프라인 비즈니스(자체 매장) 사이 업무 조율이 매끄럽지 않을 수 있다.
- 온라인 판매는 사내에서 관리하고 창고보관 및 배송은 제삼자에게 아웃소싱한다. 이는 물론 두 개의 디지털 시스템(사내 판매시스템과 아웃소싱업체의 보관 및 배송 시스템)이 완벽하게 조율되어야 한다는 것을 전제로 한다.

대규모 럭셔리 그룹이 보유한 중소형 브랜드(예를 들어 LVMH의 겐조Kenzo)에게는 이점이 있을 수 있다. 모든 온라인 비즈니스를 그룹 내 타 브랜드(이 경우, 루이비통 또는 디올)에 아웃소싱할 수 있다. 이 경우 후자는 협력 업체의 역할을 하게 된다.

우리는 오늘날 브랜드들이 모든 면에서 진보하고 있음을 알 수가 있다.

- 규모가 큰 브랜드들은 자체 시스템(온라인 판매, 창고, 배송)을 구축하고 있다.
- 독자적인 전문 운영업체(리치몬트 그룹의 YNAP와 파페치)와 대형 온라인

그룹(아마존)은 포괄적인 서비스를 제공하며 디지털의 모든 것, 오프라인 매장에서 판매되지 않는 모든 것을 관리한다. 앞서 살펴봤듯이, 현재 이들은 브랜드의 모든 채널을 통합하면서 온오프라인 운영 전체를 관리하는 서비스를 제공하고 있다.

- 브랜드들은 온라인 업체들과 특정 내용의 협약을 맺으려 한다. 예를 들어, 샤넬 그룹은 2018년 파페치와 협약을 체결했고, 파페치의 지분을 취득했다.

모든 것이 변화하며 모든 것이 가능하다. 다만 시간은 가장 중요하다.

직원이 없는 매장

여기서 잠깐 여담을 하나 하고 싶다. 중국에서 시험 중인 새로운 슈퍼마켓이 있는데 고객들이 문을 열고 들어설 때 휴대폰을 스캔 센서 앞에 댄다. 고객이 식별된 후 고객의 이름, 은행 정보, 실루엣, 얼굴과 옷을 기록하는 카메라가 고객을 추적한다. 고객이 매장 안을 돌아다니며 필요한 물건을 진열대에서 집는다. 제품마다 전자 코드가 있어 매장 내 위치가 확인된다. 제품이 진열된 선반은 평범한 선반이 아니다. 사실 선반은 고객에겐 보이지 않는 저울 위에 놓여 있어 하나 혹은 여러 개의 제품이 선반에서 픽업되면 이를 시스템이 감지할 수 있다. 구매 내역은 모두 자동적으로 등록되며, 매장을 떠날 때, 고객은 스마트폰으로 구매 내역, 청구금액, 은행 계좌에서 차감된 금액(알리페이나 위챗페이를 이용해)을 확인해주는 알림 메시지를 받는다. 이는 공상과학 소설 속 이야기가 아니다. 알리바바의 헤마Hema 마트를 방문하고 상하이 리앤펑 엑스플로리움Li & Fung Explorium을 방문해 보면 이 모든 일이 우리에게 얼마나 가까이에 있는지 알 수 있다.

물론 이런 시스템은 대부분의 럭셔리 브랜드들이 논의하고 있는 의제는 아니지만, 세포라 같은 매장에 이라면 사용을 고려해 볼 만하다. 독창적이고 놀라운 시스템일 뿐만 아니라, 매장이 정말로 최첨단이고 그 어느 때보다 혁신적이라는 인상을 고객에게 심어 준다.

물류의 새로운 도전

포괄적이고 매끄러운 물류 시스템이 급속히 발전하기는 했지만, 여기엔 비용이라는 역설이 숨겨져 있다. 이런 시스템을 구축하려면 비용이 많이 들며, 시스템은 통합적이며 시스템을 구성하는 모든 부분이 검증되어 원활히 작동될 때에만 제대로 운영될 수가 있고 수익을 거둘 수가 있다. 이런 시스템은 사업적, 재무적 관점에서 엄청난 경쟁우위를 가져오는 도구가 되는 것이다.

여러 물류 운영업체들이 같은 나라에서 자동화된 동일한 창고와 동일한 수준의 배송 서비스를 갖추고 있다면, 제조사는 여러 업체 중에서 선택을 할 수 있고, 이들 간 경쟁이 점점 심화할 것이다. 완전 자동화된 보관 및 발송 플랫폼이 발달할 것이며 경쟁력을 유지하고자 많은 물량을 유지하고 확보하기 위해 고군분투할 것이 분명하다.

또한, 다음과 같은 몇 가지 문제도 해결해야 한다. '물류 시스템은 글로벌 기반의 구조여야 하는가? 지역이나 국가 기반이어야 하는가?'하는 질문이다.

전통적으로 럭셔리 기업들은 국가기반 구조였다. 각국의 관세 및 세제(예를 들어 부가가치세 및 현지세) 관련 규정을 준수했다. 프랜차이즈 계약이나 독점 유통 계약을 통해 해당 지역 내 독점유통권을 부여하기도 했다. 이런 계약에서는 관세나 현지세가 고려된다. 물류 플랫폼이 국제화되어 수만 개의 물품이 아일랜드에서 독일이나 러시아 등으로 발송된다면 이런 플랫폼 회사들은 다양한 현지의 세금을 납부하고 해당 지역 내의 유통업자의 독점권을 지켜야 한다. 럭셔리 기업은 이렇게 할 수 있을까? 이탈리아의 유명 럭셔리 브랜드의 가방이 더블린에서 러시아나 중국으로 보내진다면, 러시아나 중국 유통업체의 독점유통권이 완벽히 지켜질 것인가? 그리 간단하지 않다.

이는 또 다른 역설을 야기하는데, 앞서 말한 러시아 유통업체가 관세 납부 등 자국 내 모든 요건을 준수해야 하지만, 역외에 존재하는 플랫폼업체는 항상 그렇게 할 의무가 있는 것은 아니기 때문이다. 따라서 관세는 양심적으로 규칙을 따르는 사람들에게 불리하게 작용하고 이를 준수할 필요가 없는 글로벌 플랫폼은 혜택을 입게 되는데, 이른바 경쟁의 왜곡이라고 할 수 있다. 즉, 글로벌 경쟁에서 관세가 국내 기업에 불리하게 작용하는 것이다. 세계의 여러 국가는 이 문제에 있어서 일관적이지 않고, 비대칭적인 경쟁 상황을 허용하고 있는데, 예를 들어 중국은 향수 수입을 엄격하게 규제하지만(중국식품의약국 CFDA에 등록하고 세금을 내야 한다) 국경을 넘는 이커머스에는 어떤 세금도 부과하지 않는다. 시스템은 확실히 바뀌어야 한다. 어떤 경우를 보아도 현재의 경쟁은 비대칭적이며, 가장 강하고, 특정 국가에 뿌리를 두고 있지 않은 업체에 유리하다.

이것이 전부는 아니다. 홍콩에 본사를 두고, 토리 버치Tory Burch, 이자벨 마랑Isabel Marant 같은 브랜드를 중국 본토에 유통하는 이매지넥스Imaginex와 같은 일부 럭셔리 브랜드 유통업체는 유통계약의 제약 없이 공급관리, 인력 채용 및 모니터링, 오프라인 행정처리 등 특별한 서비스도 제공하고 있다. 제한적 또는 포괄적인 물류 서비스업체, 오프라인 또는 온라인 협력업체, 규모가 크거나 작은 회사들, 각종 서비스와 다양한 파트너십이 가능하며 변형된 다양한 형태의 서비스가 구현될 수 있다.

말 나온 김에 HAVR이라는 작은 프랑스 회사도 언급해야겠다. 이 회사는 스마트폰과 연결된 디지털 잠금장치를 개발했는데 배송기사가 도착하면 아파트 주인이 원격으로 문을 열어, 배송 기사가 상자를 집 안에 들여놓게 하고, 나갈 때 문을 닫고 나갔는지를 확인해준다. 얼핏 사소한 것처럼 보일 수 있는 혁신이지만 '고객이 부재중일 때엔 어떻게 해야 하나?'라는 마지막 문제에 관한 해결책의 하나가 될 수 있다.

내용 요약:

- 구매 방법과 고객관계 사이의 포괄적이고 자연스러운 연속성이 우리 일상의 일부가 될 것이고, 현재는 이를 어떻게 구축해야 할지 어려워 보이지만 곧 일상의 한 부분이 될 것이다.

- 제품의 라스트 마일 딜리버리*는 완벽해야 하지만, 매장과 가정 양쪽에서 구매 리츄얼이 개선되고 육성돼야 한다.

- 온라인 물류 플랫폼 개발로 인해 기업들은 해외 온오프라인 시스템 개발을 완전히 다시 생각해야 한다.

- 아직 게임은 끝나지 않은 것으로 보인다. 10년 뒤엔 디지털과 물류 분야에서 또 다른 참가자들이 등장할 것이 분명하고, 현재의 모습과는 엄청나게 달라질 것이다.

- 매장의 기능이 달라진다. 고객에게 포괄적인 경험을 제공하는 플래그십 스토어 콘셉트는 증가할 것이다.

---

* 라스트 마일 딜리버리last-mile delivery: 주문한 물품이 배송지를 떠나 고객에게 직접 배송되기 바로 직전까지의 모든 과정

- 5년 또는 10년 후 변화에 가장 잘 적응하고 수익을 가장 많이 창출하는 매장이 지금과 같지는 않을 것이다.

PART

III

___

고객관계를 더욱
의미 있게 만들기

09

매장과 온라인에서의
고객의 행동

실은, 매장에 들어가면 판매 제안이 아니라 환영을 받고 싶다는 거야.

–안젤라 아렌츠Angela Ahrendts, 애플 리테일 및 온라인스토어 수석 부사장

판매는 본질적으로 직접적인 경험의 문제이다. 관찰하는 고객, 고객과 제품과의 관계, 판매 직원의 행동, 그리고 고객과 브랜드 간의 상호 작용을 대체할 수 있는 것은 없다.

럭셔리 브랜드는 고객이 브랜드와 제품에 경외감을 느끼며 바라보는 수동적인 관중이 아니라는 것을 알고 있다. 10장에서 다시 살펴보겠지만, 고객은 브랜드와의 관계에 있어서 중요한 이해 관계자이다. 따라서 고객이 매장에서 어떻게 행동하는지 관찰하는 일은 매우 중요하다. 모든 산업에서 그러하겠지만 럭셔리 산업에서는 특히 그렇다.

안타깝게도 럭셔리 매장 내 고객 행동을 연구한 보고서는 그리 많이 발표되지 않았다. 이런 보고서의 상당수는 주요 럭셔리 그룹이 내부 분석과 평가용으로 기밀로 엄격하게 분류하기 때문이다.

그러나 매스 마켓 특히 패션 분야의 분석을 보면, 소비자들이 매장에서 어떻게 행동하는지에 관한 일반적인 결론을 몇 가지 도출해 낼 수 있다. 매장에서 살펴봐야 할 것은 단지 인테리어나 제품, 고객만이 아니다. 경험이 전개되는 방식, 즉 고객의 모든 감각을 깨우고 구매 세레모니purchasing ceremony의 일부이기도 한 경험 전개 방식도 살펴봐야 한다. 고객이 자리에 앉아 있는가? 고객이 불편해하지는 않는가? 고객의 시간은 넉넉한가?

몇 년 전만 해도 일부 외부 관찰자들은 온라인 쇼핑이 럭셔리 산업에서는 절대 발전하지 않을 것이라고 단언했다. 온라인 쇼핑은 럭셔리 브랜드 고객의 구매 세레모니를 절대 대체할 수 없기 때문이라고 말했다. 그러나 이러한 예상과는 조금 달랐다. 고객은 매장에서 제품을 구경한 후 집에 가서 해당 브랜드의 웹사이트를 살펴본다. 이들은 다른 브랜드의 사이트를 살펴보기도 한다. 고객이 다시 매장을 찾는다면, 이미 모든 것을 살펴본 상황일 것이다. 일단 제품을 구매한 고객은 계속해서 해당 브랜드의 웹사이트를 방문해 정보를 얻을 것이다. 고객과 브랜드의 관계는 이렇게 영구적이고 지속적인 관계가 되는 것이다.

판매 직원들은 새로운 역할에 적응해야 하고 고객과도 연결되어야 한다. 고객은 브랜드와 제품에 대해서 이미 알고 있고, 때로는 매장에서, 때로는 다른 곳에서 구매를 할 수도 있지만, 여전히 매장을 서비스의 기준으로 여긴다. 고객은 만일 배송 받은 제품이 어울리지 않거나 사이즈가 맞지 않으면, 환불이나 교환, 또는 도움을 요청하기 위해 매장을 찾아올 것이다. 매장에서 고객에게 '환불이나 교환, 또는 조언을 해줄 준비가 되어 있지 않습니다'라고 말하는 일은 결코 일어나서는 안 된다. 그러므로 일부는 온라인, 일부는 오프라인에서 이루어지는 고객 경험과 구매 세레모니는 원활하고 매끄러운 하나의 연속된 프로세스로 통합되어야 한다.

《럭셔리와 디지털Luxe et Digital》의 저자인 마누엘 디아즈Manuel Diaz는 이에 대해 잘 설명하고 있다.

"럭셔리 부티크는 두 가지 필수적인 임무에 다시 집중해야 합니다. 구매 세레모니와 구매 경험 제공, 그리고 온라인에서 공유된 경험을 직접 경험해 보게 하는 것입니다. 이제 (경험 공유는) 온라인에서 먼저 일어나기 때문이죠.

동시에 그는 이렇게 설명하고 있다.

"고객은 온라인 사이트에서 관심 있는 제품을 선택할 수 있어야 하며, 필요하다면 고객이 착용해 보고 싶은 사이즈나 컬러에 따라 매장은 해당 제품이 입고되는 날 고객과 방문 예약을 할 수 있어야 한다."

매장에서의 고객 행동 패턴

매장 내 고객 행동 분석의 선구자 중 한 명을 꼽으라면 의심할 여지없이 파코 언더힐이다. 그는 고객 추적 연구의 초창기에 연구의 체계를 확립한 인물이다. 그러나 오늘날에는 좀 더 체계적인 방법들이 등장했다.

| 출발점: 추적 연구

파코 언더힐이 설립한 인바이로셀Envirosell은 추적tracking 연구 시스템을 개발했다. 추적 연구의 원칙은 두세 명의 트래커tracker로 구성된 팀이 매장이나 쇼핑센터의 평면도를 들고서, 고객들이 매장에 들어와 여기저기 둘러보는 방식을 기록하는 것이다. 고객들은 어떤 동선으로 지나다니는가? 만져보는 것은 무엇인가? 어떻게 행동하는가? 무엇을 보는가? 무엇을 구매하는가? 어떻게 결제하는가? 결제 후엔 무엇을 하는가? 고객들이 지나간 장소들을 확인하는 것 외에도 이 모든 것들을 기록한다.

이런 연구에는 관찰한 고객의 동선에 대해 다음과 같은 정보들이 포함될 수 있다.

3시 25분 – 고객이 매장으로 들어간다.

3시 27분 – 브랜드 X의 향수의 진열대에 다가간다. 향수 Y를 본다. 테스터를 집어 든다. 향수를 분사하고, 향을 맡는다. 테스터를 제자리에 놓는다. 브랜드 X의 다른 향수를 본다.

3시 31분 – 매장 직원이 대화를 시작하려고 다가간다. 그러나 고객은 다른 장소를 향해 움직인다.

3시 33분 – 여성 구두를 둘러본다. 세 개 모델의 가격을 확인한다.

3시 36분 – 벨트가 진열된 선반으로 간다. 다섯 개의 벨트를 살펴보고, 하나를 골라 허리에 둘러본다.

3시 40분 – 계산대로 간다. 신용카드로 결제한다.

3시 45분 – 매장을 나간다.

| 현재: 휴대전화는 어떻게 이용되는가

프랑스의 스타트업체 중 하나인 리텐시RETENCY는 지오로케이션geolocation; 위치 추적 기능을 이용해 매장 내 고객을 추적할 수 있는 수신기를 개발했는데, 이 장치는 고객의 휴대전화를 추적하여 고객의 이동 경로를 파악할 수 있다. 수집된 데이터는 고객들의 익명성을 완전히 보장하기 때문에, 고객의 허락 없이 공유되거나 사용될 수 있다. 그러므로 많은 표본 고객들의 매장 내 움직임을 추적할 수 있는데, 이들의 망설임, 멈춤, 그리고 가장 중요한, 위에서 설명한 추적 연구에서처럼, 매장에서 고객들이 잘 지나다니지 않는 공간을 알아낼 수 있다. 이런 정보를 통해 고객이 매장에서 지나다니는 이동 경로와 각 제품군별 진열된 공간에서 보내는 시간을 추적할 수도 있다. 이는 과거 '종이' 버전과 비슷하다. 홍콩에서는 이와 비슷한 애플리케이션인 네오마NEOMA도 개발되었다.

| 후속 연구 및 결과

기존의 방식에 의한 것이든, 좀 더 현대적인 방식에 의한 것이든, 고객 추적 연구는 매장 내에서의 고객의 동선 변경을 유도하기 위한 매장의 인테리어나 레이아웃 결정에 도움이 된다.

사람들이 매장을 방문할 때, 제일 먼저 하는 것은 매장으로 빠르게 들어가는 것이다. 그렇기 때문에 매장으로 들어가는 지점은 상업적 관점에서는 확실히 가장 효과적인 지점은 아니다. 사람들은 매장 입구를 만남의 장소로 사용하는 경향도 있는데 이는 다른 사람들에게는 그다지 즐겁지 않은 일이다. 또한 매장에 들어간다는 것은 고객이 하나의 환경(거리, 복도)에서 다른 환경(매장)으로 이동한다는 것인데, 눈에 들어오는 것들을 흡수하기 위해서는 몇 초간의 감각조절이 필요하다. 일반적으로 생각하는 것과는 달리, 이 같은 전환지점은 판매에는 좋은 지점이 아니다. 고객들은 이런 전환지점을 통과하고 나서야 긴장이 풀리고 매장에 어떤 제품들이 있는지 둘러볼 준비가 되는 것이다.

매장에 들어갈 때 사람들은 직진하지 않고 오른쪽으로 살짝 꺾어 들어가는 편이다. 이 때문에 대부분의 슈퍼마켓의 정문은 중앙이 아니라 오른쪽에 있는 것이다. 오른쪽으로 방향을 틀어 걸어가는 사람들은 금방 벽 앞에 도달하여 방향을 바꾸게 되는데, 결국 문이 중앙이나 왼쪽에 있었다면 돌아보게 될 면적보다 평균적으로 더 넓은 지역을 돌아보게 된다.

매장을 둘러볼 땐 사람들은 오른손으로 제품을 가장 자주 만지는 경향이 있다. 자동차가 좌측 차선으로 주행하게 되어 있는 나라에서도 사람들은 쇼핑카트를 복도의 오른쪽으로 미는데, 이렇게 하면 제품에 손을 뻗기가 더 쉽다. 그렇다면 사람들은 복잡해 보이는 간판을 만났을 때 그것을 읽으려고 가던 길을 멈출까? 아마 그렇지는 않을 것이다. 사람들은 정면을 똑바로 보기는 하지만 세세한 부분까지는 신경 쓰지 않는 경향이 있기 때문이다.

사람들은 자신의 모습이 매장 밖에서 보이는 것을 좋아할까? 매장에서 판매하는 제품에 따라 다르다. 패션이나 럭셔리 제품의 경우, 일반적으로 고객들은 비싼 옷이나 시계를 시착할 때에는 밖에 지나가는 사람들의 눈에 띄기를 원치 않는다. 기존의 대부분의 럭셔리 매장에 안이 훤히 보이는 시스루see-through 윈도가 없고, 패션 매장에 한 쪽 구석에 눈에 잘 안 띄는 공간이 마련되어 있는 이유이기도 하다. 피팅룸은 보통 매장 깊숙이 숨겨져 있다. (보통 왼쪽으로, 사람들이 가장 덜 지나다니는 공간에 있다.)

특정 매장의 구매전환율을 높이는데 도움이 되는 것은 무엇일까? 구매전환율이란 매장에 들어온 사람 수 대비 제품을 구매해 매장을 나가는 사람의 비율을 뜻한다는 것을 기억하자. 놀랍게도 고객들이 오래 머물수록 구매전환율이 높아진다. 그러므로 고객들이 환영받고 있다고 느끼고 해주고 또 그들을 편안하게 해주며, 타 매장에서보다 좀 더 오래 자신들의 매장에 머무르도록 권유하는 것은 매장 직원들의 이익과 관련된 것이다.

파코 언더힐은 미국인들이 실내 인테리어 매장에서 보내는 평균 시간을 측정했다. 결과는 표 9.1과 같다.

표 9.1 홈데코 매장에서 보내는 평균 시간

여성과 동행한 여성	8분15초
아이와 동행한 여성	7분 19초
혼자 온 여성	5분 20초
남성과 동행한 여성	4분 41초

매장에 대한 고객의 기대와 인식

표 9.2는 사람들이 매장에 들어갈 때 기대하는 것과 기대하지 않는 것을 요약해 놓았다. 예를 들어 사람들은 제품을 구경하며 만져보는 것을 좋아하지만, 루이비통, 에르메스와 같은 브랜드는 고객이 제품과 직접 접촉하지 못하게 한다. 이는 브랜드의 희소성을 강조하거나, 적어도 제품이 매우 특별하다고 느낄 수 있도록 만든 그들 나름의 방법이다.

또한 사람들은 거울에 비친 자신의 모습을 바라보는 것은 좋아하지만, 그

럭셔리 리테일 매니지먼트

렇다고 해서 미국의 슈퍼마켓이나 드러그 스토어에서처럼 사방에 배치된 거울에 둘러싸여 있는 것은 좋아하지 않는다. 이들 매장에서는 거울이 45도 각도로 설치되어 있어 계산대의 직원들이 매장 복도에서 고객들이 무엇을 하는지 볼 수 있다. 고객들은 감시를 당하는 것을 원하지는 않지만, 매장을 지나다니며 여기저기 비친 자신의 모습을 보는 것은 좋아한다.

비슷한 상황이 매장 직원과의 상호작용에서도 일어난다. 고객들은 직원과 얘기하는 것은 좋아하지만 매장 직원들로 인해 위축되고 싶어 하지는 않는다. 고객들은 이것 또는 저것을 하도록 강요받는다는 느낌이 들지 않는 즐겁고 편안한 분위기를 찾는다. 또한 고객들은 좋은 가격에 구매하기를 원한다. (표 9.2의 마지막 줄을 보라.) 그렇다고 해서 그들이 프로모션 행사나 대폭 할인된 세일 제품만 찾는다는 것은 아니다. 그들은 단지 직원들에게 호도 당하지 않고 즐겁고 긍정적인 분위기에서 적정한 가격에 구매했다고 느끼고 싶은 것이다.

파코 언더힐은 다른 많은 구매 행동 특성들을 찾아냈다. 예를 들어, 슈퍼마켓을 갈 때 여성의 90%는 미리 쇼핑 목록을 작성하지만, 남성은 25%만 작성한다. 그런데, 남녀 모두 준비한 목록에 없는 품목을 사는 경우가 60%였다.

표 9.2 매장에 대한 고객의 기대와 인식

고객들이 원하는 것	고객들이 원하지 않는 것
제품 만져보기	줄서기
거울로 자신의 모습 보기	거울이 지나치게 많은 것
자신을 위한 것 찾기	어쩔 수 없이 질문을 해야 하는 상황
수다 떨기	라벨을 읽을 수 없거나 코드가 불분명한 것
존중받기	사고 싶은 제품이 품절 되었다는 말을 듣는 것
가격 대비 좋은 품질의 제품 구입	공격적인 판매 직원과 대면해야 하는 것

소비자들은 기다려야 하는 상황에 어떻게 반응할까? 이를 알아보기 위해 사람들이 실제로 기다린 시간을 정확히 측정한 후 사람들에게 얼마나 기다렸다고 생각하는지를 물어볼 수 있다. 여기서 흥미로운 점은 90초 정도는 사람들이 인식한 시간과 실제 기다린 시간과 차이가 거의 없다는 것이다. 반면 2분은 너무 길다고 느꼈다.

이는 중요한 사실이다. 고객의 대기시간은 서비스 품질 평가에서 가장 중요한 기준이기 때문이다. 3분 이상 기다린다면 누구나 짜증이 날 것이다.

그렇다면 이 문제를 어떻게 해결할 수 있을까? 직원이 고객을 배려하고 있다는 것을 보여주면 된다. 고객은 누군가와 상호작용을 할 기회가 생기는 즉시 기분이 나아진다. 홍콩의 어느 유명 럭셔리 브랜드 매장의 일이다. 경영진은 중국인과 일본인 고객이 매장에 들어오기 위해 긴 줄을 서는 것을 염려해 옆 건물에 공간을 하나 임대하고, 보안 요원들에게 기다리는 모든 고객에게 다음과 같은 내용의 안내 카드를 나눠주라고 지시했다. '매장 입구에서 기다리게 해서 죄송합니다. 많은 고객을 동시에 응대하기에는 매장이 너무 좁아 어려움이 있습니다. 최대한 신속히 응대하고자, 옆 건물 21층에 공간을 별도로 마련했으니 그곳으로 가시면 저희 직원이 바로 안내해 드릴 것입니다.' 고객 대부분은 카드를 읽고 고개를 끄덕이더니 그대로 줄에 남아 기다렸다. 이들은 매장의 배려가 감사했지만, 줄을 서고 기다려서라도 '진짜' 매장에서 응대 받는 것을 더 선호했다.

이렇게 긴 대기시간으로 인한 불쾌감을 줄이기 위한 시도와 상호작용 외에도, 고객이 좀 더 즐겁게 기다릴 수 있도록 해주는 다른 방법을 사용할 수도 있다. 은행이나 우체국에서는 '선착순'의 원칙을 확실히 준수하는 질서 정연한 줄이나, 그 밖의 다른 시스템으로 사람들을 덜 불편하게 만든다. 이 경우, 네다섯 개의 창구가 있는 경우 창구별로 줄을 서게 한다면 큰 불편함을 느끼지 못하지만, 20개나 되는 창구가 있는 경우 한 줄 서기를 한다면 고객은 불편함을 느낀다. (기차역이나 프낙*, 또는 식료품점에서 보듯이) 줄이 너무 길면, 줄이 빨리 줄어들어도 사람들의 마음은 불안정해지는 경향이 있다. 예를 들어, 각 줄에 여섯 일곱 명이 기다리는 세 개의 대기줄이 더 효율적일 수 있는데, 고객은 창구 가운데 하나를 선택해서 줄을 서게 된다. 줄은 비슷한 속도로 줄어들겠지만, 대부분의 고객은 자신이 선택한 것이기 때문에 큰 불평을 하지 않는다.

대기하는 고객의 마음을 풀어주는 또 다른 간단한 방법이 있다. 일부 은행에서는 텔레비전 모니터를 설치해 고객들이 기다리는 동안 무언가에 집중하도록 뉴스를 계속 보여준다. 루이비통이 샹제리제에 플래그십 스토어를 오픈할 당시에는 여성 고객과 함께 온 남성 고객이 편히 앉아서 TV를 시청할 수 있도록 별도의 공간이 마련되어 있었다. 이는 매우 효과적인 방법으로 보인다.

슈퍼마켓 머천다이징 기본 규칙

이제 잠시 전문매장 대신 슈퍼마켓으로 관심을 돌리려 한다. 독자들은 우리가 럭셔리 비즈니스의 특수성과는 관계없는 이야기를 하고 있다고 생각할지도 모른다. 그러나 슈퍼마켓의 수많은 진열대를 살펴보면 고객 행동에 관한 간단하면서도 정확한 답을 수없이 찾아낼 수 있다. 실제로 모든 분야의 비즈니스 종사자들이 종종 슈퍼마켓에서 영감을 얻기도 한다.

---

* 프낙Fnac : 도서, 음반, 전자제품 등을 구입할 수 있는 프랑스의 문화 상품 유통 채널

첫 번째 연구 분야는 페이싱facing과 페이스의 확장이다. 여기서 페이스face 는 진열대 위에 진열된 제품의 고객이 볼 수 있는 면을 말한다. 진열대 첫 줄 의 뒤에 있는 품목은 제외하며 고객이 매장을 둘러보는 동안 고객에게 보이는 제품이 진열된 줄을 의미한다. 매장의 규모, 브랜드의 명성, 고객 충성도에 따라서 차이는 있지만, 페이스가 두 배가 되면 매출은 30% 정도 늘어난다. 따라서 주어진 제품 카테고리 안에서, 진열 공간이 제한되어 있다면, 자주 팔리거나 이익이 큰 제품의 페이스를 늘리고, 그리 잘 팔리지 않거나 수익이 덜한 제품의 페이스는 줄여서 제품 카테고리의 매출과 수익을 극대화할 수 있다. 이를 마케팅 전문 용어로 '카테고리 관리'라고 부르는데, 슈퍼마켓 머천다이징의 중요한 요소이다. 그러나 제품마다 가격이 다르고, 프로모션이나 광고에 따라 가격이 변동하기 때문에 쉬운 일은 아니다.

위의 규칙이 럭셔리 업계에도 적용될까? 당연하다. 슈퍼마켓 정도는 아니지만, 어느 자리에 어떤 제품군과 어떤 품목을 놓아야 할지 결정할 때 '카테고리 관리' 개념은 중요하다. 향수와 화장품 매장에서는 모든 제품에 같은 진열 공간이 배정되는 것은 아니다. 어떤 브랜드에 공간을 더 많이 배정하고, 어떤 브랜드에 덜 배정할지를 고려하여 매장의 레이아웃을 효율적으로 구성해야 한다.

진열대에 제품이 놓인 높이도 또 다른 중요한 요소이다. 진열된 선반이 낮을수록, 즉 바닥에 가까우면 눈높이에 위치한 선반보다 덜 팔린다. 슈퍼마켓에서는 다양한 업체에서 나온 머천다이저들이 자사 제품이 바닥 선반에 놓이지 않도록 하기 위해 치열한 전쟁을 치르며, 자사의 제품이 좀 더 높은 선반에 진열되도록 매장 매니저들을 설득하려 한다.

오래 전에 행해진 것이기는 하지만, 한 연구에 주목할 필요가 있다. 이 연구는 400개의 각각 다른 제품의 매출에 관해 조사했는데, 조사 대상 제품을 상단 선반(눈높이)에서 중간 선반(손길이 닿는 곳)으로, 그리고 다시 하단 선반으로 옮겨 보았다. 그 결과는 표 9.3에 나와 있다.

이 연구를 통해 알게 된 중요한 사실은 제품이 손의 높이에서 눈의 높이로 올라가면 매출이 약 50% 증가하고 손의 높이에서 바닥 높이로 내려가면 매출이 30% 감소한다는 것인데, 이는 꽤 큰 차이다. 그리고 바닥 높이와 눈의 높이 사이 수치는 두 배 이상 차이가 난다는 것을 알 수 있다. 따라서 매장 내 제품 관리에 있어, 제품의 높이가 매우 중요함을 알 수 있다.

'카테고리 관리'는 그 중요성으로 인해 계속해서 관련 연구가 진행되고 있으며 그 결과 최적의 진열을 위한 이론과 규칙들이 계속해서 나오고 있다.

프로모션 행사는 얼마나 효과적일까? 실제로 여러 연구에 따르면 시장 점유율과 상관없이 매장 복도 끝에 진열된 제품이 선반 위에 있을 때보다 4~5배 더 많이 팔린다고 한다. 따라서 이런 진열 방식은 빠르게 판매되는 제품에 더 효과적이다. 하지만 판매가 부진한 제품도 신규 고객을 더 많이 끌어들여, 시장 점유율을 높이는 데 도움이 될 것이다. 세포라가 규모가 큰 매장에서는 신규 고객의 주의를 끌기 위해 프로모션 공간에 제품을 쌓아 놓는다는 사실은 슈퍼마켓에서 일어나는 일이 향수 매장에서도 일어날 수 있다는 것을 보여주고 있다. 사실 많은 사람들이 세포라가 대규모 유통의 모든 테크닉을 뷰티 산업에 옮겨 놓았다고 말하곤 한다.

표 9.3 선반 위 위치에 따라 달라지는 판매량

	위치가 올라갈 때 증가하는 판매량	위치가 내려갈 때 증가하는 판매량	지수
눈높이	211	100	148
손높이	141	65	100
바닥	100	47	70

슈퍼마켓 머천다이징 연구에서 도출한 중요한 결론은 기존 제품들보다도 신제품들은 곤돌라 매대의 헤드 부분에 진열하면 덜 성공하는 경향이 나타난다는 것이다. 이 추정을 향수 부문으로 확장해보면, 특별 프로모션 행사나 매장 내 신제품 시연 행사를 기획하는 경우가 아니면 세포라 매장 내 향수 신제품을 프로모션하는 것은 기존 제품을 프로모션하는 것보다 덜 효과적이라는 것을 의미할 것이다.

다른 업계에서 이미 사용하고 있는 모든 판매기법을 럭셔리 업계에 적용해 보면, 럭셔리 매장에서는 어떤 일이 일어날 수 있을지, 럭셔리 매장 매니저들은 더 효율적이고 수익성이 좋은 매장을 만들기 위해 어떻게 대응할 수 있을지에 대해 흥미로운 아이디어를 제공한다. 판매하는 제품은 물론 매우 다르지만, 결국 고객은 고객이고, 고급스러운 부티크에서든, 일반 상점이나 슈퍼마켓에서든 비슷한 반응을 보일 것이다.

이번 이야기의 교훈은 여느 매장과 마찬가지로 럭셔리 매장도 고객이 기대하는 것이 무엇인지 제대로 이해해야 하고, 아무것도 운에 맡겨서는 안 된다는 것이다. 어떤 것이든 철저하게 생각하고, 가능한 가장 효율적인 방식으로 계획하고 실행되어야 한다. 이는 럭셔리 비즈니스 운영과 관련된 사람이라면 누구에게나 당연한 이야기다.

내용 요약:

- 매장 내 고객 행동 분석을 위한 도구 또한 발전하고 있다. 위치 추적과 안면 인식 기술은 매장 내 구매 행동을 이해함으로써 매장의 여러 중요한 활동에 활력을 불어넣을 수 있다.
- 카테고리 관리는 슈퍼마켓 머천다이징에만 한정되지 않는다. 패션 브랜드

에서 액세서리를 진열하거나, 주얼리 매장에서 시계를 진열할 때에도 유용하다.

- 세계에서 가장 유명한 상권의 매장 임대료를 고려해 볼 때, 개별 행동 패턴의 이해를 높이고 가용 공간의 사용을 향상시킬 수 있다면 어떠한 수단이라도 실행되어야 한다.

10

고객관계 수립을 위한
매장의 활용

많은 디자이너가 고객이 결국 VIP라는 것을 잊는다.

-폴 스미스Paul Smith, 디자이너

럭셔리 브랜드에게는 어려운 과제가 있다. 치열한 경쟁 속에서 고객을 유지해야 한다는 것이다. 대부분의 연구에 따르면 상위 약 20%의 고객이 브랜드 매출의 65%를 차지하는 것으로 나타났다.(6장의 표 6.1) 이는 브랜드가 충성심 높은 고객을 확보하기 위해 가능한 모든 수단과 방법을 동원해야 한다는 것을 의미한다. 기존 고객의 이탈을 막고 신규 고객을 고정 고객으로 만드는 것은 매우 중요하다. 5장에서 우리는 온라인을 거쳐 매장을 찾는 고객의 구매 액수가 훨씬 크다는 것을 확인했다. 매장은 모든 것이 펼쳐지는 무대이다. 이곳에서 브랜드는 고객을 만나고, 고객과 관계를 형성한다. 복잡한 고객 여정이 그대로 구현되는 곳이기도 하다.

여기서 두 가지 중요한 사실을 하나씩 분석해보자.

- 매장을 관리한다는 것은 그 자체로 하나의 직업이며 전문 기술과 도구가 필요하다. 우리는 4부에서 이에 대해 전반적으로 다룰 것이며, 매장 직원의 업무, 채용, 급여, 진로 개발 등에 필요한 도구를 빠짐없이 제공할 것이다.
- 장기적인 고객관계는 개인 맞춤형 서비스 개발(12장에서 다룰 주제)에 초점을 맞춰 구축하여야 한다.

판매 직원이 브랜드의 모든 것을 알아야 하는 이유

| 실제 사례

2008년 9월 파리의 폴 스미스 매장. 이 매장은 '클래식을 비튼다 classic with a twist'는 디자이너의 철학이 반영된 특별한 공간이다. 벽은 액자, 그림, 책들로 가득하다. 반짝반짝 빛나는 화려한 분위기가 일반적인 럭셔리 브랜드 세계에서는 꽤 드문 실내장식이다.

저자 중 한 명이 선물용으로 지갑을 찾고 있었다. 직원은 그에게 여러 가지 지갑 모델을 보여주었는데, 브랜드의 상징적인 멀티컬러 줄무늬가 들어간 지갑들 중에서 하나가 눈에 들어왔다. 지갑의 한쪽 면에는 폴 스미스에게 보내는 편지가 인쇄되어 있었다.

여성, 어쩌면 아이가 쓴 글씨였다. 지갑 잠금장치clasp 부분에는 같은 글씨로 다섯 개의 수수께끼 같은 글자가 적혀 있었다. S.W.A.L.K. 그는 직원에게 이 모델이 다른 모델과 다른 이유를 물었다. 직원은 가까운 벽을 가리키며 폴 스미스는 그가 받은 편지들을 모았는데, 그중 아름다운 편지들을 선별해 매장에 전시하고 제품에도 적용했다고 설명했다. 그는 직원에게 다섯 개의 알 수 없는 알파벳이 무엇을 의미하는지 물었다. 침묵이 흘렀다. 직원은 무엇을 의미하는지 몰랐.

집에 돌아온 그는 미스터리를 풀어 보려 했다. '그 문자들이 의미하는 게 있을 거야. 그냥 써 놓은 것이 아니야!' 물론 의미가 있었다. 비하인드 스토리도 있었다. 전쟁 중에 영국 군인들과 아내들은 검열 때문에 감정과 욕망을 자유롭게 편지에 쓸 수 없었다. 그래서 검열을 피하고자 머리글자만 사용했다는 것이다.

B.U.R.M.A : Be Upstairs Ready My Angel. 위층에서 준비하세요, 나의 천사님.

M.A.L.A.Y.A : My Ardent Lips Await Your Arrival. 나의 뜨거운 입술이 당신의 도착을 기다립니다.

B.O.L.T.O.P : Better On Lips Than On Paper. 종이보다 입술이 낫죠.

H.O.L.A.N.D : Hope Our Love Lasts And Never Dies. 우리의 사랑이 영원하고 죽지 않기를 바랍니다.

그렇다면 S.W.A.L.K는 무슨 뜻일까? '사랑의 키스로 봉인함Sealed With A Loving Kiss'이란 뜻이다. 훌륭하지만 가슴 찡한 암호이다. 여성의 소중한 것, 사소한 것 할 것 없이 많은 것들을 보관하는 친밀한 아이템인 지갑에 새겨진 사랑의 메시지의 머리글자는 이렇게 진실한 진정성을 지니게 된다. 폴 스미스는 자신이 받은 편지들(이렇게 폴 스미스에게 편지를 쓴 여자와 소녀들은 누구란 말인가?)뿐만 아니라 러브레터의 영원함에 대해 언급하면서 감성의 모든 세계를 지갑에 담았고, 이 지갑을 소유한 여성은 그 어떤 소지품보다도 지갑을 더욱 소중하게 여길 것이다.

어느 날 폴 스미스가 "많은 디자이너가 고객이 결국 VIP라는 것을 잊는다."라고 말했다.

그의 말은 전적으로 옳다. 그러나 위에 소개한 실제 사례에서 보듯 안타깝게도 그의 메시지가 그의 매장에서는 제대로 적용되고 있지 않았다는 것을 보여준다. 이는 럭셔리 브랜드들이 판매 직원들을 브랜드의 역사와 이야기를 들려주는 생생한 홍보 전문가로 만드는 일이 중요하다는 사실을 실감하려면 아직 멀었다는 사실을 보여주는 일례다. 고객과 브랜드 사이에 맺어진 매우 특별하고 감성적인 관계는 지속해서 관리되어야 하는데, 이런 고객과의 관계 수립에 브랜드의 역사와 이야기는 필수 요소이다. 저자 중 한 명이 발리의 인사책임자로 일할 때, 그는 판매 직원의 기술 교육과 개발에 역점을 두었다. 판매 직원들은 브랜드의 고유함을 알리고 소통하는 일을 담당하는 매개자이며, 고객과 만남의 최전선에 있는 홍보대사이다. 그렇기 때문에 이들은 더 나은 대우와 훈련을 받고, 더 잘 관리되어야 한다. 럭셔리 브랜드들 또한 이를 위해 기꺼이 투자해야 한다.

리테일의 문제: 고객 유지

이 책을 준비하면서 우리 저자들이 그랬듯이, 독자들 가운데도 최근 럭셔리 브랜드 매장을 방문하여 우리와 비슷한 기분 나쁜 경험을 했을 수도 있다. 지겨워 죽을 것 같은 표정의 직원들이 인사를 하지 않거나, 우리가 있어야 할 곳은 이곳이 아니라는 듯 거만한 태도를 보이는 등 다양한 부정적인 상황을 겪었을 수 있다. 직원들이 우리를 인간으로서 완전히 무시한다고 느낄 정도로 기분 나쁜 적도 있었다. 그들의 유일한 목적은 매출을 올리는 것이며, 우리를 걸어 다니는 신용카드 정도로 바라보고 있다는 느낌을 갖게 한다. 한번은 놀라운 사건을 목격했다. 어느 매장 직원이 나이가 지긋한 신사와 20분 동안 이야기를 나누고 있었다. 신사가 매장을 나가자 그 직원은 우리에게 그가 매우 중요한 고객이었는데 그 신사가 주로 가는 매장에서는 판매하지 않는 어느 특별한 아이템을 찾고 있었다고 했다. 그래서 그는 플래그십 스토어에 있는지 보러 왔고, '다시 올 것'이라고 말했다는 것이다. 우리가 직원에게 그 신사의 이름과 주소를 적어 놓았는지 묻자 그는 아연실색했다. 그게 잘못이냐고? 물론이다.

우리는 학생과 직장인 단체를 데리고 럭셔리 브랜드 매장을 방문하곤 한다. 매장을 다녀온 이들은 항상 비슷한 이야기를 한다.

- 매장은 지저분하고, 어지럽혀져 있다 자신들이 생각하는 럭셔리 개념에는 전혀 부합하지 않는다.
- 매장 직원은 거만하고, 열심히 일하는 것 같지도 않다.

하지만 이들이 어떤 매장에서 긍정적인 경험을 하고 돌아오면, 칭찬이 끝날 줄을 모른다. 같은 브랜드라도 서로 다른 매장, 예를 들어 파리와 상하이 매장에 모두 다녀봤다면, 이런 질문을 하게 될 것이다. '정말 같은 브랜드인가?', '판매 직원은 손님을 왜 그렇게 호전적으로 대할까?' 학생들에게 미스터리 쇼퍼처럼 행동하고 아무 것도 구매하지 않고 매장을 나오는 (가장 어려운 상황이다) 역할을 부여해서 실제 매장에 투입하는 것은 브랜드가 잠재 고객들에게 어떤 서비스를 기꺼이 제공해야 하는지 알아낼 수 있는 가장 훌륭한 방법이다.

2001년 프랑스 마케팅 기업인 유로맵Euromap이 실시한 연구는 조금 시간이 지났지만, 이를 효과적으로 보여주는 매우 흥미로운 연구이다. 이 연구에는 럭셔리 브랜드 애호가 600여 명의 유럽 여성(리더라고 불리는)이 참여했다. 사실, 이들은 진짜 전문가들이다. 그런데도 이들 중 20%는 그들이 쇼핑한 매장에서 위화감을 느꼈고, 22%는 매장에서 환영받지 못했다고 느꼈고, 20%는 마치 그들이 매장 직원들을 방해하는 것 같다고 느꼈으며, 20%는 판매 직원들이 그들의 말을 귀담아듣고 있지 않다고 느꼈다! 현재 상황은 조금이라도 바뀌었을까?

럭셔리 브랜드는 한마디로 마치 버릇없는 아이 같았다. 이들은 제품을 사기 위해 고객들(오늘날엔 중국인 고객, 이전에는 일본인 고객)이 줄을 서는 상황에 익숙해져 이들에게 거의 관심을 두지 않는다. 여기서 우리가 주목할 만한 두 가지 사례를 언급하려고 한다.

몇 년 전, 일본인 고객들로 넘쳐나던 어느 프랑스 브랜드가 유럽인 고객에게는 특별대우를 제공하려 했다. 일본인 고객들은 한쪽에 줄을 서서 기다리며, 마치 가축처럼 대우를 받는 동안, 일본인이 아닌 고객들에겐 레드카펫 대우를 제공하는 것처럼 매장을 운영하고 있었다. 다행히도, 이런 모습은 곧 사라졌다.

어느 이탈리아 패션 브랜드의 임원은 고객의 데이터베이스가 있느냐는 질문에 이렇게 대답했다.

"물론 그렇지 않습니다. 저기 신사 분 보이시죠? 같이 온 여성에게 드레스를 사주시는 분 말입니다. 저 여성은 그의 정부일 겁니다. 그러니 그에게 누구냐고 물어본다거나 집으로 브로슈어를 보내는 건 전혀 적절치 않은 행동이에요. 저 신사 분을 곤란하게 만드는 겁니다!"

고객을 인간으로서 대우하지 않는 데에는 여러 변명들이 있다. 티파니와 같은 회사는 클라이언텔링clienteling 기술을 40년 이상 개발해 왔는데, 주로 고객의 구매내역을 추적할 목적이었다. 이는 고객관계 형성을 위한 첫 번째 접근법이다. 구매라는 것은 고객의 욕구, 판매 직원의 태도, 고객의 현 상황과 브랜드가 제안하는 여러 제품들 사이에서 일어나는 복잡한 상호작용의 총합이다. 이 모든 것은 기록될 수 있고, 기록 되어야 한다.

매장 관리: 매우 특별한 업무

럭셔리 브랜드의 임원이 매장을 방문하면 대부분의 경우 눈에 보이는 것에 신경을 더 많이 쓴다. '상품은 제때에 입고되었는가?', '이렇게 진열하면 안 된다.', '지난 토요일 매출은 얼마인가?' 등 상품과 진열상태와 매출에 집중한다. 판매 직원들과 소통한다 해도, 그 상호작용마저 매장 매니저를 통해서 이뤄진다. 가장 잘 운영되고 있는 럭셔리 브랜드의 매장은 의욕 넘치고 잘 훈련된 판매직원을 관리하고 이끄는 진정한 프로페셔널이 운영하는 그 자체로 하나의 재무적 독립체다. 루이비통은 이를 진정한 경쟁 우위의 지위로 올려 놓왔다. 이들은 MBA나 유명 공대를 졸업한 인재들을 스토어 매니저로 채용하고, 매장 직원을 대상으로 한 집중적인 교육 훈련 프로그램을 기획하고, 이에 상응하는 급여정책을 도입했다.

매장을 완전한 재무적 독립체로 보기 위해서는 매장이 맡고 있는 주요 임무에 대해 잘 이해하고 있어야 한다. (4부에서 자세히 다룰 예정이다) 럭셔리 브랜드에게 있어, 머천다이징과 브랜드 이미지와 관련한 모든 것은 중앙 집중식이다. (의류 업계와 유사하다. 14장) 매장 직원들의 직접적인 책임 하에 있는 유일한 분야는 판매 그 자체이다. 즉, 고객 관리와 매장직원 관리 그리고 매장내 여러 관계를 관리하는 것이다. 바로 이점에서 중요한 차이가 생긴다.

매장 매니저와 판매 직원은 전문 직업인으로 대우받고 특별히 육성되어야 한다. 이는 직원의 성과가 회사의 재무적 목표와 일치하는지, 이로 인해 투자를 장려할 만한지를 확인하는 것도 포함하는데, 아래의 네 가지 기본 원칙에 대해 언급해 보자.

• 채용: 럭셔리 브랜드는 전통적인 인재 풀(대부분의 경우, 다른 럭셔리 브랜드에서 일한 인재)은 채용 가능한 소스 중 하나일 뿐이라는 것을 인식해야 한다. 이들이 찾는 인재는 럭셔리 호텔이나 프라이빗 뱅킹 등 서비스가 중요시되는 다른 분야에서도 찾을 수 있다. 매장 매니저는 재무적 독립체의 책임자로서 그에 걸맞는 역량을 갖추어야 한다. 전통적으로는 최우수 직원이 승진한다. 현재의 환경에서 이는 매우 위험할 수 있는데, 이들의 리더십 역량이 형편없거나 재무적 지식이 부족할 수 있기 때문이다. MBA 출신들을 스토어 매니저로 바로 채용한다는 것은 혁신적인 생각인데, 장기적인 진로 개발 인센티브가 주어지는 한 성공적일 수도 있다. (14장 도구 2: 판매팀 채용관리 참조)

- 급여: 판매 직원의 급여에는 두 가지 주요 특징이 있다. 급여는 낮고, 급여 구조는 지역마다 다르다. 유럽에서는 고정급여가 훨씬 많은 부분을 차지하고, 개별 변동 수당들은 훨씬 적다. 미국에서는 판매 직원의 급여는 각자의 판매 실적에 따라 달라진다. 일본에서는 고정된 기본급이 제일 중요한 요소다.

- 해결해야 할 이슈: 급여 수준을 전반적으로 올려야 하고, 고정요소(직원이 보호받는다고 느끼도록), 개별 변동요소(개인의 성과를 보상), 단체요소(팀워크 보상)를 포함하는 적절한 보상 체계를 도입해야 한다. (14장의 사례 연구: 유럽의 판매 직원 급여 비교, 14장 도구 7: 공정한 리테일 급여 체계 정의하기를 보라.)

- 기술 개발 장려: 능력 있는 판매 직원 또는 매장 매니저가 되기 위해서는 특정 기술이 필요하며, 브랜드 본사는 이들의 능력을 지속해서 향상시켜야 한다. 브랜드 교육, 제품에 대한 지식, 고객 데이터베이스 구축 기술, 매장 관리 기술, 팀 리더십 기술 등이 필수적인 기술이다. 기준을 설정하고 노하우를 공유하는데 직원 교육은 없어서는 안 된다. 그러나 단순히 강의와 발표보다는 직접 경험하고 피드백을 통해 배우며 현장에서 지속적인 모니터링을 해 주어야 직원의 행동에 변화가 시작될 수 있다. 세일즈 디렉터는 단순히 직원들을 직무 교육에 보내고 기적을 기다리기보다는 직원들의 성과를 이끌어야 한다. 이들은 이런 성과를 달성하는 데 방해가 되는 요소들을 파악하고 직원들에게 영향을 끼칠 수 있어야 한다. 이들 자신이 트레이너가 되어야 한다는 것이다.

여기서 경영진의 역할이 중요하다. 경영진은 직원 교육에 참석해 모니터링하고 명확한 메시지를 전달하면서 직원교육을 지원해야 한다. 실제 트레이너의 역할은 매장 매니저가 매장 직원들의 성과를 이끄는데 필요한 기술과 도구를 제공하며 매장 매니저들을 교육하는 것이다. 트레이너들은 업무성과 컨설턴트이며, 브랜드 매니저들과 진정한 기능적 파트너십을 형성하여 이들이 좋은 성과를 얻기 위해 필요한 태도를 가늠하고, 이런 태도를 고취할 수 있어야 한다. (14장 도구 1: 일반적인 판매 조직 및 도구 4: 직무 기술서 참조)

- 진로 개발: 판매 직원들은 '판매'라는 영역을 떠나지 않는다. 최고 성과자들은 매장의 부매니저나 매니저가 되거나, 경쟁사로 이직한다. 럭셔리 브랜드가 몰려 있는 모든 주요 거리에서 관찰되듯이 파리의 방돔 광장과 몽테뉴 거리, 밀라노의 몬테나폴레오네Montenapoleone 거리, 상하이의 플라자 66에서 IAPM*쇼핑몰까지 판매 직원들이 매번 연봉을 올리며 이 브랜드에서 저 브랜드로 옮겨 다니다가 결국 다시 처음 근무하던 브랜드로 돌아오는 '특별 순회 공연'이 펼쳐진다. 같은 매장에서 계속 머무르면 얻지 못할 연봉 인상을 브랜드를 바꿔가면서 얻어내는 것이다. 명확한 진로 개발 인센티브가 매장 판매와 관리 직원들에게 제공되어야 한다. 아래와 같이 적어도 4가지의 진로 관리가 가능한데, 각각의 진로 모두 고려되어야 한다. (14장 도구 5: 진로 개발)

  – 직원의 역량 향상을 위해 소속 매장이나 담당 제품 카테고리를 바꾼다.
  – 매장의 부매니저 또는 매장 매니저로 승진시킨다.
  – 현지 회사 또는 브랜드 본사(브랜드의 조직 구조에 따라)로 옮겨 브랜드 바이어 역할을 맡긴다. 현장 판매에 관한 이들의 전문 지식은 브랜드 바이어 역할의 자산이 된다.
  – 트레이너 직책을 맡긴다.

---

* 상하이의 쇼핑몰로 international과 AM, PM의 합성어이다.

| 사례연구: 유럽의 판매 직원 급여 비교

저자 중 한 명이 한 럭셔리 브랜드 기업의 인사 책임자로 근무할 때 브랜드마다 판매 직원의 급여가 다른 이유를 알아보고자 유럽 지역을 대상으로 연구를 의뢰했다. 연구는 매장 매니저와 판매 직원, 이렇게 둘로 나누어 조사했다. 연구 결과로 많은 것을 알게 되었고, 저자는 판매 직원의 보상체계를 완전히 재정립하게 됐다.

연구 결과는 이제 시간이 흘러 현실과 맞지 않게 되었지만, 아래의 세 가지 내용은 여전히 유효하다.

1. 도시마다 구매력 차이로 인해 급여 수준도 다르다. 이는 어디서나 마찬가지다.
2. 급여 수준은 브랜드마다 매우 다르다. 예를 들어, 설문 당시 어떤 도시에서는 구찌나 샤넬의 판매 직원이 발리나 에르메스의 판매 직원보다 약 50% 더 많이 받았다.
3. 급여 체계는 브랜드마다 많이 다르고, 같은 브랜드 안에서도 다르다. 브랜드 X를 예로 들어보자. 매장 매니저들은 다음과 같이 급여를 받았다.
   – 파리/밀란/런던/뮌헨: 고정급여 + 개별 변동 수당
   – 제네바/브뤼셀/마드리드: 고정급여 + 단체 변동 수당

   브랜드 Y는 사정이 또 달랐다.
   – 런던/제네바/브뤼셀/마드리드/밀란: 고정급여
   – 뮌헨: 고정급여 + 개별 변동 수당
   – 파리: 고정급여 + 단체 변동 수당

이는 현지의 관행에 막혀 급여 구조가 정립될 수 없었던 것은 아니고(같은 도시에서도 브랜드마다 급여 체계가 달랐다.), 현지에서의 브랜드 역사와 당시 유럽식 급여 체계 전략이 수립되지 않았던 불행한 사실 때문에 정립되지 않았다는 것을 의미한다. 저자가 근무했던 회사의 급여 구조로 이를 확인할 수 있었다. 알다시피, 급여 체계는 고객관계 개발 방식에 큰 영향을 끼친다. 즉, 이는 럭셔리 브랜드가 고객관계를 전략적으로 중요하다고 생각한다면, 가장 먼저 판매 직원의 급여체계를 재검토해야 한다는 것을 암시한다.

고객관계 구축하기: 개인맞춤형 서비스의 과제

럭셔리 브랜드들이 점점 중요하게 여기는 과제는 고객 충성도 구축이다. 이는 매장의 서비스 품질을 통해서만이 달성할 수 있다.

21세기 소비자들은 익명의 신용카드 소유자가 아니라 한 명의 개인으로서 대우받고 싶어한다. 구매 데이터 분석 시스템을 도입한 까르푸Carrefour를 예로 들어보면, 까르푸는 고객의 최근 구매 내역에 따라 상품이나 서비스를 제안한다. 또 다른 예로 아마존Amazon은 고객이 자사 웹사이트에 접속하면, 화면으로 '안녕하세요 X씨, 여기 추천 상품이 있습니다'라는 메세지를 보낸다. 이들 업체는 고객들의 과거 구매 내역에 따라 제품을 추천하는 기술을 사용하는데, 고객이 구매한 제품에 대한 의견 등 업체에 더 많은 정보를 주면, 이런 추천 제안이 더 정확하게 조정될 수 있다.

까르푸와 아마존은 가정에서 온라인으로 구매하는 사람을 고객으로 대우하지 익명의 소비자로 대우하지 않는다. 이는 적어도 바른 방향으로 한 걸음 나아가고 있는 것이다.

21세기 소비자들은 한 명의 개인으로 대우받고 싶어 한다. 이들은 알아봐 주기를 바라고, 배려 받고, 마음 편히 소비하고 싶어 하며, 개인의 특성이 고려되기를 바란다. 이들은 컴퓨터로 자동 생성된 상품이나 서비스 제안과 매장 직원의 정성스럽고 개별적인 제안과의 차이를 빠르게 알아챈다.

럭셔리 브랜드는 '고객을 중시한다'는 그들의 신화를 기반으로 운영되어야 한다. 이들은 모든 고객과 개별적인 관계를 형성하고, 고객을 만족시켜 다시 매장으로 찾아 오도록 하는 법을 배워야 한다. 럭셔리 제품을 팔려면 럭셔리 서비스의 제공자가 되어야 한다.

이를 위해서는 아래의 다섯 가지 중요한 목표를 설정해야 한다.

- 클라이언텔링clienteling 개발하기: 모든 개인 고객을 있는 그대로 인식하고, 고객의 개인 정보는 소중히 취급되어야 한다. 클라이언텔링은 판매 직원과 고객 사이에 대인관계interpersonal relationship를 수립하는 것이다. 이는 특별한 행동적 접근behavioral approach과 특정 도구를 활용해야만 가능하다.
- 고객에게 초점 맞추기: 매장에 들어오는 모든 고객은 오늘뿐만 아니라 1년 후에도 같은 매장이든, 다른 매장이든 다시 찾아올 미래의 고객이라고 생각해야 한다. 각 고객을 분석해 특징을 찾고, 이들의 구매 동기와 기대하는 바를 기록하며, 모든 고객 관련 정보를 저장해야 한다. 고객은 대화 중에, 혹은 (직장, 휴가지 또는 다른 주소로) 소포를 보내거나 받을 때, 선물을 고르면서 (이름, 취향, 주소, 부모나 친구 또는 연인의 생애 중요한 이벤트 등), 그리고 고객들 간의 대화나 명함을 통해 자신에게 주의를 기울이고 있는 사람에게는 항상 자신에 대한 정보를 드러내고 있다. 모든 판매 직원의 목표는 고객의 신

뢰를 얻는 것이다. 신뢰를 얻은 후에야 고객들은 이들을 유능한 어드바이저로 생각될 것이다.

- 수단과 도구는 다양하게 활용하기(가장 기본적인 것에서 가장 정교한 것까지): 고객 관리 대장은 모든 매장 직원에게 가장 기본적인 도구이다. 이를 통해 고객의 사적인 정보를 파악할 수 있고, 필요한 조언을 할 수 있으며, 다음 시즌을 준비할 수 있다. CRM 소프트웨어와 고객 데이터베이스가 포함된 IT 솔루션을 활용할 수도 있는데 단지 숫자만이 아닌, 매장 직원이 고객에 관해 수집한 정성적인 데이터가 입력되어야만 가능하다. 물론 이러한 데이터는 법적으로 허용되는 범위 안에서 수집되어야 한다.

- 서비스 품질을 고객관계의 초석으로 삼기: 매장 방문 예약, 프라이빗 프레젠테이션, 코디네이션 조언, 배송 서비스(백화점의 경우 일괄 보관 서비스), 손글씨 감사 메모, 관광객 고객에게는 본국의 가장 가까운 매장의 담당자 정보 제공 등은 럭셔리 브랜드 매장에서 고객에게 제공할 수 있는 수많은 서비스 가운데 몇 개의 예시일 뿐이다. 1980년대 이후 니만 마커스Neiman Marcus에서 제공한 인서클InCircle 멤버십 프로그램이나 삭스 5번가의 삭스 퍼스트Saks First 멤버십 프로그램과 같은 성공적이고 특별한 혜택을 제공할 수도 있다. 서비스 벤치마킹이 브랜드 본사에 정착돼야 하고, 이후 매장에서 실행되어야 함은 물론이다.

- 판매 직원들의 자신의 주요 역할 인식하기: 모든 판매 직원은 고객을 파악하고 고객의 니즈에 관심을 기울이며 가능한 최고의 서비스를 제공하는 중요한 역할을 한다. 세계적 리더십 자문 및 리서치 업체인 러셀 레이놀즈 어소시에이츠Russell Reynolds Associates의 브로슈어에는 다음과 같이 쓰여 있다. '회사를 만드는 것은 정보가 아니다. 과학도, 직관도, 약속도, 규모도, 국경도 아닌 바로 사람이다.' 우리가 직원의 채용, 급여, 교육 및 진로 개발에 대해 다시 생

각해 보아야 하는 이유이다. 또한 판매 직원과 고객 간의 관계에서 각각의 역할에 대해서도 생각해 보아야 한다. 대개 이들의 역할은 비대칭적이다. 판매 직원은 고객을 기생충 보듯 바라보거나(거만한 태도), 5분 안에 직원의 한 달 월급에 해당하는 액수를 소비하는 우월한 존재로(열등한 태도) 바라본다. 판매 직원은 고객과 동등한 위치에서 비즈니스 거래를 한다는 전제하에 균형 잡힌 관계가 구축되어야 한다. 리츠 칼튼Ritz-Carlton 호텔은 모든 럭셔리 브랜드들이 곰곰이 생각해 봐야 할 모토를 만들었다. '우리는 신사와 숙녀를 섬기는 신사와 숙녀이다.' 그뿐만 아니라 하이 주얼리 브랜드에서 개발한 '그랑 방데르Grands Vendeurs' 모델로부터 영감을 얻을 수도 있다.'

| 사례 연구: 판매 직원 프로필 네 가지

고객의 불만족에 대한 와튼Wharton의 연례 보고서는 고객의 불만이 매장이나 브랜드보다는 주로 판매 직원에게서 기인한다고 밝혔다. 이 보고서의 저자들은 이상적인 판매 직원이 가지고 있는 주요 특징들을 소개했는데, 이 중 특히 중요한 네 가지 특징을 소개한다.

- 가장 중요한 특징: 첫발을 내딛기. 판매 직원은 고객을 응대할 때, 어떻게 시작해야 할지 알아야 하며, 어떤 일을 하고 있든지 멈추고 미소 지어야 한다. 이는 모든 부류의 매장에서 일반적으로 결여되어 있는 특징이다.
- 두 번째로 중요한 특징: '교육자educator' 역할맡기. 고객에게 제품을 설명하고 조언을 해줄 수 있어야 하며, 고객이 원하는 제품이 어디에 있는지 알려줄 수 있어야 한다.

고객이 찾고 있는 제품을 빨리 찾을 수 있게 도와주고, 필요한 정보를 주며, 무언가를 가르쳐 줄 수 있어야 한다.

- 세 번째 특징: 주의 기울이기. 고객들의 시간적 제약을 염두에 두고 줄을 세우는 대신 고객이 시간을 절약할 수 있도록 도와야 한다. 판매 판매직원은 자신의 도움으로 일이 빠르게 진행될 수 있음을 알아야 한다. 고객의 문제가 무엇인지 알아채고 해결할 수 있어야 한다.

- 네 번째 특징: 진심으로 응대하기. 연구에 따르면 고객들은 구매를 하지 않더라도 그저 둘러볼 수 있게 해주고, 고객을 돕는데 진정으로 관심을 기울이는 '진심 어린' 판매 직원을 원한다.

이 네 가지 특징들이 모두 가지고 있어야 좋은 판매 직원이다.

내용 요약:

- 고객의 경험이 어디에서 이루어졌든 (온라인에서든 오프라인에서든) 상관없이 결국 매장에서 형성된 관계의 질이 결정적인 영향을 미친다.

- 브랜드 본사는 판매 직원의 역할의 중요성을 인식해야 한다. 판매 직원들은 고객과 직접 접촉하는 유일한 직원들이다. 이들을 인정하고 이들에게 권한을 위임하기 위한 여러 방법이 적용돼야 한다.

- 판매 직원의 성과는 급여 모델에 반영돼야 한다. 급여 체계는 능률적으로 만들고, 개별 및 단체 변동 수당을 포함해야 한다.

- 개별화된 서비스는 럭셔리 브랜드가 도전해야 할 다음 과제가 될 것이다.

11

고객 경험과
고객 충성도 구축

루이비통 매장에 들어오는 고객은 세계 최고 서비스를 경험해야 한다.

-베르나르 아르노Bernard Arnault, LVMH 그룹 회장

　고객에게 다른 브랜드와는 견줄 수 없는 서비스를 제공하고, 모든 고객과 개별화된 관계를 맺는 것은 오늘날 럭셔리 브랜드가 당면한 주요 과제다. 어떻게 해야 이를 달성할 수 있을까?

　우리는 아래와 같이 여섯 단계로 나누는 방식을 제안한다.

- 고객을 중심에 놓고, 고객에게 초점을 맞춘다.
- 단골 고객을 브랜드 옹호자로 변화시킨다.
- 고객에게 제공할 독특한 경험을 기획하고 이를 전달한다.

- 브랜드와 고객 간의 계약관계를 정의하고 비즈니스 최적화를 위한 구체적인 수단(고객 세분화, CRM 등)을 사용한다.
- 고객의 구매 여정을 정의한다.
- 고객 경험의 콘셉트를 재검토한다.

럭셔리 산업은 현재 고객 관련하여 네 가지의 문제에 직면해 있는데, 이는 럭셔리 산업의 미래를 결정할 것이다.

- 전 세계 럭셔리 고객은 단순히 제품만 구매하지는 않는다. 이들은 경험을 추구하며 개별화된 관계를 원한다. 그들은 현재 럭셔리 브랜드들이 제공하는 수준보다 훨씬 높은 수준의 서비스를 원한다. 베인앤컴퍼니에서 발행하는 럭셔리 비즈니스에 관한 보고서에는 해가 바뀌어도 매년 이 사실이 언급되고 있다. 2017년 보고서(다르피지오d'Arpizio, 2017)는 럭셔리 브랜드가 '얼굴을 바꾸고 있다', '밀레니얼화 되고 있다'고 말하며, 이제는 모든 고객이 럭셔리 브랜드와 새로운 관계를 맺으려 하며, 비격식적인 밀레니얼 세대 (1980년 이후 출생한 세대)가 이러한 관계를 이끌고 있다고 강조했다. 베인앤컴퍼니의 보고서는 럭셔리 브랜드가 전략을 수립할 때 중점을 두어야 할 가장 중요한 두 가지 요소를 언급했는데, 하나는 럭셔리한 경험(여행, 미식, 음료, 예술, 가정 등)을 추구하는 것이고, 또 다른 하나는 자신만의 스타일을 표현함과 동시에 공동체에서 소속감을 느끼는 것이다. 전통적인 럭셔리 브랜드는 현재 새로운 스트리트웨어 브랜드와 같은 신규 서비스 및 제품과의 경쟁에 직면해 있다. 이들은 판매 공간을 온오프라인 간 경험을 제공하는 장소로 전환시키는 방법을 배워야 한다. 특히 판매와 마케팅에 있어 새로운 기술을 활용하고, 새로운 방식으로 고객관계를 구축해야 한다.

- 럭셔리 산업은 중국과 인도와 같은 새로운 시장에 진입하고 있는데, 이는 미래 성장의 지렛대 역할을 할 것이다. 하지만 동시에 성숙한 시장에서도 새로운 성장 동력을 찾아야 한다. 따라서 브랜드는 고객이 기반으로 하고 있는 다양한 문화에 적응해야 하고, 성숙한 시장에서는 변화하는 고객의 기대에도 부응해야 할 것이다. 이를 위해서는 신규 시장과 고객 간의 적절한 균형을 유지해야 하며, 신규 시장에서는 단기적 매출 증진을 꾀하는 한편 성숙한 시장에서는 기존 고객을 상대로 장기적 매출 극대화를 추구해야 한다. 물론 아쉽게도 유럽과 미국의 매장에 외국인(중국인, 러시아인, 브라질인 등) 관광객이 급증하면서 브랜드는 이를 실행해야 할 필요성을 느끼지 못하는 것 같다.

- 판매한다는 것은 전통적으로 럭셔리 브랜드가 상대적으로 덜 집중했던 영역이다. 주로 대규모 그룹에 속한 유명 브랜드가 자체 매장을 개발하던 시기, 즉 1990년대 중반부터 판매의 중요성을 인식하기 시작했다. 10장에서 살펴봤듯, 매장은 브랜드가 고객을 만나는 곳이기 때문에 각 매장의 중요성은 매우 크다. 그러므로 매장 매니저를 채용하고, 판매 직원을 훈련시키며, 급여 체계를 재검토하는 것은 중요한 일이다. 대형백화점 업계에서 럭셔리 브랜드의 시니어 매니저로 일했던 한 남성이 저자 중 한 명에게 자신이 어느 유명한 이탈리아 브랜드의 프랑스 지사장으로 채용되었을 때 그가 놀랐던 이야기를 했다. "모든 것이 디자인실 위주로 디자인실 일정에 맞춰 있어요! 진짜 리테일 조직이라고는 아무것도 없더군요." 해당 브랜드가 그를 채용한 이유도 바로 이 때문이었다. 즉 백화점의 리테일 노하우를 브랜드에 전수해 달라는 것이었다.

- 고객과 지속적인 관계를 구축하려면 럭셔리 브랜드는 진정한 고객관계 전략을 정립해야 한다.

이는 결국 럭셔리 브랜드에 고객은 왕이라는 것을 의미한다. 그동안 신규 고객을 유치하기 위해 엄격한 피라미드식 모델을 기반으로 성장해 온, 더 많은 나라에서 더 많은 매장을 열고 더 많은 제품을 선보였던 브랜드들이 이제는 매장에 자주 찾아와 매출과 수익 증대에 도움이 되는 충실한 고객을 확보하면서 비즈니스를 어떻게 성장시킬 수 있을지에 대해 연구해야 한다. 이들은 실제로 모든 활동이 고객을 중심으로 이뤄져야 하고, 진정한 '고객 중심'의 접근방식을 선택해야 한다. 안타깝게도 많은 브랜드들이 고객에게 주도권이 넘어가는 것을 인정하기 힘들어한다. 이들은 자신들이 모든 통제력을 행사해야 한다고 믿어 왔기 때문이다.

1단계: 고객에게 집중하기

럭셔리 브랜드는 신제품 출시, 신규 매장 오픈, 전통적인 홍보 채널을 이용한 메시지 전달 등에 엄청난 비용을 지출한다. 마케팅 비용은 연 매출의 25%까지도 차지한다. 그러나 이런 비용보다 중요한 것은 고객을 직접 만나보는 것이다. 고객이 매장을 찾았을 때 고객이 누구인지, 무엇을 기대하는지에 대해 관심을 두는 이유는 무엇일까? 브랜드들이 서둘러 중국에 진출하고, 신규 시장으로 진출하는 이유는 무엇일까? 중국에서는 많은 브랜드가 진출 초기 과열되었다가 현재는 너무 많은 매장을 열었다는 것을 깨닫고 일부 매장의 문을 닫았다. 그럼에도 불구하고 루이비통과 제냐Zegna는 몽골의 수도 울란바토르, 구찌는 아제르바이잔과 러시아 중부의 예카테린부르크Yekaterinburg에 매장을 열었다. 이제 곧 브랜드가 신규 시장에 진출해 새로운 매장을 여는 것을 선호할 것이다.

'기본적인 생필품을 파는 럭셔리 브랜드는 없다. 럭셔리는 욕망의 문제다. 누군가는 욕망을 만들고 누군가는 이를 만족시킨다.'

            – 벨린다 얼Belinda Earl, Woolworths Holdings limited 사외이사

                             （2012년 베인앤컴퍼니 보고서）

현실을 직시하자. 럭셔리 브랜드는 진부화trivialization라는 위험을 안고 있다. 매장이 너무 많으면 브랜드가 이미지를 구축하는데 필요한 배타성 exclusivity이 사라진다. 에르메스는 2010년 파리에 매장이 한개뿐이었지만, 이제는 세 개의 매장이 있으며, 홍콩에는 일곱 개나 있다. 럭셔리 브랜드는 이를 잘 인지하지 못하는 것 같다. 또 다른 문제가 있는데, 기존 매장의 단위 면적 당(㎡) 매출이 감소하고 있다는 것이다.

매출 감소의 주요한 원인은 아래 네 가지로 정리할 수 있다.

- 경제 위기
- 인터넷의 출현으로 주도권이 소비자에게로 이동했다.
- 새로운 소비자, 메가 트렌드, 그중에서도 환경친화적 태도와 지속 가능한 발전이 점점 더 중요해지고 있다.
- 아시아의 시장 상황. 럭셔리 브랜드들은 몇 년 전 일본에서 했던 실수를 최근 중국에서도 되풀이했다. 우리는 럭셔리 브랜드에게 일본은 매우 중요한 시장이라고 말했었다. 일본 소비자들의 럭셔리 제품에 대한 욕구는 영원히 지속될 것이라고 확신한 브랜드들은 일본에서 매장을 열고 또 열었다. 2012년 버버리는 일본에 75개, 미국에서는 32개를 열었고, 에르메스는 각각 64개와 30개, 프라다는 35개, 15개, 불가리는 31개와 17개를 열었다. 달리 말하자면, 미국과 일본의 시장 규모는 비슷하지만, 미국보다 일본에서 2배나 많은 매장을

열었다. 2006년 이후 일본의 매출은 감소하고 있었음에도 말이다. 중국에서도 이와 똑같은 상황이다. 브랜드들이 지나치게 많이 노출되어 있다.

- 2009년 상위 18개 브랜드가 150개의 매장을 열었고, 2010년 160개, 2011년 150개, 2012년 160개, 2013년 100개의 매장을 열었다.

- 2015년 상위 20개 브랜드의 총 매장 수는 1,125개였다. 2016년과 2017년 144개의 매장을 닫고, 같은 기간 138개의 매장을 새로 열었다. 매장 수는 마침내 매우 높은 수준에서 안정되었다.

그 결과 럭셔리 브랜드는 생각했던 것보다 시장이 빠르게 성숙하고 있다는 사실을 느리게 깨닫고 있다. 이제 가장 중요한 이슈는 현재의 고객에게 집중하는 것이고, 제일 중요한 우선순위는 비즈니스의 최적화이다. 럭셔리 브랜드들은 현재 단위 면적당 매출을 증가시키기 위해 고군분투하고 있는데, 고객과 고객이 기대하는 것에 대해 깊이 있는 정보를 수집해야만 할 것이다.

기업은 지속해서 실적을 향상해야 하고, 이를 위한 압박은 계속해서 커져가고 있다. (마케팅 지출과 투자 수익률 등) 데이터의 수집, 측정과 결과에 초점을 두는 것은 화장품, 와인, 양주 부문에서 처럼 같은 유통 채널 안에서 매스 마켓 브랜드와 항상 충돌해 온 부문에서는 이미 오래 전부터 실시해 오고 있는 것이다. 주로 선별적 채널을 통해 유통되는 패션, 시계, 주얼리 부문도 이제 비슷한 도전에 직면해 있다.

럭셔리 브랜드의 전통적인 마케팅 전략은 더는 효과적이지 않다. 상류층 공략, 스폰서십, 셀러브리티 홍보, PPL, 기타 광고 등 대부분의 마케팅 활동이 고객과의 개별화된 관계를 구축하는 데 거의 효과가 없다.

| 사례 연구: 입점객 수의 문제

모든 매장이 입점객 수를 동일하게 관리할 필요는 없다. 아래는 몇몇 지표를 나열한 것이다.

- 프랑스 패션 브랜드의 플래그십 스토어(파리): 일평균 800명 (세일 기간 3,000명)
- 이탈리아 패션 브랜드의 플래그십 스토어(파리): 일평균 600명 (토요일 1,000명)
- 프랑스 가죽 제품 브랜드의 스토어(파리): 플래그십 스토어는 일평균 4,000명, 그 외 매장은 일평균 500명(토요일 1,000명)
- 프랑스 주얼리 브랜드의 플래그십 스토어(파리): 일평균 25명
- 유럽의 럭셔리 내구재 브랜드 플래그십 스토어(파리): 일평균 100명
- 최고 향수 및 화장품 유통업체의 플래그십 스토어(파리): 일평균 9,000명 (토요일 20,000명)

하루에 25명의 고객과 3만 명의 고객을 관리하는 것은 커다란 차이가 있다. 개방형 공간의 향수 및 화장품 유통채널은 매우 다른 카테고리에 속하기 때문에, 이번 장에서는 럭셔리 브랜드의 전통적인 매장들에 초점을 맞춰 이야기할 것이다. 여기서 우리는 몇 가지 럭셔리 모델을 구분해보자.

- 모델 1: 프라이빗 세일즈 모델. 입점 고객이 일평균 100명 미만인 매장에서는 판매 직원의 수가 보통 7명 내외이고 판매 직원 한 명당 담당하는 고객은 10여 명이다. 브랜드는 1:1 고객 응대를 원칙으로 판매 계획을 구성하는데, 고객마다 하나의 판매가 완결되는데 필요한 시간 동안 직원의 케어를 받을 것이다.

- 모델 2: 럭셔리 세일즈 모델. 하루 입점 고객이 500~800명인 매장에서는 보통 35~50명의 판매 직원이 일하고 있는데, 판매 직원 한 명당 일 15명 정도의 고객을 담당한다. 브랜드 본사는 럭셔리에 대한 고객의 인식과 입점객 수에서 오는 부담 사이에서 적정한 균형을 유지하려고 노력한다.
- 모델 3: 비즈니스 프로세스 모델. 입점 고객이 일 1,000명 이상인 매장에서는 200명 정도의 판매 직원이 일하며, 판매 직원 한 명당 20명의 고객을 상대한다. 판매 프로세스는 완전히 전문적이지만, 럭셔리 브랜드에 대한 고객의 인식을 흐리지 않기 위해 매우 조심해야 한다.

2단계: 로열티 경영효과
– 정기적인 고객을 브랜드 홍보대사로 바꾸기

주로 전통적인 마케팅 기법에 의존해 온 럭셔리 브랜드들이 이제는 고객 관계관리의 시대로 진입하고 있다.

벤치마크benchmark는 로열티 마케팅 전략이 비즈니스에 미치는 긍정적인 영향을 평가하는 데 도움이 된다. 로열티 마케팅 전략은 고객 평균 지출을 7%, 매장 방문 빈도를 10% 증가시킨다. 이런 벤치마크는 입소문이 얼마나 중요한지도 나타내 준다.

- 로열티 프로그램 회원의 입소문을 통해 긍정적인 결과를 얻을 확률은 비회원보다 1.7배 높다.
- 입소문이 판매를 이끈다.
- 일반적으로 일주일 동안 미국 소비자들은 평균 121건의 대화에 참여하며 브

랜드 이름을 92번 언급한다. 다른 각도에서 보면, 미국인들은 매일 35억 건의 대화에 참여한다! 브랜드 이름은 하루에 23억 번 언급되는 셈이다. 브랜드는 미국인의 대화에서 주요 화젯거리라고 할 수 있다.

럭셔리 브랜드들은 '로열티loyalty'와 '고객 만족'이라는 용어가 여기저기 편재하고 있음을 알아야 한다. 하버드 비즈니스 리뷰Harvard Business Review에 실렸던 중요한 기사(2003년) 하나를 살펴보는 것은 흥미로울 것 같다. 이 기사에서는 '질문 하나가 미래 성장 지표로 사용될 수 있다. 바로, 어느 브랜드의 제품이나 서비스를 다른 사람에게 추천하려는 고객의 의향에 관한 질문이다'라고 말하고 있다. 질문의 정확한 문구는 '친구나 동료에게 브랜드 X를 추천할 의향이 얼마나 됩니까?'였다. 최고점 10점, 최저점을 0점으로 하고, 9~10점으로 응답한 추천고객promoter, 0~6점이라고 응답한 불평고객detractor, 7~8점이라고 응답한 중간고객passive을 가로 눈금자 위에 구분했다. 한발 더 나아가, 이 글은 추천고객 비율에서 불평고객 비율을 뺀 순수 추천고객 비율에 따른 브랜드의 매출 증가를 그래프로 그려보기를 권고하고 있다. 이 연구를 통해 다음과 같은 결론을 얻을 수 있다.

- 브랜드에게 입소문은 매우 중요하다.
- 불평고객detractor은 브랜드에게 해를 끼친다.
- 추천고객promoter은 브랜드의 진정한 옹호자다.
- 브랜드는 고객을 추천고객으로 만들기 위해 많은 노력을 해야 한다.

다른 중요한 여러 연구에서도 고객 추천이 모든 럭셔리 부문의 성장요인임을 확인해 준다. 순수 추천고객 비율이 높고 부정적인 입소문 비율이 낮은

럭셔리 리테일 매니지먼트

브랜드와 기업은 추천고객 비율이 낮고 부정적인 입소문 비율이 높은 브랜드
와 기업보다 4배 더 빨리 성장한다.

상업적 이익을 추구하는 대부분의 기업은 그림 11.1에서 보듯 고객들과
끈끈한 관계를 구축하는 것이 어렵다고 생각한다.

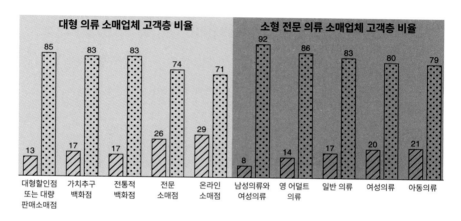

출처: IBM 기업가치 연구소(2008년)

그림 11.1 대부분의 의류 소매업자들은 고객들과
끈끈한 관계를 맺는 것을 어려워한다.

그러므로 가장 중요한 질문은 바로 '럭셔리 브랜드는 어떻게 고객을 브랜
드 홍보대사로 바꿀 수 있을까?'하는 것이다. 우리가 제시하는 해답은 간단하
다. 고객의 기대, 그리고 이전의 기대 수준을 넘어서는 경험을 제공해야 한다.
고객들은 자주 럭셔리가 아닌 여러 브랜드에서 비슷한 경험을 한 것을 기억할
수도 있는데, 이런 기억은 고객 경험의 기준이 된다. 예를 들어, 애플Apple의
일대일 서비스를 통해 이전 컴퓨터에서 새로운 맥Mac으로 모든 콘텐츠를 원

활하고 매끄럽게 전송해 주는 완벽한 서비스를 경험했다고 가정해 보자. 이는 앞으로의 경험에 있어 기준으로 작용할 것이다. (이 장의 뒤에 나오는 '사례 연구: 웨스턴Weston, 화려한 서비스'를 보라)

이는 세일즈 모델과 상관없이 유효하다. 어떤 브랜드가 개인화된 모델을 선택했다면, 고객이 매장의 문턱을 넘기도 전에 고객의 기대가 무언인지 알고 있어야 하고, 고객을 기대 이상으로 만족시킬 준비가 되어 있어야 하며, 고객의 마음에 새로운 기준을 만들 수 있어야 한다.

여기서 나오는 모든 결과는 럭셔리 브랜드들이 해결해야 할 과제다. 예를 들어, 매장마다 입점객 수가 다른 브랜드라면 각 상황을 고려해 서로 다른 세일즈 모델(예를 들자면 플래그십 스토어 A에는 럭셔리 세일즈 모델, 일반 매장 C에는 개인화된 모델 적용)을 적용해야 한다. 이 과정에서 해결해야 할 교묘한 딜레마가 생긴다. 모든 매장에서 같은 수준의 경험을 제공해야 하는가, 아니면 같은 고객일 수도 있는데 다른 경험을 제공해야 하는가?

대표적인 예로 루이비통이 있는데, 입점객 수로 보아, 루이비통은 매일 이런 문제에 직면하는 브랜드이다. 이에 대한 최초의 대답은 LVMH의 2009년 실적을 발표하면서 베르나르 아르노 회장이 내놓았다. '사람들이 루이비통 매장에 들어오면, 이들은 세계 최고 수준의 서비스를 경험해야 한다.' 당시 루이비통의 사장이었던 이브 카셀Yves Carcelle은 "고객에게 더욱 품위있는 경험을 제공하기 위해 역량을 모아야 한다."고 덧붙였다. 그러나 같은 시간, 유모차를 끌고 온 부유한 가족 고객마저도 샹젤리제의 플래그십 스토어에서 '곧'(30분 뒤) 문을 닫는다는 이유로 입장이 거부되었다.

이는 유명 럭셔리 브랜드가 어떻게 서비스 품질에 집중하기 시작했는지를, 그리고 이를 달성하기는 여전히 어렵다는 것을 보여준다.

럭셔리 브랜드는 이제 막 서비스 품질 체계 구축 방법에 대해 연구하기 시작했지만, 럭셔리 호텔 사업은 이 문제에 관해 긴 역사를 가지고 있다. 이들은 항상 브랜드가 내세우는 약속에 초점을 맞추지 않고 고객의 기대에 초점을 맞춰야 했기 때문이다.

호텔에 도착한 손님들이 가장 스트레스를 많이 받을 때는 체크인을 기다릴 때다. 피곤한 여행 후 호텔에 도착해서도 줄을 서서 기다린다는 것은 괴로운 일이다. 이에 착안해 포시즌Four Seasons은 최고의 고객을 위해 특별한 경험을 선사한다. 투숙객이 호텔에 도착하면 바로 객실로 안내해 객실에서 체크인 수속을 밟게 하는 것이다. 리츠 칼튼은 이와 같은 서비스를 보여주는 또 다른 예다. 모토에 충실한 이들은 완벽한 CRM 데이터 입력 방식을 가지고 있다. 만약 어떤 손님이 허리가 아파 베개를 추가로 요청하면, 그가 다음에 리츠 칼튼의 다른 지점에 투숙할 때에도 추가 베개가 그를 기다리고 있을 것이다. 또는 이전에 호텔을 방문했을 때 아이를 보살펴주던 베이비시터를 다시 볼 수도 있을 것이다. (봤지? 나를 기억하고 있잖아?)

3단계: 유니크한 경험 제공하기
그리고 내부 조직 관련하여 가능한 모든 결과를 예측하기

경험이란 모든 접점이 동기화되고, 영업이나 마케팅팀 또는 경영진 등 모든 임직원이 적절히 정보를 제공받고, 특히 확신에 차고 의욕적일 때, 진정 특별한 경험이 된다. 경험은 기업의 모든 직책의 구성원들에 의해 구축되며, 그 결과는 중요하다. 특히 럭셔리 브랜드에게는 5배나 더 중요하다.

• 브랜드의 조직은 고객에게 초점을 맞추는 방식으로 재편되어야 한다. 정보

시스템과 프로젝트의 교차 기능적 요소에 특히 주의를 기울여야 한다. 이는 고객 중심 문화가 향후 판매 직원뿐만 아니라 모든 직원을 채용할 때 고려돼야 한다는 것과 정보 시스템이 고객 중심으로 재구축돼야 한다는 것을 암시한다. 이는 서로 다른 소프트웨어를 레이어링하여 정보 시스템을 구축한 몇몇 브랜드에는 엄청난 작업이다. 하지만 그렇다 하더라도, 향후에는 정보 시스템에 가장 많은 투자를 해야 한다.

- 직원 교육에는 규칙과 절차뿐만 아니라 브랜드 문화, 가치, 서비스 품질에 대한 가이드라인도 포함해야 한다.
- 리테일 퍼포먼스 매니저, CRM 매니저, 로열티 프로그램 매니저, 고객 서비스 매니저 직책에 새로운 인재를 채용해야 한다.
- 판매 직원의 역량 평가표에는 서비스 우선, 브랜드 문화에 대한 지식, 브랜드 홍보대사로서의 역량 등 새로운 기준이 포함되어야 한다.
- 브랜드 가치를 기반으로, 고객 중심의 유니크한 경험을 제공할 수 있는 역량을 강화하도록 성과를 보상하는 체계가 수립되어야 한다. (사례 연구: '급여 시스템 문제'를 보라)

사례 연구: 급여 시스템 문제

이번 장의 도입부에서 살펴보았듯이 급여 시스템은 브랜드마다 나라마다 다르다. 실제 사례를 살펴본 후, 급여 시스템의 영향이 분명하게 미치는 몇가지 상황을 살펴보자.

– 사례 A: 판매 직원은 매달 달라지는 판매 커미션을 받거나 또는 주어진 기간에 '바스켓baskets'을 가장 많이 판매한 직원이 보너스를 받게 되는 '바스켓' 변동 방식의 내부 시스템 안에서 경쟁한다. 구매한 고객이 짜증이 난 상태로 매장에 문의하려고 들어왔다면, 이는 분명 세일로 이어지지 않을 것이다. 대부분의 경우, A/S 과정은 길고(행정상의 이유로: 영수증을 지참하셨나요? 어느 매장에서 구입하셨나요? 어디가 문제인지 보여주실 수 있으신가요?) 판매 직원은 고객이 만족했는지는 확인하려 하지 않을 것이다.

– 사례 B: 많은 럭셔리 브랜드들은 직원 평가 프로그램을 개발했는데 (예를 들면, 이달의 직원 선정) 이는 직원 간 협력을 장려하기보다는 경쟁하도록 유도한다. 하지만, 고객을 응대할 때에는, 특히 불만 고객을 상대할 때에는 종종 몇몇 직원이 협력해야 한다. 그러므로 브랜드 본사는 매장 직원들이 서로 협력하도록 격려해야 한다. 예를 들어, '혁신 공모전'을 열어 고객의 경험을 유용하게 활용할 수 있다. '노드스트롬을 더욱 특별하게Make Nordstrom Special'라는 제목의 공모전은 매우 훌륭한 사례로, 그룹의 가치와 고객에게 제공하는 탁월한 서비스를 강화하는 데 도움을 주고 있다.

– 사례 C: 럭셔리 브랜드들은 보통 매출액을 기준으로 판매 직원에게 커미션을 지급한다. 7장에서 살펴보았듯, 럭셔리 브랜드 고객들은 여행을 자주 다닌다. 어떤 고가의 제품을 런던에서 처음 봤지만, 두바이에서 구매할 수도 있다. 이 경우 지금까지는 두바이 매장의 직원이 전체 커미션을 받을 것이다! 그러나, 점점 더 많은 브랜드들이 고객의 여행으로 빚어지는 이와 같은 복잡한 상황을 인식하고, 판매에 관여한 각 매장에서 미리 정해진 비율로 커미션을 받게 되는 커미션 분할 방식을 기획했다.

같은 상황이 온라인에서도 일어난다. 브랜드와 인플루언서가 함께 일하다 보면 고객의 구매로 이어지는 복잡한 과정에서 몇몇 인플루언서가 최종선택에 '영향을 끼치는' 것을 알게 된다. 첫 번째 인플루언서가 미래의 고객을 브랜드 웹사이트로 안내를 하고, 두 번째 (또는 세 번째!) 인플루언서는 구매를 부추긴다. 이에 대한 보상은 어떻게 해야 할까? 요즘엔 "제휴 시스템"이 있어 최종 판매에 이르기까지 고객의 여정에 관여한 여러 사람에게 '분할한 커미션'을 제공한다. (그림 11.2)

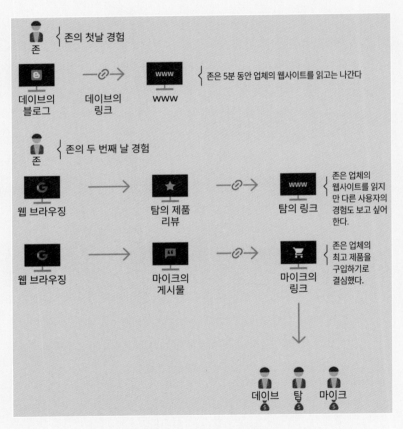

그림 11.2 제휴 시 일반적인 수수료 분할 시스템

| 사례 연구: 미국 고객들이 기대하는 것

많은 연구가 전 세계 여러 나라의 럭셔리 브랜드 고객이 기대하는 사항에 초점을 맞춰 진행됐다. 여기에서는 미국 고객과 관련한 주요 연구 결과와 이 결과에서 이끌어낸 몇 가지 조언을 소개하려 한다.

백화점의 럭셔리 브랜드

WWD 2006년 7월 13일 자에 소개된 앨릭스 파트너즈Alix Partners의 한 연구에서 삭스 5번가, 니만 마커스, 노드스트롬, 로드 앤 테일러Lord & Taylor, 블루밍데일 등 5개 백화점의 고객들에게 쇼핑하면서 기대하는 사항들이 적힌 목록에 1~5까지 점수를 매기라고 요청했다. 아래는 10개의 주요 기대사항인데, 럭셔리 브랜드와 고객 간의 암묵적인 계약 관계의 핵심 내용이다.

- 정중하고 공손한 직원: 럭셔리 서비스의 기본인만큼 직원의 이런 자질은 고객 경험의 핵심이라고 여긴다.
- 간단한 환불 절차: 고객 서비스 부서의 직원 부족으로 인해 오래 기다려야 하는 경우가 종종 있다. 직원의 끊임없는 질문으로 인해 고객은 불편을 느끼고, 심지어 자신의 정직성을 의심받고 있다는 느낌이 든다.
- 능숙하게 고객의 기대에 부응하는 직원: 고객을 어떻게 응대할 것인가는 중요한 문제이다. 고객은 주문한 상품의 입고를 알리는 전화 또는 생일 축하 메시지 등을 기대한다.
- 고객을 소중히 대우해 주는 직원
- 정확하고 빠르게 제품을 포장해 주는 직원
- 구매 시 대기시간 최소화: 럭셔리 제품을 구매하는 고객은 구매를 빠르고 쉽게 완료하기를 원한다. 몇 분 이상 기다리는 것을 원하지 않는다.

- 복장이 단정한 직원
- 시각적으로 즐거운 매장
- 매장과 보완되는 판매 직원 복장
- 전화를 통한 정보 접근 용이성: ARS보다는 직접 통화를 강조한다.

미국의 럭셔리 전문 리서치 및 컨설팅 업체인 럭셔리 인스티튜트Luxury Institute는 '부의 세계로 인도하는 엣지 인사이트Leading Edge Insights'(2010)라는 제목의 연구보고서에서 다음과 같이 결론을 내린다. 미스터리 쇼퍼들은 여러 브랜드 제품을 파는 백화점에서의 경험보다 브랜드 자체 매장의 고객 서비스와 미적 요소를 선호한다는 것이다. 이들은 백화점 내의 매장보다는 브랜드 자체매장이 좀 더 환영하는 분위기 속에 더 잘 관리되고 있다고 생각한다.

우리의 의견과 조언

럭셔리 브랜드는 자체 매장과 백화점 내 매장을 모두 조직하고 통제해야 한다. 하지만 자체 매장에서 일어나는 상황에 더 많은 주의를 기울이고 있는 것 같다. 이는 실수일지도 모른다. 고객들은 하나의 접점에서 다른 접점으로 이동하며, 어디서 브랜드를 만나든 비슷한 경험을 하기를 기대하고 있다. 럭셔리 브랜드는 '고객은 무슨 이유로 백화점 매장으로 가고, 무슨 이유로 자체 매장으로 오는지'에 대해 생각해봐야 한다. 이에 대한 대답은 각 접점에서 고객들의 다양한 기대에 부응하며 보다 나은 서비스를 제공하는 데 도움을 줄 것이다. 다음은 이에 대한 대표적인 예다.

고객은 신제품을 보러 종종 세포라 매장에 들르지만, 제품을 구매할 때는 백화점의 해당 브랜드 카운터에서 구매한다. 직원이 옆에서 응대해 줄 것을 알기 때문이다. 백화점의 카운터 직원은 이런 상황에 훈련이 되어 있을까? 이들은 해당 브랜드가 세포라에서 어떤 제품을 진열하고 있는지 알고 있을까?

| 사례 연구: 웨스턴, 화려한 서비스

파리의 카푸신 거리Boulevard des Capucines의 JM웨스턴J. M. Weston 매장의 쇼윈도에 진열된 어느 한 제품에 이끌려 매장 문을 열고 들어갔다. 들어서자마자 본능적으로 들어오길 참 잘했다는 생각이 들었다. 정말 흔치 않은 진심 어린 서비스의 품격을 경험할 수 있었던, 즐거움으로 꽉 찬 30분이었다.

그날은 토요일 아침이었고 매장은 사람들로 가득했다. 40대의 남성 십여 명이 청바지 차림에서 캐주얼 시크까지 다양한 스타일로 잘 차려입고 있었다. 나는 여러 모델을 구경하며 여유롭게 매장을 둘러보고 있었다. 한 남자가 다가왔고, 나는 그에게 쇼윈도에 진열된 모델이 눈에 들어왔다고 말했다. 그는 쇼윈도의 모델을 확인하기 위해 매장 밖으로 안내했고, 다시 매장 안으로 들어와 앉아서 잠시 기다리기를 권했다. 얼마 지나지 않아, 매장 어시스턴트가 다가 왔는데, 그녀는 내가 어느 모델에 관심있는지 이미 알고 있었다. 이는 내가 첫 번째로 감탄한 점인데, 매장 직원 간 정보가 잘 전달된 것이다.

직원은 나의 양쪽 발 사이즈를 재어보기를 제안하며, 사람의 양발은 대부분 같지 않아서 잘 맞는 사이즈를 선택하기 위해서는 사이즈 측정이 필수라고 설명했다. 이내 두 개의 사이즈를 들고 오더니 편안한 사이즈를 선택하라고 권했다. 계속해서 직원은 나의 발 모양에 맞춰 신발 폭을 조절했고, 모양은 JM웨스턴의 슈즈 디자이너인 미셸 페리Michel Perry가 디자인한 것이라고 설명해 주었다. 나는 두 번째로 감탄했다.

직원은 내가 그곳의 구두를 신어 보는 동안 원래 신고 온 구두를 매장 입구에 설치된 구두 광택기에 닦기를 제안했다. 괜찮은 서비스이다! 결과적으로 아무것도 구입하지 않더라도 구두에 광택을 내고 매장을 나올 수 있는 것이다. 직원은 내가 신은 신발의 브랜드(폴 스미스)에 관해서도 언급했는데, 좋은 품질의 멋진 제품들을 판매한다고 말하는 등 다른 브랜드의 최신 소식도 알고 있었다. (비록 듣기 좋으라고 하는 말인지도 모르지만, 나의 선택이 현명했었다는 생각이 들어 기분이 좋았다.) 직원은 이어서 나를 전신거울 앞으로 안내했다. (신발을 파는 많은 럭셔리 브랜드 매장에는 전신거울이 없다.) 나는 구매할 제품을 선택했고, 직원은 이어 다른 모델도 신어 보라고 권유했는데 사이즈와 폭이 딱 맞았다. 결국 두 모델을 모두 사기로 결정했다. 이후 직원은 고객 데이터베이스에 나의 개인정보를 추가하기를 원하는지 물은 후, 신청서와 펜이 담긴 우드 트레이에 들고 왔다. 그리고 음료수를 제공하더니, 잠시만 기다려 달라고 말했다. 세 번째로 감탄했다.

잠시 후 직원이 카드 결제 단말기를 트레이에 들고 돌아왔다.

이렇게 편하게 앉아서 계산을 할 수 있는데 왜 줄을 서야 하지? 나는 네 번째로 감탄하며 매장 문을 나설 때엔 기분이 정말 좋았다.

이 경험을 통해 배울 수 있는 것은?

직원이 보인 관심은 자연스러웠고, 매 순간이 사려 깊게 준비되어 있었으며 남성 고객으로서 내가 기대하는 바를 모두 예상하고 미리 준비해 놓았다.

비상업적인 요소(구두 광택기)와 계산대에 줄 설 필요없이 결제한 경험(애플 스토어에서도 본 적이 없지 않은가?)은 일반적인 매장에서의 경험과는 완전히 달랐다.

다시 매장을 방문하고 싶다. 이때의 경험은 내가 미래에 경험할 서비스의 기준이 되었다.

| 사례 연구: 오프라 윈프리

1999년 어느 날, 면도를 하지 않은 한 젊은 남성이 티셔츠에 청바지, 운동화 차림으로 파리의 유명 주얼리 브랜드의 플래그십 스토어에 들어왔다. 여직원들은 이 남성을 두 번 다시 쳐다보지도 않고 말도 걸지 않았다. 남성은 매장을 둘러보고는 그대로 나갔다. 바로 그때 해당 브랜드의 임원 중 한 명(그는 저자 중 한 명에게 이 이야기를 들려준 사람이다)이 매장으로 들어와 직원에게 물었다. "대단해! 안드레 애거시Andre Agassi에게 뭔가 팔았어요?" 그러자 직원들은 뛰쳐나갔다.

훗날 롤랑 가로스Roland Garros* 챔피언이자 세계 랭킹 1위에 오르게 될 테니스 선수를 다시 모시기 위해.

안드레 애거시의 복장은 당시 럭셔리 브랜드 고객의 일반적인 드레스 코드와는 거리가 멀었다. 하지만 오늘날, 모든 브랜드 본사에서는 옷차림으로 더 이상 고객을 평가하지 말라고 교육한다. 이 경우에는 옷이 문제였다면, 2013년 8월 오프라 윈프리가 스위스에서 겪은 일화는 어떻게 설명할 수 있을까?

티나 터너Tina Turner의 결혼식에 참석하기 위해 스위스에 온 오프라 윈프리는 취리히에 있는 어느 유명 럭셔리 브랜드의 매장에 들어가 톰 포드 악어가죽 백을 보여 달라고 요청했다. 가격은 35,000 스위스 프랑이었다. 직원은 그녀에게 악어가죽 백을 보여주지 않고, 대신 그보다 가격이 낮은 제품들을 보여줬다. 오프라 윈프리는 엔터테인먼트 투나 잇Entertainment Tonight에 출연해 이 사건을 직접 말했는데, 당시 그녀는 옷을 평소에 입던 대로 입고 있었고 다이아몬드 귀걸이와 같은 액세서리는 착용하지 않았으며, 계속 악어가죽 백을 보여 달라고 요구했다고 한다. 직원은 그녀에게 톰 포드 백은 너무 비싸서 그녀가 살 수 없을 것이라고 말했다고 한다. 럭셔리 매장에서 고객을 겉모습만으로 판단한 이른바 비주얼 프로파일링이 다시 한 번 문제를 일으킨 것이다. 매장에 들어온 사람은 누구나 훌륭한 고객일 수 있다. 유럽 부르주아의 구식 코드는 더 이상 유효하지 않다. 루이비통 남성복 아티스틱 디렉터가 버질 아블로Virgil Abloh였던 이 시점엔 더더욱 그렇다!

---

* 세계 4대 테니스 대회인 프랑스오픈 대회의 별칭

4단계: 브랜드와 고객 간의 계약 관계 정의하기와 비즈니스 최적화를 위한 4가지 도구 채택하기

이 세상엔 오직 두 가지의 비극만 존재한다. 하나는 원하는 것을 얻지 못하는 것, 또 다른 하나는 원하는 것을 얻는 것이다. 후자는 훨씬 최악이고 후자는 진짜 비극이다!

– 오스카 와일드Oscar Wilde, 윈더미어 부인의 부채: 착한 여인에 대한
연극Lady Windermere's Fan: A Play About a Good Woman (1892)

우리는 여러 다른 분야에서의 경험을 바탕으로, 럭셔리 유통 분야에서도 다음 네 가지에 집중하기를 권장한다.

• 브랜드와의 계약 정의하기: 까이유 앤 미고Cailleux and Mignot(2009)의 기고문에서 다음과 같이 정의한다.

좋은 CRM의 첫 번째 단계는 브랜드의 기본 계약basic contract을 정의하는 것이다. 럭셔리 브랜드는 품질, 혁신, 서비스, 관심에 대해 타협할 수 없는 자신만의 비전을 규정해야 한다. 모든 고객(현재 고객이든 잠재 고객이든)은 매장에 들어오는 순간, 암묵적으로 이 기본 계약의 당사자가 된다.

왜 그럴까? 첫째, 브랜드의 기본 원칙 때문이다. 둘째, 시간이 지나면서 고객의 프로필과 욕망, 가치가 어떻게 변화할지 아무도 예측할 수 없기 때문이다. '기본 계약'은 고객이 구매하기 전이라도 이미 가족의 구성원임을 보여준다. 이런 비전을 명확히 정의한 브랜드가 에르메스다. '에르메스는 하나의 브랜드

다'라는 개념에 관하여 에르메스의 전 회장 쟝 루이 뒤마 에르메스는 저자 중 한 명에게 이렇게 말했다. "우리는 브랜드가 아닙니다. 우리는 하나의 서명 signature입니다.… 우리가 판매하는 모든 제품에 제 이름이 서명되어 있는 거죠. 우리는 제품을 판매할 때마다 제품을 구매하는 고객과 계약을 맺는 것입니다."

- 고객 세분화하기: 고객은 모두 똑같지 않다. 좀 더 자세히 말하자면, 개개인의 니즈와 욕망은 다르다. 이는 우리가 고객을 신중하게 세분화하는 것이 럭셔리 브랜드에게는 중요하다고 생각하는 이유다. 고객을 세분화하면 고객의 프로필을 분류해 다양한 고객의 기대에 부응할 수 있다. 안타깝게도 현재 대부분의 고객 프로필이 인구 통계학적 데이터(나이, 성별, 국적 등)에 한정되어 있다. 적절한 세분화는 심리통계 프로필psychographical profiles이나 공동의 목표를 가진 고객 커뮤니티도 식별할 수 있다. 이를 위한 가장 적절한 방법은 '구매자 페르소나'를 만드는 것이다. 이 방법을 통해 기업은 인구통계학적 데이터를 진짜 사람의 이야기로 만들고, 구매 뒤에 숨겨진 구매동기를 이해하고, 고객에게 적절한 홍보 수단을 선택할 수 있다. 각 프로필 또는 세그먼트에는 고객 프로필, 바이오그래피, 즉 고객의 동기, 선호하는 홍보 채널 및 콘텐츠, 브랜드에 대한 신뢰가 구축되는 중요한 접점, 브랜드와 관련하여 부정적인 점(고충 사항), 팔로우하는 인플루언서, 그리고 프로필을 요약한 키워드 등을 서술할 수 있다. 이는 미국의 백화점들이 채택하는 엄격히 정량적인 접근 방식과는 전혀 다른 방식이다. 미국의 백화점들은 고객 데이터베이스를 세분화할 때, 오직 하나의 기준만을 사용하는데, 그것은 바로 고객의 구매 금액이다.

브랜드에 맞는 적절한 고객 세분화는 가장 좋은 출발점이다. 세분화에 정해진 기준은 없다. 브랜드마다 그들 자신만의 세분화 방법을 찾아야 한다. 우리는 고객과 브랜드와의 관계를 더 깊이 이해하기 위해 고객과의 심층 인터뷰를 바탕으로 고객을 세분화하기를 강력히 권장한다.

| 사례연구: 뷰티 부문의 고객 세분화

이런 맥락에서, 저자 중 한 명이 어느 럭셔리 뷰티 브랜드를 대상으로 진행한 연구에서, 해당 브랜드 고객들의 다양한 세그먼트를 구별하기 위해 개방형 질문으로 구성된 인터뷰를 바탕으로, 배타적인 정성적 분석 방법을 사용했다. 프랑스 고객들을 대상으로 라이프스타일, 뷰티와의 관계, 뷰티 케어 경험, 브랜드, 럭셔리 등 5개의 토픽을 포함한 12개의 인터뷰를 진행했다.

이러한 인터뷰를 통해 저자는 뷰티에 대한 고객들의 다양한 생각을 알 수 있었고, 고객을 3가지 프로필로 구분할 수 있었다.

- 노화에 대한 투쟁은 제품 그 자체와 과학적 연구에 초점을 맞춘 일상의 의식이다. 케어는 럭셔리가 아니다.
- 자신을 위한 즐거움 또는 뷰티케어에서 오는 즐거움은 삶의 한 방식이고 즐거움의 순간이다.
- 브랜드는 사회적 지위와 성공을 나타내는 지표이고 제품은 브랜드에 접근하는 길이다.

이 연구는 또한 고객들이 판매 직원을 다음과 같이 구분하는 것을 확인할 수 있었다.

- 세일즈맨: 매출과 이익에 초점을 맞춘다.
- 카운슬러: 판매도 중요하게 여기지만, 고객에게 초점을 맞춘다. 고객과 제품의 관계, 고객 개인의 특성에 초점을 둔다.

좋은 카운슬러는 솔직하게(그리고 가격과 상관없이) "이 크림은 고객님께 맞지 않습니다."라고 말하는 사람이다.

고객 데이터베이스 관리

CRM 및 데이터베이스 관리

온전하고 자세한 데이터베이스를 구축하는 것이 중요하다. 클라란스 Clarins의 사례를 보자. 클라란스는 CRM 전략을 매우 일찍 잘 구축한 몇 안 되는 럭셔리 뷰티 브랜드 중의 하나다. "우리는 우편, 이메일, 전화, 팩스 등으로 전 제품에 대한 고객들의 피드백을 수집합니다. 이렇게 수집한 데이터를 통합된 단일 마케팅 시스템으로 집중시킵니다. 유럽의 여러 나라에서 동일한 제품이 미치는 영향을 분석하고 고객층을 더 효율적으로 세분화하려는 것입니다." 클라란스의 조직 및 시스템 책임자의 설명이다. 이 유일무이한 데이터베이스는 남성라인을 런칭할 때에도 활용되었는데, 2002년 6월 여성 고객들에게 메시지를 보내어 '그녀들의 삶 속 남자들'에 대한 정보를 요청하고 간단한 설문지에 응답해 주기를 요청했다. 결과는? 클라란스는 17,000건의 정보를 모을 수 있었고, 이 전략으로 7개월 만에 24,000명의 남성 고객의 데이터베이스를 구축할 수 있었다. 그리고 1년도 안 되어 업계 2위로 올라섰다.

2부에서도 다뤘듯이, 고객의 데이터베이스를 구축하는 것은 오늘날 럭셔리 브랜드들이 반드시 달성해야 할 중요한 과제 중 하나이다. 그러나 여전히 많은 럭셔리 브랜드들이 정보 시스템 혁신에 충분한 투자를 하지 않는 것 같다. 하지만 여기에 걸린 이해관계는 크다. 해외를 여행하며 여러 나라에서 구매하는 고객을 식별하는 것은 고객관계의 진정한 개별화 전략의 바탕이 되기 때문이다.

측정, 또 측정

레고의 예는 우리에게 측정의 중요성에 대해 알려준다. 고객 충성도 및 추천 지표를 측정하고, 추천고객과 불평 고객을 평가하고, 제품 경험(구매 직후), 온라인 경험, 매장 경험, 고객 서비스 경험 등 4개의 주요 요소에 초점을 맞춘다. 측정하고, 측정하고 또 측정한다. 안타깝게도 대부분의 럭셔리 브랜드들은 지표를 도출하기 위해 미스터리 쇼퍼들을 활용하기만 한다. 그러나 이는 단지 첫 단계일 뿐이다. 레고의 예가 보여주듯 고객 경험, 공헌, 상호 작용, 메시지에 대한 반응 등 모든 것이 다차원 기술을 적용해 정기적으로 측정되어야 한다.

5단계: 고객 여정 정의하기 그리고 중요한 접점 식별하기

이를 달성하기 위해서는 고객 중심의 접근 방식을 구축해야 하는데, 여기에는 매장 경험의 전과 후 달라진 인상을 포함해야 한다. 이는 럭셔리 브랜드에 대한 기준점이기 때문이다.

럭셔리 브랜드는 고객 여정을 이해하기 위해 노력해야 한다. 고객들은 제품이나 브랜드를 검색해보고 다양한 채널과 매장으로 구매 여행에 나선 후 구매를 한다. (안 하기도 한다.) 이 과정에서 고객들은 다양한 접점에서 브랜드를 경험하게 되는데, 이 중에는 그리 유쾌하지 않은 경험도 있다. 럭셔리 브랜드는 고객이 구매 전 또는 후 부정적인 경험을 했을 수 있다는 사실을 인식해야한다. 예를 들면 다음과 같다.

- 어느 주얼리 매장, 고객은 구매할지 말지 망설이고 직원은 결국 판매를 하지 못한다. 다음 날 고객은 본국으로 돌아간다. 꽤 자주 있는 일인데, 판매 직원은 고객의 본국에 있는 매장의 담당 직원의 이름과 연락처를 주지 않는다. '커미션을 내가 받지 않아!'라고 생각하기 때문이다. 이는 판매를 놓치게 되는 결과를 낳게 되고, 고객에게는 부정적인 경험이 된다.
- 애프터서비스는 힘들 수 있다. 어느 유명 럭셔리 브랜드의 지사장이 저자 중한 명에게 이런 말을 했다. "시계 수리를 맡기고 한 달을 기다려야 한다는 것은 정상이 아닙니다." 티파니는 이런 문제를 해결하기 위해 뉴욕 라과디아La Guardia 공항 근처에 수리 전문매장을 마련했다. 티파니 제품은 UPS를 통해 운송되어 48시간 내 고객에게 다시 전달된다.

고객 여정은 고객의 세그먼트에 따라 달라진다는 것을 우리는 경험으로 안다.

매장에서, 온라인에서 검색할 때, 브랜드의 웹사이트에 접속할 때, 모든 홍보 캠페인이나 고객 행사 시에, 모든 상호작용 기회에, 그리고 서비스(제품 보중, 제품 청소 및 수리 등)를 제공할 때 등 고객 경험은 고객과의 각 접점에서 구축되고 강화된다.

6단계: 럭셔리 브랜드 고객 경험 발전시키기

모든 채널과 모든 브랜드와 고객 간의 접점들을 망라하여 고객 여정을 재구성하여 고객과 다시 연결하는 것은 럭셔리 브랜드들에게 중요하다. 이를 위해, 우리는 아래에서 설명하듯 독창적인 방법을 고안해 냈다.

방법은 하나, 단계는 다섯

- 고객 이해하기: 고객 경험을 향상시키려는 브랜드에게는 고객을 완전히 이해하는 것은 필수 불가결한 요소다. 전문 심리학자가 고객을 상대로 정성적 분석을 위한 인터뷰를 진행하여, 고객의 자세한 정보를 수집하고 동기, 기대, 행동에 대해 포괄적으로 이해할 수 있게 한다. 인터뷰 결과들은 '페르소나'의 형태로 취합될 수 있는데, 각 페르소나는 다양한 고객 세그먼트를 대표할 수 있다. 이를 기반으로 고객 여정의 새로운 청사진을 만들 수 있을 것이다.

- 내부 협력을 강화하고 정보를 공유한다.: 이를 위해선 브랜드 운영에 관련된 모든 부서를 망라하여, 영업, 마케팅, CRM, 제품기획 부서와 해외지사의 직원들이 참가하는 다양한 워크숍을 개최해야 한다. 이는 서로 직접적으로 대화할 기회가 거의 없는 여러 부서의 임직원 간 토론과 정보교환을 활성화하기 위한 것이다. 이로써 고객 경험 향상을 위한 프로젝트 팀을 조직하기 위한 기반이 만들어지는 것이다.

- 이상적인 고객 여정 설계하기: 이렇게 구성된 프로젝트 팀은 추상적인 개념을

로우-파이low-fi 프로토타입으로 제작해 잠재 고객에게 사용, 평가해 보도록 하는 포로토타입 실험을 실시해 다양한 고객 세그먼트에 해당하는 고객 여정을 만든다. 결과는 경영진에게 전달한다.

- 시나리오 구축하기: 기존의 접점을 구체적으로 개선하는 것 외에, 프로젝트 팀은 제품과 브랜드의 지속 가능한 비전을 수립하고, 독창적이고 획기적으로 개선된 고객 경험을 만들기 위해 다양한 시나리오를 구축해야 한다. 이렇게 전반적인 시나리오가 구축되면, 이를 구체적인 행동, 개별적인 프로젝트로 나누어 즉시 실행할 수 있어야 한다.

- 실행 계획 준비하기: 모든 결과, 토론, 표준, 시나리오는 달성 가능한 계획으로 통합돼야 하며, 여기에는 즉시 실행할 수 있는 지침과 조치도 포함되어야 한다.

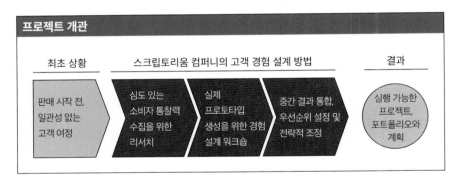

그림 11.3 고객경험 설계 방법

| 이 방법의 장점

이 같은 독특한 방법을 통해 브랜드는 고객의 생각과 통찰력, 그리고 전문가의 분석을 이용해 저변에 깔린 근본적인 문제를 해결하기 위한 구체적인 아이디어와 표준을 만들 수 있다. (그림 11.3) 이 방법은 다음과 같은 장점이 있다.

- 고객의 경험에 초점을 맞춘다.
  - 고객층에 대한 깊은 이해: 심리학자가 진행한 정성적 인터뷰를 통해 고객의 동기나 행동에 따라 매우 뚜렷이 구분되는 다양한 고객 세그먼트를 식별하기가 용이하다.
  - 고객 여정의 포괄적 통합: 다양한 판매 채널을 하나의 포괄적 여정으로 통합하는 것은 서로 다른 채널들이 협력할 진정한 기회를 모색할 수 있게 하며, 고객과 브랜드 간 관계를 강화해 줄 수 있다.
  - 창의적인 리프레이밍reframing과 브랜드 비전: 기존 가정들에 대해 질문을 제기하고 이를 균형 있는 시각에서 바라 보면, 일상의 루틴이 되어버린 현재 상황을 뒤흔들고, 완전히 새로운 아이디어와 브랜드의 비전을 창출할 수 있다.

- 경험을 설계하는 방법은 다음과 같아야 한다.
  - 포괄적이어야 한다.: 아이디어 창출을 위한 프로세스, 표준 개발을 위한 워크숍 등에 다양한 부서를 참여하게 하는 것은 참가자들이 아이디어를 도출해 내고, 서로 다른 부서 간 토론을 자극할 수 있다. 이는 평소의 업무 활동 중에는 불가능하다.
  - 실재해야 한다.: 워크숍을 통해 시장 점유율 수치, 고객 트렌드 또는 추상적인 개념을 관찰하기보다는 다양한 판매 채널의 현실적인 문제들을 해결하기 위한 실제 프로토타입을 만든다. 이를 활용해, 아이디어와 해결책을 공유하고, 경험하며, 평가하고, 소통할 수 있다.

왜 이러한 모든 것에 관심을 가져야 할까? 저자 중 한 명은 몇 년 전 런던에서 열린 월폴Walpole 콘퍼런스에 참석해 어깨너머로 흥미로운 대화를 들었는데, 코치Coach의 시니어 매니저가 다음과 같이 말하고 있었다.

"우리는 100만 명 이상의 고객 데이터베이스를 보유하고 있고, 데이터마이닝datamining 기술을 이용해 신제품을 개발하고 있습니다."

그러자 어느 영국 럭셔리 브랜드의 고위 임원이 다음과 같이 말했다.

"제가 당신이라면, 데이터베이스에 100만 명의 고객이 있다고 자랑하지 않을 겁니다. 1만 명으로도 뿌듯할 겁니다."

서로 다른 두 개의 세계가 마주하고 있었다. 어느 세계에서 살아야 할까?

내용 요약:

- 고객은 다른 다양한 업계(호텔, 매스 마켓 브랜드, 커뮤니케이션 브랜드 등)에서 겪은 경험을 떠올릴 수 있다는 것을 인지하고 고객에게 유일무이한 경험을 제공해야 한다.
- 고객 여정이 점점 더 복잡해지면서, 브랜드는 이를 분석하는 도구를 갖춰야 한다.
- 브랜드는 고객층을 세분화하고 각 고객 세그먼트에 부합하는 고객 관계를 구축해야 한다.
- 미래의 고객은 밀레니얼 세대와 Z 세대이다. 이들을 이해하고 이들이 기대하는 것, 경험에 대해 가지고 있는 생각에 적응해야 한다.

12

인터넷은 어떻게 전통적인 세일즈 모델을 부숴 버렸는가?

> "승리하는 군대는 이겨놓고 싸우며, 패배하는 군대는 싸워놓고 이기려 한다."
>
> -손자

'파괴하다'라는 말은 어쩌면 사용해서는 안 되는 단어일 수도 있다. '산산조 각 내다, 깨뜨리다'라는 의미인데, 실제로 이런 일이 일어난 것은 아니기 때문 이다. 그러나 '기록 따위를 깨다'라는 의미도 있는데, 이것이 우리가 말하려는 것에 더 가깝다. 온라인 판매, 즉 이커머스로 인해 매장에서 물건을 판매하는 전통적인 시스템은 이제 과거가 되었다. 한때는 유일했지만 이제는 다른 시스 템과 공존해야만 한다. 이 다른 시스템이란 특히 고객과 소통하고, 서비스를 제공하거나 거래를 하는 방식에 있어서 월등한 장점과 독특한 특징을 가지고 있다. 럭셔리 업계에서는 더 이상 누구에게나 다 맞는 프리사이즈 유통 모델에 관해 이야기하지 않고, 현재에도 진화하며 점점 더 그 영향력이 커지고 복잡해져 가는 여러 보완적인 유통 방법들에 관해 이야기한다.

이번 장에서 우리는 어떻게 온라인 판매가 유통 시장에서 자리를 잡게 되었는지, 왜 브랜드들은 단일 유통 시스템이나 단일 유통업체를 사용하지 않는지에 관해 설명하려 한다. 또한 왜 모든 이해관계자들이 하나의 운영 방식이나 하나의 중간업자로 만족하지 않고, 그 수를 늘려 장기적으로 가능한 많은 가능성을 확보하기 위해 노력하는지를 이야기해 보려고 한다.

온라인 판매만으로 충분한가?

2006년 PPR-케어링 그룹은 쁘랭땅 백화점을 매각했다. 이들은 이후 럭셔리 분야에만 집중했다. 2014년에는 카탈로그 통신판매 전문 그룹인 레드캣 Redcats*을 매각했다. 제품 선정, 우편 주문 판매, 특히 인터넷 주문 판매에 전문화된 이 회사는 럭셔리 그룹의 전략상 중요해 보이지 않았던 것이다.

2017년 갤러리 라파예트 그룹은 라흐두뜨의 지분의 과반을 인수하면서 프랑스 온라인 상거래에서 리더가 될 것이라고 밝혔다. 이들의 목표는 많은 이해관계자들의 관심을 끌고 있던 온라인 상거래에서 자신들의 영역을 확장하는 것이었다. 여기서 키워드는 상호보완성이었다.

온라인 판매가 언제나 유망한 분야로 여겨지던 것은 아니었다. 프랑스의 투르쿠앵Tourcoing과 사란Saran 등 두 곳에 매장을 운영하던 켈 라 수스Quelle la Source 그룹은 2010년 법정관리에 들어갔다. 이 회사는 뒤에 레 트루아 스위스

---

* 라흐두뜨가 레드캣으로 사명을 변경했다.

Les Trois Suisses에 인수되었는데, 레 트루아 스위스는 이 회사가 확보하고 있던 250만 명에 달하는 거대한 고객 데이터베이스가 중요하다고 언급했다. 그러나 레 트루아 스위스도 경영난을 겪으면서 2017년 도모티Domoti라는 작은 그룹에 인수된 후, 2018년 샵 인베스트Shop Invest에 다시 매각됐다.

프랑스 기업들의 사례만 보면 이커머스는 미래의 유망한 분야가 아니라고 여길 수도 있을 것 같다. 하지만 중국과 미국에서 일어나고 있는 일들을 본다면 생각이 달라질 것이다.

2016년 10월 알리바바 그룹의 창업자 마윈 회장은 주주에게 보내는 편지에서 '미래는 뉴 리테일이다. 순수 이커머스는 전통적인 비즈니스로 전락하고 온라인, 오프라인, 물류, 데이터가 하나의 가치 사슬로 통합된 뉴 리테일 개념으로 대체될 것이다.'라고 말했다. 이미 마윈이 이끄는 인터넷 그룹에 의해 대폭 재편되었던 비즈니스 세계에서 그의 말은 마른 하늘에 날벼락과도 같았다. 그 사이에 중국의 거대 인터넷 기업인 알리바바와 텐센트가 2014년부터 오프라인 매장에 대규모 투자를 시작한 것이 밝혀졌다. 다음은 두 그룹의 최근 인수 및 투자 활동 현황이다.

- 알리바바의 투자 및 인수:
  - 2016년 6월: 쑤닝이거우(전자제품 체인점) 지분 20%
  - 2016년 11월: 산지앙 쇼핑클럽(슈퍼마켓) 지분 32%
  - 2017년 1월: 인타임 리테일그룹(백화점, 쇼핑몰) 지분 73.7%
  - 2017년 2월: 바일리안 그룹(백화점, 쇼핑몰)과 전략적 파트너십
  - 2017년 5월: 리안후아 슈퍼마켓(하이퍼마켓, 슈퍼마켓, 편의점) 지분 18%
  - 2017년 11월: 선 아트 리테일(슈퍼마켓) 지분 36%

- 텐센트의 투자:

  - 2014년 3월: JD.com 지분 15%

  - 2015년 8월: JD.com은 용후이 슈퍼마켓(하이퍼마켓, 마트, 편의점) 지분 10% 취득

  - 2016년 6월: JD.com과 월마트 간 전략적 합의

  - 2017년 12월: 용후이 슈퍼스토어(슈퍼마켓) 지분 5%

  - 2018년 1월: 중국 까르푸 투자

비슷한 시기에 미국에서는 아마존이 웹사이트를 통해 수집한 데이터를 활용해 최적화된 상품을 제안하는 북스토어를 오픈한 이후 오가닉 슈퍼마켓 체인인 홀푸드Whole Foods를 인수했다. 홀푸드를 인수한 목적은 미래의 리테일을 창조하기 위해서였는데, 이런 미래는 우선 매스 마켓 분야에서 준비되고 있던 것이다.

온라인 판매가 그 자체로 충분치 않아서 훌륭한 수단으로 여겨지지 않기 때문은 아니다. 다만, 고객에게 그들의 복잡한 기대와 욕구에 완전히 부합하는 서비스를 제공하기 위해 필요한 하나의 전체, 즉 '완벽한 온오프라인의 연속성'을 구성하는 일부에 지나지 않은 것이다.

오프라인 매장에서만 판매해도 충분할까?

온라인 판매만으로는 충분하지 않다면, 오프라인 매장 판매만으로는 충분할까? 물론 아니다. 단순히 이는 온오프라인 연속성을 추구하면서, 고객들은 온라인이든 오프라인이든 언제나 원할 때 접근할 수 있고, 매장에서 어떤 행동(구매, A/S, 제품의 교환이나 반품)을 개시하거나 어떤 브랜드의 제품을 집에

서 배송받을 수 있게 해 주는 포괄적 시스템을 원하기 때문이다. 자라는 2018년 1월 런던에 그들의 첫 번째 '클릭 앤 콜렉트'매장을 열었다. 매장 직원들은 태블릿 PC를 들고 고객의 주문을 돕는데, 제품은 오전에 주문하면 당일배송, 오후에 주문하면 다음 날 배송된다.

때로는 오프라인 전문 판매업체(전통적인 소매업체)들은 그들의 디지털 역량을 보여주기를 갈망해 그들이 판매하는 제품의 물리적 실재를 최소화해 '100% 디지털'로 보이려 한다. 테슬라가 그 예다. 테슬라는 새로운 자동차 판매 전시장에 한 두대의 모델만 전시한다. 고객은 판매 코너를 둘러보며 테슬라가 판매하는 자동차 모델을 구경하며 직접 컴퓨터로 원하는 옵션을 설정해 보고 결국 구매를 결정한다. 고객은 매장에 준비된 모니터와 터치패드를 이용하여 색상, 엔진, 액세서리, 휠, 라디에이터, 그릴 등을 취향에 맞춰 설계할 수 있다. 앞서 살펴본 것처럼 2000년 이후 모든 럭셔리 브랜드들이 비즈니스를 디지털화하기 위해 노력하고 있지만, 진행속도가 느리고, 때로는 단편적이다. 구찌와 샤넬의 서로 매우 다른 사례를 통해 이를 살펴보자.

| 구찌의 디지털화 변천 과정

2002년

구찌는 좀 더 현대적이고 사용자 친화적인 웹사이트를 갖추었다고 스스로 자부했다. 고객은 개인 패스워드를 입력하여 사이트에 접속할 수 있다. 패스워드는 저장되고, 다음 방문 시에는 최신 패션쇼가 소개되는 페이지로 바로 넘어가 패션쇼와 최신 디자인, 패션 트렌드 등을 볼 수 있다. 고객이 마지막 방문 시 열어본 페이지의 내용을 고려하여, 비슷한 모델이 우선적으로 나타나고, 이어 고객이 특별히 관심을 보일만 한 색상과 디자인을 제안한다.

제품 사진은 고해상도로 볼 수 있으며, 확대 기능도 있고, 모든 제품을 다양한 각도에서 볼 수도 있다. 사이트는 7개 국어로 제공되고 27개국에 맞춰 디자인되어 있다.

여기서 눈에 띄는 점은 구찌가 말하는 디지털화는 사용자의 구매 행동이 아닌 브라우징 행동browsing behavior를 기억하는 것이다. 여기서 우리는 지난 20년 동안 디지털화의 개념이 어떻게 변했는지, 오프라인에서 온라인으로 또는 그 반대로, 체계적 전환이라는 개념이 왜 우선순위가 아니었는지를 알 수 있다.

2016년

그로부터 14년이 지난 2016년 구찌는 온라인 개발의 변천 과정과 강점에 대해 보여준다.

하지만 구찌는 여전히 웹사이트에 사용된 사진의 해상도와 웹사이트를 구성하고 있는 디테일에 주의를 기울이고 있고, 유명인사나 셀러브리티가 착용한 구찌의 옷과 액세서리를 부각시키고 있다.

그러나 이내 다음 단계로 넘어가서 제품의 소개, 구매의 용이함, 온라인 고객 응대, 사용자 친화성에 대해 설명한다. 구찌는 넌지시 웹사이트가 새롭고 흥미로운 콘셉트인 것을 보여주고 있다.

하지만 이 시기 구찌가 중점을 두었던 것은 오프라인 쇼핑 경험을 복사하고 확장해 온라인 쇼핑 경험을 만드는 것이었다. 예를 들면 다음과 같다.

- 최신 컬렉션이 패션쇼에서처럼 매장과 온라인에서 어필하는가?
- 제품이 구찌 고객들의 진정한 삶의 모습과 이들이 세상에서 닮고 싶어하는 삶의 모습을 보여주고 있는가?

- 매장과 온라인 양쪽에서 고객이 언제든지 쉽게 반품하거나 환불할 수 있는 가? 양쪽에서 옵션의 선택이 모두 가능한가? 고급스럽고 우아한 선물 포장을 해 주는가?

하지만 질문은 여기에서 끝나지 않았다. 인스타그램에 올라온 유명 인사나 셀러브리티의 게시물을 모두가 볼 수 있는지, 구찌의 창의성이 이런 비주얼 문화와 관련이 있는지도 질문을 해볼 수 있다. 더 이상 웹사이트 사진의 해상도 문제는 관심사가 아니다. 구찌가 중점을 둔 것은 매장과 온라인에서의 경험의 품질, 풍부함, 다양함을 보장하는 것으로 보였다.

2018년

이야기는 계속된다! 2018년 당시 구찌 경영진은 더욱 야심찬 포부를 밝히고, 구체적으로 다음과 같은 노력을 기울였다.

- 고객이 온라인 매장과 오프라인 매장을 완전히 자유롭게 오갈 수 있게 한다.
- 프로세스를 만들어 쇼핑의 편의를 도모한다.
- 포괄적인 단일 고객 데이터베이스를 구축한다.
- 고객이 구찌의 웹사이트를 방문하여 주문하고, 가장 가까운 매장에서 픽업할 수 있게 한다. 구매 과정은 항상 포괄적이고 쉬워야 한다.

이 외에도, 구찌는 스냅챗 팔로워가 830만 명이라는 점을 자랑스러워 했다. 구찌가 고객과의 접점 간 완벽한 유연성을 추구하고 있다는 것은 분명하다. 또한 구찌는 고객이 자신들의 생태계에 생태계에 완전히 참여하기를 원하고 있다.

| 2018년의 샤넬의 백화점 부문 비즈니스 모델의 개선

2018년 11월 초, WWD에 미국 샤넬에서 일어나고 있는 주목할 만한 변화에 관해 장문의 기사가 실렸다. 샤넬은 미국에서 백화점을 통해 의류 제품을 판매하는 홀세일 영업을 중단하고, 리테일 영업으로 비즈니스 모델을 전환한다고 밝혔다.

이 책의 여기저기에서 언급했듯이, 샤넬은 23개의 직영 매장과 미국의 주요 백화점에서 기성복과 액세서리를 판매하는 55개의 숍인숍 매장을 운영하고 있었다. 숍인숍 매장은 주로 니먼 마커스, 버그도프 굿맨Bergdorf Goodman, 삭스 5번가, 노드스트롬과 블루밍데일과 같은 유명 백화점에 자리하고 있었다. 그런데 이런 숍인숍 매장이 관건이 된 것이다.

미국 샤넬의 이사회의 존 갤런틱John Galantic 의장은 그가 직면했던 어려움에 대해 이렇게 설명했다.

"이런 숍인숍 매장에서는 고객에 대해 완전한 가시성을 가질 수 없습니다. 그리고 고객에게 항상 총체적이고 포괄적인 서비스를 제공할 수 없으며 온오프라인의 완벽한 연속성도 보장할 수 있는 것도 아닙니다. 보유하고 있는 재고의 양과 질을 항상 통제할 수도 없습니다. (별도의 개입 없이는) 고객에게 매끄럽고 연속적인 온오프라인 서비스를 제공할 수 없습니다."

사실, 어떤 고객이 백화점에서 방금 샤넬 재킷을 구매했다면 이 고객은 샤넬의 데이터베이스에 등록될 수 있어야 한다.

전형적인 숍인숍 시스템에서 백화점은 소매업체로서 수수료를 받는다. 만일 온라인에서 샤넬 백을 구매한 고객이 반품하고 싶다며 백화점 매장을 찾아온다면, 이 제품을 백화점 재고로 어떻게 입력하고, 샤넬 본사와는 반품업무를 수행한 것에 대한 수수료를 어떻게 정산해야 할까? 우리가 얘기하는 온오프라인의 연속성이 제대로 보장될 수가 없다.

존 갤런틱 회장은 다음과 같이 분명히 밝혔다.

"고객이 샤넬의 웹사이트나 애플리케이션 또는 콜센터 등을 이용해 샤넬과 접촉할 때, 그들은 샤넬 매장에 들어와 우리 브랜드의 일부가 되는 것입니다."(락우드 2018)

어떤 식으로든 샤넬과 접촉했다면, 그것은 샤넬 전체와 접촉했다는 뜻이다. 백화점에 지불하거나 받는 수수료가 문제가 되어서는 안된다.

샤넬은 이제 숍인숍 매장이 아닌 컨세션concession 매장에 대해 거론하며 백화점과 재협장을 원했다. 샤넬은 백화점의 숍인숍 재고로 입고되지도 않은 상태에서 온라인에서 구매하면 다음 날 배송하기가 쉽지 않고, 반품할 때 혼란이 야기되는 상황에서 백화점 매출에 대하여 판매 수수료를 지급하는 일을 더이상 하고 싶지 않았던 것이다. 샤넬은 백화점과의 관계를 재조정하기를 원했다. 매출에 따라 변동하는 수수료를 지급하는 대신, 고정 임대료만 지불하고 그 외의 추가 비용 없이 매장을 운영하기를 원했던 것이다.

샤넬은 2019년이 끝나기 전, 미국 백화점들과 협상에 들어가 최종 결론을 짓기로 했다. 우리는 루이비통과 같은 브랜드가 도입한 모델(루이비통에 따르면, 그들은 전 세계 숍인숍 매장에 임대료만 지불하고 수수료를 지불하지 않는다)이 표준이 될 것이라고 생각한다. 이는 분명 백화점의 비즈니스 모델을 파괴할 것이고, 백화점은 점차적으로 쇼핑몰과 같이 단순히 리테일 공간 담당자의 역할을 맡게 될 것이다. 그러나 브랜드 본사 입장에서 가장 중요한 것은 온오프라인의 완벽한 연속성을 확보해야 하는 것이다. 결국 우리는 디지털화라는 이름으로 새로운 전략적 결정이 내려진 것에 대해 논의하고 있는 것이다.

| 홀세일 거래에는 어떤 영향을 미칠 것인가?

다른 모든 럭셔리 브랜드도 동일한 문제에 직면할 것이고, 온오프라인 서비스의 연속성을 향상시키려 할 것이고, 미국의 백화점들도 자신의 비즈니스 모델을 재검토할 것이라고 추측할 수 있다. 하지만 문제는 여기서 끝나지 않는다. 같은 문제가 일본, 캐나다, 한국, 멕시코, 호주 등 다른 나라의 백화점에서도 발생할 수 있다. 이들도 그들의 비즈니스 모델을 변경해 쇼핑몰 모델과 같은 형태로 운영할 수밖에 없을 것이다. 즉, 독립 매장을 임대하는 임대회사나 부동산 회사의 역할을 하게 될 것이다.

마찬가지로, 프랜차이즈 매장은 프리미엄 패션 브랜드에서는 많지만 럭셔리 브랜드에서는 상대적으로 많지 않다. 온오프라인의 연속성을 완벽하게 구현하지 못하는 것은 프랜차이즈 매장에서도 마찬가지이다. 이들도 운영방식을 이른 시일 내에 바꾸거나, 더 다양한 서비스를 제공하기 위해 노력해야 할 것이다. 문제는 아직도 끝나지 않았다. 수입 및 유통업체도 매끄러운 온오프라인 연속성을 제공하는 데 있어 이를 지체시키거나 또는 방해하는 요소가 있는지 돌아보고 제거해야 한다.

| 홍보 방식의 대전환

2018년 맥킨지의 한 연구 보고서에서 그림 12.1과 같이 아주 흥미로운 표가 소개됐다. (그림 12.1) 브랜드의 홍보 예산의 구성이 모두 비슷한 것은 아니었는데, O2O 관점에서 가장 앞서가는 3개의 브랜드인 버버리, 루이비통, 구찌를 살펴보면, 이들의 예산은 현재 이벤트(30%), 인쇄 매체(40%), 디지털 매체(30%)로 매우 고르게 할당되어 있다. 반면, 다른 여러 브랜드는 여전히 홍보 예산을 인쇄 매체에 집중하는 이전 방식의 예산 구조를 보여주고 있다. 이런 경향은 특히 시계, 주얼리 관련 브랜드들에게 특히 두드러지지만 펜디, 프라다, 미우미우Miu Miu와 같은 브랜드에게서도 보였다.

상전벽해 중국시장

소비자의 기대(갈수록 중요해지는 SNS 상거래와 유일한 통신, 쇼핑, 결제의 수단으로서 모바일의 사용)와 중국 리테일 환경의 변화(티몰Tmall, 럭셔리 파빌리온Luxury Pavilion, JD.com 등의 럭셔리 포털 구축, 최근 파페치 차이나와 합병된 톱라이프Toplife)는 럭셔리 브랜드의 접근 방식을 전면적으로 바꾸어 놓았다. 예를 들어, 온라인으로 신제품을 런칭하는 것은 5년 전의 중국에서는 상상도 못 했던 일이고, 지금도 세계의 다른 곳에서는 엄두도 못 낼 일이다. 2018년 8월 티파니는 럭셔리 파빌리온의 웹사이트에 온라인 팝업 매장을 열어 티파니 플라워 페이퍼스Tiffany Flower Papers라는 이름의 새로운 컬렉션을 출시했다. 같은 컬렉션이 오프라인에도 등장한 것은 2주가 지난 후였다. 발렌시아가는 톱라이프와 손잡고 온라인 사이트에서 구입한 제품을 집으로 배송해주는 서비스를 선보였는데 배송 직원은 흰색 정장에 장갑을 끼고 배송한다. MCM은 온라인 독점판매 제품을 제안했는데, 2018년 9월의 칠석 축제Qixi Festival; 중국판 발렌타인데이 동안 럭셔리 럭셔리 파빌리온의 사이트에서 50종의 리미티드 에디션 백을 선보였다.

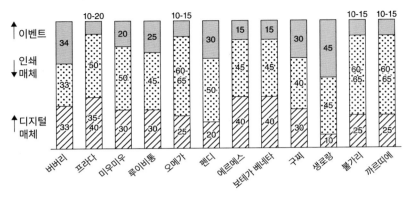

출처: 맥킨지

그림 12.1 디지털과 이벤트에 더 많은 예산을 할당하는 브랜드

많은 럭셔리 브랜드들이 위챗의 가상 온라인 부티크인 위챗 미니앱에도 많은 투자를 했는데, 이러한 가상 공간은 이제 브랜드의 '진짜' 이벤트 행사장이 되었다.

이렇듯, 오늘날 중국은 모든 럭셔리 브랜드에게 진정한 미래의 실험실인 것이다.

브랜드	활동 내용
마르니	7월 24일 이탈리아 럭셔리 브랜드 마르니는 중국 칠석 축제를 기념하기 위해 위챗 미니 프로그램 스토어에서 한정판 '캐디' 백을 판매.
발렌티노	7월 25일 이탈리아 럭셔리 브랜드 발렌티노는 중국 칠석 축제 광고 캠페인 'Be My VLTN'을 시작. 위챗 미니 프로그램 스토어에서 중국 배우 장이씽 (EXO 레이)과 공동으로 디자인한 패션 아이템을 특별 컬렉션으로 선보임.
몽블랑	7월 26일 독일 럭셔리 브랜드 몽블랑은 중국의 패션 블로거 'Mr Bags'과 공동으로 제작한 중국 칠석 축제 컬렉션을 블로거의 위챗 미니 프로그램 스토어에서 판매.
디올	7월 31일 프랑스 럭셔리 브랜드 디올은 중국 칠석 축제를 기념하기 위해 위챗 미니 프로그램을 통해 '디올 아무르' 백을 독점 판매. 위챗 미니 프로그램에서 한정판 핸드백이 몇 초만에 매진되자 디올은 베이징 SKP 백화점에 팝업 스토어를 열고(8월 5일~19일), 급증한 수요에 맞춰 더 많은 '디올 아무르' 패션 아이템을 출시하며 매출을 확대.

보테가 베네타	7월 31일 이탈리아 명품 브랜드 보테가 베네타는 위챗 미니 프로그램을 통해 중국 칠석 축제 광고 캠페인을 시작. '카테나 시티 놋' 백, '인트레치아토 마제' 월렛을 포함하여 한정판 스페셜 아이템들을 위챗 미니 프로그램 스토어에서 판매.
마이클 코어스	8월 1일 미국 디자이너 브랜드 마이클 코어스는 중국 칠석 축제를 기념하기위해 중국 여배우 양미와 공동으로 디자인한 한정판 휘트니 백을 위챗 미니 프로그램 스토어에서 판매.
버버리	8월 3일 영국의 럭셔리 브랜드 버버리는 위챗 미니 프로그램을 공식 런칭. 중국 칠석 축제를 기념하기 위해 중국 한정판 레드 컬러 '벨트백'과 '핀 클러치'를 출시.
스텔라 맥카트니	8월 3일 영국 디자이너 브랜드 스텔라 맥카트니는 위챗 미니 프로그램을 통한 공식 온라인 주문이 가능해짐.
지방시	8월 5일 프랑스 럭셔리 브랜드 지방시는 위챗 미니 프로그램 스토어를 공식 런칭. 중국 칠석 축제를 기념하기 위해 출시한 스페셜 GV3백을 판매.
구찌	8월 6일 이탈리아 럭셔리 브랜드 구찌는 위챗 미니 프로그램 출시와 함께 중국 칠석 축제 광고 캠페인을 시작. 칠석 축제를 기념해 중국 소비자를 위해 특별 제작된 'GG 마몽트' 백, '에이스 패치' 스티커즈 등 한정판 제품을 출시.
까르띠에	8월 7일 프랑스 럭셔리 주얼리 브랜드 까르띠에는 위챗 미니 프로그램 스토어를 런칭. 중국 칠석 축제 스페셜 '저스트 앵 클루' 브레이슬릿을 판매.

표 12.1 중국 칠석 축제 기간 중국 내 럭셔리 브랜드들의 활동 (2019)

| 온오프라인의 연속성을 구축하기 위한 경쟁

샤넬이 미국의 백화점과의 계약을 재검토하기 시작한 것은 온오프라인의 연속성의 중요성을 잘 인식하고, 보다 이른 시일 내에 지속 가능한 해결책을 찾아내고 싶었기 때문이다. 다른 브랜드도 이와 같은 변화를 모색해야 할 것이다. 미래의 시스템은 보이는 것만큼 아직 잘 정의되어 있지는 않지만, 점차 그 윤곽이 드러날 것이다.

완벽한 시스템

오프라인과 온라인이 완전히 통합돼야 시스템은 완벽해진다. 즉, 고객은 언제든지 온오프라인의 접속과 접근이 가능해야 한다. 예를 들어 도쿄의 한 부티크에서 제품을 구매하고 3일 후 파리로 돌아와 인터넷으로 반품을 하면, 도쿄에서 지불한 금액을 환불 받을 수 있어야 한다.

이러한 시스템이 작동하려면, 물리적 매장과 이커머스 사이트에서 일어나는 거래들이 동일한 주체에 의해 조직되고 통제되어야 한다. 고객은 또한 어디서든지 관세나 현지의 세금을 지불할 필요가 없어야 한다. 위의 예시에서, 도쿄에서 구매한 후 파리에서 반품한 제품의 환불금액은 도쿄에서 지불한 금액과 같아야 하며, 일본의 관세를 되돌려 받는데 어떤 장애도 없어야 한다. 현실에서 이런 일이 가능해지려면 아직 멀었다. 실무적 관점에서 본다면, 아무리 완벽한 시스템이라 할지라도 관세까지 완전히 통합할 수는 없을 것이다.

일부 브랜드들은 '글로벌 프라이싱 시스템'을 수립하는데 전념하기도 한다. 예를 들어 브라질로 수입되는 일부 제품에 붙는 100%의 관세를 누가 지불할까? 16장에서 설명하겠지만, 패션 업계에서는 수입가의 100~140%에 이르는 관세가 붙은 것이 드문 일은 아니다.

물론, 누군가는 일을 더 쉽게 만들 수도 있고, 트레블 리테일 매장을 제외한 모든 물리적 매장(직영 매장과 앞서 언급한 샤넬의 경우처럼 새로운 형태의 계약을 맺는 백화점 내 숍인숍 매장을 포함)에서 완벽한 온오프라인 연속성을 확보할 수도 있다고 말할 것이다. 온라인 판매의 경우, 파페치와 전 세계 독점 계약을 맺어 완벽한 연속성을 갖추고 해외 취급 서비스도 확보할 수 있다. (알리바바에 이어 중국의 두 번째 디지털 커머스 업체인 JD.com이 2016년 5월 파페치에 3억9700만 달러를 투자한 것은 우연은 아니다. 이커머스 시스템은 점점 정교해지고 강해지고 있다.)

그 반대도 상상해 볼 수 있는데, 예를 들어 YNAP처럼 완전한 디지털 구조를 구축하고 각국의 오프라인 매장들을 연결해 점차적으로 시스템을 통합하면서(우선 관세가 적용되지 않는 나라의 모든 매장을 연결한 후 점차적으로 최소한의 관세를 부과하는 나라까지 연결하기로 함) 연속성을 확보할 수 있다. 하지만 이와 같은 방법으로 이상적인 완벽한 연속성을 달성하기에는 여전히 갈 길이 멀다.

단일 브랜드 사이트 내 멀티브랜드 포털?

현실에서는 다른 변수가 존재한다. 에르메스처럼 브랜드는 독자적으로 디지털 포털을 운영할 수 있다. 또 YNAP과 같은 멀티브랜드 포털에 들어가도 된다. YNAP에는 발렌시아가, 발망Balmain, 보테가 베네타, 브루넬로 쿠치넬리, 버버리와 같은 브랜드들이 입점해 있고 부세론Boucheron, 부첼라티Buccellati, 불가리와 같은 주얼리 브랜드도 있다. 어떤 면에서는 YNAP은 일종의 온라인 백화점 역할을 한다. 폭넓은 브랜드 포트폴리오를 가지고 있고, 전체 온라인 판매 관리와 배송을 위탁운영해 줄 수도 있다. 이는 백화점과 매우 비슷하다. 브랜드에 필요한 이런 기능을 수행하는 대가로, YNAP은 위탁 제품 매출의 35%를 수수료로 청구한다. 다른 소매업체들보다 적은 수수료이다. 구체적으로 말하자면 YNAP은 온라인이라는 점과 전 세계를 대상으로 한다는 점을 제외하면 백화점처럼 유통업체의 기능을 맡고 있는 것이다.

2012년 케어링 그룹은 생로랑, 보테가 베네타, 발렌시아가, 알렉산더 맥퀸, 세르지오 로시Sergio Rossi의 온라인 판매를 위한 전 세계 업무 협약을 육스Yoox, 현재 YNAP와 체결했다. 케어링그룹은 이들 브랜드의 온라인 판매를 책임질 새로운 회사의 지분을 51%를 육스는 49%를 보유했다. 이에 더해, 이 새로운 회사가 관리하는 보테가 베네타와 세르지오 로시의 온라인 부티크가 런칭했다.

케어링의 이런 계획에 구찌가 없다는 것은 놀라운 일이다. 어떤 의미에서 케어링은 두 가지 역할을 맡고 있다고 볼 수 있다.

- 첫 번째는 케어링 그룹의 세컨더리 브랜드를 위해 YNAP과 조인트 벤처를 설립해 디지털 개발을 확보하는 것인데, 이로써 이들 브랜드의 온라인 성장을 가속하는 데에 도움이 될 것이다.
- 두 번째는 구찌를 위한 것으로, 구찌의 자체 디지털 시스템을 개발하는 것이다.

그리 멀지 않은 장래인 2025년 쯤에는 이 두 시스템의 결과와 장단점을 비교하고, 결국 이 중 하나의 시스템을 전 세계에 적용하고, 브랜드들의 지리적 확장이나 제한에 대해 협상할 시간이 올 것이다. 현재로서는 모든 가능성이 다 열려 있다.

현재까지는 하나의 브랜드만 운영하는 샤넬은 다른 길을 걸었다. 일부 온라인 사업에서 파페치와 계약을 체결했고 2018년 2월에는 약간의 파페치 지분을 획득했다. 이 단계에서 샤넬은 독자적인 온라인 사업의 개발을 원하지는 않았지만, 고객에게 더 향상된 포괄적인 서비스를 제공하고자 했다.

모두가 나름의 방식으로 다가오는 변화에 대비하고, 미래를 보장하기 위해서 가능하고 상상할 수 있는 모든 지원을 확보한 것처럼 보이지만, 궁극적으로는 두 개의 모델이 공존해야 할 것으로 보인다.

- 주요 브랜드는 필요에 따라 가능한 통합적이고 포괄적인 시스템ad hoc system을 구축해야 하며, 이를 위해 브랜드의 영향력과 매력을 활용할 수 있다.
- 규모가 작은 브랜드라면 멀티브랜드 포털 사이트에 의존하는 방식을 선택할 가능성이 클 것이며, 이런 선택은 브랜드의 규모가 확대 되면서 바뀔 수 있다.

규모가 충분히 큰 브랜드라면, 시스템을 독자적으로 구축하는 것이 (영업이익을 고려하더라도) 더 나을 것 같다. 중간 규모의 브랜드라면, 어느 쪽으로든 선택할 수 있다.

퍼즐 조각 맞추기

자체 매장과 이커머스 사이트 사이에 매끄러운 유통 시스템을 구축하려는 기업이라면 먼저 결정을 내려야 할 것이 있다.

우선, 전 세계 일정 수의 국가 또는 도시에서 오프라인 매장을 운영하고 있어야 한다. 이들 매장은 일관성 있는 리테일 가격정책을 실시하고 매장끼리 서로 보완되거나 또는 균일한 제품을 구비해야 한다. 각 국가나 도시에서 매장은 운영관리되고, 인력이 배치되며, 재고를 보유하고, 활동이 통제되어야 한다. 유통 자회사를 설립하여 일상day-to-day 관리 업무를 위임할 수도 있다. 이 밖에도 매장을 책임지거나 위에 언급한 직무를 수행할 매니저를 임명할 수도 있는데, 이 경우에는 고정급여를 지불해야 할 수도 있다.

마찬가지로, 물류 시스템을 주로 아웃소싱하더라도, 독자적으로 운영할 수도 있다.

가장 큰 우려는 장거리 고객 배송과 관련된 문제이다. 오늘날, 배송 그 자체는 어렵지 않다. 그러나 제품 배송 방식와 분위기가 브랜드 이름에 어울리는 구매 세레모니를 따르고 있는지는 여전히 불확실하다. 또 많은 물류 플랫폼들이 고객이 반품하려는 물건을 수거하기 시작하면서, 고객이 직접 반품하러 갈 필요가 갈 필요는 없어졌다. 아마존은 이러한 서비스를 아마존 프라임Amazon Prime을 통해 완벽하게 실행하고 있다.

경주의 승자는 누구일까?

모두가 일관적이고 통합된 시스템을 구축할 준비가 된 것 같다. 대규모 브랜드들의 조직은 점점 더 탄탄해져 가고 작은 브랜드들은 필요에 따라 하청을 주기도 하고, 서로 협력하기도 한다. 프랜차이지들은 브랜드 본사와의 관계를 어떻게 정립해야 할지 고민하고, 주요 디지털 사이트는 사이트를 구축하고 기다리고 있다. 시장 관찰자가 볼 때, 주사위는 이미 던져졌다. 아마존, 알리바바, JD.com에 이어 파페치나 YNAP과 같은 기업은 처음부터 미래는 자신들의 것이라 믿고 있다.

분명한 것은 인터넷과 디지털 애플리케이션은 럭셔리 유통 시스템에 혁명을 일으켰고, 모두가 게임의 새로운 구조와 규칙을 준비하고자 노력하고 있다는 것이다.

내용 요약:

- 앞으로는 오프라인과 온라인 거래의 상호보완성이 점점 더 강화될 것이 분명하다. 하지만, 이는 오늘날 구축되고 있는 유통 시스템의 기능과 유연함에 따라 여러 다양한 형태로 나타날 것이다.
- 통합된 단일 브랜드 시스템과 특정 브랜드에 한정된 포털 사이트, 디지털 백화점과 같이 브랜드를 대신해서 운영해 줄 멀티브랜드 시스템 등 여러 디지털 모델이 개발되는 중이며, 그들은 서로 경쟁할 것이다. 이런 새로운 업체들은 또한 글로벌화라는 도전에 부합하기 위해 노력할 것이다.
- 온오프라인 통합 시스템 개발을 위해 각 사업 주체가 마음을 모으면 현재의 운영방식을 변경할 수 있을 것이다. 프랜차이즈, 조인트벤처 또는 전통적 숍인숍 매장 등 현재 브랜드 소유가 아닌 단일 브랜드 매장은 향후 오프라인,

온라인 간의 완벽한 연속성을 제공하는 시스템을 개발하는 데 방해가 되지 않는 해결책을 찾아야 할 것이다. 관세나 물류비용과 같은 문제도 고려해야 할 것이다.

- 그러나 보편적인 하나의 통합 시스템을 기대해서는 안 된다. 기업마다 자신들의 고유한 시스템을 구축하고 있으며, 장기적으로는 다양하고 폭넓은 해결책이 제시되고 혁신이 이루어질 것이라고 기대할 수 있다.

- 온라인 비즈니스에 있어 일반적으로는 소매업, 특정하자면 럭셔리 브랜드의 앞날은 중국에서 준비되고 있다.

- 고객들이 매끄러운 옴니 채널을 경험할 수 있도록 구축하는데 필요한 전반적인 비용은 매우 높다. 창고에서의 제품 픽업, 배송 상자 포장, 이송, 개별적이고 품격 있는 배송은 모두 비용이 필요한 과정이다. 현재로서는 배송 물량이 매우 많은 대형 브랜드들만이 이를 감당할 수 있다. 높은 CAPEX는 이제 높은 OPEX(운영비용)와 높은 CAPEX(자동화 시스템 실행으로 인해)로 대체될 것이다.

럭셔리 매장 관리를
위한 여러 도구들

13

매장의 위치

1㎡까지 따져 계산하는 부동산 시장에서, 최고의 럭셔리는 빈 공간이다. '비생
산적'이고 비상업적인 공간에서 사색, 고요함, 움직임, 그리고 럭셔리가 샘솟
는다.

-렘 콜하스Rem Koolhaas, 네덜란드 건축가, 프리츠커 건축상 수상

　과거, 럭셔리 리테일 매장의 위치 선정 기준은 아주 간단했던 것 같다. 주
요 경쟁사와 가장 가까운 위치를 선택하면 되었다. 특정 업종의 모든 종사자
가 주요 경쟁자와 같은 거리에 자리를 잡으려 애쓰던 중세 시대의 체제가 지
금까지 이어져 온 것이다.
　그렇다면 경쟁사 매장 근처에 어떤 형태의 매장을 열어야 할까? 규모는 어
느 정도로 해야 할까? 매장의 기능은? 각 상권에 대한 심층 분석은 슈퍼마켓

체인이나 전문 체인점에 더 유용할지 모르지만, 럭셔리 브랜드라고 해서 상권 분석에 관심이 없는 것은 아니다. 마지막으로 여러 다양한 나라의 임대 비용도 고려해야 하는데, 이는 특정 지역에서의 매장 개점 전략에 영향을 미칠 것이다.

매스 마켓의 매장 분류

매스 마켓 상품의 경우 매장은 데스티네이션 스토어, 컨비니언스 스토어, 인시덴탈 스토어 등 세 가지 상업적 형태로 구분할 수 있다.

- **데스티네이션 스토어**destination store 구체적으로 어떤 품목을 사겠다는 분명한 구매 목적이 있을 때 찾게 되는 소매점이다. 즉 어떤 물건을 사고 싶을 때 가장 먼저 생각나는 매장이다. 소비자가 복잡한 계획 수립 과정에 따라 구매를 하는 상황에 해당하는데, 이때 소비자는 필요하다면 평소의 쇼핑 여정을 기꺼이 벗어날 의향도 있다. 자동차나 아기침대 구매는 이런 형태의 상황을 잘 보여주는 아주 좋은 사례이다. 자동차 구매자나 예비 부모인 소비자는 그들에게 맞는 완벽한 자동차나 아기침대를 찾아 상당히 긴 거리를 이동하는 수고를 기꺼이 감수할 준비가 되어 있다. 이러한 목적 구매 형태의 경우에는 모든 골목마다 매장을 열 필요가 없다. 매장이 좀 먼 곳에 있더라도 고객은 번거로움을 무릅쓰고 시간을 내서 찾아올 것이기 때문이다.

- **컨비니언스 스토어**convenience store 흔히 편의점이라고 불리는 매장이 이에 해당한다. 급하게 사야 할 물건이 있을 때 찾는 매장으로 가능한 한 집 가까이

있거나 퇴근길에 거쳐 올 수 있어야 한다. 우유나 라면을 구입하는 경우처럼, 생필품이 다 떨어져 새로 구입해야 한다고 생각하는 경우이다. 이 경우 소비자는 가격에 크게 주의를 기울이지 않는다. 소비자가 가격에 주의를 기울이는 데스티네이션 스토어의 구매와는 달리, 이곳을 찾는 고객들은 되도록 빨리 구매한 후 매장을 나가기를 원하고, 구매를 위해 최소한의 시간만 사용하고 싶어 한다. 소비자가 비슷한 구매 환경에서 비슷하거나 같은 상품을 상당히 낮은 가격에 살 수 있다면 10~20km 정도는 기꺼이 이동할 마음의 준비가 되어 있는 데스티네이션 스토어와는 다르다.

- **인시덴탈 스토어**incidental store 급하게 필요한 물품은 아니지만, 소비자가 매장을 방문하고 상품을 구입하는데 많은 시간을 소모하고 싶지 않을 때 찾는 매장이다. 예를 들어, 열쇠를 복사하거나, 신발 밑창을 고친다거나 담배를 사는 경우이다. 이러한 상품은 물론 필요한 물건이기는 하지만, 한밤중에 나가서 구매해야 할 정도로 급한 물건은 아니다. 마음속에 생각하고 있다가 상황이 허락할 때 구매해도 큰 문제가 없다. 이런 물건을 판매하는 매장은 그 자체로 '목적지'가 되지는 않지만 출근길이나 대형 쇼핑몰 내부나 근처, 기차역 근처 등 사람들이 많이 모이는 장소에 위치하는 경우가 많다.

사실, 위 세 가지 매장의 형태는 아래와 같이 두 개의 구매 상황을 낳게 되었다.

| 습관화된 구매

목적 구매의 한 형태이다. 예를 들어서 소비자는 식품을 매주 어느 요일에, 건조식품을 매월 며칠에 구입하는 식으로 소비생활의 규칙을 정할 수 있다. 이런 규칙이 반복되어 일상적인 습관처럼 자리 잡으면, 그 사이에 단기적으로 오르내리는 가격의 변화에는 큰 주의를 기울이지 않는다. 물론 가격이 예산의 범위를 넘지 않기를 기대하는 마음은 있다. 사람들은 매주 건조식품과 같은 기본적인 식량을 구매하기 위해 기꺼이 50㎞까지도 여행한다. 차량이 있다면 신학기 학용품 구매처럼 몇몇 특별한 경우에는 100㎞ 이상의 거리도 기꺼이 이동할 수 있다.

| 상품 구매

근처 상점에서도 구매할 수 있는 상품이라 하더라도 위의 습관적인 구매를 통해 일어난 구매를 보완하기 위해 목적구매와 같은 형태의 구매를 시도할 수 있다.

컨비니언스 스토어와 데스티네이션 스토어는 위치와 분위기는 달라야 한다. 편의점의 경우 용이한 접근성은 매우 중요한 기준이다. 매장은 그리 넓지 않고, 매장 인테리어의 세련됨이나 개성이 매장의 핵심요소는 아니다. 이런 매장에서 물건을 구매하면서 '구매 세레모니'를 상상할 수는 없다. 딱 하나 필요한 것은 공격적이지 않고, 친절하고, 효율적으로 일하는 판매 직원을 찾아야 한다는 것이다. 데스티네이션 스토어의 경우, 소비자의 노력이 보상받을 수 있어야 하므로, 특별 할인가나 특별한 서비스를 제공할 수 있다. 특정 제품을 구매하기 위해 수 ㎞를 달려온 고객이 시간을 내어 찾아올 만한 가치가 있어야 한다.

이런 이유로 미국에서는 주요 쇼핑센터들이 백화점 주변에 자리 잡으려 한다. 목적 구매를 마친 후, 주변 상점들을 둘러볼 수도 있는 소비자들을 쇼핑센터로 끌어들이려는 의도이다. 그 결과 고객은 원래 계획하지 않았던 물건을 사게 될 수도 있고, 막간을 이용한 쇼핑 기회를 누릴 수 있다.

럭셔리 브랜드에도 같은 개념이 적용되지만, 각 브랜드의 소구력에 따라 다르다. 소구력이 강할수록 목적 쇼핑에 가까운 상황이 벌어진다. 상대적으로 작은 브랜드라면, 인시덴털 스토어나 컨비니언스 스토어와 유사하면서도 목적 쇼핑의 일부가 되도록 해야 한다.

뒤에서 살펴보겠지만, 럭셔리 브랜드에게는 '목적지destination'라는 개념은 중요하다. 브랜드의 위력이 강력하고, 소구력이 클수록, '목적지'로서 찾는 고객층이 많고, 이들 주변에 자리 잡은 작은 브랜드들도 더 많은 고객 유입으로 인한 이득을 누릴 수 있다.

예를 들어, 중국에서는 신규 쇼핑센터를 오픈하려는 부동산 개발업체들이 가장 유명한 브랜드의 경영진에 접근해 매우 저렴한 비용으로, 때때로 공짜로, 매장 임대를 제안하는 경향이 있다. 이들은 서너 개의 특히 강력한 브랜드를 입점시키면, 남은 공간을 다른 작은 브랜드에 임대하는 데 문제가 거의 없다는 것을 알고 작은 브랜드들에 많은 고객의 유입 가능성을 강조하며 훨씬 높은 임대료를 요구한다. 이런 시스템은 쇼핑센터의 재무 관리의 측면에서 보면 타당한 전략이지만, 입점 브랜드의 입장에서 보면 결국 약한 브랜드들이 강한 브랜드들의 임대료를 대납해 주는 것이나 마찬가지이기 때문이다.

럭셔리의 사례: 매장의 다양한 유형

위에서 언급했듯이, 럭셔리 브랜드 매장의 핵심은 고객 유인력이다. 그러므로 마케팅 목적에 따라 매장의 유형은 다양하다.

| 플래그십 스토어

플래그십 스토어의 목적은 높은 매출을 올리는 것에 더하여 브랜드의 위력과 생명력을 대중에게 과시하여 브랜드의 명성과 이미지를 구축하는 것이다.

제품을 판매하는 매장이기도 하지만, 언론이나 해외 유통업체, 그리고 라이선스 업체 등에게 컬렉션 전체를 보여주고, 제품을 어떻게 진열하고 판매할지에 대한 아이디어를 제공하는 쇼룸의 역할도 한다.

플래그십 스토어 중에서도 특별히 상징적인 의미를 지니는 대표 매장은 일반적으로 브랜드가 탄생한 도시에 세워진다. 파리의 포부르 생오노레 거리 Rue du Faubourg Saint Honoré에 있는 에르메스 매장이 좋은 예다. 파리의 플래그십 스토어는 비록 오리지널 매장은 아니더라도, 보통 가장 오래된 매장인 경우가 많고 모든 컬렉션 제품을 진열한다. 매출도 높지만 그 보다도 이들은 진정한 인스티튜션institution으로서의 모습을 보여준다. 예를 들어 깡봉 거리Rue Cambon 에 있는 샤넬 매장이 이에 해당한다. 물론 시간이 지나면서 여러 번 증개축 되었지만, 이 매장은 실제로 오리지널 샤넬 부티크였고, 브랜드의 콘셉트를 구현하고 모든 제품을 진열한다. 몽테뉴 거리의 디올 부티크도 이와 유사한 매장이었다. 이곳도 디올 브랜드가 탄생한 장소였는데 지금은 브랜드 박물관으로 변화 중이다.

지난 10년 동안, 럭셔리 브랜드의 해외 진출이 활발해지고, 브랜드 경영진은 플래그십 개념을 확장했다. 주요 브랜드는 그들의 홈그라운드에서뿐만 아니라 도쿄, 홍콩, 뉴욕, 상하이처럼 브랜드가 우선순위를 두어 공략하고자 하는 나라의 수도에도 플래그십 스토어를 열고 있다. 지역별로 세워진 플래그십 스토어는 브랜드 전체에 활기를 불어넣고, 콘셉트를 개발하고, 홍보 행사나 마케팅 효과를 극대화할 최적의 조건에서 상품을 소개할 필요로 인해 세워진 것이다.

그러나 또 하나 주목해야 할 점은, 플래그십 스토어는 단지 홍보만을 위한 장소라는 인상을 주어서는 안 된다는 것이다. 고객으로 가득 차고, 수익성이 좋으며, 활기차고, 다양한 이벤트가 넘쳐나야 한다.

| 메가 스토어

메가 스토어는 1995년 이후 럭셔리 업계에서 발달한 또 다른 개념의 매장이다. 적어도 1,000㎡ 이상의 규모의 거대한 매장이다.

메가 스토어의 정의는 플래그십 스토어의 정의와 어느 정도 겹친다. 많은 플래그십 스토어가 메가 스토어이기는 하지만, 메가 스토어는 다른 목적으로 짓기도 한다. 메가 스토어를 연다는 것이 반드시 브랜드의 기원을 강화하거나 어떤 인스티튜션을 만들기 위한 것만은 아니다. 메가 스토어는 브랜드의 힘을 과시하기 위한 목적으로 지어지기도 한다. 브랜드 본사는 경쟁사와 언론인을 포함한 많은 사람들에게 자신들이 거대한 매장을 열 만한 자금력이 있고, 이 거대한 매장에서 흑자를 낼 수 있다는 자신감을 보여주고 싶어 한다. 한마디로 힘과 야망을 보여주는 것이다. 그러므로 메가 스토어는 '거대한' 매장이라는 개념보다는 '다른 매장들보다 상대적으로 월등히 큰' 매장이라는 개념이다.

표 13.1에서 보듯이 18개의 메가 스토어 중 8개 매장이 아시아에 있는데, 아시아에서는 힘을 과시하는 것이 중요하다고 느꼈기 때문이다. 유럽의 경우 밀라노의 아르마니 매장과 파리의 루이비통 매장만이 규모가 큰 플래그십 매장이다. 그 외의 다른 많은 매장들은 어느 특정 지역을 우선 공략하려는 목적으로 브랜드의 위력을 과시한다. 놀랍지 않지만, 발렌티노가 처음으로 순위에

이름을 올라왔다. 이는 발렌티노가 이제 빅리그에서 활동하겠다는 의지를 상징적으로 드러내는 것이다.

표 13.1 2018년 메가 스토어와 판매 면적

브랜드	도시	판매면적(단위: ㎡)
아르마니	밀라노	6,500
샤넬	도쿄 긴자 빌딩	6,100
에르메스	서울	6,000
구찌	뉴욕 5번가	4,300
디올	서울	4,200
샤넬	뉴욕 소호	4,150
루이비통	파리 샹제리제	3,600
루이비통	파리 방돔 광장	3,500
루이비통	도쿄 오모테산도	3,100
프라다	도쿄 아오야마	2,800
토즈	도쿄 오모테산도	2,550
프라드	뉴욕	2,300
루이비통	뉴욕 57 이스트 1번가	1,900
발렌티노	뉴욕	1,850
디올	도쿄 오모테산도	1,550
휴고 보스	파리 샹제리제	1,350
에르메스	도쿄 긴자	1,300
디올	파리 몽테뉴 거리	1,200

출처: 여러 언론 기사에 발표된 데이터

메가 스토어 경쟁은 마치 거대한 브랜드만이 경쟁에서 살아남을 수 있다는 점을 강조하는 거인들만의 전쟁이 분명하다. 작은 브랜드는 물론이고 중간

규모의 브랜드도 이 전쟁에는 참여할 수 없어 경쟁의 변방에 머물러야 한다.

대형 브랜드들이 모든 카테고리의 제품을 개발해야 하는 것은 거인들의 전쟁의 또 다른 효과이다. 2,000㎡의 매장에서 핸드백만 판매하는 것이, 우습지는 않다고 해도 너무 단조로울 것은 분명하다.

메가 스토어 경쟁에서 뒤처지지 않으려면 럭셔리 브랜드는 포괄적인 제품군을 선보여야 하는데, 물론 기성복 컬렉션도 포함돼야 한다. 따라서, 대형 브랜드에게 메가 스토어는 다양한 제품군을 개발해야 하는 강력한 동기를 제공한다.

이런 거대한 매장을 열고 점점 더 폭넓은 제품들을 만들어 내는 동안 브랜드들이 고객은 잊고 서로 그들끼리의 경쟁에 몰두하는 것 같다고 (1880년대 백화점 업계에서 그러했듯이) 생각할 수 있다. 메가 스토어는 계속 확대될까? 메가 스토어가 수익을 내고 브랜드가 그들이 먼저 공략하고자 하는 시장에서 위력을 과시하고자 하는 한 아마도 그럴 것이다. 메가 스토어는 단순한 매장이 아닌 그 이상을 의미한다는 것을 기억해야 한다. 메가 스토어는 자신이 위치한 도시에서 진정한 인스티튜션이 되어가고 있다.

| 인스티튜셔널 스토어

인스티튜셔널 스토어institutional store는 규모는 작지만, 브랜드가 추구하는 바를 직접적으로 보여주고 경험할 수 있는 독특한 매장이다. 어떤 면에서 메가 스토어와는 반대이다. 멀티브랜드 스토어 등을 통한 간접 유통의 비중이 클 경우, 브랜드는 브랜드의 이미지를 대중들에게 확실하게 알릴 필요가 있다. 이때 쇼룸 역할을 하는 작은 부티크를 열어 고객과 멀티브랜드 스토어 운영자에게 브랜드 특유의 메시지와 브랜드 아이덴티티를 전달할 수 있다. 이런 매장은 반드시 넓어야 할 필요가 없기 때문에 60~200㎡면 충분하지만, 고급스러운 지역에 위치해야 한다.

많은 시계 제조업체가 이런 형태의 매장을 열고 있다. 그들은 이러한 매장을 통해 브랜드의 전체 컬렉션을 소개하는데, 이점은 주얼리를 판매하는 독립 매장과는 다르다. 주얼리를 판매하는 독립 매장은 여러 브랜드의 제품을 판매하기 때문에 컬렉션의 일부만 진열할 수 밖에 없다. 또한, 특정 도시의 고급 지역에 위치한 매장의 주소는 브랜드 이미지를 강화하고, 높은 품질의 애프터 서비스를 보장할 것이라는 인상을 준다.

그러나 이런 매장은 정말 특별한 장소에 세워져야 한다. 시계 제조업자가 이런 형태의 인스티튜셔널 매장을 상하이에 오픈하면서, 화해중로Huai Hai Zhong Lu*에서 위치를 잘못 고른다거나, 플라자 66의 지하에 매장을 얻는다면, 이는 완전히 빗나간 것이다.

팝업 스토어

팝업 스토어는 상대적으로 최근에 발달했는데, 꼼 데 가르송Comme des Garçons이 처음 시작했다고 알려져 있다. 이후 많은 브랜드가 이를 따라 했다. 원래 아이디어는 도심에서 살짝 벗어난 상업 공간(데스티네이션 스토어와 같은)을 가능한 한 저렴하게 임대하여 창고와 같은 분위기에서 제품을 파는데, 동시에 해당 브랜드의 '빈티지' 품목들을 소개하는 등 일련의 홍보 행사도 기획하여 고객들이 구매만 하는 것이 아니라, 색다르고 독창적인 경험을 할 수 있도록 하는 것이었다.

물론 원론적으로 말하자면, 이 매장에서도 이익을 낼 수 있다. 임대료가

---

* 상하이에서 가장 긴 쇼핑거리

매우 저렴하거나, 컬렉터 아이템이나 팝업 스토어의 주제가 다양한 고객층을 끌 수 있을 만큼 충분히 매력적이라면 말이다. 또한 이는 매우 효과적인 홍보 수단이 될 수도 있다. 예를 들어 크리스마스 몇 주 전, 팝업스토어가 세워진다면 언론을 통해 평소와는 다른 방식으로 설득력 있게 브랜드를 보도할 기회가 될 수 있다.

2004년 2월 꼼 데 가르송이 베를린에 첫 팝업 스토어를 열었는데, 당시에는 '게릴라 숍', '프로파간다 숍'이라고 불렸다. 이어서 바르셀로나, 헬싱키, 싱가포르, 스톡홀름, 류블랴나, 바르샤바 등에 팝업 스토어를 열었다. 이들 매장은 비상업적인 지역에 개설되어 라커룸이나, 테이블 위에 크게 꾸미지 않고 제품을 진열했는데, 이는 점점 더 거대하게 진행되어 가는 도심 지역의 상업화에 대한 역반응이었다. 꼼 데 가르송은 '팝업스토어의 위치는 주변 분위기, 역사와의 연관성, 또는 쇼핑 지역이나 기타 흥미 위주 시설에서 얼마나 멀리 떨어져 있느냐에 따라 정해질 것입니다'라고 밝혔다.

베를린 매장은 할인점과 매우 비슷한 모습이었지만 이후 매장에 대한 개념이 분명히 정립되면서 매장 고유의 머천다이징 코드와 건축적 특징이 있는 진정한 콘셉트 스토어로 변화되었다. 다만 처음 게릴라 숍을 열었을 때의 일시성이나 매장 위치만은 그대로다.

이후 다른 많은 브랜드(에비앙Evian, 랭글러Wrangler, 갭Gap, 노키아Nokia, 리바이스, 루이비통, 샤넬, 타깃target 등)가 충분한 검토 없이 임시 매장 개념을 도입했는데 이는 브랜드 가치를 강고하게 하기 위한 수단이라기 보다는 이벤트용이었다. 브랜드가 임시 매장을 어떻게 강력한 성장 도구로 사용하는지 알아보기 위해 임시 매장의 성격을 살펴보자.

- 희소성을 돋보이게 하는 수단: 많은 럭셔리 브랜드들이 희소성을 추구하고 있다. 지난 10년 동안 그들이 매장 수를 늘리고 고객층을 넓히는 동안 브랜드

의 가치가 다소 퇴색되었다. 그리하여 럭셔리의 기본요소인 희소성을 상실했지만, 가격 정책과 이미지 강화를 통해서 자신들의 가치를 충분히 유지할 수 있다고 믿었다. 팝업 스토어는 희소성을 다시 창조해낼 수 있는 방법이다. 특별한 컬렉션을 한시적으로 판매하는 매장이기 때문이다. 이런 특성을 가장 잘 이해하는 브랜드는 루이비통이다. 꼼 데 가르송과 협업으로 오픈한 임시 매장은 이런 전략을 가장 잘 보여주는 예다. 도쿄에서 9월 4일에서 12월 중순까지 오픈한 임시 매장에서 루이비통은 6종류의 리미티드 에디션 백을 선보였다.

• 한 번도 진출한 적이 없는 도시에 욕망을 불러일으키는 수단: 꼼 데 가르송의 게릴라 매장과 타깃이 2009년에 운영한 불스 아이 바자르Bulls-Eye Bazaar라고 불리던 임시 매장이 여기에 해당한다. 타깃의 임시 매장은 뉴욕이나 시카고와 같은 몇몇 대도시에서는 볼 수 없던 매장으로, 시크 앤 칩chic and cheap는 개념을 바탕으로 럭셔리 업계의 희소성 개념을 빌려와 유명 디자이너가 만든 한정판 제품을 저렴한 가격에 판매했다.

• 새로운 비즈니스 콘셉트를 시험해 볼 수 있는 수단: 프록터 앤 갬블(이하 P&G)이 캐나다에 이동식 임시 매장인 룩 팹 스튜디오Look Fab Studio를 시도한 사례가 여기에 해당한다. P&G의 모든 뷰티 제품들(팬틴Pantene, 커버 걸 Cover Girl, 올레이Olay, 나이스 앤 이지Nice and Easy, 크레스트 앤 비너스Crest and Venus 등)을 한 공간에 모았고, 매장에서는 전문 스타일리스트들이 스킨케어에 관한 조언이나 헤어 컬러링, 미니 트리트먼트 서비스 등을 제공한다. 모든 서비스는 무료였고 제품도 판매용이 아니었지만, P&G의 모든 뷰티 제품이 처음으로 한 지붕 아래에 선보인 것이다. 이는 어쩌면 향후 P&G 매장의 모습이 어떠할지 보여주는 일종의 '매장 미리 보기'였을 수도 있다.

• 신제품을 출시하는 수단: 가장 흔한 경우에 해당하지만, 우리가 보기에는 가

장 흥미롭지 않은 경우다. 브랜드 본사는 신상품을 소개하기 위해 프레스 컨퍼런스나 소셜 이벤트를 여는 대신 고객들이 신제품을 직접 둘러볼 수 있는 임시 매장을 오픈한다. 갭은 2009년 4월에 1969 프리미엄 데님 진1969 Premium Denim Jenas 라인을 런칭하며 샌프란시스코에서 5개월 동안 팝업 스토어를 열었다. 글라소Glaceau도 같은 방법으로 뉴욕에서 10일 동안 팝업 스토어를 열어 비타민 워터10VitaminWater10의 런칭 행사를 진행했다.

사람들이 팝업 매장을 방문하는 이유는 무엇일까? 표 13.2는 중국의 경우를 보여주는데, 사람들이 즐거운 시간을 보내고자 하는 충동에서 매장에 들어온다. 중국 사람들은 아마 쇼핑을 오락으로 여기는 것 같다. 표에서 보면 중국 여성은 일주일에 평균 9.3시간을 사용하고 있다.

중국에서는 종종 친구들끼리 서로 전화를 걸어 "(패션) 매장이나 구경하러 가자"고 말한다. 쇼핑의 '오락적인' 측면은 다른 나라에서도 볼 수는 있지만, 중국보다는 덜하다. 이 점을 생각한다면, 중국에서 팝업 스토어를 여는 것은 훌륭한 아이디어 같다.

에르메스의 사례도 다루어 볼 만하다. 그들은 2010년 5월부터 12월까지 파리에서 팝업 스토어를 열었는데, 이 기간 고객들은 가죽 전문 장인이 매장 쇼윈도에 세팅된 테이블에서 작업 과정을 시연하는 모습을 볼 수 있었다.

수준 높은 오락적 요소들이 선보이면, 여러 신문이 흥미로운 기사를 실어 자연스럽게 홍보가 되고, 이는 높은 매출로 이어지는 등 팝업 스토어는 하나의 중요한 성장 동력이 될 수 있다. 그리하여 팝업 스토어는 미디어와 고객 모두의 마음에 가장 먼저 떠오르는데, 파리의 '르 자르뎅 르트루베 익스피어런스 스토어'(매우 규격화된 세계의 퍼퓸 시장에서는 아주 독특한 콘셉트로 여겨지며 아티스트인 클라라 페데Clara Feder가 만들었다)가 오픈한 후 몇 주 동안 매장을 방문한 사람마다 "여기는 팝업 스토어에요?"라고 물었다.

표 13.2 쇼핑과 오락

	주당 쇼핑 시간	매주 방문한 부티크 수
중국	9.3	4.6
미국	3.6	3.1
프랑스	3.0	2.5

출처: 2009년 11월자 <상하이 데일리>, 슈발리에와 루(2009)의 보고서

| 매출 증가가 주요 목표인 경우

매장의 유형을 변경하려 할 때, 매장의 주목적은 수익성이라는 것을 잊지 말아야 한다. 경영진은 브랜드의 장점을 살릴 수 있는 규모의 이상적인 매장과, 디테일하고 효과가 입증된 마케팅 접근 방식을 심사숙고해야 한다. 액세서리는 기성복과 함께 진열해야 할까? 아니면 따로 진열하는 것이 좋을까? 넥타이는 정장 근처에 두면 더 잘 팔릴까? 아니면 와이셔츠 근처에 두면 더 잘 팔릴까? 신발을 놓아둘 공간을 따로 마련해야 할까?

수도가 아닌 제2의 도시에 있는 매장은 파리나 밀라노의 플래그십 스토어와는 아마도 다른 모습일 것이고, 사람들은 브랜드들이 어디에서나 적용 가능한 일련의 긍정적인 상업적 관행을 따르고 있다는 것을 잊어버리는 경향이 있다.

코치는 팩토리 아웃렛을 이용해 신제품이 사이즈별, 컬러별로 얼마나 고객들에게 어필하는지 빠르게 평가한 후에 최종적으로 완성된 제품을 고급스

러운 부티크에 진열한다. 이 아이디어가 흥미롭지 않은 것은 아니다. 전통적인 매장에서 매출을 키우고 고객 만족도를 향상하고자 할인 아웃렛을 테스트 매장으로 활용해 다양한 머천다이징 도구의 영향력을 측정하고 이상적인 제품 진열 방식을 찾는 것이다.

한 도시에 매장은 얼마나 있어야 할까?

각 브랜드가 현재 있는 곳과 진출하려는 곳 사이에 균형을 고려해 특정 도시에 매장이 얼마나 있어야 이상적인지를 결정할 수 있어야 한다.

객관적으로 본다면, 어느 한 도시에 플래그십 스토어나 메가 스토어를 가지고 있는 경우, 두 번째 매장을 여는 것에 주저할 때가 많다. 세일즈 팀은 아마도 플래그십 스토어가 최대한 기능하기를 바라며, 두 번째 매장을 바로 열어야 하는 위험은 떠안고 싶지 않을 것이다. 에르메스는 파리에서 오랫동안 플래그십 스토어 하나와 센 강 좌안에 있는 힐튼 호텔 안의 작은 매장, 그리고 모자 브랜드인 샤뽀 모쉬Chapeaux Motsch와 함께 사용하는 조르주 생끄 거리 Avenue George V의 매장 하나만을 가지고 있었다. 반면, 살바토레 페라가모는 파리에 10개 이상의 매장을 운영하고 있었다. 아마도 에르메스는 자신들이 파리에서 거둘 수 있는 매출액을 과소평가했을 수 있다. 현재 에르메스는 세브르 거리Rue de Sèvres에 두 번째 매장, 조르주 생끄 거리에 세 번째 매장을 운영하고 있다. 루이비통은 여러 해 동안 상하이에 메가 스토어 하나만을 가지고 있었고 베이징에 세 개의 매장을 가지고 있었다. 이후 상하이에 두 개의 매장을 오픈하고 베이징에 세 개의 매장을 추가로 오픈해 2018년에는 상하이에 총 세 개, 베이징에서는 여섯 개의 매장을 운영하고 있다. 플래그십 스토어가 강력한 고객 유인력 발휘하면 두 번째 매장의 필요성은 줄어들지만, 주요 도시의 고급 상업지역과 근린지역에 매장이 있다면 고급스러움을 더할 수 있다.

이제 최고의 입지나 특별한 장소에 위치한 단일 매장에서 멀티 매장으로 넘어가려 하기 때문에, 도시의 다양한 입지 조건의 잠재성을 체계적으로 분석해 보려고 한다.

매장은 숭배의 장소 또는 성지가 되어야 한다

미국 패션 디자이너 도나 캐런Donna Karan의 말로 충분히 설명할 수 있다. 그녀는 매장의 모던함과 관능미, 그리고 연극성theatricality에 관하여 말한다. 럭셔리 매장이 단지 제품이 진열되고 판매되는 장소가 아닌 그 이상의 의미가 있어야 한다는 것이다.

사실, 관리가 잘 된 럭셔리 매장에서는 제품 발표나 특별한 행사가 열린다. 매장의 벽에는 유명 아티스트가 해당 브랜드의 제품을 들고 있는 모습의 광고나 사진이 걸려 있어야 하고, 매장에서 흘러나오는 음악은 브랜드의 탄생 스토리를 들려줘야 한다. 때로는 제품에 사용된 가죽에서 배어 나오거나 브랜드가 매장에 사용하는 독특한 향이 브랜드를 만든 디자이너 또는 스타의 이미지를 드높이는 듯한 일종의 '신성함'을 풍기기도 한다.

특별한 부티크 매장이나 좀 더 전통적인 매장 모두를 포함하는 리테일 매장에 관한 설명을 끝내기 전에 파리 샹젤리제 거리에 있는 세포라 매장을 살펴보자. 세포라는 2018년에 1억 5천만 유로의 매출을 달성한 거대한 매장이지만, 단순한 매장이 아닌 만남의 장소이기도 하다. 토요일에는 평균 2만 명이 방문하고, 월요일에도 9천 명이나 방문한다. 사람들이 세포라 매장 옆 영화관에 가려면 보통 세포라에서 만나기로 약속한다. 고객 1인당 평균 매출은 100유로로 매우 높다. 사람들의 만남의 장소로 이용되기 때문에, 토요일과 일요일에는 구매 고객들의 비율은 매우 낮지만(구매전환율은 23%, 구매 건수로는 4,600건에 해당), 월요일에는 그 비율이 훨씬 높다. (방문객의 33%가 구매를 하고, 구매 건수는 3,000건 정도이다.) 이런 규모의 매장을 운영한다는 것은 단지 제품을 팔고 현금을 취급하는 일만은 아니다. 매장이 하나의 성지이자 샹젤리제 거리 최고의 만남의 장소라는 이미지를 굳힌 것이다. 이를 위해서 매장은 고객이 그곳을 특별한 장소라고 여길 수 있도록 특별한 이벤트를 기획할 필요도 있다.

외국에 매장을 연다면 어느 도시에?

럭셔리 제품의 특별한 점은 고객들이 그들이 사는 나라에서 구입할 수도 있고 해외에서도 구입 가능하다는 점이다. 일본인 고객이 뉴욕에서 에르메스 넥타이를 사는 데 아무 문제가 없고, 프랑스인이 독일에서 이탈리아 향수를 살 수 있으며, 스웨덴 사람이 스페인의 카나리아 제도에서 휴가를 보내며 프랑스 향수를 살 수도 있다. 이런 개인의 행동 접근방식으로 볼 때, 럭셔리 브랜드에 대한 신뢰가 계속 유지되려면, 전 세계의 거의 모든 나라에서 제품을 구입할 수 있어야 한다.

어떤 럭셔리 브랜드 제품을 미국과 일본 그리고 프랑스에서는 구입할 수 없다면, 브랜드가 고객을 유인하는 힘은 약해질 것이다. 스페인 고객들은 주얼리 제품을 구입하고자 한다면 수아레스Suarez 매장보다는 까르띠에나 불가리를 선호한다. 수아레스는 스페인에서는 유명하지만, 뉴욕이나 독일에서는 거의 알려지지 않아 외국인 친구들에게는 관심을 끌 수가 없음을 알기 때문이다. 그러므로 어떤 럭셔리 브랜드라도 특정지역에 머물러 있을 수만은 없다. 세계로 나가야 한다. 신규 브랜드라면 처음에는 특정 지역만을 대상으로 영업을 하겠지만, 언젠가는 해외에서도 브랜드를 전개하려는 계획이 있다는 것을 분명히 보여줘야 한다.

럭셔리 브랜드는 세계 어느 곳에 매장을 열었을까? 리처드 엘리스Richard Ellis는 부동산 전문 컨설팅 기업인 CBRE의 세계의 다양한 수도에 진출한 럭셔리 브랜드에 관한 한 연구에서 이 문제를 살펴보았다. 연구 결과는 표 13.3에 나타나 있다.

표 13.3 전 세계 여러 도시의 럭셔리 브랜드 비율

1	상하이	87%
2	두바이	83%
3	런던	83%
4	홍콩	81%
5	도쿄	79%
6	싱가포르	75%
7	뉴욕	73%
8	타이베이	73%
9	모스코바	73%
10	베이징	71%
11	파리	71%
12	서울	69%
13	라스베이거스	67%
14	청두	67%
15	타이중	67%
16	밀라노	67%

17	나고야	67%
18	고베	65%

출처: 엘리스(2018)의 보고서

이 표엔 몇 가지 놀라운 점이 나타나 있다. 매장이 있는 18개의 도시 중 11개의 도시가 아시아에 있지만, 미국에는 라스베이거스를 포함하여 2개뿐이다. 두 번째 놀라운 것은 11개의 아시아 도시 중 3개가 일본에 있고(오사카의 부재를 나고야와 코베에서 보충하고 있다), 2개가 타이완에 있지만, 중국 본토에는 청두를 포함하여 3곳뿐 이다.

좀 의외의 결과처럼 느껴지지만, 이는 지금의 상황을 분명하게 보여주고 있다. 18개 도시 중 여러 도시에서 매장을 운영하는 브랜드 매니저에게는 이 중 어느 도시가 가장 높은 비율을 차지하고 있는지 아는 것도 흥미로울 것이다. 이 표보다 더욱 명확한 그림을 얻으려면 표 13.4를 같이 살펴보자. 표 13.4는 브랜드 본사의 임원들에게 세계에서 가장 '매력적인' 도시를 물어본 결과이다.

표 13.4 매장을 열기에 가장 매력적인 도시들

1	런던
2	홍콩
3	파리
4	도쿄
5	뉴욕
6	상하이
7	싱가포르
8	두바이

9	베이징
10	오사카
11	타이베이

출처: 존스 랭 라살의 데이터(2016년)

표 13.5 전 세계 3대 쇼핑 거리에 있는 브랜드의 탄생국가 비율

	런던 본드 스트리트	뉴욕 매디슨 애비뉴	홍콩 캔톤 스트리트
이탈리아	19%	27%	15%
프랑스	14%	20%	17%
영국	30%	12%	7%
미국	6%	28%	–
스위스	16%	4%	13%
중국	–	–	27%
기타 국가	5%	9%	21%
	100%	100%	100%

출처: 엘리스(2018)의 보고서

이 도시가 아닌 저 도시에 매장을 열기로 했다면 그 이유와 기준은 무엇일까? 이는 브랜드가 어디에서 탄생했느냐에 따라 다르다. CBRE는 럭셔리로 유명한 세 개의 거리에서 볼 수 있는 브랜드들의 국적에 대해 조사했다. (파리나 밀라노를 포함하지 않다니!) 연구 결과는 표 13.5에 나타나 있다

표 13.5를 보면 이탈리아와 프랑스 브랜드의 입지가 눈에 띄지만, 도시에 따라 브랜드 국적도 다르다는 것을 알 수 있다. 뉴욕과 런던에는 이탈리아 브랜드가 프랑스 브랜드보다 많지만, 홍콩에는 비슷한 수준이다. 홍콩에서는 중국 브랜드의 진출이 눈에 띈다. 존스 랭 라살Jones Lang LaSalle의 또 다른 연구에

서는 몇몇 아시아 도시의 관광객 수를 표로 보여주고 있다. (표 13.6)

표 13.6 2017년 아시아 주요 도시를 찾은 관광객의 수(단위: 백만 명)

	외국인 관광객	내국인 관광객
뭄바이 (봄베이)	4.4	
홍콩	56.7	
마카오	30.9	
멜버른	2.6	8.8
뉴델리	2.4	
오사카	9.4	
베이징	4.2	171.1
서울	13.5	
상하이	8.0	139.2
싱가포르	16.4	
시드니	3.6	9.2
타이베이	10.6	
도쿄	13.1	

출처: 존스 랭 라살의 데이터(2016년)

그렇다면, 럭셔리 브랜드는 반드시 전 세계에 진출해야 하나? 전적으로 그
렇다. 하지만 여러 다른 문제에서도 그러하듯이, 신중해야 한다는 표현이 적
절할 것이다.

이 표에서는 베이징(1억 7,100만 명)과 상하이(1억 3,900만 명)를 방문하는
중국인이 정말 많고, 홍콩(외국인 관광객 5,700만 명의 상당수는 중국인)과 마카
오(3,100만 명의 상당수는 중국인)를 방문하는 중국인도 많다는 것을 알 수 있
다. 그뿐만 아니라 싱가포르가 관광객들을 많이 끌어들이고 있다는 사실도 알

수 있다. (1,600만 명, 1,300만 명이 찾는 도쿄나 서울보다 많다.)

매일 베이징이나 상하이, 또는 홍콩을 찾는 중국 관광객 중에는 사업이나 업무상 출장 때문에 방문하는 경우도 있을 것이고, 또 관광과 쇼핑을 위해 방문하는 진정한 의미의 관광객도 있을 것이다. 이들이 방문하는 매장에서 이들이 기대하는 바를 충족시키는 것은 중요하다.

중국의 경우

럭셔리 산업에서 중국의 역할은 독특하다. 중국은 중요한 시장이기 때문에 특별히 주의 할 필요가 있다. 그러므로 우리는 루카 솔카Luca Solca가 만든 표를 다시 살펴보면서, 2018년 초, 중국의 주요 도시에 위치한 럭셔리 브랜드들을 따라 살펴보려 한다.

표 13.7 중국내 주요 매장의 위치

	베이징	상하이	항저우	선양	기타	전체
베르사체	9	7	1	2	32	51
몽클레르	5	4	1	2	15	27
돌체 앤 가바나	8	7	3	3	26	47
제냐	13	9	3	3	53	80
지방시	4	4	2	2	7	19
토즈	3	5	3	3	23	37
페라가모	8	8	5	4	50	75
불가리	6	5	1	2	20	32
알렉산더 맥퀸	2	2	1	–	3	8
조르지오 아르마니	4	2	2	2	14	24
미우 미우	5	4	1	1	14	25
버버리	6	7	2	3	39	57

보테가 베네타	9	4	2	3	21	39
로로 피아나	5	3	1	1	7	17
발렌티노	7	4	2	1	9	23
구찌	6	7	2	2	40	57
생로랑	7	3	2	-	9	21
프라다	4	6	2	2	23	37
루부탱	4	3	1	1	1	10
루이비통	6	3	4	3	25	41
에르메스	5	4	2	1	13	25
전체	128	88	47	40	449	752

출처: 솔카(2018)의 데이터

베이징은 전체 럭셔리 매장의 17%가 자리하고 있어 중국에서 제일 많은 럭셔리 매장이 위치한 도시이다. 전체 매장의 12%가 자리 잡고 있는 상하이보다 훨씬 앞서는 시장이다. 세 번째, 네 번째 도시는 이보다는 덜 알려진 선전Shenzhen과 광저우Guangzhou이다. 이 두 도시는 관세가 없는 홍콩에서 가까워 당연히 홍콩의 영향을 받았는데, 중국에서는 관세와 사치세를 납부해야 한다. 중국에 진출하려면 포괄적이고 더 발전된 고비용의 성장 계획이 필요한 것은 분명하다. 럭셔리 제품 소비자들이 적어도 십여 개 이상의 도시에 퍼져 있기 때문에 중국 전역에서 브랜드 인지도를 높이기 위해 많은 홍보 예산이 필요하다는 것도 고려해야 한다.

사실 중국에 존재하는 수백 개의 3선이나 4선, 심지어 5선 도시에서도 충분한 서비스를 누리고 싶어하는 부유한 소비자들이 있음을 잊지 말아야 한다. 이들 도시는 럭셔리 브랜드들이 개척해야 할 새로운 영역이다.

진출할 도시를 선택하는 기준은 무엇인가?

마지막으로, 가장 타당한 입지를 분석하기 위한 목적으로 존스 랭 라살 (JLL, 2016)은 매장에 투자할 때 발생할 수 있는 위험을 바탕으로 여러 나라의 안정성을 측정할 수 있는 투명성 지수를 만들었다. 이는 잠재적 사업자의 재무적 투자에 대한 다양한 위험 수준과 안정성 수준을 점검할 수 있다.

존스 랭 라살의 투명성 지수는 아래 5가지 기준을 바탕으로 한다.

- 투자 성과 지수의 가용성

- 주요 시장 데이터의 가용성

- 정부의 규제와 의무사항, 재무 정보 공개

- 규정을 비롯한 법적 요소

- 직업 윤리

글로벌 사업자가 타국에서 매장에 투자하려면, 매장의 가치에 관한 확신이 있어야 하고, 후에 적정 가격에 다시 팔 수 있어야 하며, 현지에서 안전한 자금 조달 방법을 찾을 수 있고, 사업을 운영하는 데 있어 법과 규제가 모두에게 투명해 불쾌한 일이 갑자기 벌어지는 일은 없어야 한다는 것이 전제돼야 한다.

표 13.8은 여러 나라의 투명성 지수를 나타낸 표인데, 투명성 지수가 가장 높은 9개 나라가 첫 번째 열에 열거되어 있다. 독일, 이탈리아, 스위스와 일본이 두 번째 열에 속한다는 것이 흥미롭다. 이들 나라의 상업용 부동산 상황은 기대하는 것만큼 항상 투명한 것은 아니기 때문이다.

투명성이 '낮거나 불투명한' 그룹에는 중국의 2선 도시들과 알제리와 시리아가 포함되어 있다.

표 13.8 상업 활동 투명성 지수

매우 투명	투명	어느 정도 투명	투명하지 않은 편이거나 매우 불투명
1. 캐나다	10. 아일랜드	29. 러시아 (1선 도시)	65. 중국 (2선 도시)
2. 호주	11. 홍콩	34. 러시아 (1선 도시)	77. 베트남
3. 미국	12. 싱가포르	44. 한국	79. 캄보디아
4. 뉴질랜드	13. 핀란드	49. 중국 (1선 도시)	81. 알제리
5. 영국	14. 독일	50. 인도 (1선 도시)	81. 시리아
6. 네덜란드	15. 덴마크		
7. 프랑스	16. 스페인		
8. 스웨덴	17. 오스트리아		
9. 벨기에	18. 노르웨이		
	19. 이탈리아		
	20. 스위스		
	21. 남아프리카공화국		
	22. 포르투갈		
	23. 말레이시아		
	24. 체코		
	25. 폴란드		
	26. 일본		

출처: 존스 랭 라살의 데이터(2009년)

하지만, 존스 랭 라살은 한발 더 나아가, 어느 한 국가를 겨냥하는 대신 투명성 지수는 1인당 GDP, 특정 시점에서의 부패 수준, 전반적인 경제 전망 등과 연관성이 있다고 설명한다. 여기서 요점은 국가의 민주주의 수준이 향상되고, 정치적으로 안정될수록, 국가의 투명성이 높아지고, 외국 기업이 신뢰를 갖고 현지 상업용 부동산에 투자하기가 더 쉬워진다는 것이다. 하지만, 가장 흥미로운 점은 존스 랭 라살이 비슷한 수준의 경제와 민주주의 발전을 이룬 나라라고 하더라도, 어떤 나라는 다른 나라에 비해 투자하려는 외국 기업에 덜 안전하고 덜 투명한데, 그 이유가 무엇인지 설명하고 있다는 점이다.

그렇다면, 럭셔리 브랜드는 국제적이어야만 할까? 물어볼 필요도 없이, 그렇다. 그러나 모든 것이 그러하듯, 국제화도 조심스럽게 추진할 필요가 있다.

상업지역 분석

먼저 경제적 분석을 시작으로 지리적 분석에 관하여 살펴본 후, 이러한 분석 도구를 럭셔리 매장에 시험 삼아 적용해 보면서 이야기를 마무리 지으려 한다.

| 경제 분석

오늘날, 슈퍼마켓도 입지를 선정하려면 구매력이나 상권의 적합성, 사업의 성장 가능성과 같은 항목을 신중하게 검토한다. 헬리콥터를 타고 조사할 수 있다면, 교통량, 신호등, 병목현상, 특정 토지나 쇼핑센터의 출입구까지도 조사할 수 있을 것이다. 재무적 이해관계가 걸려있기 때문에 이 정도의 철저한 검토는 당연히 필요하다. 그 후, 전문 컨설팅 업체에 재무 분석을 의뢰한다. 오늘날의 재무 분석은 매우 정밀한 데이터를 사용한다. 어느 브랜드의 총괄 책임자 한 사람이 우리에게 이런 말을 한 적이 있다. 서울의 80개의 매장을 관리하고 있던 그는 유럽에 있는 본사가 서울에 현장 답사팀을 보내지고 않고도, 81번째 매장의 위치를 선정할 수 있었다고 한다.

오늘날 전 세계 거의 모든 근린 지역의 평균 구매력은 아래 요소들을 이용해 알 수 있다.

- 도시의 블록별 소득
- 지역별 휴대 전화 수
- 신용 카드 보유 수 및 연체된 신용 카드 비율
- 해당 지역 내 절도 및 무단 침입 건수

따라서 구매력 관련 지수와 해당 지역 내 소매 판매량 통계에 근거하여 상업 지역의 적합성을 판단할 수 있다. 이 방법을 이용해 다음을 계산할 수 있다.

– 순 시장 거래 옹호도net market trade advocacy. 매장이 드문 지역도 고려한다.
– 매장의 포화도. 상권의 소비자 수에 평균 지출을 곱한 후 판매 면적(㎡)으로 나눈 비율. 이러한 지수를 이용하면 전 세계의 특정 상권의 ㎡ 당 예상 매출을 추정해 볼 수 있다.

이런 지표들을 해당 지역의 경제 동향, 매출 전망, 해당 카테고리 내 매출 증가에 따른 민감도를 고려하여 상업적 성장 가능성과 비교해 보아야 한다.

| 지리적 분석

경제 관련 데이터의 분석이 끝났다면, 그 결과를 이제 기본적인 지리적 분석과 비교 해 보아야 한다. 각 상권마다 고유한 특징이 있기 마련이고 그 특징에 따라 상권의 모습도 다양하다. 예를 들자면, 대형 가구매장이 들어설 수도 있고, 대형 슈퍼마켓이나 대형 쇼핑센터 등 다양한 상업시설이 들어설 수 있다. 각 도시마다 주민들이 이동 시 나타나는 행동 패턴도 주목해야 한다.

예를 들어서 쇼핑하러 가는 길에 강이나 고속도로처럼 횡단하기 어려운 장애물이 있는지 살펴보아야 한다. 실제로 거리상으로는 가깝더라도 이런 장애물을 건너야 한다면, 차라리 멀더라도 이런 장애물의 방해가 없는 것이 낫다. 홍콩에서는 (홍콩섬, 란타우섬 등) 섬에 거주하는 주민은 쇼핑하려 할 때 일반적으로 반도 쪽, 즉 구룡반도로는 가지 않으려 한다. 지하철을 타고 쉽게 해협을 건널 수 있는데도 말이다. 파리에서는 센 강 좌안에 사는 사람은 좌안에서 쇼핑하는 경향이 있고, 우안에 사는 사람들도 센 강을 건너려 하지 않는다. 물론 직장이나 학교에 가기 위해서는 건너가겠지만, 단지 쇼핑을 위해서는 건너려 하지 않는다. 왜 그럴까? 아무도 이런 행동의 원인을 속 시원하게 설명하지는 못한다.

철길도 심리적 장벽으로 작용하는데, 특히 철길이 지상에 있는 경우 그러하다. 하지만, 일본의 경우에서 보듯이, 기차역은 여행객뿐만 아니라 기차를 타지 않는 사람도 끌어 모은다.

거리에서는 어느 쪽이 가장 좋을까? 북반구에서는 길이 동쪽에서 서쪽으로 나 있다면, 길을 중심으로 북측의 상점을 선호하는 경향이 확연한데, 그 이유는 북측 상점은 남향 건물이어서 해가 더 잘 드는 반면, 남측 상점은 그 반대이기 때문이다. 물론 거리가 매우 좁고 건물들이 높으면 이런 구분은 큰 의미가 없어진다. 하지만 파리의 샹젤리제 거리를 보면 북측 인도를 걷는 사람이 남측에서 걷는 사람보다 3배나 더 많다. 그러면 임대료는 남측이 더 낮을까? 부동산 중개업자에 따르면 반드시 그런 것은 아니지만 평균적으로 남측이 30% 정도 저렴하다고 한다. 그러므로 남측에는 고객들에게 다양한 흥밋거리를 제공하는 '데스티네이션 스토어'를 여는 방안을 고려할 수 있다. 그러나 잠재 유동인구가 많아야 유리한 패스트푸드나 아이스크림 가게, 또는 편의점들을 남쪽에 여는 것은 적절한 투자가 아닐 수 있다. 남쪽에서 북쪽으로 뻗은 길은 동측이 선호되는데, 사람들이 쇼핑을 주로 하는 오후 시간에 햇빛을 받기 때문이다.

마드리드나 싱가포르와 같이 기후가 매우 따뜻한 도시들은 어떨까? 이런 도시에서는 사람들이 그늘에서 걷는 것을 선호하지만 꼭 그런 것만은 아니다. 이유는 런던이나 도쿄에서도 볼 수 있듯이, 북측에 있는 상점은 남쪽에서 비추는 햇빛을 받아서 매장이 더 매력적인 인상을 주기 때문이다.

매장이 도로의 어느 편에 위치하는가 하는 것이 그렇게 중요한 것일까? 파리의 샹젤리제 거리를 보면 확실히 그렇다. 고객 유인력이 높지 않은 매장이 남측에 있다면, 북측에 있었을 때보다 3배나 적은 고객들이 매장에 들어온다. 이점은 그 자체로 중요한데, 방금 언급했듯이, 샹젤리제 남측의 임대료는 북측보다 3배나 저렴하지는 않기 때문이다.

클러스터

어느 도시에서든 상업지역은 경제 분석과 상거래 분석의 함수로 결정되는 클러스터의 합이다. 작은 마을에서는 두 개의 슈퍼마켓의 상권이 겹칠 수도 있지만, 주얼리 매장이 한 개뿐이라면 양쪽 슈퍼마켓 고객들을 상대로 이익을 볼 수 있다.

고객들이 구매 할 때마다 이들이 어디에 사는지 알아 두는 것은 중요하다. 고객이 수표로 지불한다면, 이들의 주소를 쉽게 얻을 수 있다. 카드로 결제한다면, 고객의 신원 확인이 필요 없기 때문에, 고객의 정보를 얻기가 좀 더 어렵다. 고객의 정보를 얻고 싶다면 고객이 매장에서 나갈 때 고객 표본 그룹에 설문조사를 하는 방법이 있다. 고객의 정보를 어떤 방식으로 얻든지, 전체 고객 중 매장으로부터 5, 10, 20분 또는 그 이상의 거리에 사는 고객의 비율이 어느 정도인지 파악하는 것은 중요하다. 이 데이터는 매장의 홍보 방향을 결정하는 데 매우 중요하다. 같은 도시에 두 번째 매장을 오픈하려는 경우에도 매우 도움이 될 수 있다.

| 라일리의 법칙

윌리엄 J. 라일리William J. Reilly의 법칙은 1929년으로 거슬러 올라가지만, 두 개의 도시에 두 개의 비슷한 매장이 가지는 풀링 파워pulling power를 측정하거나 같은 상업 지역 내 여러 경쟁 매장의 영향력을 측정하는 유일한 방법으로 여겨진다.

라일리의 제1 법칙

라일리의 제1법칙은 사람들이 쇼핑하는 것을 선호하는 A와 B라는 두 도시 사이의 균형지점을 결정하는 데 도움이 되며 다음과 같은 공식으로 계산할 수 있다.

$$\text{동일한 확률 지점} = \frac{\text{A와 B 사이의 거리}}{1+\sqrt{\text{A의 인구 / B의 인구}}}$$

사실, 라일리는 인구에 따른 각 도시의 고객 유인력을 측정했다.

만약 A시와 B시 사이의 거리가 100㎞이고, A시의 주민은 4만 명인 데 반해 B시의 주민은 1만 명이라고 가정한다면 균형점은 B시로부터 33.3㎞쯤 떨어진 지점이다.

이 공식과 법칙에 따르면 B시보다 4배 더 큰 A시에서 65㎞ 떨어진 곳에 사는 사람은 A시로 쇼핑하러 가는 것을 선호할 것이다. B시에서 33.3㎞ 이내에 사는 사람들만이 도시 B시로 쇼핑을 갈 것이다.

이 법칙은 지금도 유효하지만, 거리뿐만 아니라 이동 시간과 위에서 설명한 여러 장애물도 고려하여 보정되었다. 또한, 몇몇 경우에는 각 도시의 인구 비율이 아닌 소매 판매량의 비율을 사용하는 변형된 공식을 사용하기도 한다.

소매 판매량은 도시의 유인력을 보여주는 매우 좋은 지표이지만, 사람들은 패션이나 기타 제품 판매에 활용되는 ㎡ 단위의 매장 면적을 측정기준으로 사용하는 것을 훨씬 더 선호한다.

라일리의 제2법칙

라일리의 제2법칙은 같은 지역에 있는 비슷한 매장의 입지에 관한 것인데, 럭셔리 브랜드에 적용하는 데 적합하다. 이 경우 각기 다른 브랜드의 매장은 서로에게 도움이 되는 존재일까? 아니면 해를 끼치는 존재일까? 앞서 우리는 유명 브랜드를 유치하기 위해 기꺼이 임대료를 깎아주는 중국의 부동산 개발업체의 사례를 언급했다. 이는 강력한 브랜드가 있으면 고객을 끌어들일 수 있고, 고객은 다른 덜 유명한 브랜드도 구매하게 될 것이라고 시장에서 믿고 있다는 것을 보여준다.

그러나 업종에 따라 오히려 방해가 되는 경우도 많다. 예를 들어, 웨딩드레스를 파는 매장 주변에 주유소나 퇴폐 영업을 하는 나이트클럽이 있는 경우이다. 고급스러움과 위치도 중요하지만, 주변 상권이 매장을 드나드는 고객들의 기분에 어떤 영향을 미치는가 하는 것도 중요하다. 구찌 매장 옆에 패스트푸드 체인점이 있다면, 구찌 매장에 들어가는 고객의 기분에 부정적인 영향을

럭셔리 리테일 매니지먼트

끼칠 것이다. (여기가 정말 구찌에 어울리는 고급스러운 곳인가?)

월리엄 라일리는 인근에 있는 두 개의 매장이 끼치는 긍정적이거나 부정적인 영향을 다음 세 가지 기준에 따라 평가했다.

- 매장 A와 B의 판매량: 이는 라일리 제1 법칙의 두 도시의 규모에 따른 관계를 연상시킨다. 매출액이 많을수록 매장의 고객 유인력이 크다는 것은 분명하다. 사실, 매출액보다는 각 매장의 결제 건수를 살펴보는 것이 더 흥미로울 것이다. 매출은 높지만, 일 고객 수는 매우 적은 주얼리 매장은 넥타이나 장갑을 판매하는 직원이 그날의 목표 매출을 달성하는 데 필요한 고객의 수만큼 고객을 유인하지는 못한다. 그러므로 매출액을 비교하는 것은 비슷한 종류의 상품을 판매하는 두 개의 매장을 비교하는 데 적합하다.

- 의도적 구매 개념: 이는 각 브랜드의 고객 유인력 개념을 상기시킨다. A와 B, 각 브랜드에 대하여, 제품을 구매한 전체 고객의 수와 처음부터 구매할 목적을 가지고 구매한 고객 수 사이의 비율을 파악한다. 목적을 가지고 구매한 고객의 비중이 높다면, 그 브랜드는 고객의 '목적지' 브랜드로서의 역할을 하는 것이 분명하고, 그 브랜드 매장의 존재는 주변의 다른 브랜드의 매출에도 도움을 준다는 의미이다. 반대로 이 비율이 낮다면, 브랜드의 자체적인 매출 창출 능력은 낮고, 주변의 다른 브랜드에 의존하고 있으며, 말하자면 다른 브랜드 매장의 고객 유인력의 덕을 보고 있음을 의미한다. 우리가 중국 럭셔리 쇼핑센터 개발업체에 조언해 줄 수 있다면, 각 브랜드의 의도적 구매 비율을 계산하고 이 수치에 따라 임대료를 조정하라는 것이다. 이는 당연하고, 매출액이 높은 브랜드에게는 여전히 유리할 것이다.

- 고객의 교차 정도: 두 브랜드가 매우 양립 가능하거나(고객의 10~20%가 두 브랜드 공통 고객이다), 적당히 양립 가능하거나(5~10% 고객이 공통고객),

조금 양립 가능할(1~5%) 때에는 양수(+)의 계수가 나온다. 매장이 서로 양립할 수 없거나 서로를 방해한다면 계수는 음수(-)다.

윌리엄 J. 라일리는 두 개의 경쟁 매장이 아래의 관계에 있을 때 매출 증가에 긍정적인 영향을 준다고 말하고 있다. 즉, 각 브랜드의 매출 증가는

– 공통 고객의 수와 정비례한다.

– 판매량과는 반비례이다.

– 의도적 구매 비율의 합과 비례한다.

이 관계는 아래와 같은 공식으로 설명할 수 있다.

$$V = I(V_\mathrm{L} + V_\mathrm{S}) \times \frac{V_\mathrm{S}}{V_\mathrm{L}} \times (P_\mathrm{L} + P_\mathrm{S})$$

여기서 VL과 VS는 매장의 매출액(많은 매장은 L, 적은 매장은 S), I는 양립이 가능한 고객 비율, PL과 PS는 의도적 구매 비율이다.

예를 들어, 아래와 같이 가정하면,

VL = €5,000,000

PL = 90%

VS = €3,000,000

PS = 30%

I = 25%

결과는 다음과 같다.

$$I(VL + VS) = 0.25(5{,}000{,}000 + 3{,}000{,}000) = €2{,}000{,}000$$

여기에 판매량 비율을 역으로 곱해야 한다.

$$I(V_L + V_S) \times \frac{V_S}{V_L} = 2{,}000{,}000 \times \frac{3{,}000{,}000}{5{,}000{,}000} = €1{,}200{,}000$$

그러면,

$$I(V_L + V_S) \times \frac{V_S}{V_L} \times V_S \times (P_L + P_S) = 1{,}200{,}000 \times 1.2 = €1{,}440{,}000$$

증가한 매출(두 매장의 매출 총합의 18%에 해당)는 의도적 구매 비율의 역으로 나누어 두 브랜드로 나눈다.

| 럭셔리에 적용하기

고객 유인력, 고객 창출, 그리고 같은 지역 내 브랜드들이 서로 입지를 강화하며 매출을 추가적으로 창출해 내는 현상은 럭셔리 업계에서도 일어나는데, 예를 들어 아시아에서 로에베Loewe와 보테가 베네타와 같은 브랜드들의 매장이 루이비통이나 구찌 매장 가까이에 위치할 경우 어떻게 이 기회를 이용할지를 알고 있었다. 많은 경쟁 브랜드들이 한 장소에 모이면 고객은 즐겁고 다양한 쇼핑 경험을 할 수 있다는 또 다른 장점이 있다.

| 다양한 고객 관리하기

매장을 찾는 고객은 다음과 같이 두 종류가 있다.

- 구매 고객: 브랜드나 제품에 관심이 있고 효율적이고 질 좋은 서비스를 원한다.
- 윈도우 쇼핑: 재미와 호기심으로 매장을 찾는다. 꼭 뭔가를 사려는 것은 아니기 때문에 아무것도 구매하지 않을 수 있지만, 나중에 다시 구매하러 올 수도 있다. 이들은 감각적 경험을 하려는 것이며 제품 구매를 하지 않더라도 오피니언 리더로서 브랜드에 대해 긍정적이거나 부정적인 의견을 퍼트릴 수 있다.

구매를 하든, 윈도우 쇼핑을 하든, 고객이 매장을 방문할 때엔 단순히 넥타이나 실크 스카프를 구경하는 것 이상을 원한다. 이들은 의미 있는 경험을 할 수 있기를 원하고, 재미를 느끼거나 기분전환을 원한다. 이런 기분전환은 다양한 방법으로 가능하다.

- 일본의 백화점에는 보통 식당가 층이 따로 있거나, 각 층마다 식당이 있어 프랑스 요리, 이탈리아 요리, 중식 그리고 일식을 먹을 수 있다. 때론 백화점에서 예술 전시회가 열리기도 한다. 백화점은 단지 백화점 이상의 무언가를 제공하며, 도시의 진정한 문화 중심지 역할을 하려고 노력한다. 럭셔리 브랜드는 큰 매장을 운영하는 경우, 매장 안에 미술관을 두기도 한다. 파리 샹젤리제 루이비통 매장은 꼭대기 층에 그들이 운영하는 현대 미술 갤러리가 있는데(안타깝게도 입구가 별도이고, 광고도 거의 하지 않는다) 이곳에서는 매년

럭셔리 리테일 매니지먼트

여러 차례 전시회가 열린다. 서울의 에르메스 플래그십 스토어는 지하층에 인테리어를 훌륭히 꾸며 미술관으로 사용하는데, 에르메스 컬렉션의 역사적이고 전통적인 오브제들로 채웠다

- 럭셔리 매장은 매장 인테리어를 통해 일반 아이쇼핑 고객들에게 미적 부가가치를 제공하고, 매우 흥미로운 요소들을 제공해야 한다.
- 임시 매장과 팝업 스토어는 구매 고객과 아이쇼핑 고객 모두에게 오락적인 요소들을 제공하는 효과적인 도구이다.

미국의 몇몇 쇼핑센터는 쇼핑 분위기와 오락의 개념을 잘 이해한 것으로 보인다. 몰 오브 아메리카Mall of America는 웨스트 마켓은 유럽 분위기로 꾸몄고, 사우스 애비뉴는 로데오 드라이브를 똑같이 모방했고 이스트 브로드웨이는 연꽃 모양으로 디자인했다. 물론 얼핏 들으면, 별로 특별할 것도 없고, 인위적으로 들릴 수 있으나 이러한 공간 구성의 목적은 방문 고객에게 놀라움과 신선함을 제공하는 것이다.

싱가포르에서 새로운 상업지역이 개발되고 있었을 때 당시 리 요크 수안 Lee Yoch Suan 산업부 장관은 다음과 같이 설명했다.

"우리의 접근방식의 핵심은 사람들의 기대에 부응하는 방식으로 '제품'을 보여주고, 사람들에게 브랜드 아이덴티티를 경험할 수 있도록 하는 것입니다. 일체감을 주는 이미지를 만들어야 합니다."

구매하는 고객, 구경만 하는 고객 모두 리 요크 수안의 말에 그것이 그들이 기대하는 새로운 매장의 모습이라고 대답할 것이다.

럭셔리에 어울리는 매장 위치 정하기

새로운 매장 콘셉트에 필요한 구체적인 사양을 결정할 때, 세일즈 매니저는 다음과 같은 질문을 자신에게 해야 한다.

- 계획한 '매장 분위기'는 적절한가?
- 매장의 전체적인 이미지는 가격 면에서 브랜드 포지셔닝과 잘 맞는가?
- 매장은 근처 소비자들만 유인할 것인가? 아니면 목적 구매자들을 끌어들일 만큼 브랜드 파워가 충분한가? 이에 대한 답은 매장 분위기를 결정할 때 고려돼야 한다.
- 컬렉션은 얼마나 다양하며 제품 진열을 위해 필요한 것은 무엇인가?
- 각 시간대에 매장을 찾는 손님은 얼마나 될 것인가?
- 어떻게 하면 판매 직원과 고객이 대화를 쉽게 나눌 수 있을까?
- 어떤 부가서비스를 제공할 수 있을까? (수선, 애프터서비스 등)

위 질문에 대한 대답은 매장의 위치, 주변 환경과 타깃 고객에 따라 크게 달라질 것이다.

| 실제 사례

런던의 경우
에마누엘 사세르도트Emanuele Sacerdote는 소매업을 다룬 자신의 저서에서 매니지먼트 호라이즌스 유럽Management Horizons Europe이 런던의 여러 거리에 있는 럭셔리 매장의 위치를 조사한 연구를 소개한다.

표 13.9 런던의 다양한 거리에 있는 매장으로 분석하는 브랜드 이미지

	클래식	모던 클래식	모던	트렌디
코벤트 가든		x	x	
킹스 로드		x	x	
브릭레인				x
리젠트 스트리트	x			
본드 스트리트	x	x		
카나비 스트리트			x	x
슬론 스트리트	x	x		
나이츠 브리즈	x	x		

출처: 매니지먼트 호라이즌스 유럽 프로젝트의 데이터(2006년),
사세르도트(Sacerdote)(2007년)

표 13.9는 이 연구 분석에서 소개된 것이다. 이 연구를 통해 매장의 위치는 매출 창출 능력뿐만 아니라 브랜드의 가치와 의미에 관해 메시지를 전달한다는 것을 알 수 있다. 매장의 위치는 그 자체 강력한 메시지이다. 좋은 위치에 매장을 내는 것은 브랜드 이미지에 대한 투자이므로, 위치 선정 초기 단계에서부터 매장의 위치가 주는 이미지를 이해하고 있어야 한다.

다양한 형태의 상업용 임대

우리는 이제 세계 주요 국가의 임대 시스템(상업용 임대)과 그로 인한 재정적 영향에 관하여 살펴보려 한다. 더불어 세계 여러 도시의 임대료 사례도 소개하려 한다. 럭셔리 브랜드가 공략하고자 하는 도시에서 좋은 장소에 매장을 열기 위해서는 보통 임대료 외에도 '권리금'을 지불해야 한다. 여기서 세 가지 상업용 임대 시스템을 아래와 같이 살펴보자.

| 일본의 매장 임대 시스템

일본에서는 보통 9년 단위로 임대차 계약이 체결되지만, 임차인은 3년이 지나면 계약을 해지할 수 있다. 계약서에는 임대료는 물론 계약 기간 동안 임대료를 어떤 방식으로 인상할지도 명시되어 있다.

임대차 계약이 체결되면, 임차인은 임대인에게 임대 전 기간에 해당하는 임대료만큼 보증금으로 지불한다. 9년 임대라면 임대인은 9년의 임대료에 해당하는 금액을 임대 기간의 보증금으로 이체받는다. 만일 9년이 지나 계약이 갱신되어 임대료가 오르면 임차인은 9년 임대료의 차액만큼 보증금을 추가 지급한다.

계약이 종료하면 보증금은 임차인에게 이자 없이 반환된다.

이 시스템은 임대인에게 매우 유리한데, 임대인은 계약 기간 동안 임대료의 2배를 받는 셈이기 때문이다. 임차인이 임대차 목적물을 점유하는 순간, 9년 임대료에 해당하는 금액이 임대인의 계좌에 입금된다. 보통, 매장을 매입하거나 건축하는 것은 대략 10~15년 임대료에 해당하는 비용이 든다. 그러므로 임대인은 투자 자금의 대부분을 부동산이 임대되자마자 회수하게 된다. 임대인은 그 돈으로 다른 부동산을 매입해 이 과정을 되풀이할 수 있다.

임차인에게 이 시스템은 매우 부담스러운데, 새로운 매장을 임차하고 오픈하는 것은 매우 큰 투자를 필요로 하는 일이다. 일본에서 10~20개 매장을 임대하려면, 가장 유명한 럭셔리 브랜드조차도 감당하기 힘든 투자금액이 필요하기 때문이다. 그래서 이들은 한두 개의 매장만 임대하고, 백화점 내 숍인 숍 매장을 오픈한다. 일본에서 럭셔리 매장이 백화점에 있는 이유는 이 때문이다.

그래서 일본에서 큰 성공을 거둔 몇몇 럭셔리 브랜드는 매장을 '처음부터' 건축하기로 한다. 이들은 가능한 가장 좋은 입지에 자신들의 필요에 따라 매장을 건축한다. 대부분의 경우, 이런 매장은 매우 멋진 메가 스토어이거나 적어도 매우 인상적인 플래그십 스토어다.

일본의 보증금 제도는 아마도 초기에는 해외 브랜드가 과도하게 일본 시장을 잠식하는 것을 방지하기 위한 안전장치였을 것이다. 하지만 시간이 흐르면서, 이는 백화점에 큰 혜택을 주게 되었고, 결과적으로 브랜드 본사들이 직접 매장을 건축하려 하는 강한 동기로 작용하게 되었다.

| 미국의 매장 임대 시스템

미국의 매장 임대 시스템도 임대 기간이 9년 또는 10년으로 상당히 길다. 이전 임차인에게 일종의 영업권goodwill과 같은 비용을 지불하는데, 공식적으로는 인테리어 비용 명목이며, 그 액수는 매우 적다. 모든 임대료 인상은 처음에 체결된 계약서에 명시된다. 계약은 서명과 동시에 효력이 발생하며 계약이 종료될 때에는 계약의 어느 쪽 당사자도 상대방에게 부담할 비용이 없다.

하지만, 미국의 임대차계약에는 계약 해지 조항이 없다는 것을 명심해야 한다. 이는 임차인이 임대차 목적물의 상태가 기대만큼 좋지 않거나 임차 3~4개월 후 해당 지역에서 기대한 매출을 달성하지 못할 것을 알아도, 임차인은 여전히 임차 기간 동안 임차료를 지불해야 하고, 임차료를 재협상하거나 임대차 계약을 종료할 수 없다는 의미다. 예를 들어, 임차인은 매출이 예상보다 낮다고 해서 임차료를 낮춰 달라고 요구할 수 없는 것이다. 폐점하더라도 임차인은 계약 기간이 끝날 때까지 임차료를 지불해야 한다. 유일한 해결책은 새로운 임차인을 찾아 재임대하는 것인데, 재임대료가 원래 계약서상의 임차료보다 낮다면 그 차액은 임차인이 부담해야 한다.

많은 기업이 이와 같은 어려운 상황을 겪었고, 몇몇 기업들은 이 제도를 우회하는 방법을 찾았다. 외국 럭셔리 기업이라면 각 매장을 각각 다른 자회사로 독립시킨다. 만약 매장이 문제가 있어 문을 닫아야 한다면, 그 자회사는 파산을 신청하는데, 이로써 임대인에 대한 장기적 의무에서 벗어나는 것이다.

물론 임대인도 이에 대한 대안을 가지고 있다. 임대인들은 밀라노나 파리의 브랜드 본사에 보증을 요구한다. 만약 위치가 훌륭하고 수요가 많은 곳이라면, 본사는 보증인 조항에 동의할 것이지만, 그렇지 않다면 거절할 것이다.

이런 미국의 매장 임대 시스템은 중국, 홍콩, 대부분의 동남아시아에서 사용하지만, 임대 기간이 훨씬 짧아(보통 3년), 재정적 의무(그리고 위험)가 꽤 현실적이다.

| 프랑스의 매장 임대 시스템

임대인에게 유리한 일본과 미국의 시스템과는 달리, 프랑스 등 남유럽 국가의 매장 임대 시스템은 임차인에게 훨씬 유리한 편이다.

프랑스의 시스템은 상업용 건물을 임대할 경우 임대인은 월 임대료 이외의 다른 비용은 받지 않는다. 임대차 계약이 9년이면, 임차인은 3년이 지나면 계약을 해지할 수 있다. 임대료 인상은 계약서에 명시되어 있지 않은데, 이는 매년 발표되는 프랑스 전국 건설 비용 지수를 기준으로 조정된다.

9년의 임대 계약이 종료되어도 임차인이 계속 임대하기를 희망하면 임대인은 임차인을 강제로 내보낼 수 없다. 이 경우, 다시 9년의 새 계약을 체결하고, 임대료는 최소한으로 인상한다.

임차인은 또한 제삼자에게 임차권을 양도할 수도 있는데 (보통 실질적인 영업권을 받는다), 간단히 임대인에게 등기우편으로 임대차 목적물의 임차권이 제삼자에게 양도되었다고 알리면 된다. 임대인은 이를 구실로 임대료를 인상할 수 없다. 임대인이 임차인과 제삼자 간 상당한 금액이 오갔다고 생각되어도 이들 문제에 간여할 수 없다.

임대인이 임차권 양도에 관여할 수 있는 유일한 경우는 본 계약에서 임차인에게 특정 업종, 즉 기성복 업종, 안경점 등으로 제한을 둔 경우다. 만약 임차권을 양수한 제삼자가 다른 업종의 사업을 하려 한다면 (예를 들어 패스트푸드나 휴대전화 대리점 등) 임대인은 제삼자를 상대로 임대계약을 재협상하고 임대료를 인상할 수 있다.

영업권 제도의 본래 개념은 상인이 은퇴하기 위해 상점과 집기, 재고, 확보한 고객층 등을 묶어서 되팔려고 할 때 이를 적당한 금액을 받고 팔 수 있도록 한데서 시작되었다. 소상공인들이 은퇴 연금이 없던 시절에는 매우 실질적인 수단이었다. 영업권으로 이들은 새로운 삶을 준비할 수 있었다. 하지만, 상황이 달라졌고 이제는 파리의 일부 건물들은 '미국식' 시스템을 따르고 있다. 예를 들어 10년 임대 기간에 권리금이나 영업권이 없는 조건으로 임대한다.

프랑스에서는 임대료를 오래전부터 규제하고 있어, 크게 인상된 적은 없지만, 영업권이 이전 임차인에게 지불되기 때문에 결국 상쇄되어 시장에서 요구하는 임대료를 지급하게 된다. 임차인에게 유리한 점은 장부에 영업권을 자산으로 기록할 수 있고, 은행 대출받을 때 담보로 사용할 수 있다는 점이다. 시스템이야 어떻든 모든 이들이 원하는 최고의 입지일수록 높은 임대료나 높은 계약금, 또는 두 가지 모두를 부담해야 한다는 것은 분명하다.

| 실제 사례: 주요 상권의 임대료

몇몇 부동산 전문업체들은 주기적으로 세계 여러 도시의 임대료를 보여주는 표를 작성하여 발표하는데, 이들 데이터에 더하여 지역에 따라서 관행적으로 발생하는 다양한 형태의 권리금도 고려하여야 한다.(표 13.10)

우리는 뉴욕과 홍콩의 임대료가 세계에서 가장 높다는 것을 알고 있다. 뉴욕에서 200㎡ 규모의 상점을 임대하려면 1년에 거의 5백만 유로의 비용이 들 것이다. 도쿄의 임대료는 이 금액의 거의 절반이지만 보증금을 고려하지 않은 금액이다.

몇 가지 흥미로운 점이 있다. 뮌헨과 마드리드의 임대료는 파리나 밀라노의 임대료보다 대략 1/3에서 1/2 정도 저렴하다. 브랜드들이 이들 도시에 진출하려 한다면 임대료의 부담은 훨씬 가벼울 것이다. 또한 상하이의 임대료는 도쿄의 임대료보다 1/3 정도로 저렴하다. 전문가들은 중국에서 럭셔리 매장의 ㎡ 당 매출이 도쿄의 1/3 정도이므로 임대료도 이에 따라 적절하게 조정되어 있다고 생각한다.

세계 어느 곳이든 다른 모든 조건이 같다면, 임대비용은 대략 ㎡ 당 예상 평균 매출에 연동된다고 생각할 수 있다. 자격을 갖춘 판매 직원의 평균 임금도 매장의 수익성에 영향을 미친다.

표 13.10 유럽 주요 상권의 임대료 (2017)

도시	위치	유로/년/㎡
런던	뉴 본드 거리	16,200

밀라노	몬테나폴레오네 거리	13,500
파리	샹제리제 거리	13,255
취리히	반호프슈트라세	8,310
비엔나	콜마르크트	4,620
뮌헨	카우핑거	4,440
더블린	그래프턴 거리	3,653
바르셀로나	앙헬 거리	3,360
암스테르담	칼베르 거리	3,000
오슬로	칼 요한	2,831
아테네	에르무	2,640
룩셈부르크	그랑 뤼 거리	2,580
코펜하겐	스트뢰에 거리	2,555
프라하	나 프리코페 거리	2,520
이스탄불	센터(Centre)	2,520
안트베르펜	메이르 거리	1,950
스톡홀름	비블리오텍스가탄	1,609
헬싱키	시티 센터	1,602
부다페스트	바치 거리	1,440
리스본	시아두 지구	1,380
바르샤바	노비 쉬비아트 거리	1,020

고려해야 할 또 다른 요소는 세계 여러 지역의 매장 영업시간이다. 일본이나 중국에서는 럭셔리 매장은 보통 주 7일, 오전 10시부터 오후 10시까지, 주 84시간 영업한다. 유럽에서는 주 6일, 오전 10시부터 오후 8시까지, 주 60시간 영업한다.

그러므로 아시아 지역에서는 유럽에 비해 40% 더 높은 비용을 고려해 매장의 잠정 예산을 설정해야 한다.

표 13.10, 표 13.11, 표 13.12는 전 세계 주요 상권의 임대료 사례를 보여준다.

표 13.11 미국 주요 상권의 임대료 (2017)

도시	위치	유로/년/㎡
뉴욕	어퍼 5번가 거리	28,262
토론토	블루어 스트리트	2,180
멕시코시티	마사릭	998
상파울루	오스카 프레이레 자르징스	700
부에노스아이레스	플로리다 거리	651
리마	미라플로레스	288

표 13.12 아시아 주요 상권의 임대료 (2017)

도시	위치	유로/년/㎡
홍콩	코즈웨이 베이	28,000
도쿄	긴자	14,000
서울	명동	10,000
북경	왕푸징	4,000
싱가포르	오차드 로드	3,000
뉴델리	칸 마켓	2,000
사이공	베스트 어치브드 몰	2,000
쿠알라룸프르	파빌리온 KL	2,000
타이베이	종키아오	2,000
방콕	라프라송 수크홈비트	1,500

출처: 다양한 부동산 자료를 토대로 저자들이 추정한 수치

또한 여러 조건을 따져보면서, 임차인은 판매 공간 전체를 1층에 두는 방

안과 지하층과 위층까지 나누어 배치하는 방안 가운데서 선택할 수도 있다. 이런 다양한 구조가 판매에는 어떤 영향을 미칠까? 사실 에스컬레이터가 있어도 매장의 2층이나 3층으로 고객을 유인하는 것은 어렵다.

오래전에 진행된 한 연구는 비록 시간이 많이 지났지만, 층에 따른 방문 빈도 문제에 몇 가지 답안을 제시하고 있다. 윌리엄 데이비슨William Davidson은 어느 한 미국의 백화점 내부 문건을 검토해 층에 따라 달라지는 임대료를 분석할 수 있었다. 분석 결과는 표 13.13과 같다.

우리는 여기서 오하이오에 있는 이 백화점을 연구한 연구자들이 2층 방문 고객 수가 1층에 비해 50% 감소한 것으로 기록한 것을 확인할 수 있다. 3층과 4층으로 가면 다시 각각 64%, 72% 감소한다. 이 수치들은 아마도 매장에 들어와 2층, 3층, 4층까지 올라가는 고객들의 비율을 나타내는 것일 수도 있다.

지하 매장으로 가는 비율(14%)은 매우 적다. 유럽과 일본의 백화점들은 미국의 백화점보다 지하층과 지하층에서 판매되는 제품들을 더 흥미롭게 구성한 것 같다. 미국에서는 보통 지하층은 지난 재고를 판매하는 층으로 인식된다.

표 13.13 오하이오 주에 있는 백화점의 층별 임대료

	전체 비율	1층을 100으로 본 층별 방문자 비중
지하	5.1%	14.0
1 (1층)	36.1%	100.0
2	18.2%	50.4
3	10.3%	28.5
4	9.3%	25.8
5	3.5%	9.7
사무실	4.4%	12.2
	100%	

출처: 데이비슨 보고서(1999년)

| 실제 사례

여기서 재미있는 사례를 하나를 살펴보자. 2017년 7월, 파리 쁘렝 땅 백화점 남성관Printemps de l'Homme이 있던 건물의 3개 층에 3,000㎡ 규모로 만들어진 보테 뒤 쁘렝탕Beauté du Printemps의 예이다. 2층에는 새로운 니치 브랜드 향수를 중심으로 아쿠아 디 파르마Acqua di Parma, 프레데릭 말Frédéric Malle, 아틀리에 코롱Atelier Cologne, 킬리안Killian, 조말 론Jo Malone 등 수십 개의 향수 브랜드 상품을 진열했다. 이 곳은 니치 향 수 브랜드에게는 이상적인 장소처럼 보였다. (이들 브랜드의 고객들에게 는 더더욱 그러했다.) 이들 숍인숍 매장이 2층 공간의 거의 전부를 차지 한 반면, 럭셔리 브랜드는 후면으로 물러나 '슈퍼마켓' 형태의 선반에 진열되어 있었다. 제품 진열은 멋졌다. 그런데 고객은 없었다. 이유가 무엇이었을까?

우리는 위의 공간 배치가 우리가 이 책에서 언급하고 있는 기본 규 칙들을 어떤 방식으로도 따르지 않았다고 분석한다. 뷰티 제품을 구매 하는 고객들은 주로 (근처 백화점 갤러리 라파예트의 경우에서처럼) 백화 점 본관의 1층에서 향수를 구매하는 것에 익숙한 여성 고객이다.

그러니 이들은 당황스러웠다.

- 처음에 여성 고객들은 보떼 뒤 쁘렝탕이 본관에서 오스만 거리Boulevard Haussmann 뒤편에 있는 별관으로 갑자기 이동한 사실에 당황했다. 남성 고 객들은 구매 습관이 달랐는데, 이들은 별관으로 가는 것을 주저하지 않았 다. 별관 전체가 남성 고객들에게 할애되고 있기 때문이다. 하지만 여성 고 객은 별관으로 가는 것을 불편해 한다.

– 두 번째로 여성 고객들은 향수 매장이 별관의 2층으로 이동한 사실에 당황했다. 이로 인해 고객층의 상당한 부분을 잃게 되었다.

실패는 예측 가능한 것이었다. 문제는 어떻게 이 실수를 바로잡느냐이다.

결론적으로, 주요 상권의 임대료는 비싸고, 글로벌 브랜드의 경우 50개 또는 100개 매장의 전체 고정 임대료는 이들의 실적과 손익에 큰 영향을 미칠 수 있다는 것은 분명하다. 따라서 어떤 경우에는 프랜차이즈가 흥미로운 대안이 될 수 있다.

우선 어림셈으로 중간 규모의 브랜드가 합리적인 임대료를 결정하는데 도움이 될 지표를 예상 매출을 근거로 대략 계산해 볼 수 있는데, 유럽의 경우 예상 매출의 10~20%, 아시아에서는 훨씬 높아 20~30%가 될 것이다.

흔히 입지 조건은 판매의 성패를 가르는 결정적 요인이라고 말한다. 하지만 많은 매장을 동시에 열면 기업의 재정이 위태로워질 수 있다. 게다가 신규 매장은 예상 매출을 달성하기까지 2년 이상 걸릴 수도 있다. 이 기간과 손익 분기점을 달성할 때까지는 매장은 본사로부터 현금과 재정 지원을 받아야 할 것이다. 따라서 직영 매장을 여는 전략은 제품이 매우 잘 팔리고 현지 고객을 쉽게 끌어들일 수 있을 때만 유효한 전략이다.

때로는 럭셔리 브랜드가 브랜드를 재런칭하면서 신제품들을 전개하기도 전에 신규 매장을 여는 경향이 있기도 하다. 그러나 기업들은 게임의 목적이 제품을 판매하는 것임을 잊지 말아야 한다. 현재 제품의 매력도는 어느 정도인가? 예를 들어 아시아 시장이나 미국 시장에 적절한 제품인가? 우리는 홍콩에서 멋진 매장을 열었다가 1년 반이나 2년 만에 문을 닫았는데, 임대계약이 여전히 유효하고 매장 인테리어 비용의 일부만이 감가상각처리 되어 있어, 문을 닫는데 큰 비용을 치러야 했던 여러 사례를 알고 있다.

비슷한 일이 미국에서도 일어난다. 몇몇 브랜드의 미국인 임원들은 뉴욕과 로스앤젤레스에 매장을 연 후, 제품이 미국 고객들의 취향에 맞추어 조율되기도 전에 시카고, 마이애미, 보스턴, 샌프란시스코에 매장을 열자고 주장한다. 분명 입지는 매우 중요하지만, 이 중요한 입지에 적절한 제품이 구비되어야 한다. 이러한 모든 요소가 다 갖춰져 있을 때, 장애물 없이 앞으로 나아갈 수 있는 것이다.

내용 요약

- 우리는 럭셔리 브랜드가 전 세계에 진출해 있어야 하며, 비록 브랜드가 탄생한 나라의 시장을 중요하게 여기더라도 가능한 한 국제적인 명성을 얻어야 한다는 것을 이미 알고 있다.

- 오랫동안 럭셔리 업계 전문가들은 경쟁업체와 가까운 곳에 매장을 여는 것에 만족해 왔다. 오늘날에는 최적의 매장 위치를 선정하기 위해 활용할 수 있는 도구가 마련되었고, 이는 경험을 통해 더 발전되었다.

- 한 가지 주목할 점은 인근 지역, 혹은 같은 거리에서라도 입점 고객 수는 크게 다를 수 있다는 것이다. 그러므로 신규 매장의 위치를 선정하려면 보다 심층적인 연구가 필요하며, 잠재고객의 매장 방문 빈도와 행동습관에 대한 데이터 수집도 필요하다. 이런 데이터는 오늘날 쉽게 얻을 수 있다.

- 다행히 제품마다 그리고 경쟁 분야마다 서로 다른 예산과 상황, 상업적 목적

에 따라 매장의 유형도 다르게 변화해 왔다.

• 마지막으로, 디지털 시대의 이상적인 매장은 다양한 역할을 한다는 것이다. 브랜드와 브랜드 제품의 풍부함과 다양함을 보여주는 플래그십 스토어 가 될 수도 있고, 온라인 비즈니스와 연계된 작은 매장이 될 수도 있고, 현지 소비 자에게 완벽한 서비스와 매끄러운 O2O 연속성을 제공하고자 하는 전통적인 매장이 될 수도 있다.

매장 직원 관리와
이를 위한 도구들

"매장을 조직하는 완전히 새로운 방법을 만들고자 했다."

-토리 버치Tory Burch, 디자이너

럭셔리 산업은 창작을 기반으로 발전하다 보니 오랫동안 고객에 대한 관심은 뒷전이었다. 고객 경험이라는 문화도 럭셔리 산업의 핵심 요소는 아니었다. 어떻게 생각해 보면 리테일이란 것은 이들이 새로 터득한 기술이고, 그동안 창작 과정, 완성된 제품, 매장 콘셉트와 비주얼 머천다이징은 제품 판매보다 항상 더 중요하게 여겨졌다.

앞에서 살펴본 것처럼 럭셔리 브랜드가 당면한 새로운 과제는 고객 충성도를 높이는 일이다. 이는 오직 매장을 통해서만 가능한데, 제공하는 서비스와 고객 충성도를 향상시켜야 한다. 달리 말하자면, 럭셔리 브랜드는 럭셔리 서비스 기업이 되어야 한다. 그러려면 3가지 목표를 반드시 달성해야 한다.

- 클라이언텔링clienteling 개발하기: 클라이언텔링을 개발한다는 것은 판매 직원과 고객 간 개인적 관계를 구축하는 것이다. 고객마다 고객으로서 인식되어야 하고 모든 고객 정보는 소중히 다뤄야 한다. 이는 특정한 행동 중심 접근방식이나 CRM과 같은 기술을 이용하여 달성할 수 있다.
- 서비스를 고객 관계의 초석으로 만들기: 방문 예약, 담당 직원, 제품 배송, 손으로 쓴 감사 편지 등은 고객이 럭셔리 매장으로부터 받을 수 있는, 그리고 받아야 하는 서비스의 사례이다. 럭셔리 브랜드는 고객이 원하는 경험이 무엇인지 찾는 데 힘써야 하고, 매장은 (물론 그 자체로 중요하기는 하지만) 온라인에서 자주 시작되는 구매 여정의 그저 한 단계라고 생각해야 한다.
- 판매 직원의 역할을 인정하기: 판매 직원들은 고객을 식별하고, 이들이 필요로 하는 것에 주의를 기울이고, 가능한 최고의 서비스를 제공하는 등 중요한 역할을 하고 있다. 판매직 관련 진로를 개발해야 하고, 혁신적인 급여 체계를 도입하고(고정급여, 개인과 단체 성과급을 포함해야 한다. 예외 없이 모든 나라에 해당한다), 특정 업무와 관련한 현장 교육 프로그램도 만들어야 한다.

럭셔리 마케팅 개발에서 혁신이란 가격을 낮추는 대신 엔트리 레벨의 신제품을 선보이고, 진정 최고의 서비스를 제공하며, 이커머스를 포함한 여러 유통 채널을 통해 럭셔리 제품을 홍보, 판매하고, 고객과 제품을 함께 만들며, 온라인으로 고가의 제품을 구매할 준비가 된 젊은 세대들을 맞이하는 등 새로운 수요에 부응해야 한다는 것을 의미한다.

자신들의 리테일 운영방식과 서비스 운영 방식을 재검토하고, 고객을 더 잘 이해하고 응대하기 위해 마케팅 접근방식을 개선할 만큼 빈틈없는 럭셔리 브랜드라면 진정한 경쟁우위의 자리에 오를 것이다.

이번 장에서는 판매 직원은 럭셔리 산업의 생명이고 그렇기 때문에 더 높은 평가를 받아야 한다는 사실을 부각해 줄 도구들을 제시하려 한다. 럭셔리 브랜드는 디자인, 제품 마케팅, 홍보 전략에 적용하는 동일한 수준의 기준을 판매관리에도 유지해 적용해야 한다.

도구 1: 일반적인 판매 조직

모든 회사와 브랜드는 자신들만의 조직이 있다. 많은 경우 이들 조직은 비즈니스 규모에 따라 달라진다. 특정 지역에서 상당히 많은 매장을 관리해야 한다면, 적어도 3단계의 책임 권한을 정해야 한다. (그림 14.1)

- 본사: 리테일 오퍼레이션 디렉터
- 만약 회사 조직이 국가별로 구분되어 있다면: 컨트리 매니저
- 만약 회사 조직이 매장 클러스터로 구분되어 있다면: 클러스터 매니저(일정 수의 매장을 한 클러스터로 묶어 관리한다)

매장의 조직은 매장 규모에 따라 정해질 것이다. (그림 14.2)

- 소규모 매장(10~15명 미만): 스토어 매니저 / 스토어 어시스턴트 매니저(부매니저) / 세일즈 컨설턴트(시니어와 주니어를 구분할 수도 있다) 같이 3개의 직책이 일반적이다.
- 대규모 매장(직원 30명 이상): 스토어 매니저는 (스페셜 오더, 재고, 행정, 서

비스, 정산, 머천다이징 등) 업무 기능에 따라 또는 (남성용, 여성용, 액세서리 등) 제품 라인에 따라 여러 명의 어시스턴트 매니저를 둘 수 있다. 매장이 클수록 취급하는 제품 라인이 많아지고 매니저 수도 늘어난다.

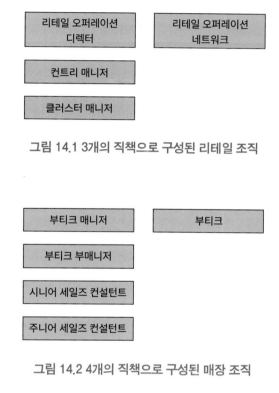

그림 14.1 3개의 직책으로 구성된 리테일 조직

그림 14.2 4개의 직책으로 구성된 매장 조직

도구 2: 판매팀 채용 관리

일반적으로 유능한 판매 직원은 어느 럭셔리 매장에서든 두각을 나타낼 수 있다고 생각하고 이들의 경력으로만 이들의 가치를 평가하려 하는데, 이렇게 하지 않도록 매우 주의해야 한다. 채용후보자가 쌓은 경력을 이들의 행동과 함께 평가해야 해야만 이들이 판매 성과와 고객 관계 구축에 가져올 부가가치를 더 잘 평가할 수 있다.

| 행동주의적 접근

매일 다양한 범위의 업무를 전문적인 태도로 처리해야 하는 판매 직원을 선발하고 채용하기란 어려운 일이다. 아래는 판매직원이 매장에서 해야하는 다양한 업무의 예시이다.

- 고객을 친절하게 맞이하고 고객이 원하고 필요로 하는 것이 무엇인지 찾아낼 수 있어야 한다.
- 고객에게 장인이 만든 제품의 제작과정을 설명할 수 있어야 한다.
- 고객의 불만 사항과 애프터서비스 문제를 처리할 수 있어야 한다.
- 필요하다면 가격과 제공할 서비스에 대해 협상할 수 있어야 한다.

판매직원의 전문적인 태도는 교육, 개인 역량, 적절한 행동에 의해 나타나며, 행동주의적 접근방식을 포함한 효과적인 방식으로 면접을 진행해 평가할 수 있다. '행동주의적으로 접근'한다는 것은 '행동에 관한 질문'을 하는 것인데, 이는 실제 상황에서 후보자가 취한 행동을 알아보기 위한 질문이다. 질문을 통해 후보자가 리테일 업무에서 요구되는 적절한 능력을 갖추고 있는지 파악할 수 있다.

행동주의적 접근방식을 기준으로 면접하는 후보자를 정확하게 평가하려면 아래 사항을 포함하여 상당한 준비를 필요로 한다.

- **후보자와의 면접을 위한 세부 계획.** 확인해야 할 후보자의 능력과 이를 측정하기 위한 질문이 포함되어 있어야 한다.
- **후보자의 행동에 초점을 맞춘 질문.** 후보자의 역할이 정확히 무엇이었고, 후보자의 행동으로 인한 결과는 어떠했는지를 이해하기 위해 많은 조사가 진행되어야 한다.

| 후보자의 행동에 관한 질문의 예시

판매직의 여러 역할에 적합한 주요 질문과 자격 사항을 아래와 같이 표로 작성해 보았다. 그림 14.3에서 예로 든 질문들은 견해나 일반적 사항보다는 행동주의적 관점에 중점을 두고 있다.

확인해야 할 후보자의 역량	면접관의 질문
리테일에 대한 지식과 경험	새로운 컬렉션이나 신제품을 더 잘 숙지하기 위해 시간을 투자했던 적이 있다면 그 때의 상황에 대해 말씀해 주십시오. 어떻게, 무엇을 배웠는지도 말씀해 주십시오.
	주요 경쟁업체에 대한 정보는 어떻게 얻습니까?
	이 정보를 통해 배운 것은 무엇입니까?
직무 역량과 성과	지금까지 성사시킨 '최고의 거래'가 있다면 말씀해 주십시오. 어떻게 성사시켰습니까?
	당신의 고객 리스트가 정말 중요하다고 느꼈던 때가 있다면 언제입니까?
	고객 리스트 덕분에 배운 것이 있다면 무엇입니까?
	개인적으로, 자신이 직접 나서서 고객의 불만사항을 해결했던 적이 있다면 그 때의 상황에 대해 말씀해 주십시오. 어떤 행동을 했고, 무엇을 배웠는지도 말씀해 주십시오.
개인 역량	제 시간에 일을 끝내기 위해 많은 노력이 필요했던 적이 있다면 그 때의 상황에 대해 말씀해 주십시오. 결과는 어떠했습니까?
	충전이 필요할 때는 어떻게 하십니까?
관리 역량	어떻게 팀을 보다 효율적으로 만들 수 있었는지 말씀해 주십시오. 무엇을 하셨나요?
	본인의 행동으로 팀과 그룹은 어떤 이익을 얻었습니까?

그림 14.3 후보자의 행동에 관한 질문의 예시

| 사례 연구: 스토어 매니저 채용하기

헤드헌터에게 제공한 채용 공고 내용: 직무 명세서와 선발된 후보자들 (그림 14.4)

헤드헌터로부터 받은 피드백: 후보자 평가와 추천 내용 (그림 14.5)

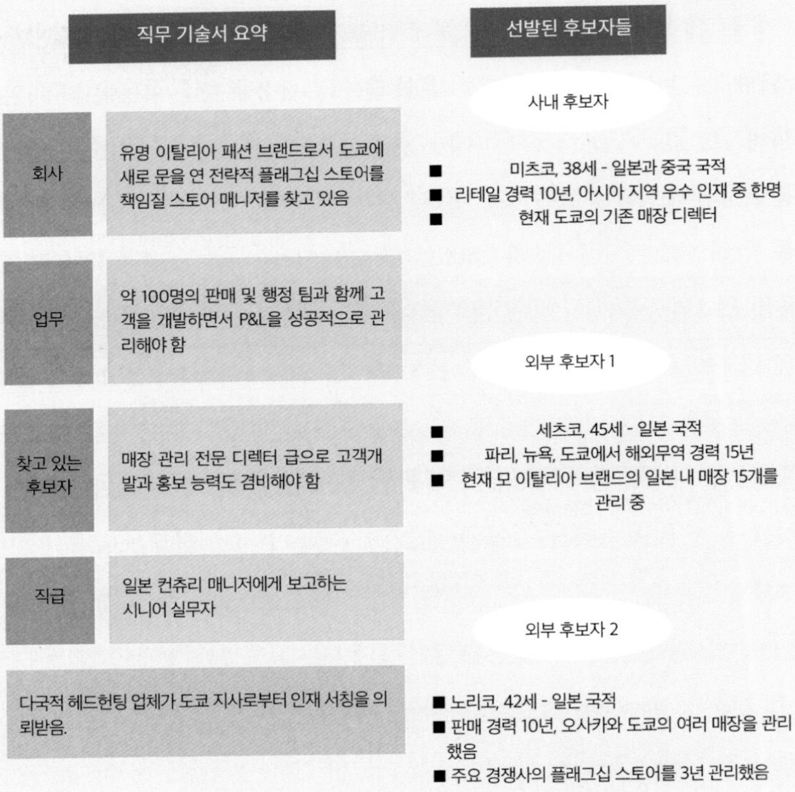

직무 기술서 요약		선발된 후보자들
		사내 후보자
회사	유명 이탈리아 패션 브랜드로서 도쿄에 새로 문을 연 전략적 플래그십 스토어를 책임질 스토어 매니저를 찾고 있음	■ 미츠코, 38세 - 일본과 중국 국적 ■ 리테일 경력 10년, 아시아 지역 우수 인재 중 한명 ■ 현재 도쿄의 기존 매장 디렉터
업무	약 100명의 판매 및 행정 팀과 함께 고객을 개발하면서 P&L을 성공적으로 관리해야 함	
		외부 후보자 1
찾고 있는 후보자	매장 관리 전문 디렉터 급으로 고객개발과 홍보 능력도 겸비해야 함	■ 세츠코, 45세 - 일본 국적 ■ 파리, 뉴욕, 도쿄에서 해외무역 경력 15년 ■ 현재 모 이탈리아 브랜드의 일본 내 매장 15개를 관리 중
직급	일본 컨츄리 매니저에게 보고하는 시니어 실무자	
		외부 후보자 2
다국적 헤드헌팅 업체가 도쿄 지사로부터 인재 서칭을 의뢰받음.		■ 노리코, 42세 - 일본 국적 ■ 판매 경력 10년, 오사카와 도쿄의 여러 매장을 관리했음 ■ 주요 경쟁사의 플래그십 스토어를 3년 관리했음

그림 14.4 직무 기술서와 선발된 후보자들

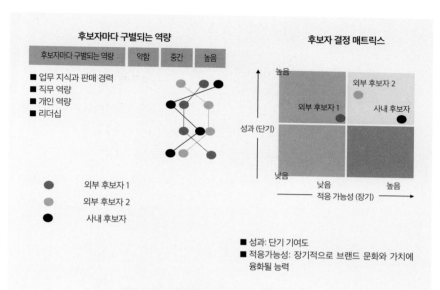

후보자마다 구별되는 역량

후보자마다 구별되는 역량	약함	중간	높음

- 업무 지식과 판매 경력
- 직무 역량
- 개인 역량
- 리더십

● 외부 후보자 1
● 외부 후보자 2
● 사내 후보자

후보자 결정 매트릭스

■ 성과: 단기 기여도
■ 적응가능성: 장기적으로 브랜드 문화와 가치에 융화될 능력

그림 14.5 후보자 평가와 추천 내용

분석과 의견

이 채용 과정에 있어 중요한 점은 아래 두 가지 기준으로 후보자의 행동을 평가하는 것이다.

- 후보자가 거둔 단기적 성과: 판매 실적, 팀 관리, 일상적인 매장 운영에 있어 많은 가치를 창출해냈는가 여부
- 채용하려는 이탈리아 회사의 일상 업무와 업무 절차, 조직 문화, 무형식의 관리 체계에 대응할 수 있는 후보자의 장기적인 잠재된 적응력

이번 사례 연구에서는 헤드헌터가 제공한 자료에 다음과 같은 의견이 있었다.

- 사내 후보자: 경력이 짧음에도 불구하고 이탈리아 본사 내에서 '높은 잠재력'을 지닌 인재이고, 핵심 채용 기준 관련하여 긍정적인 평가를 받고 있어 지원한 직위에 만만치 않은 경쟁자가 될 것으로 보임.
- 외부 후보자 1: 성과와 개인 역량 모두 다른 지원자에 비해 낮아 이탈리아 회사에는 적합하지 않을 수 있음.
- 외부 후보자 2: 매장 운영과 관리 경험을 자산으로 플래그십 스토어를 이끌 수 있음. 후보자의 현재 이탈리아 경쟁업체에서의 직위는 확실히 유리하게 작용.

도구 3: 매장 직원의 업무 정의하기

매장의 효율성과 생산성을 최대한으로 끌어내기 위해, 모든 내부 업무들이 직원들에게 명확히 배분되어야 한다. 업무를 배분할 때에는 다음 내용을 지키는 것이 중요하다.

- 가능하면 직원 회의 시, 업무 배분을 하는 관행을 도입하자. 이는 직원 개개인이 어떻게 팀 전체에 기여하는지 인지할 수 있도록 하기 위해서이다.
- 직원들을 의사 결정 과정에 참여시킨다. 직원들은 그들이 선택한 업무에 더욱 공헌하고 있다는 것을 느낄 것이다.
- 직원 개개인의 능력과 전문지식에 맞춰 업무를 현명하게 위임한다. 시간을 내서 직원이 맡은 업무를 직접 시범을 보이며 설명하고 직원이 업무에 적응할 수 있도록 돕는다.

- 표 14.1을 활용해 직원들의 업무를 업데이트한다.

- 정기적인 모니터링을 통해 직원들의 업무를 확인하고 피드백을 제공한다.

- 정기적으로 업무를 순환하여 직원들의 공헌 수준을 유지한다.

표 14.1 각 직무의 업무 내용

부서	직위	업무 내용
직무 A		제품 분류/정렬 품질 검사 매장 면적에 따른 제품 준비 라벨 체크 모든 제품이 매장에 잘 진열되어 있는지 확인
직무 B		재고 상황(베스트셀러 제품 등)에 대한 지속적인 파악 반품과 재고 이동 준비 세일과 이벤트 준비 비주얼 머천다이징/세일즈/쇼윈도에 대한 지침 준수
재고 관리		정기적으로 재고 확인 주문 받은 제품 준비 창고 정리
A/S와 수리		제품을 제품 수리 담당에게 전달 수리 완료된 제품 수령 및 고객에게 안내 전화
비주얼 머천다이징		가이드라인 준수 매장의 외관에 대한 관심 매장 쇼윈도 변경 매장 팀 교육
재고 이동		재고 이동 확인/기록 재고 목록 준비 재고 보관 절차의 적용
현금 관리		은행 업무 확인 회계 부서로 서류 전달

도구 4: 직무기술서

직책마다 명확하고 상세한 직무기술서는 필수적이다.

직무기술서는 아래의 여섯 가지 기본 요소를 기반으로 정립해야 한다.

- 직무 목표
- 의무와 책임
- 성과 평가 기준
- 경력과 기술 관련 업무 프로필
- 조직도상에서의 연결고리와 위치
- 경력 개발 전망

직무기술서에는 항상 아래 내용이 포함되어야 한다.

 – 직무에 필요한 자격요건 리스트 (표 14.2 스토어 매니저용, 표 14.4 세일즈 컨설턴트용)

 – 채용 과정에서 사용하는 후보자 평가표 (표 14.3 스토어 매니저용, 14.6 세일즈 컨설턴트용)

 – 매년 직원 평가용으로 사용하는 업무 평가표

아래에 네 가지의 주요 리테일 직무를 대략 소개하고 있는데, 이 중 두 가지 직무는 자세히 설명할 것이다.

- 클러스터 매니저
- 스토어 매니저 (자세한 내용은 아래에)

- 스토어 어시스턴트 매니저

- 세일즈 컨설턴트 (자세한 내용은 아래에)

표 14.2 스토어 매니저 직무에 필요한 자격 요건

	경력	기술
필수 조건	• 판매 또는 실무자	• 카리스마와 리더십 • 코칭 기술 • 가르치는 기술 • 꼼꼼함과 체계성 • 세심한 주의 • 능숙한 서비스 기술 • 근무유연성, 봉사정신 • 경청하는 능력 • 높은 청렴도 • 신중함 • 럭셔리 이미지를 반영한 제품 진열 능력 • 적절한 어휘와 정확한 발음 • 유창한 영어 실력
선호 자격	• 럭셔리 브랜드 분야 • 매장 매니저	• 고급 커뮤니케이션 기술 • 다재다능하고 판매와 행정 업무에도 능숙 • 조직에 대한 존중 • 압박 속에서도 발휘하는 뛰어난 능력 • 스트레스 상황에서도 능숙한 업무 처리 • 기대 이상의 적극성 • 리테일 시장과 럭셔리 세계에 대한 지식 • 비즈니스 기술 • 마케팅 재능 • 관리 능력 • 기본적인 컴퓨터 능력
부적격		• 강한 개인주의 • 리더쉽 부족 • 승진에 대한 지나친 야심

우리는 스토어 매니저와 세일즈 컨설턴트의 직무기술서에 관해서도 설명

하려고 한다. 스토어 매니저의 역할 중 하나는 '코치' 역할이다. 스토어 매니저가 팀을 감독하고 코치하는 데 있어 어떻게 기량을 발휘할 수 있는지에 관해서도 설명할 것이다. 세일즈 컨설턴트용으로 상세한 업무평가표를 실었는데 (표 14.5), 스토어 매니저는 매년 이 평가표를 사용해 직원의 업무 평가를 수행할 수 있다.

표 14.3 스토어 매니저 후보자 평가표

평가항목	점수
럭셔리 브랜드에 어울리는 고객 서비스를 제공할 수 있음	
고객 관계 구축 방법을 알고 있음	
제품에 대한 이해	
세심한 주의	
유창한 영어 실력	
제2외국어 능력	
하나의 비즈니스 단위로서 매장을 관리할 수 있음	
브랜드 프로모션 능력	
체계적이고 코디네이션 방법을 알고 있음	
능동적인 경청 능력	
역동적이고 적극적임	
훌륭한 리더십	
매장 직원 교육 및 코칭 능력	
패션과 트렌드에 대한 이해	
전반적인 평가	

| 클러스터 매니저

보고 라인: 리테일 오퍼레이션 디렉터

직무 목표 본사의 판매 전략과 머천다이징 정책을 담당 지역의 모든 매장에서 실행되도록 한다. 브랜드 홍보대사의 역할을 한다.

의무와 책임

- 담당 지역 내 모든 매장(최대 5곳)의 판매 상황 모니터링 및 매장 운영 방향 수립
- 조직 내 상하 커뮤니케이션 전달
- 담당 지역 내 판매팀 감독과 관리
- 리테일 전략 실행 감독
- 리테일 관리 권한 위임
- 필요할 경우 판매와 행정 업무 지원

표 14.4 세일즈 컨설턴트 직무에 필요한 자격 요건

	경력	기술
필수 조건	판매 경력, 신입의 경우: 평균 수준의 교육으로 최소 대학 교육 2년 이상	• 판매 역량 • 열린 마음과 호기심 • 세심한 주의 • 회복 탄력성 • 용모와 의사소통 • 대인관계 및 경청 기술 • 서비스에 대한 관심 • 인내심 및 근무 유연성 • 청렴 및 신중함 • 다재다능함 • 협동 정신

선호 자격	럭셔리 및 패션 분야 판매 경력, 신입의 경우 평균 수준의 교육으로, 최소 대학 교육 2년 이상	• 영어(유창함) • 기대 이상의 적응성 • 열정 • 역동성 • 제품에 대한 관심 • 브랜드 식별 및 충성심 • 하나 이상의 외국어 마스터 • 기대 이상의 적극성 • 리테일 시장과 패션에 대한 지식 • 여러 매장이나 직책에서 경력을 쌓으려함
부적격		• 의사소통에 어려움 혹은 원만하지 못한 인간관계 • 반항적인 성격과 지나친 개인주의 • 불안정한 성격

성과 평가 기준

- 판매 실적

- 판매의 역동성

- 태도와 관리 성과

- 팀 관리 (매출, 동기 부여, 직무교육 등)

- 본사의 브랜드 전략과 정책 준수

표 14.5 세일즈 컨설턴트 업무 평가표

직무	세일즈 컨설턴트	1= 탁월함 2= 기대이상 3= 양호 – 준수함 4= 기대이하 5= 바람직하지 않음				
직무 역량	설명					
럭셔리 브랜드에 어울리는 고객 서비스를 제공할 수 있음	고객 경험 관련 브랜드 가이드라인을 성공적으로 적용할 수 있음	1	2	3	4	5

고객 관계 구축 방법을 알고 있음	고객 기반을 구축(고객과 반복적인 비즈니스 관계에 관심을 갖고 성공적으로 개발함)하고 구매자를 고객으로 전환할 수 있음	1	2	3	4	5
제품에 대한 이해	컬렉션에 대한 집약적인 정보를 제공하고, 고객을 설득하여 모든 종류의 제품을 판매할 수 있음	1	2	3	4	5
세심한 주의	매장에 럭셔리함을 더하는 디테일과 고객관계에 주의를 기울임	1	2	3	4	5
유창한 영어 실력	영어가 모국어가 아닌 직원들에 한함	1	2	3	4	5
제2외국어 능력		1	2	3	4	5

| 스토어 매니저

보고 라인: 클러스터 매니저

직무 목표

본사의 브랜드 전략 실행으로 고객 만족도와 매장 수익성을 최대화한다.

표 14.6 세일즈 컨설턴트 - 개인 역량 평가표

적극적인 경청		1	2	3	4	5
주도적이고 선제적으로 업무에 임함		1	2	3	4	5
협동정신	팀 목표 달성에 기여	1	2	3	4	5
패션과 트렌드에 대한 이해	패션에 대한 관심, 패션 매거진 구독 등	1	2	3	4	5
용모	복장 규정과 행동 지침을 체화하고 적용	1	2	3	4	5
의사소통 능력	의사소통, 고객과의 대화 태도	1	2	3	4	5
자신감	편안한 동료 관계	1	2	3	4	5

의무와 책임

- 고객 만족도 향상 및 매장 안팎으로 브랜드 홍보

    - 고객 서비스 품질에 대한 책임 (매장 내, 또는 전화나 편지)

    - 매장 유지와 관리

    - 인근 주변 브랜드 홍보대사의 역할, 매장의 대외 관계 관리

        경쟁업체

        호텔, 레스토랑 등 기존 파트너

        현지 기관, 언론인 등 현지 관계자

    - 고객 발굴과 현지 시장 조사

- 본사의 판매 전략을 준수하며 매장의 매출 증대

    - 클러스터 매니저와 함께 매장의 실행계획 수립에 참여

        SWOT 보고서

    - 매장의 실행계획 실시: 운영 방향 및 결과 모니터링

        매장의 양적/질적 목표 수립

        단기, 중기, 장기 전략 구분 (3개월, 6개월, 12개월 단위)

        성과 지표 모니터링 (평균 결제금액, 구매전환율, 판매량, 판매 건수, 애프터서비스 건수, 고객 유치 비율, 충성도 비율 등)

        주간/월간 매장 활동 보고서 및 경쟁사 보고서 (매니저 의견과 분석 포함)

        고객 홍보 캠페인: 대상 고객과 홍보 도구 (카탈로그, 이메일, 이벤트, 선물, 서비스 등)

        직원 관리: 교육, 동기 부여, 도전과제, 개별 목표 등

        매장 관리: 리뉴얼, 유지와 보수, 장비, 사이니지, 쇼윈도 등

- 매장 팀 관리

    - 판매 직원 채용에 참여

    - 신입 판매 직원 현장 교육 및 적응

- '그루밍 가이드' 준수 (유니폼, 메이크업, 헤어, 액세서리 등)

- 직원별 목표 수립

  KPI 연계 직원별 연간/월간 매출 목표 수립

  직원별 질적 목표 수립

  정기적 직원 평가(4~6개월마다)

  시즌 말 보너스 제안

- 직원 관리와 동기 부여

  주간, 월간, 연간 팀 미팅

  리더십/직무 교육

  직원의 교육 필요성 평가 (외국어, 판매 기술, 제품, 서비스 등)

  인사 이동이나 승진 관련한 팀원들의 기대사항 기록

  갈등 해결

- 행정 업무

  직원 간 업무 위임 및 대체 근무 유연성 확보

  경영진이 정한 범위 내 고객 선물과 같은 사은품 결정 권한

  주간 근무 시간 스케줄 관리

  예산 관리

  기타 행정 업무

• 매장 운영

- 재고 관리

  재고 보충

  이론상 필요한 재고량에 대한 피드백 (정기 재고, 연말 재고)

  베스트셀러 재고 유지 (필요한 경우 추가 요청)

  단종 라인 판매 완료

- 정산 관리

  관련 법률, 세금, 관세 규정 및 절차 준수

  계산대 점검

  필요한 경우 은행 송금

- 위생, 안전, 보안 규정

  절차 준수

  지속적 감독

- 수익성 (통제 책임 범위 내) 관리: 직원 수당, 관리 비용, 수수료, 선물, 보너스 및 지급 조건 관리

| 스토어 매니저의 코치 역할

스토어 매니저의 필수 역할 중 하나는 팀 리더 역할이다. 스토어 매니저는 매장 직원들의 코치와 같은 역할을 수행하는데, 이를 위해서는 아래에서 서술하듯이 특별한 기술과 재능이 필요하다.

1단계: 직원의 말과 행동을 들어보고 관찰해라. 스토어 매니저는 직원들의 성과를 관찰할 시간이 부족하기 때문에 직원들에게 유용한 피드백을 줄 수 없을 때가 많다. 시간을 따로 내어서 판매 직원의 말을 들어보고 행동을 관찰해보라! 이러한 활동은 시간낭비가 아니다. 현명한 시간 활용이다. 관찰한 내용을 기록해 두자. 세일즈 컨설턴트 개개인이 필요로 하는 특정 코칭 분야를 파악할 수 있을 것이다.

2단계: 공정하고 정확한 피드백을 제공해라. 세일즈 컨설턴트의 활동에

관한 체크리스트가 완성되면, 피드백을 제공할 준비가 된 것이다. 관찰한 내용에 대해 구체적인 예를 들어라. 직원들에게 지속해서 동기를 부여하고, 끊임없이 배우고 발전하고 싶다는 욕망을 유발하기 위해서는 공정한 태도를 보이는 것이 중요하다.

멈추라: 브랜드 가이드라인에 맞지 않는 방식으로 행동하는 직원에게 '멈추라'고 말하라. (예를 들어, '고객이 자신의 담당 구역으로 다가오면 직원들끼리 잡담은 멈추세요'라고 말한다.)

시작하라: 브랜드 가이드라인의 규정에 따라 행동하지 않는 직원에게 '시작하라' 하라고 말하라. (예를 들어, '응대한 모든 고객에게 명함을 주는 습관을 시작했으면 좋겠어요'라고 말한다.)

계속하라: 브랜드 가이드라인을 잘 지키는 직원의 행동에 '잘 했어요!'라고 말하라. (예를 들어, '고객이 원하는 것을 정확히 알아내기 위해 이러이러한 것에 관하여 개방형 질문을 했다고 들었습니다. 덕분에 고객이 원하는 것을 빨리 찾을 수 있었고, 고객이 서둘러 비행기를 타야 하는 와중에도 제품을 두 개 더 판매했습니다! 앞으로도 계속 그렇게 잘 해 주세요!"라고 말한다.) 직원이 잘한 일에 관하여 평가해 주는 것은 중요하다. 만일 직원이 자신이 한 일이 제대로 평가받지 못했다고 생각하면 다시 또 이런 행동을 하려고 하지는 않을 것이다. 이 외에도, 모든 직원은 성과와 관계없이 정기적으로 피드백을 받아야 한다. 피드백을 해 줄 때에는 항상 적어도 한 개 이상의 긍정적인 면, 개선해야 할 부정적인 면을 찾아 알려주어야 한다. 이렇게 하면 직원들은 비록 몇 가지 부분에 대해서 개선이 필요하다는 지적을 들어도 동기부여가 될 수 있다. 좋은 성과를 낸 직원에게도 동기부여가 되어 더 잘하려는 의욕이 생길 것이다. 피드백은 정기적으로 주어야 한다는 것을 명심해라. 그렇지 않으면 효과가 없을 것이다.

3단계: 근무 중인 직원들을 관찰해라. 매니저가 가장 자주 소홀히 하는 단계이다. 피드백을 주는 것은 필수적이지만 개인의 행동을 변화시키기에는 충분하지 않다. 매니저는 직원들이 그들의 페이스대로 일하는 것을 방해하지 않으면서 코칭을 해야 한다. 직원들이 더 나은 성과를 거둘 수 있도록 직원들을 훈련하는 간단한 방법 세 가지를 아래와 같이 소개하려 한다.

- 실제 상황에서: 근무시간 동안 직원들이 고객을 응대하는 것을 계속 관찰하고 필요한 조언을 제공한다.
- 2인 1조로 일하기: 시간이 허락한다면, 직접 판매하는 것을 보여준다. 직원들의 본보기가 되고, 직원들이 어렵게 생각하는 일을 어떻게 하는지 직접 보여주며, 다음 고객을 대상으로 실천해 보게 하는 것이다. 직원들과 함께 일 하면서 계속해서 관찰하고 필요한 조언을 한다. 직원과 2인 1조로 일하면서 솔선수범하며 팀을 이끈다면 직원들의 존경을 받을 것이고 직원들은 매니저가 제안하거나 조언하는 것에 더 열린 자세를 보일 것이다.
- 역할 연기role playing: 매장에 손님이 몇 명뿐이라면, 직원들을 교육할 좋은 기회다. 역할 연기는 정말 효과적일 수 있다. 예를 들어, 매니저는 고객의 역할을 하고, 직원은 세일즈 컨설턴트 역할을 해 본다. 그리고 나서 서로 역할을 바꾸어서 해 보는데, 매니저는 직원에게 어떻게 행동해야 하는지를 보여준다. 이 과정을 진행하는 내내 필요한 조언을 제공한다.

| 스토어 어시스턴트 매니저

보고 라인: 스토어 매니저

직무 목표

스토어 매니저를 도와 고객을 전적으로 만족시키고 매장의 수익을 극대화한다.

스토어 매니저 부재 시, 스토어 어시스턴트 매니저의 역할은 매우 중요하다.

의무와 책임: 아래 업무와 관련하여 스토어 매니저를 돕는다.

- 매출 관리
- 팀 교육
- 매장 관리
- 브랜드 이미지 관리
- 직원 감독 및 코칭
- 판매 목표 달성

평가 기준:

KPI에 따른 매장 목표 달성 여부

- 판매량
- 마진
- 구매 전환율
- 예산 계획(로컬 관리 계정)
- 고객 포트폴리오:
  - 전반적 현황(정보 관리 수준, 정보량 등)
  - 고객 유치 비율, 충성도 비율, 고객 감소율
  - 재고, 재고 손실 등

매장의 세일즈 컨설턴트 개인별 목표 달성 여부

- 팀의 성장:

  – 매출

  – 승진 등

- 브랜드 이미지 존중

| 세일즈 컨설턴트

보고 라인: 스토어 매니저 혹은 스토어 어시스턴트 매니저

직무 목표 매출 증가와 장기적 고객 관계 수립을 위한 브랜드 전략에 맞춰 고객에게 잊지 못할 경험을 제공한다.

의무와 책임 개인별 목표를 달성하고 매장의 목표를 달성하는 데 기여한다. :

- 핵심 성과 지표(KPI)
- 고객 포트폴리오 (고객 데이터베이스가 존재하는 경우) :

  – 고객 유치, 고객 충성도.

  – 수집된 정보의 양과 질

- 동료 세일즈 컨설턴트 지원
- 경우에 따라, 관리팀 지원 (재고 관리 등)

다음 사항을 포함하여 본사가 정한 가이드라인을 항상 준수한다. :

- 판매와 서비스 가이드라인
- 고객 응대와 서비스 품질
- 용모

- 매장과 제품 진열 상태 (쇼윈도와 디스플레이)
- 브랜드와 제품, 실무에 대한 지식:
  - 안전 지침
  - 승인에 필요한 절차와 규칙
  - 정보 시스템

매장 일일 관리 업무에 참여한다. :

- 매장 관리 및 유지
  - 매장의 청결 관리
  - 적절한 쇼윈도, 디스플레이, 집기 관리
  - 제품의 청결 유지
  - 정산 관리부터 재고 관리까지 유연한 대체 근무
- 아래 업무에 적극적인 참여
  - 팀 미팅(상품/서비스 제안 등)
  - 이벤트, 공모전, 정기회의
  - 고객의 문의와 클레임 처리 (신상품, 결함 발견 등)
  - 정기 재고 조사 및 연말 재고 조사
- 그 밖에 스토어 매니저가 특정 시간이나 기간 동안 위임한 업무
  - 매장의 쇼윈도와 디스플레이의 장식과 관리
  - 재고량 유지와 재고 보충
  - 교육 프로그램 준수
  - 참석 요청 준수
  - 신제품 정보 숙지

도구 5: 진로 개발

매장을 성공적으로 관리하려면 직원들에게 진로 개발의 기회를 주고, 이직률을 최소화하는 것이 중요하다. 매장 직원의 유연한 진로 선택을 위해 매장, 리테일 오퍼레이션, 머천다이징 등 다양한 부서에서 업무 경험을 쌓을 수 있도록 해야 한다. (그림 14.6)

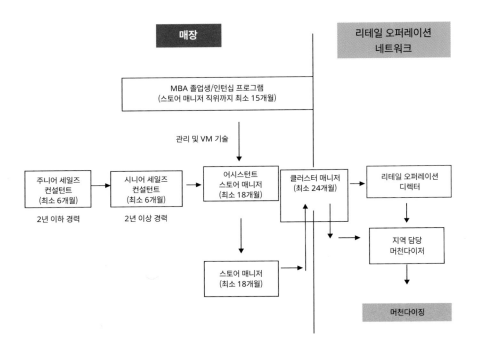

그림 14.6 리테일 업계 진로 방향

| 판매 분야 진로 개발

세일즈 컨설턴트는 주니어 컨설턴트와 시니어 컨설턴트로 나뉜다.

스토어 어시스턴트 매니저는 아래와 같은 자격요건을 가져야 한다.

- 판매 관련 전문 지식이 뛰어나고 매장 관리와 비주얼 머천다이징 스킬을 지닌 시니어 세일즈 컨설턴트
- 훌륭한 관리 기술과 비주얼 머천다이징 기술을 갖추고 판매 분야에서 경력을 쌓으려 하는 비즈니스 스쿨 졸업생

스토어 어시스턴트 매니저는 팀을 이끄는 능력과 매장의 실적 개선 능력이 입증되면, 스토어 매니저로 승진할 수 있다.

스토어 매니저는 다음과 같은 기회를 가진다.

- 일반 매장을 관리하다가 경험과 능력이 검증되면 플래그십 스토어를 관리한다.
- 스토어 매니저로서 능력이 입증되면 클러스터 매니저로 올라간다.

클러스터 매니저는 다음과 같이 세 가지 진로가 가능하다.

- 리테일 오퍼레이션 디렉터
- 머천다이징 부서로 이동
- 교육 담당 부서로 이동

| 판매 분야 진로 관리

진로에 관해 좀 더 간단하게 이야기해 보자. 이를 위해 진로 개발의 네 단계를 설명한 울리히Ulrich와 스몰우드Smallwood의 2008년 연구에서 소개된 모델을 소개하고자 한다.

이 모델을 통해 인사 담당 부서 직원들은 조직 내의 사다리를 오를 수 있

도록 진로를 수월하게 만들어주고 진로가 향상되는 과정에서 누락된 점이 있는지 확인할 수 있다. (그림 14.7은 리테일 진로 개발의 네 단계를 설명하는 차트이다.)

진로 개발 단계 모델을 통해 직원들은 진로 목표를 세울 수 있고, 현재의 위치에서 최대의 결과를 낳기 위해 무엇이 필요한지도 알 수 있다. 이 모델은 각 개발 단계마다 동료 직원들이 기대하는 업무, 직원들 간 형성된 관계의 유형, 직원들이 가져야 할 마음가짐이 다르다는 것을 잘 보여준다.

- 매장의 일이 어떻게 돌아가는지 다른 사람들을 통해 배운다.
- 직접 매장 운영에 기여하면서, 리테일의 여러 기술과 기술적 지식을 숙달한다.
- 팀원과 매장 운영에 기여하면서, 팀을 이끌고 매장을 관리하거나 고객 포트폴리오를 관리한다.
- 그룹의 경영진 사이에서 미래의 비즈니스 개발을 주도한다.

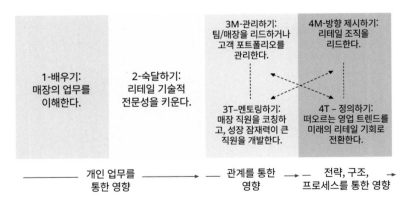

그림 14.7 리테일 진로 개발의 4단계

진로 개발 단계 모델을 바탕으로 매장 판매에 특정된 진로 개발 체계를 개발한다.

- 럭셔리 그룹 내에 현재 존재하는 판매직의 분류
- 판매 분야에서 경력을 쌓으려는 직원들이 기대할 수 있는 기회와 가능한 시나리오 (그림 14.8은 이러한 단계를 표로 나타낸 것이다.)

이러한 모델 외에도, 독자들의 이해를 돕기 위해, 매장에서 세일즈 컨설턴트로 시작해 거쳐야 할 여러 단계와 놓치지 말아야 할 기회들을 판매직의 진로에 대한 몇 가지 예시를 통해 살펴볼 것이다. (그림 14.9와 14.10은 이러한 진로 시나리오를 표로 나타낸 것이다.)

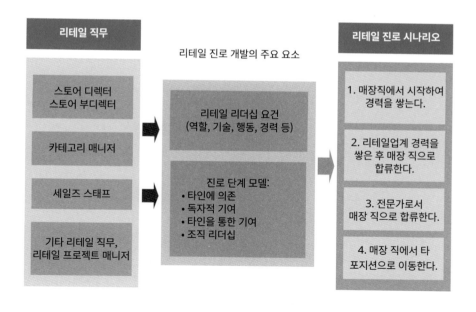

그림 14.8 진로 개발 프레임워크

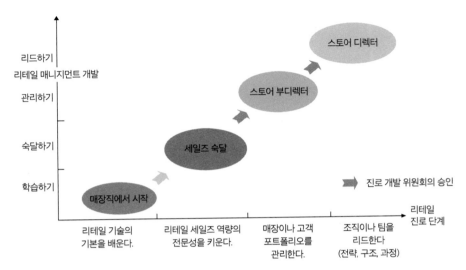

그림 14.9 리테일 진로 시나리오: 매장 직에서 시작하고 성장하기

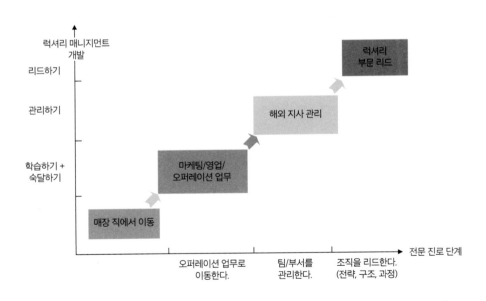

그림 14.10 리테일 진로 시나리오

도구 6: 매출 목표 설정

정해진 예산 안에서 판매 성과를 올리고 판매 조직을 운영하려면 모든 판매 관련 직원들의 일관된 목표가 있어야 한다. 일관된 목표에 따라 성과 기준표를 정립하고 모든 직원들의 업무 능력 향상을 위해 노력해야 한다.

- 연간 예산이 편성되면 아래로 전달되어 매장 관리자에게까지 통보 된다.
- 클러스터 매니저와 스토어 매니저가 달성해야 할 월별 매출 목표가 정해지고 매달 실적을 점검한다. (월별 판매 예산은 월별 목표에 맞춰 편성되어야 한다.)
- 세일즈 컨설턴트가 달성해야 할 매출 목표가 매달/매주/매일 정해지며 매주 실적을 점검한다. 스토어 매니저는 다음과 같은 양식을 사용해야 한다.
  – 직원용 일별/월별 매출 기록 양식
  – 매장용 일별 매출 목표 양식
- 세일즈 컨설턴트는 고객 장부의 양식을 활용해 자신의 판매 성과를 체크하고 분석할 수 있다.
  – 일별 매출 기록표
  – 월별 매출 기록표
- 매출 목표와 실행 계획은 매월 점검하고 (세일즈 컨설턴트는 매주 점검) 피드백이 제공되어야 한다.
- 매출 실적을 모니터링 하여야 하고 모니터링 결과는 매장 판매 일지에 기재한다.

도구 7: 공정한 리테일 급여 체계 정의하기

아래 세 가지 주요 원칙을 명심해야 한다.

- 인센티브 제도를 재정비 한다.

  판매관련 부서에 재무적 목표를 달성함에 있어 인센티브 제도의 중요성을 인식시키고, 직원 급여의 상당 부분이 인센티브로 포함되는 것을 이해시키기 위함이다. 급여 패키지에 들어가야 할 사항은 다음과 같다.

  - 기본급과 장단기 인센티브로 구성된 급여

  - 의료 보험과 연금을 포함한 복지 혜택

  - 직무교육, 승진, 진로 변경, 보상, 진로 전망 등을 포함한 진로 개발 기회. 즉, 회사에 남아서 장기적으로 이룰 수 있는 부가가치.

- 인센티브 패키지는 직원의 행동과 태도에 영향을 미치는 핵심 요소이다. 특히, 재무적 전략의 변화는 직원의 행동에 변화를 이끈다. (표 14.7)

- 서로 구분되지만 동시에 연관된 세 가지 관점, 즉 고용인, 직원, 비용의 관점이 서로 조화를 이루어야 한다. (그림 14.11)

- 투자 수익ROI 측정

  기업 조직은 주요 문제에 대한 해결책을 찾아야 한다. 그렇기 때문에 인재에 투자하여 가치를 최대화해야 한다.

표 14.7 적절한 급여를 측정하기 위한 KPI

중요한 질문	KPI 제안
어떠한 성향, 경험, 행동이 실제로 보상을 받는가?	판매 기술: 고객을 응대할 때 필요한 '중요한 행동', 고객 데이터베이스 사용
직원의 성공을 위해 어떤 진로와 직무가 필요한가?	판매 성과: 고가 제품 판매를 위한 설득 기술 '빠른' 승진, 직무교육

직원의 역량향상이 회사에 미치는 결과는 어떠한가?	인재 유출 방지, 직원의 공헌과 인식 향상, 고객 만족 등
직원들의 말보다는 행동으로 봤을 때, 급여 패키지 구성요소 중 직원들이 가장 중요하게 여기는 요소는 무엇인가?	브랜드에 대한 지식, 신규 고객 대상 판매 경험, 팀 성과에 대한 인센티브 등의 중요성
어떤 부류의 직원들이 어떤 방식으로 매출에 가장 많이 기여하는가?	스토어 매니저, 판매 직원 등

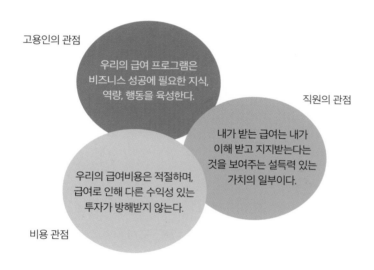

그림 14.11 고용인, 피고용인, 비용관점에서의 균형

판매 활동과 관련한 효율적인 인센티브 제도를 고안할 때, 인사 담당 부서와 경영진은 아래 네 가지 핵심원칙에 초점을 맞춰야 한다.

- 핵심 원칙 1: 급여 체계의 모든 구성요소를 그룹의 목표 우선순위에 맞춘다. (그림 14.12)

  기본급을 인상하고 현금으로 지급하는 개별 인센티브를 중단한다. ('한 팀원이 획득한 것을 팀 모두가 나누는 방식'으로 바꾸는 것을 의미한다.) 개별 인센티브로 인해 세일즈 컨설턴트들은 수단 방법을 가리지 않고 매출을 올리고, 팀 동료들과 단발성 구매 고객들을 부정적으로 대우하는 경향이 있다.

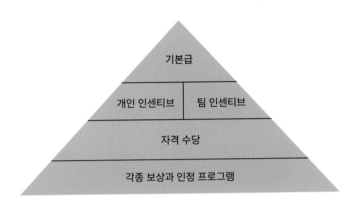

그림 14.12 리테일 급여 패키지의 5가지 구성요소

단기 인센티브는 직원의 성과, 적절한 행동, 고객 데이터 수집과 활용 등과 같은 비즈니스의 주요 동인과 연결해 차별화된 방식으로 지급한다.

팀 인센티브는 직원들 간 경쟁이 아닌 협력을 하도록 매장의 실적과 연결해 장려하고 단체 성과 지표를 사용한다.

이목을 끄는 프로젝트나 튜터링 프로그램, 수준 높은 행사 주최 등 직원에 대한 인정과 보상 프로그램을 기획한다.

- 핵심 원칙 2: 직원의 성과에 관해 보상할 때에 시장과 업계의 시기를 고려해 적절한 균형을 찾는다. (그림 14.13 및 14.14)
- 핵심 원칙 3: 분기마다, 반기마다, 그리고 매년 건설적인 평가를 진행해 직원

들이 본사의 비즈니스 목표를 공유하도록 한다. 직원 평가는 모든 업계에서 실시하고 있지만, 세일즈 컨설턴트는 평가 대상에 포함시키지 않는 경우가 있다. 우리는 이들도 직원 평가에 포함시켜야 한다고 생각한다. (표 14.5 세일즈 컨설턴트 평가표)

- 핵심 원칙 4: 고객층이 같은 기업 중 최우수 기업(예를 들어 럭셔리 업계의 경쟁사나 프라이빗 뱅크)의 인센티브 제도와 비교한다.

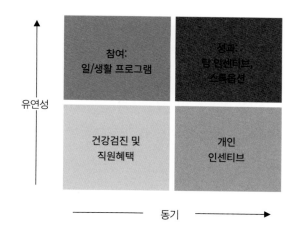

그림 14.13 일부 구성요소의 매핑: 유연성과 동기

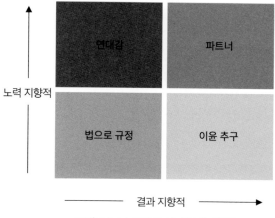

그림 14.14 4가지 성과보상 방법

| 실제 사례

판매 직원의 급여 체계 설정과 관련하여 위에서 언급한 네 가지 핵심 원칙을 어떻게 적용하고, 이들 사이에 적절한 균형을 찾을 수 있는지를 살펴보자.

- 근무하는 동안 일어날 수 있는 급여와 인센티브에 대한 직원과 본사 간 의견 차이가 있는지 확인한다. 이 문제에 대한 이해가 충분치 않을 경우 그룹에 심각한 문제를 야기할 수 있고 막대한 매출 손실로 이어진다.
- 비즈니스 목표는 직원의 진로 단계에 따라 정해진다. 진로 개발 위원회의 도움을 받아 단계마다 비즈니스 목표를 확인하고 승인하는 것은 중요하다.
- 조직 전체와 보조를 맞춘 승진, 특별 훈련과 인센티브 등과 관련된 진로 전망은 직원 각자가 자신의 미래를 적극적으로 설계하는데 도움이 된다.
- 직원들에게 지속적인 동기부여를 할 수 있는 승진, 특정 직무교육, 기타 인센티브 정책과 관련된 진로 전망. 직원들이 회사와 발맞춰 가면서, 주도적으로 미래를 준비할 수 있도록 도울 수 있어야 한다.
- 급여 체계의 구성요소로 직원의 진로 진척 정도를 알 수 있는데, 기본급, 개별 및 단체 성과급, 관리자 자격 수당 사이에서 적절한 균형이 이뤄져야 한다.

도구 8: 직원들이 지켜야 할 그루밍 가이드라인

직원들의 용모와 그루밍은 타 브랜드와 구별된 스타일 창조에 기여한다. 직원들의 그루밍 코드와 규칙, 유니폼은 고객들이 브랜드의 스타일을 쉽게 알아볼 수 있도록 만들어진다.

브랜드마다 자사 '그루밍 가이드라인'을 가지고 있어야 한다. 그루밍 가이드라인은 브랜드가 추구하는 가치에 따라 설정된다. 판매 직원이 가이드라인을 얼마나 잘 준수하는가에 따라 고객과 제품에 대한 이들의 태도를 알 수 있다.

| 실제 사례

다음은 여성 직원에게 적용할 그루밍 가이드라인으로 가능한 예시이다.

헤어
클래식한 스타일에 단정한 커트
붙임머리와 가발은 금지
헤어 액세서리는 튀지 않는 색의 머리핀이나 밴드 정도만 가능
밝은 색상의 머리핀, 스크런치, 집게 핀, 헤드밴드는 금지
튀지 않는 염색만 허용

메이크업

메이크업 파운데이션:

* 최소한으로, 내츄럴 톤

눈화장:

* 튀지 않는 톤의 아이섀도
* 최소한의 아이라이너와 마스카라
* 자연스러운 눈썹

입술:

* 옅은 색의 립스틱.
* 립 라이너는 두드러지지 않게 사용

손톱 :

* 투명하거나 피부와 비슷한 단색
* 손톱 길이는 5㎜ 이하
* 가짜 손톱이나 네일 주얼리 금지

액세서리

귀걸이:

* 작고 심플한 모양
* 드롭 이어링이나 후프이어링 금지

목걸이:

* 목걸이 체인은 한 줄로 얇게, 펜던트는 심플한 것으로 하나만
* 한 줄 진주 목걸이
* 화려한 펜던트나 체인 모양 금지

- 양쪽 귓볼의 피어싱은 각각 하나만 허용
- 브로치나 핀 금지
- 제품을 보여주면서 반지나 팔찌로 고객의 시선이 분산되면 안 됨
- 문신은 보이지 않게
- 귀 외에 다른 부위 피어싱은 보이지 않게

주의사항:
- 일상적인 개인위생은 모든 직원에게 중요함.
- 용모, 복장, 위생 관련 문제점이나 해결책에 관한 대화는 공개적으로 하지 않고 직원과 직원의 상사 간 개인 미팅 방식으로 해야 함.
- 용모와 복장 가이드라인은 직원에게 개인적으로 적용함이 아니라 회사 전체 비쥬얼 수준을 유지하기 위함임을 상기하기 바람.

도구 9: 글로벌 비즈니스 윤리

| 글로벌 직업 윤리 강령의 필요성

럭셔리 브랜드들은 오늘날 여러 CSR 표준이 개발될 것을 예상하고 있었다. 이들은 직업 윤리 강령을 제정해 모든 직원이 근무 지역과 상관없이 가장 높은 수준의 윤리적, 법적 기준을 준수하도록 했다. 이런 윤리 강령은 비윤리적인 행동으로 야기될 수 있는 위험을 피하고자 제정되었는데, 사내에 글로벌 윤리 위원회를 만들고 윤리 강령이 잘 지켜지도록 역할을 부여할 수도 있다.

윤리적인 방식으로 비즈니스를 운영하고 위반사항이 있으면 상사나 글로벌윤리위원회 등에 보고하는 것은 직위와 관계없이 모든 직원의 의무이다.

보고 절차의 적용 범위

아래는 글로벌 윤리 위원회에 보고해야 할 위반 사항의 범위의 예시이다.

- 재화나 서비스 구입 시 부적절한 행위를 한 경우
- 이해 충돌의 경우
- (현재 혹은 잠재적) 경쟁업체나 공급업체에서 기부, 선물, 기타 대가를 받은 경우
- 정부 관계자로부터 기부, 선물, 현금을 요구받은 경우
- 불법적인 노동 조건
- 의심스러운 금융 거래
- 타 업체의 정보를 획득하기 위해 경쟁업체가 시도하는 적대적인 행위

동료나 상사가 어떤 형태이든 관계없이 비윤리적인 행동을 한다는 것을 알게 된 직원은 누구든지 아래 절차를 따라야 한다.

| 글로벌 윤리 위원회 보고 절차

- 재화나 서비스 구입

  앞으로 거래할 가능성이 있는 공급업체로부터 재화나 서비스를 구입할 때,
  계약서 서명 권한을 부여받은 직원은 공급업체에 대해 중립성과 독립성이 확
  보된 환경에서 업무를 수행해야 한다.

  직원은 최소 두 개의 공급업체 제안서를 검토한 후 결정해야 한다. 제안서의
  세부사항은 구매 대장에 기록해야 한다.

  공급업체가 한 곳뿐이라면 직원은 글로벌윤리위원회(이하 위원회)에 보고해
  야 한다. 위원회는 최종 결정을 내리고 해당 공급업체로의 재화와 서비스 주
  문을 승인한다.

- 이해관계 충돌

  직원 혹은 직원의 가족이나 가까운 친구가 회사와 직간접적으로 거래하는
  (혹은 거래하고자 하는) 업체의 주식의 상당 부분(예를 들어, 해당 업체의 자
  산 5% 이상)을 가지고 있다면, 위원회에 즉시 알려야 한다.

- (현재 혹은 잠재적) 경쟁업체나 공급업체로부터 기부, 선물, 기타 대가를 받
  은 경우

직원 혹은 직원의 친척이나 가까운 친구가 회사와 거래하는 혹은 거래하
고자 하는 업체나 개인으로부터 기부, 선물, 또는 기타 대가를 받을 경우, 적절
한 경영진 또는 해당 지역 담당 책임자와 위원회에게 즉시 보고해야 한다.

직원이 회사와 거래하는 혹은 거래하고자 하는 업체나 개인으로부터 (회사

가 정한) 일정 금액 이상의 선물이나 혜택을 받았을 경우 적절한 경영진 또는 해당 지역 책임자와 위원회에 즉시 보고해야 한다.

'선물'의 정의는 세계 여러 지역의 관습에 따라 다르게 정의될 것이다. (예를 들어, 일본과 미국의 기준이 다르다.) 기준의 경계를 판단하기 모호한 경우 위원회와 함께 결정해야 한다.

본사의 공급업체, 고객, 또는 주주로부터 업무상의 이유로 초대를 받은 직원은 중립성을 훼손하지 않는 '합리적인' 가격 수준의 호텔 숙박 정도는 제공받을 수 있다.

(회사가 정한) 금액 이상의 현물은 받아서는 안 된다.

| 실제 사례

- 게스트 파트너로서 공급업체의 제품 설명회에 참석하면서 공급업체가 비용을 지불한 럭셔리 호텔에서 1주일 체류한 경우
- 공급업체가 제공하는 휴일이나 장기 주말 휴가
- 선물 속에 숨겨진 현금
- 직원의 동거인에게 개인적 사용을 목적으로 신용카드를 제공한 경우
- 신용카드/주유 카드
- 자녀의 학비
- 공급업체가 지불한 골프 회원권 등

- 정부 관계자로부터 기부, 선물, 현금 등을 요구받은 경우

  직원이 정부 관계자로부터 받은 어떠한 요구사항이라도 위원회에 보고되어야 한다. 윤리 위원회는 브랜드의 정책과 해당 지역의 기준에 맞춰 적절한 결정을 내릴 것이다.

- 불법적인 근로 조건

  법으로 정해진 근로조건이 지켜지지 않거나 비윤리적이거나 괴롭힘으로 여겨질 수 있는 상황을 발견한 직원은 위원회에 이 사실을 알려야 한다. 윤리 위원회는 이러한 상황을 해소하기 위해 적절하게 조처할 것이다.

- 의심스러운 금융 거래

  회사 안에서 행해지는 회사의 이익을 해칠 가능성이 있는 의심스러운 금융거래에 대한 어떠한 정보라도 위원회에 즉시 보고해야 한다.

- 타 업체의 정보를 획득하기 위해 경쟁업체가 시도하는 적대적인 행위

  제삼자(공급업체, 경쟁업체 등)가 어떤 직위의 직원에게 비윤리적인 방식으로 기밀정보를 얻으려 시도한다면, 글로벌 윤리 위원회에 즉시 알려 정보의 유출을 막기 위해 적절하게 조처할 수 있게 해야 한다.

- 동료나 상사가 이와 같은 비윤리적인 행동을 하는 것을 발견했을 때 취해야 할 조치

  직원은 지위 고하와 상관없이 동료나 상사의 비윤리적인 행동에 대한 증거를 가지고 있다면, 위원회에 알리고 기밀을 유지해야 한다.

  위원회는 조사를 진행하는 동안 제보한 직원의 신원을 보호하고 취해야 할

적절한 시정 조치를 결정할 것이다.

내용 요약

- 매장 직원의 행동이 고객의 기대나 럭셔리 브랜드로서 유지되어야 할 매장 분위기에 부합하지 않는다면, 직원의 행동이나 프로의식에 대해 의문을 품기 전에, 직원의 채용, 검증, 급여체계가 문제의 근원이 아닌지 검토해야 한다. 직원을 비난하기 전에, 현재 실행되고 있는 인사체계의 결과를 분석하는 것은 중요하다.

- 매장의 분위기는 근무하는 직원의 다양성과 업무에 대한 기대에 따라 달라진다. 매장 내에서의 승진이나 매장이 아닌 타 부서로의 이동이 가능하면 할수록, 직원들은 럭셔리 업계로의 진로 선택을 고려할 것이고 장기적 계획을 세울 것이다.

- 고객에 대한 환영이나 감사하는 마음의 표현은 고객에 대한 직원의 관심과 배려의 결과이다. 이는 그저 고객이 매장에 들어설 때 고객의 이름을 기억한다거나 고객이 마지막으로 구매한 제품을 기억하는 것일 수도 있고, 고객에게 설명하는 방식이나, 고급스럽지 않은 복장이나 외모의 방문객에게도 고객을 하나의 개인으로서 어떻게 배려하는지를 표현하는 것일 수도 있다.

- 직원 관리 부서는 현지의 문화를 고려해야 한다. 물론 브랜드 본사는 회사가 정한 운영방식과 정책을 실시해야 하지만 현지 지사는 해당 국가의 관습과 국민의 기대를 고려해야 한다.

15

가격 결정

많은 마케팅 전문가들이 가격 전략을 소홀히 하며 이것이 시장에 미칠 수 있는 영향을 과소평가한다.

-필립 코틀러Philip Kotler, 마케팅 전문가

앞장에서 '매장 믹스'에 대해 설명할 때 가격정책은 다루지 않았는데, 가격은 제품에 이미 통합된 요소라 여기기 때문이다. 럭셔리 리테일에서 가격은 본사에서 결정하며 스토어 매니저나 세일즈 매니저가 결정하지는 않는다. 그러므로 매장의 관점에서 보면 가격정책은 부차적인 것으로 인식할 수 있지만, 여전히 매장 운영의 핵심 요소이다. 럭셔리 제품을 판매하는 경우에도, 경쟁사와 가격 비교, 가격 인하 결정, 판매량을 높이기 위한 할인율 계산 등을 가볍게 여겨서는 안 된다.

완벽한 온오프라인 시스템에서 안에서는 하나의 가격전략만이 가능한데, O2O 연계가 완벽히 기능하도록 같은 제품은 전 세계 어디에서나 같은 가격에 판매해야 한다는 것이다. 예를 들어, 구매하려는 브랜드의 브라질 웹사이트에서 가격을 검색하고, 상파울루 매장에서 제품을 확인하고 나서, 뉴욕 매디슨 애비뉴 매장에 가서 같은 제품을 같은 가격에 구입할 수 있어야 한다. 사실, 뉴욕에서의 가격은 상대적으로 낮아야 맞다. 브라질에서는 상대적으로 높은 관세를 부과하지만, 북아메리카에서는 유럽에서 구매할 때와 가격이 거의 차이가 나지 않기 때문이다. 그러나 온오프라인 시스템의 연속성을 기하는 데는 문제가 있다. 시스템이 완벽해지려면 관세가 없어져야 하며, 모든 브랜드가 어느 곳에서든지 동일한 조건으로 판매되도록 작업해야 한다. 미국의 여러 주에서 부과되고 있는 판매세sales tax도 사라져야 한다. 온오프라인의 완벽한 연속성을 구축하기 위해서는 관세와 현지 판매세(중국에서 부과하는 사치세는 언급할 필요도 없이)는 사라져야 한다는 것이 전제되어야 할 것이다. 물론 이런 시나리오가 현실화 되기는 요원하지만, 이 장에서 설명하겠지만 앞으로는 이런 방향으로 나아가야 한다. 또한, 익스클루시브 단일 브랜드 매장조차도 때로는 개별 운영업체나 독점 수입업체, 프랜차이즈 업체가 운영하고 있다는 사실을 잊어서는 안 된다. 이들 업체는 자신들의 장기적인 이익을 염두에 두면서 브랜드를 운영해야 한다.

브랜드의 직영 매장의 가격을 본사에서 결정하더라도, 프랜차이즈 매장은 어느 정도 자율적으로 가격을 정할 수 있다. 본사의 경영진이나 담당 부서의 관리자들은 프랜차이즈 매장에 제품의 판매 가격이 얼마여야 하는지 알려주겠지만, 판매 가격을 강요할 법적 권한은 없다. 대부분의 나라에서는 제조업자가 가격을 강요하는 것이 금지되어 있기 때문이다. 비슷한 경우로, 백화점 역시 브랜그 본사가 카운터 매장의 가격은 전면적으로 통제할 수 있지만, 숍인숍 매장이나 코너 매장의 제품 가격을 결정할 수는 없다. 따라서 가격에 관한 문제는 여전히 논의할 만한 주제이다. 우선 전반부에서는 가격 정책을 살펴보고 후반부에서는 판매를 높이는데 필요한 할인 정책을 집중해서 살펴 볼 것이다.

일반적인 가격 정책

우선, 글로벌 가격 정책을 살펴보면서 판매에 영향을 미치는 여러 다양한 요인을 알아본 후, 판매 마진에 대해 살펴보자.

| 글로벌 가격 정책

럭셔리 산업에서의 전통적인 관점은 전 세계 어디서나 적용되는 동일한 가격을 정하는 것은 어렵다는 것이다. 많은 나라에서, 수입된 제품에 관세를 부과하는데, 때로는 수입가의 100%에 해당하는 관세가 붙기도 한다. 몇몇 경우에는 부가가치세(판매 가격에 포함되어야 한다) 등 현지에서 적용하는 여러 세금(가격표의 판매 가격에는 포함되지 않고 계산 시에 추가된다)이 부과되기도 한다. 매장의 운영비용 또한 나라마다 지역마다 다르다. 도쿄에서 매장을 열고 판매 직원의 급여를 주는 데 드는 비용은 마드리드보다 두세 배 더 높을 수 있고, 임대료도 분명히 다르다. 이 모든 비용은 어떻게든 리테일 가격에 반영돼야 한다.

보통, 럭셔리 브랜드는 통일된 가격을 정하지 않고 표 15.1에서 보여주듯이 세계를 3개의 지역으로 나누어 책정한다.

유럽 그리고 브랜드가 탄생한 주요 도시의 리테일 가격을 100이라고 하자. 뉴욕에서는 보통 유럽보다는 리테일 가격을 조금 높게 정하는 경향이 있고, 표에서 보듯이 105 정도로 정한다.

그러나 유료화 대비 달러화의 가치가 하락한다면, 뉴욕에서의 가격은 90이나 95 수준까지 내려가 파리에서의 가격보다 낮아질 수 있다. 이에 대한 첫 번째 반응은 미국에서의 가격을 올리는 것이 될 수 있다. 그러나 가격은 일 년에 많아야 두 번이나 세 번 정도 (예를 들자면, 제품 카탈로그를 새로 발행할 경우) 변경할 수 있다. 두 번째 방법은 미국에서의 판매 가격을 올리는 대신, 유럽에서의 판매 가격의 인상 속도를 조절하여 가격 경쟁력을 유지해야 한다. 따라서 뉴욕 매장에서의 가격은 미국 전역에서 적용되고, 미주 지역의 기준이 된다. 예를 들어 아르헨티나의 관세가 30%라면, 아르헨티나에서의 판매 가격은 이론상 105 ×1.3 = 136.5이므로, 가격을 130 정도로 책정할 수 있다. 멕시코의 경우는 관세가 10%이므로, 판매 가격은 120 정도로 정할 수 있는 것이다.

표 15.1 국가별 럭셔리 패션 & 액세서리 브랜드 가격 비교

	파리/밀라노	도쿄/상하이	뉴욕
현지 가격	100	130/120	105/95
면세 가격	80	104/96	84/76

아시아에서는 도쿄에서는 145, 상하이에서는 135 정도의 수준에서 가격이 책정된다. 가격이 높은 이유는 관세도 높고, 이들 국가의 주요 지역의 영업 비용이 높다는 점 때문일 것이다.

이미 설명했듯이, 유로화 대비 달러화의 가치가 떨어져도, 가격을 올리기는 쉽지 않은데, 가격 인상은 특정 시점에만 가능하고, 특별 프로모션 행사가 가격이 공개된 채 진행 진행 또는 예정되어 있지 않았거나 발표되지 않았을 때만 가능하다. (예를 들어, 이미 인쇄가 끝난 프로모션용 전단 등) 그러므로 가격을 인상하고 싶다면 보통 몇 개월, 심하면 몇 분기를 기다려야 한다.

가격을 내리는 것도 간단한 일이 아니다. 유통망을 모두 직영하는 브랜드라면, 위에서 언급한 시간차를 고려해 볼 때, 가격을 비교적 쉽게 내릴 수도 있을 것이다. 하지만 멀티브랜드 매장, 프랜차이즈 혹은 백화점을 통해 제품을 판매하는 경우라면 문제는 더 복잡해진다. 본사가 이들 매장에 이미 재고 상태로 보관되어 있는 제품의 가격을 낮추라고 한다면, 이들은 가격을 내리기 전에 온전한 마진을 보장해 달라고 요구할 것이다. 따라서 소매 업체가 브랜드 본사로부터 50에 제품을 구입해 100에 판매하고 있는 경우, 본사가 90에 판매하기로 결정하면, 중간 업체는 브랜드 본사에 자신들의 구매 가격을 45로 낮춰달라고 요구해, 마진율을 여전히 50%로 유지하려고 할 것이다. 중간 업체는 이미 재고에 대한 대금을 지불한 상태이기 때문에, 차액을 환불해주거나 크레딧 노트credit note를 발행할 것이다. 그러므로 브랜드 본사가 가격을 인하하려면, 각 매장에 직원을 파견하여 남아 있는 재고를 품목별로 파악하여 중간 업체에 발행할 크레딧 노트 금액을 계산해야 한다. 이와 같은 상황은 현장에서 실제로 벌어지지만, 복잡하고 비용이 많이 든다, 그러므로 환율 변동 등을 이유로 가격을 낮추어야 할 필요가 있다면, 좀 더 기다려서 다음 시즌에 예정되어 있던 가격 인상의 폭을 줄이거나 인상 자체를 미루어 필요한 가격 인하의 효과가 일정기간 나타나도록 하는 방법도 있다.

면세점 가격은 세 개 지역 모두 보통 현지의 일반적인 소매가보다 20% 쯤 낮게 책정된다. 표 15.1을 보면 지역별로 면세점 가격은 80, 84~96, 104 수준이고, 패션이나 액세서리, 또는 향수 등의 가격은 파리의 매장보다 도쿄의 나리타공항이나 상하이의 푸동공항 면세점이 더 비싸다는 것을 보여준다. 그러므로 시장이 글로벌화 된다 하더라도 지역별 매장별 리테일 가격의 차이는 여전히 존재하는 것이다.

시간이 지나면서 이런 차이는 줄어들 것이다. 일본의 경제산업성은 럭셔리 브랜드 본사에 주요 제품의 밀라노, 뉴욕, 도쿄의 가격을 정기적으로 발표할 것을 요구하면서 가격 차이를 줄이라고 강요하고 있다. 하지만 럭셔리 브랜드 기업들은 관세와 영업비용 등을 이유로 가격 차이를 일부 정당화할 수 있었다.

표 15.2는 매장에 따른 가격 차이를 나타내고 있는데, 럭셔리 브랜드가 시장에 따라 다른 가격을 적용하고 있는 사실을 확인시켜 준다. 하지만, 이는 단지 평균 수치이고, 사실 브랜드마다, 제품마다 매우 큰 차이가 있다는 것을 숨기고 있다.

그러나 인터넷의 발달과 함께 중국 고객의 압력으로 인해 브랜드 본사가 매장별로 가격을 달리 적용하기는 점점 어려워지고 있다. 중국 고객이 전 세계 럭셔리 시장의 가장 큰 손(전체의 35%)이라는 것을 다시 한 번 상기하자.

여기서 알 수 있는 첫 번째 사실은 럭셔리 브랜드 기업들은 우리가 살펴본 수치보다 훨씬 더 탐욕스럽다는 것이다. 20년 전, 저자 중 한 명이 진행했던 가죽 제품 분야에 관한 한 체계적 연구에서는 유럽과 일본의 가격차이가 70%로 나타났다! (이는 관세, 운송비, 영업비용 등으로 설명하기에는 과도한 차이이다.)

럭셔리 전문 싱크탱크인 L2가 2016년 중국과 미국에서의 럭셔리 슈즈의 가격 차이를 분석한 연구에서 다음과 같은 가격 차이가 나타났다. (위에서 살펴본 수치에 따르면, 그 차이는 약 25%였을 것으로 보인다.)

럭셔리 브랜드 중에서

- 29%는 15%
- 12%는 26~35%
- 17%는 36~45%
- 3%는 46~55%
- 3%는 56~65%
- 9%는 66% 이상으로

가격 차이를 적용한다. (L2, 2016)

표 15.2 국가별 패션 제품의 리테일 가격

유럽	미국	홍콩	일본	한국	중국
100	115	116	125	127	132

출처: 저자 추정

이는 평균 가격 차이가 32%이고, 편차가 매우 크다는 것을 의미한다. 중국 고객은 럭셔리 브랜드가 중국에서 훨씬 비싸다는 것을 인식하고, 오랫동안 중국 본토 가격보다 25~30% 저렴한 홍콩이나 마카오에서 쇼핑하는 것을 선호했다.

그러나 2015년 12월 러시아 루블화의 가치가 떨어지자 다소 특별한 전환을 맞게 됐다. 앞에서 설명했듯이, 본사가 가격을 조정하는 데 며칠이 걸렸다. 이 시간차로 중국과 러시아의 가격 차이가 벌어진 틈을 타, 중국 고객이 항공편으로 러시아에 쇄도했고 매장이 터지도록 밀고 들어왔다. 중국 고객은 럭셔리 고객 중 그 비중이 가장 클 뿐만 아니라 가장 기민한 고객이라는 점을 잊으면 안 된다. 이들은 전 세계 가격을 이미 잘 알고 있다.

그 결과, 온라인 판매가 성장하고 중국 고객들의 영향력이 커지면서 브랜드들은 이제 글로벌 가격 정책을 변경하려 하고 있다. 살바토레 페라가모는 2014년 럭셔리 브랜드 중 최초로 중국과 이탈리아 간 가격 차이를 좁히기 위해 유럽의 가격을 10% 올리고 아시아에서의 가격은 그대로 유지했다. 그 결과 밀라노와 상하이 간 가격 차는 100:125로 줄었고, 홍콩과 면세시장은 90 정도로 조정됐다.

2015년 4월, 샤넬도 가죽 제품에 대하여 유럽의 리테일 가격은 20% 올리고 일본을 제외한 나머지 아시아 지역에서는 낮추면서 유럽과 아시아의 가죽 제품의 가격을 균일하게 할 것이라고 발표했다. 샤넬의 가격 균일화는 유럽의 가격을 기준으로 가격의 편차를 10% 범위 안으로 조절하는 것을 목표로 한 것이다. 후에 샤넬은 이런 정책의 적용 범위를 전 제품으로 확대했다.

다음과 같은 사실도 잊으면 안 된다. 중국 관광객이, 예를 들어 프랑스에 와서 제품을 구입하고 100유로를 지불했다면, 부가세를 환급을 받아 실제 지불한 금액은 85유로가 된다. 반면, 중국에서의 가격을 10%의 범위 안에서 유지한다면 중국에서는 같은 제품이 110유로 정도에 팔릴 것이다. 실제 가격 차이는 25유로로 여전히 크다. 브랜드 본사는 가격을 균일화하라는 압박을 여전히 받을 수밖에 없다.

최근 세금을 부과하지 않는 나라에서 온라인 플랫폼을 통해 판매를 한 후 전 세계 여러 나라로 개별 배송을 하는 온라인 업체의 영업 방식은 브랜드 매니저들의 입장 변화를 야기하고 있다. 이런 경우 어떻게 관세를 부과할까? 몇몇 나라에서는 관세가 없기도 하고 부과하기도 불가능하다. 또 현지 수입업체나 유통업체가 컨테이너로 정식 수입한 제품이 유럽의 주요 온라인 플랫폼을

럭셔리 리테일 매니지먼트

통해 개별 소포로 보낼 때보다 더 비싸기도 하다. 더구나 많은 브랜드가 국경을 초월한 이커머스 시스템을 직접 개발해, 제품이 어느 특정 세금의 부과 대상이 되지 않도록 신고하고 있다. 이러한 현상은 관세 부과에 의문을 제기하고, 어떤 경우든 관세를 낮추는 방향으로 작용할 것이다. 아마도 이 분야에서 급진적인 변화를 기대할 수 있을 것 같다.

미스터인덱스MrIndex 같은 일부 가격 비교 웹사이트는 전 세계 모든 도시에서 판매되는 모든 시계, 예를 들어 롤렉스 매장이나 멀티브랜드 주얼리 및 시계 매장의 시계 가격을 공개한다. 관심 있는 도시 이름과 제품 모델번호를 클릭하면 자세한 정보를 손쉽게 얻을 수 있다. 이는 물론 매장 매니저들이 마음대로 가격을 매기는 것을 억제하는 효과가 있다. 모든 나라의 가격이 명확히 표시되고 가격의 차이가 정당하다면 모든 사람에게 이익이다. 이는 브랜드 본사가 글로벌 시장에서 가격을 균일화하는(고객이 받아들일 수 있는 10~15% 범위 내로) 방향으로 전환하는 데 강한 유인책으로 작용할 것이다.

| 셀인, 셀아웃, 그리고 셀스루

이번 장에서는 가격 정책에 관한 주제를 다루고 있고 특정 국가에서의 가격이 제품에 미치는 영향(물론 경쟁사의 가격이 관계된 만큼)을 살펴보고 있으므로, 셀스루sell-through, (소진율) 개념 또한 살펴보아야 할 것이다. 셀스루는 특정 기간 동안 매장에서 판매된 제품의 수를 매장에 입고된 제품의 수로 나눈 값인데, 가격의 타당성을 보여주는 구체적인 지표로 사용된다.

여기서 우선 가정해야 할 것이 있는데, 브랜드 본사는 독자적으로 직영 매장을 운영할 뿐만 아니라 프랜차이지, 백화점, 멀티브랜드 리테일 업자들과도 일하고 있다고 가정해야 한다.

셀인sell-in은 브랜드가 협력업체 예를 들어, 프랜차이지에 판매한 제품의 수를 뜻한다. 어느 브랜드가 모스크바의 한 프랜차이즈 매장에 어떤 제품을 100개 팔았다고 가정해 보자.

셀아웃sell-out은 이 러시아의 협력 업체(프랜차이즈 매장)가 일정 기간 판매한 제품의 수를 뜻한다. 즉, 유통 시스템 사슬의 끝에서 고객이 구입한 제품의 수 전체를 뜻하는 것이다. 예를 들어, 모스크바에서 4개월간 정가로 판매된 셀아웃이 60이라고 가정해 보자. 이는 판매 기간이 끝날 때 할인 없이 여전히 정가로 재고에 남아있는 제품이 40개라는 뜻이다.

셀스루는 일정 기간 판매한 제품의 비율을 뜻한다. 모스크바의 사례를 계속 들어보면, 셀스루는 처음 2개월 동안 40%, 3개월 후 52%, 4개월 후 60%였다고 할 수 있다.

패션 제품은 세일 시즌이 시작되기 전, 정가로 판매되는 기간에는 셀스루가 65~85%가 되어야 한다.

셀스루는 매월 집계할 수 있고, 실제로 그렇게 집계해야 한다. 위의 예에서 셀스루는 첫째 달에는 25%, 4개월이 지난 후엔 60%였다.

개별 제품의 예를 들어보면, 가죽 핸드백이 새로 출시되었는데, 첫째 달(예를 들어 겨울 컬렉션인 경우 9월)의 셀스루가 10%뿐이라면, 큰 문제가 발생한 것이다. 고객들이 해당 제품에 매력을 느끼지 못했거나 너무 비싼 것이다. 10월 15일까지 가격을 20% 낮추고 프랜차이즈 매장에는 인하된 가격에 온전한 마진을 유지하도록 크레디트 노트를 발행해 주는 등의 적절한 조치가 필요하다.

마진을 다시 살펴보자

앞서 설명했듯이, 마진율은 판매가에서 제품의 구입가를 뺀 마진을 판매가로 나눈 비율이다. 마진율은 때로는 4%뿐일 수도 있고 때로는 50%나 될 수도 있는데, 이럴 경우 언론은 소매업체가 제조업체보다 더 많은 돈을 벌고 있다는 기사를 신나게 쓸 것이 분명하다!

사실 마진율은 오해의 소지가 있다. 마진율은 마진 즉, 제품 구입가와 판매가의 차이를 비율로 나타낸 것이기 때문에, 매장의 영업비용을 고려하지 않고 있는데, 매장의 영업비용이 의외로 클 수도 있다. 그러므로 때로는 마진과 함께 영업 이익을 살펴보는 것도 흥미롭다. 영업비용은 매장의 고정비용을 포함하고 있다. 임대료와 임금이 예상 매출의 30%이고, 마진이 50%라면, 영업이익률은 20%가 된다.

단일 브랜드 매장의 모든 제품에 같은 마진율을 적용해야 할까? 그렇다면 일은 정말 쉬워질 것이다. 매장은 각 품목의 구입가에 정해진 배수를 곱하면 판매가를 간단하게 책정할 수 있을 것이다. 그러나 현실은 항상 그렇지만은 않다. 브랜드가 주요 제품(예를 들어 기성복)에는 동일 배수를 적용한다 하더라고, 같은 (규모의 경제를 달성한) 수량으로 생산되지 않은 신제품에 대해서는 아마도 낮은 배수(고로, 낮은 마진)를 적용할 것이다. 그러므로 단일 브랜드 매장이라 하더라도 제품에 따라 두세 개의 마진율이 적용될 가능성이 있다.

사실, 윌리엄 데이비슨이 매장 관리를 다룬 그의 저서에서 설명하듯이, 제품의 종류와 매장의 종류에 따라 전반적인 가격과 비용 구조가 매우 다를 수 있다. 그는 고급 패션 브랜드의 매장과 일반 백화점 매장과 슈퍼마켓을 비교했는데, 그림 15.1은 그가 사용한 그래프이다.

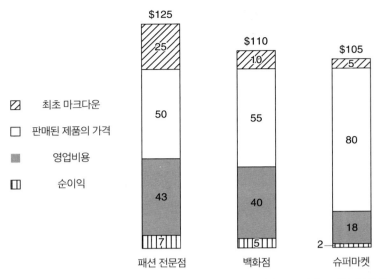

출처: 데이비슨, 스위니, 스탬플의 연구(1988)

그림 15.1 여러 비즈니스 분야의 가격, 비용, 마진 구조

표 15.3 백화점 제품 카테고리별 마진율

제품 카테고리	매출총이익률
주얼리	70%
여성복	65%
패션 액세서리	65%
여성 구두	65%
남성복	55%
남성 구두	55%
홈데코	55%
아동복	50%
가전제품	35%

위 그래프를 보면, 패션 브랜드들은 뒤에서 살펴보겠지만 세일의 영향을 상쇄하기 위해 더 높은 마진이 필요하다. 패션 매장에서는 60%의 마진을 적

럭셔리 리테일 매니지먼트

용해도 실제 그로스 마진(매출총이익)은 50%, 순이익은 5.6% 정도가 된다. 그래서 대형 백화점의 경우 세일을 제한하려 하고, 슈퍼마켓은 그로스 마진은 20%, 최종 순이익은 1.9%로 마감한다. 하지만 백화점에서도 마진은 표 15.3에서 보듯이 제품 유형에 따라 다르다.

패션 리테일의 사례

패션 매장이 수익을 내려면 그로스 마진(매출총이익, 아래 '마진'은 모두 그로스 마진을 의미)은 어느 정도여야 할까? 이는 소진율에 달려있다. 소진율이 높아 세일 기간에 팔아야 할 재고가 10~20% 정도만 남았다면, 최종적으로 이익을 내게 될 가능성은 높다. 그러나 제품이 잘 팔리지 않아 40~50%의 재고가 남아 세일 기간에 팔아야 할 상품이 많다면, 더 많은 양을 팔기 위해 할인율은 더 커져야 할 것이다. 표 15.4에서는 가장 많이 필요로 하는 할인율로 30%, 40%, 50%를 선택했다. 마진율이 40%일 경우 50% 할인은 (세일 기간에 허락하긴 했지만) 손실을 의미한다. 시즌 전 기간 마진은 40%가 아니라 대략 20%이나 25%일 것이나 이런 상황에서 수익을 낸다는 것은 쉽지 않다.

표 15.4 할인가 판매 비율과 가격 할인율에 따른 전체 마진율 변화
(마진율은 40%으로 가정)

세일 기간 가격인하율	할인가 판매 비율				
	10%	20%	30%	40%	50%
30%	38.1%	36.2%	34.1%	31.8%	29.4%
30%	37.5%	34.8%	31.8%	28.5%	25%
50%	36.8%	33.3%	29.4%	25%	20%

이 표에서 배울 점은 분명하다. 패션 분야에서는 정가로 판매할 경우 이론 상 얻는 마진이 따로 있고, 어떻게든 모든 제품을 팔았을 때 얻는 평균 마진도 따로 있다는 것이다. 패션에서는 매입한 제품이 모두 팔렸을 때 비로소 '수익 이 났다'라고 말할 수 있을 것이다.

표 15.5에서는 소진율이 다른 세 가지 브랜드를 비교하고 있다. A 브랜드 는 정가로 제품 90%를 판매하고 세일 기간 팔아야 할 재고는 10%뿐이다. B 브랜드는 정가로 재고의 70%를 팔고 세일 기간 팔아야 할 재고는 30%이다. C 브랜드는 소진율이 낮아(40%) 재고의 60%를 세일 기간 팔아야 한다. 여기 서 우리는 초기 마진율은 60%며 세일 기간 할인율은 40%, 그 결과 마진율이 33%로 낮아진다는 것을 추정해 볼 수 있다.

세 브랜드의 재무 결과는 상당히 다르다. A 브랜드의 경우에는 전체 마진 율은 57.3%로 이론상 마진율과 크게 차이가 나지 않다. C 브랜드의 경우에는 전체 마진율이 43.8%에 불과하다. (13% 차이) 스토어 매니저 입장에서는, 소 진율이 높은 브랜드와 소진율이 낮은 브랜드가 재무상태에 미치는 영향이 서 로 매우 다르다.

표 15.5 할인가 판매 비율이 다른 세 브랜드의 마진율

	A브랜드	B브랜드	C브랜드
이론상 마진율	60%	60%	60%
정가 판매 비율	90%	70%	40%
마진율 지수	54	42	24
할인가 판매 비율	10%	30%	60%
할인가 마진율	33%	33%	33%
마진율 지수	3.3	9.9	19.8
시즌 마진율	57.3%	51.9%	43.8%

손실률도 마진율에 영향을 미친다. 고객이나 직원이 제품을 훔치는 경우도 있는 데 보통 절도 행위의 1/3은 고객이, 2/3는 직원이 저지르는 것으로 추정된다. 절도 방법은 다양하다. 가장 잘 알려진 방법은 제품을 고른 후 계산을 하지 않고 매장을 나가는 것이지만, 이 방법이 항상 쉬운 것은 아니다. 대부분의 제품, 특히 기성복에는 도난방지를 위한 마그넷이나 칩이 붙어 있고 계산대에서만 제거할 수 있다. 또한 많은 매장에서 출입구에 보안 요원을 두고 있다.

다른 절도 방법은 눈에 띄지도 않고 어쩌면 찾아내기에도 더 어려울 수 있다. 예를 들어, 판매 직원이 친구에게 비싼 드레스를 판매하고는 더 싼 물건을 판매한 것처럼 컴퓨터에 코드를 입력할 수도 있을 것이다. 아니면, 고객이 영수증을 챙기지 않아, 직원이 영수증을 며칠 동안 가지고 있다가 제품을 반환해 재고 창고에 돌려놓았다며 현금으로 받아 갈 수도 있다. 시즌 말 재고 실사를 하면서 제품이 모자라는 것을 발견했을 때 아무도 이 없어진 제품이 '반환된' 제품이라고 생각하지는 못할 것이다.

매장 절도는 가격 정책과 관련하여 또 다른 문제를 야기한다. 매장의 마진율에 영향을 미치기 때문이다.

재고 목록과 실제로 매장에 있는 제품들을 대조하면서 재고를 파악한 결과, 몇 개의 제품이 사라진 것을 발견할 수 있다.

전자식 상품 도난 방지 시스템EAS; Electronic Article Surveillance은 도난을 방지하는 가장 효율적인 방법이다. 이 장치는 경보 시스템과 연결된 전자식 태그를 사용한다. 제품의 라벨에 붙은 태그는 계산대에서만 비활성화 할 수 있다. 만약 비활성화되지 않은 상태로 제품이 출입구를 통과하면 출구 근처의 센서가 알람을 작동 시켜 직원들에게 알린다.

전자기 시스템EM; electromagnetic system도 유럽에서 널리 사용된다. 결제가 완료되면 비활성화되고, 제품을 반환하면 다시 활성화된다.

그러나 럭셔리 업계에서 옷에 이상한 모양의 라벨을 부착한다거나 출구에 전자 탐지기를 설치하는 것이 쉬운 일은 아니다. 이보다는 CCTV와 보안 요원 배치가 덜 거슬리고 도난방지 장치만큼 효과적일 수도 있을 것이다.

직원이 절도하는 경우라면, 이를 통제하기는 어렵다. 절도를 저지른 직원은 굳이 제품을 들고 매장을 나갈 필요가 없기 때문이다. 위에서 설명한 '허위 반품' 수법은 재고 조사 중에도 절도를 한 직원을 추적할 수가 없고, 스토어 매니저는 사라진 제품을 '이론상으로만 진행된' 반품과 연결 짓기도 불가능할 것이다. 사실, 직원의 절도를 줄이는 가장 좋은 방법은 판매 직원을 채용할 때 철저하게 가려내는 것이다.

가격 인하 및 세일

팔리지 않은 재고를 처리할 수 있는 가장 좋은 방법은 무엇일까? 세일에 대해 살펴보기 전에 우선 일반적인 가격 인하와 특별 프로모션 이벤트부터 살펴 보자.

| 일반적인 할인 혜택

매장에서 목표 마진율을 달성하기는 매우 어렵다. 시즌 기간 판매가 잘 되는 유명 브랜드나 컬렉션마저도 목표 마진율 달성을 확신할 순 없다.

특별한 경우에 판매 직원은 우수 고객이나 2~3개 제품을 동시에 구매하는 고객에게 할인을 할 수 있는 권한을 가진다. 가장 익스클루시브한 일부 브랜드는 이런 관행을 금지하지만, 대개는 여러 많은 브랜드에서 5% 정도의 할인은 허용해 주고, 판매 직원이 무엇을 할 수 있고, 할 수 없는지 등에 관해 엄격하게 규정하고 있다.

엄격한 노세일 정책을 펼치는 유명 브랜드들도 기자와 직원에게는 예외로 하는 경우가 많은데, 이는 물론 마진율에 영향을 미친다.

VIP 고객을 상대로 별도의 카드를 발급해 주는 방법은 어떨까? 럭셔리 브랜드에 이런 관행은 그리 매력적으로 보이지 않을 수 있다. 실제로 이런 카드는 그렇게 유용하지는 않다. 이미 지갑 속에 여러 VIP 카드를 가지고 있는 고객에게 샤넬의 VIP 카드를 주어야 할까? 대신, 충성스러운 고객에게 어느 특정 매장에서 제품을 구입할 경우 10%의 특별 할인 혜택을 받을 수 있다고 알려주는 것이 더 우아하고 차별화된 방법일 것이다. 이런 특별 할인은 계산 시에 확인해서 CRM에 입력해야 한다. 샤넬은 홍콩 매장의 최우수 고객에게 이들이 구매하는 모든 품목에 대하여 10% 할인 서비스를 제공했었다. 고객에게 특별 할인을 받을 수 있는 자격이 된다고 이야기 해 주는 것이 플라스틱 카드를 주는 것보다 훨씬 더 인상적일 지도 모른다.

충성 고객과 단골에게 그들이 특별하다는 것을 보여주는 또 다른 우아한 방법은 이들에게 '기자와 같은 혜택'을 받고 있다고 알려주는 것인데, 이는 10~20%의 더 큰 할인 혜택을 받을 수 있음을 의미한다.

이는 VIP 고객을 위한 특별 혜택이다. 하지만 VIP만큼은 아니지만, 이보다 범위가 넓은 충성스러운 고객을 위한 특별 혜택을 기획하기란 훨씬 더 어렵다. 특별 혜택을 자동으로 제공한다면 너무 기계적이거나 진부해 보일 수 있고, 브랜드의 명성이 내려갈 수 있다. 흔히 사용하는 방법은 공식 세일을 시작하기 일주일이나 이 주일 전에 선별한 고객들을 대상으로 벌이는 프라이빗 세일에 그들을 초대하는 것이다. 많은 나라에서 세일 기간을 엄격히 규제하고 있기 때문에 초대장의 초대 이유는 신중하게 작성되어야 한다. 세일 기간이 아닌 때에 다른 목적의 행사를 가장하여 실질적인 세일을 벌일 때는 행사의 명칭도 세일이 아닌 다른 이름을 붙여 사용해야 한다.

후자의 경우에는 주요 도시를 찾는 관광객도 고려해야 한다. 파리, 홍콩, 그 밖의 도시에서는 여행 가이드들이 단체 관광객을 시내의 몇몇 택스프리tax-free 매장에 단체 관광객을 데려와 관광객 1인당 1~2유로를 받고, 이들이 구매하면 이에 대한 수수료를 추가로 받는다. 이는 물론 인스티튜셔널 스토어나 메가 스토어에서는 생각할 수도 없는 일이다. 이들 매장에 관광버스에서 쏟아져 내리는 관광객들은 브랜드 명성에 전혀 도움이 되지 않기 때문이다. 하지만 이런 관광객들은 매출에 상당한 기여를 한다. 파리의 갤러리 라파예트 백화점 앞에 주차되어 있는 중국인 단체 관광버스의 가이드들은 이들 관광객이 구매한 금액의 10%를 수수료로 받는 인센티브 제도에 만족스러워 한다.

그렇다면 다른 고급 매장에선 관광 가이드에게 수수료를 지급하지 않는다는 말인가? 현실에서는 이들도 항상 지급한다. 하지만 좀 더 간접적인 방식을 사용한다. 예를 들어 가이드가 주얼리 매장에 가서는 중동의 공주와 다음 날 다시 오겠다며 공주에게 적어도 2만 유로를 구매하도록 설득하고, 이에 대해 5%의 수수료를 원한다고 말한다. 만약 매장이 거절하면, 가이드는 매장에 다시 오지 않겠지만, 매장이 수락한다면 가이드는 진지해지고, 아마도 공주를 데리고 매장을 다시 방문해 공주에게 비싼 주얼리를 구매하도록 부추길 것이다. 그리고 다음 날, 가이드는 매장에 다시 와서 수수료를 받아 갈 것이다.

| 특별 행사

때에 따라서, 공식적인 세일을 시작하기 전, 가격을 할인해 주는 특별 행사를 기획할 수도 있다. 이런 행사에는 아래와 같이 여러 목적이 있다.

- 주요 제품의 판매를 촉진하고 고객을 매장으로 유인할 기회를 만든다.
- 특별 행사용 제품을 만들어 정가에 팔면서 고객에게는 좋은 가격에 구매한 것 같은 인상을 준다.
- 시즌 초, 소진율이 낮고 몇 달 후에도 재고가 많이 남을 것으로 예상되는 제품의 판매를 촉진한다.
- 신규 고객을 매장으로 유인한다.

물론 누구나 특별 행사를 열 수 있지만 신중하게 계획하고 실행해야 한다. 예를 들어, 행사용 제품은 현명하게 선택해야 하는데, 판매 가능성이 높거나 (이는 잘 안 팔리는 제품을 선택해야 한다는 생각과는 반대이다) 충동구매를 불러일으킬 제품을 선택해야 한다.

이는 잘 생각해야 하는 문제다. 전문가들은 여전히 전통적인 세일 기간이 아닌 기간에 프로모션 행사를 하는 것은 할인을 크게 하지 않는 한 성공적이지 않을 것이라고 믿고 있다.

따라서 특별 행사를 어떻게 구성해야 할지를 잘 생각해야 하는데, 아래와 같이 구성할 수 있다.

- 다량의 상품을 행사에 선보이며 '재고 방출 빅 세일'
- (일반 세일보다 훨씬 낮은) 파격적인 할인가로 판매되는 특별 공장가 세일

- 평소 매장에서는 판매되지 않지만 다른 도시나 나라에서는 판매되는 제품
- 아직 매장에서 구입할 수는 없지만, 고객들의 반응을 테스트해 보려는 신제품

비록 매출을 올릴 수는 있다고 여겨지더라고 그것이 특별행사를 기획하는 동기가 되어서는 안 되며, 공식적인 목표로 삼아서는 더더욱 안 된다.

특별행사에는 누구를 초대해야 할까? 규모를 크게 한다면, 메일 수신을 선택한 모든 고객을 초대한다. 좀 더 특별한 행사라는 인상을 주려면, 초대장은 체계적이고 세심한 과정을 거쳐 선별된 사람들에게만 보낸다.

| 세일

패션 업계에서는 지난 시즌에 팔리지 않은 재고를 처분해 뉴 컬렉션을 진열할 공간을 만들고 현금을 확보하기 위한 노력을 할 필요가 있다. 재고 처분은 여러 차례에 걸쳐 매장 안팎에서 진행할 수 있으며 경우와 상황에 따라서 할인 폭을 크게 할 수도 작게 할 수도 있으며, 광고를 할 수도 있고 안 할 수도 있다.

현장 세일? 아니면 다른 곳에서?

세일은 정규 매장에서 진행할 수도 있고, 다른 장소를 이용할 수도 있다. 장소마다 장점이 있다.

정규 매장에서 세일을 하면, 임대료를 따로 지불할 필요가 없고 준비도 쉽다. 사람들에게 언제 세일이 시작되는지 쉽게 알릴 수 있고, 광고비도 절감된다.

매장에서 세일을 진행할 때의 단점은 매장, 특히 세일이 진행되는 공간이 어지러워지고, 세일 중에는 정가 제품 판매가 거의 이루어지지 않는다는 점이다. 브랜드의 입장에서 보면 매장 내 세일은 일반적으로 좋은 방법이 되겠지만, 관광객들에 대한 의존도가 높은 브랜드에는 좋은 방법이 아니다. 관광객들은 세일 여부와 상관없이 항상 매장을 찾을 것이고 마음에 드는 제품이 있다면 가격에 크게 구애받지 않고 구입할 준비가 되어 있기 때문이다. 제품이 세일 중이라면, 아마도 세일 제품은 구입하겠지만 다른 제품을 구입하려 하지는 않을 것이다. 이는 결국 매장의 마진율만 줄어들게 하는 것이다.

예를 들어 파리에서는 에르메스, 루이비통, 생로랑과 같은 유명 브랜드는 매장에서 세일을 진행하지 않는다. 이들은 3~4일 동안 다른 공간을 임대해 세일을 진행한다. (최근에는 인터넷 공간에 특별한 페이지를 마련하여 특별한 자격을 갖춘 고객들을 상대로 세일을 진행하는 브랜드도 있다.)

매장이 아닌 다른 곳에서 세일을 진행하면 며칠 동안 집중해서 진행할 수 있고, 정규 매장은 정상적인 영업을 계속할 수 있으며, 관광객에게도 이들이 기대하는 서비스를 제공할 수 있다는 장점이 있다. 게다가, 세일 공간을 매장보다 좀 더 쉽게 눈에 띄게 만들 수 있어 더 많은 사람을 끌어모을 수도 있다.

하지만 이는 많은 방문객을 끌어모을 수 있는 영향력이 큰 브랜드에만 가능하다는 단점이 있다. 예를 들어 꾸레쥬Courrèges 같은 브랜드가 파리에서 20㎞ 쯤 떨어진 곳에서 세일을 한다고 하면 많은 고객이 그곳까지 올 것이라고는 장담할 수 없다.

그러나 세일의 기회를 잡으려는 사람들을 먼 곳까지 끌어 올 만큼 고객 유인력이 충분히 큰 브랜드의 경우에는 매장이 아닌 곳에서 세일을 진행하면 오랜 재고를 단 며칠 만에 처리할 수 있을 것이고, 정기 세일 기간인 1월과 7월에도 정규 매장은 정상적으로 운영할 수 있을 것이다.

매장이 아닌 다른 장소에서 세일을 진행할 때는 광고(신문광고가 가장 자주 이용된다)가 필요하다. 광고용 메일을 전송할 수도 있다. 그러나 그 비용은 예상 매출액을 고려하여 적절한 수준에서 책정해야 한다.

가격은 어느 수준에서 책정해야 할까?

이 질문에 대한 답은 분명하다. 만약 남은 재고를 처리하여 유동성을 개선하고자 한다면, 큰 폭, 또는 충분히 매력적인 할인율을 적용해야 한다.

세일즈 매니저는 종종 세일을 시작한 첫 주에는 20~30%, 둘째 주에는 40~50%, 셋째 주에는 70% 정도의 할인율을 적용하려고 한다. 그러나 경험 많은 매니저들은 처음부터 효과적인 할인율을 적용하는 대신 시간이 갈수록 더 큰 할인율을 적용하는 일을 하려고는 하지 않는다. 3주쯤 지나서 70%로 할인율을 높이느니, 처음부터 45%에서 시작하는 것이 낫다는 것이다.

할인율을 20%로 크지 않게 적용하여 대중에게 해당 브랜드 제품은 구매하기 어려운 브랜드라는 메시지를 던져주면 브랜드의 격을 유지하는 데 도움이 된다고 생각할 수 있다. 그러나 고객의 생각은 다를 수 있다. 고객은 이런 세일에는 별로 흥미를 느끼지 않으며, 고객을 기만한다고까지 생각할 수 있다. 아마 이들은 둘째 주나 셋째 주에도 세일 매장을 찾지 않을 것이다.

세일에는 누구를 초대해야 할까?

세일이 성공하려면 사실 모든 사람을 대상으로 해야 한다. 정규 매장에서 열리는 세일이라면 말할 것도 없다.

다른 장소에서 세일을 진행하는 경우라면, 처음 몇 시간 동안은 직원과 기자들의 입장만 허용하고, 이후 최우수 고객을 입장시키고, 일반 대중의 입장은 둘째 날부터 입장 시키는 것이 일반적이다.

매장에서 세일을 열 경우에는 가장 충성도가 높은 고객들을 세일 시작 며칠 전 프리세일에 초대해 선호하는 제품을 구입할 수 있도록 기회를 주어야 한다.

초대장은 이메일이나 우편으로 발송할 수 있다. 매장이 아닌 곳에서 진행하는 세일의 경우에는 신문 광고 등도 필요하다.

세일 기간은 얼마나 길어야 할까?

정규 매장의 경우 세일이 빨리 끝날수록, 정상 영업을 빨리 재개할 수 있다. 다른 장소에서 세일을 진행할 경우 보통 3~4일 진행하지만, 매장에서 열리는 세일은 3주까지도 계속할 수 있다. 재고의 대부분이 1주일 반 동안 팔린다면 가장 좋다. 세일 기간에도 팔리지 않은 제품은 다른 유통 채널을 통해 처분할 수 있을 것이다.

| 할인 제품

만약 직접 아웃렛 매장을 운영하고 있다면, 남은 재고를 아웃렛 매장으로 보낼 수 있다. 라벨을 제거한 후 재고 처리 전문 업자에게 넘길 수도 있지만, 이는 좋은 방법이 아니다 '○○○ 브랜드 정품 할인가 판매'라는 대형 간판을 내건 의심스런 매장에서 판매될 것이기 때문이다. 가장 유명한 브랜드의 경우 남은 재고를 불에 태워 버리기도 했지만 (80% 할인해 적어도 몇몇 고객들이라도 기쁘게 하는 게 더 나을 수 있는데!) 이제는 환경을 이유로 이런 방법은 피하고 있다.

이번 장에서 가격 정책에 대해 살펴보면서, 럭셔리 비즈니스의 가격정책은 어떠해야 하는지를 살펴보았다. 물론, 정상 판매 가격은 흥정이 불가능하다는 전제에서 살펴본 것이다. 그러므로 스토어 매니저는 프로모션 행사에 따라 할인율을 잘 관리해야 한다. 적절한 할인율, 다른 말로 하자면 고객의 구매를 유발하는 할인율이나 리베이트 비율 등을 정해야 한다. 할인율은 브랜드마다 다르겠지만, 할인율이 낮다면 할인 판매의 효과도 떨어지는 것이 일반적이다. 세일 기간의 가격 인하나 할인 폭은 솔직하고 후해야 한다. 고객이 멋진 구매 기회라고 생각할 수 있어야 하는데 브랜드가 자신의 지위, 명성과 소구력을 유지하는 데 이보다 좋은 방법은 없다.

내용 요약:

- 가격과 마진은 항상 검토, 분석, 관찰하여야 한다. 그래야 매장이 제대로 운영되고 효율성이 보장된다.
- 관세와 기타 부대비용을 고려하여 해외 매장들의 가격을 균일화해야 한다.
- 세일은 잘 팔리지 않는 제품을 처분할 좋은 기회를 제공한다. 세일은 매출을 일으키고, 따라서 이익을 창출하는 데 도움이 된다.
- 패션 분야에서 세일은 너무 시즌성이 짙어 매장에 계속 남겨둘 수 없는 제품을 처분하는 데 도움이 된다. 세일은 매장 관리의 일부분이자 일상이다.

16

매장 재무 분석

"마케팅 디렉터는 그들의 투자에 점점 더 많은 책임을 지고 있다."

-필립 코틀러Philip Kotler, 마케팅 전문가

　　럭셔리 매장도 여느 조직과 마찬가지로 조직, 예산, 관리 구조, 통제 등의 시스템이 필요하다. 우리는 앞에서 왜 미국에서 많은 매장이 해외 본사와는 독립된 자회사에 의해 운영되며, 매장마다 자회사가 자율적으로 운영하는 타당한 이유를 설명했다. 이는 일반적으로 사람들이 매장을 자체 투자, 재고, 직원, 그리고 그들만의 일상 업무를 운영하는 독립된 개체로 바라보고 있다는 것을 말해주고 있다. 그러므로 매장별 예산을 편성하는 것은 중요하다. 예산은 어떤 프로젝트의 실행 가능성을 분석하고, 일의 시작부터 진행 상황을 모니터링하는 데 필수적이다.

통제 요소도 매우 중요하다. 전 세계에 100~500개 매장을 소유하고 있다면, 정확히 어디에 돈이 있고, 재고가 있으며, 정확한 마진을 포함해 판매가 어떻게 기록되고 있는지 알고 있어야 한다.

여러 매장을 관리하려면, 관리에 필요한 핵심 기준을 검토해야 한다. 컨설팅 그룹인 AT커니A.T.Kearney가 2010년 처음으로 실시한 한 연구에서, 미국 53개의 유통업체의 매니저들을 대상으로 고객들로부터 어떤 정보를 얻고 있는지 질문한 후, 이들 매장이 매일 어떤 식으로 관리되고 있는지 분석했다.

그림 16.1은 이 연구의 주요 결과를 설명하고 있다. 매장별 결제 건수(거래 건수)가 가장 많이 참고되는 영업 지표이고, 이어 평균 결제 금액(평균 거래 금액)이 그 다음이라는 사실은 그리 놀랍지 않다. 전체 매출액 외에, 매장의 영업 상황을 보여주는 명확한 지표는 전날 구매한 고객의 수(흔히 결제 건수라고 부른다)이다.

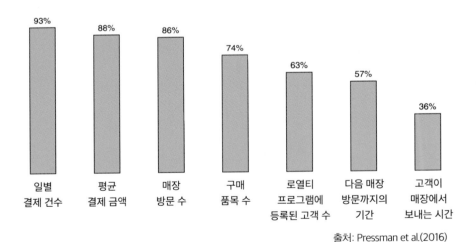

출처: Pressman et al.(2016)

그림 16.1 매우 중요하다고 평가받는 비즈니스 정보

그림 16.1이 보여주는 세 번째 기준은 매장을 방문한 고객 수이다. 얼마나 많은 사람이 매장에 들어오는가? 매장이 지나가는 사람들을 얼마나 유인할 수 있는가? 이는 매장의 소구력과 매장 위치의 중요성을 보여준다. 모든 스토어 매니저들은 분명히 이 세 가지 기준을 중요하게 생각하는데, 이는 전혀 놀랄 일이 아니다.

네 번째 기준은 실제로 모든 회사에서 모니터링하기도 하는데, 고객이 구매한 품목의 수이다. 판매 사원의 역량(직원은 고객이 선택한 제품 외에 다른 제품을 더 판매할 수 있는가?)과 비주얼 머천다이징의 효과(구두를 구매하고 있는 고객이 양말과 구두약도 구매할까?)를 반영한다.

이 중에 어느 기준도 그 자체로 예외적인 것은 아니며, 이에 관해서는 본 장에서 자세하게 살펴보겠다. 이런 기준들은 매장의 관리와 통제, 제품의 진열에 있어 중요한 변수이다. 하지만, 다음 사실은 좀 더 놀라울 수 있다.

세일즈 매니저의 63%는 로열티 프로그램에 등록된 고객의 수를 주의 깊게 모니터한다. 이는 대부분의 세일즈 매니저가 그들의 매장에서 이와 같은 고객 관리 프로그램을 운영하고 있으며, 이를 판매에 중요하게 여기고 있음을 의미한다. 이 사실은 매스 마켓에서 아직 로열티 프로그램을 도입하지 않은 이들에게 제품에 대한 접근이 특별하고 차별화되어 있다고 여겨지는 럭셔리 업계에서조차 이를 어떻게 활용하는지를 살펴 보라는 메시지를 전달하는 것이다.

마지막 두 개의 기준은 설문에 응한 미국 매니저들이 가장 덜 중요하다고 여기는 것인데 이는 고객 행동에 관한 것이다. 첫 번째 기준은 고객의 다음 방문 시점까지의 기간인데, 매니저의 57%는 이를 '매우 중요한' 지표라고 생각했다. 이들이 알고 싶은 것은 고객의 매장 방문 빈도와 고객은 누구인가에 관한 것이다. 예를 들어, 단골인지, 가끔 오는 고객인지, 아니면 그냥 한번 와 본 고객인지에 대해 알고 싶은 것이다. 이를 알면 프로모션 행사에 가장 적절한 기간을 결정하는 데 도움이 될 것이다. 신제품을 새롭게 진열하는 일을 매주, 매달, 아니면 일 년에 여섯 번 또는 여덟 번 하는 것이 적당할까? 고객의 방문 빈도를 안다면 가장 적절한 일정과 주기를 선택하는 데 도움이 될 것이다.

그림 16.1의 마지막 기준은 매장 내 고객의 행동에 관한 것이다. 고객은 매장에서 시간을 얼마나 보내는가? 이들은 편안해 보이는가? 매장에서 고객은 행복한가? 고객들은 화를 내지 않고 얼마나 오래 계산대에서 줄을 서서 기다릴 수 있을까? 이번 장에서는 이 모든 문제를 다루어 볼 것이다.

매장의 재무 분석

여기서는 손익분기점, 매출총이익, 그리고 현금흐름에 관하여 살펴 본다. 마지막으로는 효율적으로 운영되는 매장의 사례를 살펴보려 한다.

| 손익분기점 분석

그림 16.2는 손익분기점을 어떻게 분석하는지 보여주는 예시이다. 손익분기점(S1)은 매출총이익과 해당 매출을 올리는데 발생한 고정비용의 총합이 같아지는 지점이다.

그림 16.2는 고정비용(매장 임대료, 판매 직원의 급여, 기타 고정비용이 수평으로 그은 선으로 표시되어 있다)은 매출에 따라 변동하지 않는다. 두 번째 선은 매출을 나타내며 세 번째 선은 매출총이익을 나타낸다. 예시에서 우리는 매출총이익은 매출의 55%라고 가정했다. 매출총이익 선이 수평으로 그은 선과 교차

하는 지점(S1)은 매출총이익이 고정비용과 일치하는 지점이다. 매출이 이 지점보다 아래에 있으면 매장이 손해를 보고 있다. 매출총이익과 고정비용의 차이는 손실을 의미한다. 매출이 이 지점보다 위에 있다면, 고정비용과 매출총이익의 차이는 플러스로 매장이 이익을 보고 있다는 것이다.

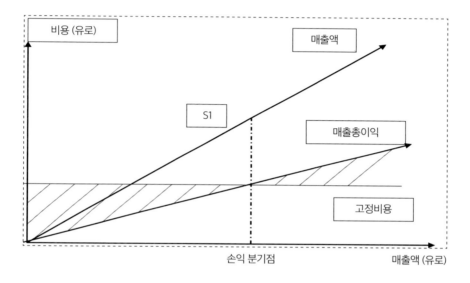

그림 16.2 손익분기점 분석

그러므로 어느 특정 위치에서의 예상 매출과 이 특정 위치와 관련하여 발생하는 고정비용과의 관계를 명확히 알아야 한다. 다음 시나리오는 이를 매우 잘 보여준다. 브랜드를 운영하는 기업이라면 모두 주요 입지에 멋진 매장을 열고 싶어 한다. 예를 들어, 파리의 몽테뉴 거리에 있는 300㎡ 규모의 매장이라고 해보자. 연간 임대료는 아마도 ㎡당 1만 2,000유로 정도일 것이고, 300㎡라면 360만 유로 정도이다. 여기에 직원 8명의 급여 연 50만 유로를 추가해

보자. 급여의 상당 부분은 고정비용이다. 그러면 매장의 연 고정비용은 410만 유로에 달하게 된다. 매출총이익이 매출의 50%라고 계산하면, 손익분기점에 도달하려면 매장의 매출은 820만 유로여야 한다. 이 매출을 쉽게 달성할 수 있을까? 그렇지 못하면, 수익이 나지 않는 매장을 여기서 계속 유지할 수 있을까? 파리 외곽의 작은 골목길보다는 이런 입지가 좋은 곳의 매장의 매출이 더 높다고 주장하는 이도 분명 있겠지만, 파리 외곽의 작은 골목길에 위치한 같은 크기의 매장의 연 임대료는 아마도 10만 유로 정도일 것이다. 이 경우 최선의 해결책은 몽테뉴 거리에 있는 좀 더 작은 공간, 예를 들어 80㎡ 정도의 공간으로 이전하는 것일지도 모른다. 그러면 임대료는 대략 96만 유로로 낮아진다. 다른 해결책은 애비뉴 몽테뉴 매장을 수익에 크게 연연하지 않는 '쇼룸'으로 이용하고 쁘렝땅이나 봉 마르셰 백화점에 숍인숍 매장을 오픈하는 것일 수 있다. 백화점에 숍인숍 매장을 열면 변동비용만 지불하고 매출은 예를 들어 연 50만 유로를 올릴 수 있다. 세 매장(몽테뉴 거리 쇼룸, 2개의 숍인숍 매장) 모두 합해 손익분기점에 도달하면 해당 브랜드는 파리에서 수익을 내며 입지를 굳혀갈 수 있다. 하지만 1장에서 설명하였듯이 해당 브랜드는 쁘렝땅이나 봉 마르셰에서 마진의 전부를 가져갈 수 없다는 사실을 잊지 말자. 마진은 백화점과 나누어야 한다. 그러므로 전체 수지를 맞추려면 이 두 매장에서의 매출은 상대적으로 더 높아야 한다.

이렇듯 매장을 열 때에는 정해진 임대료와 예상 매출을 비교해야 한다. 주요 상권에 큰 규모의 매장을 열 수 있는 브랜드는 극소수이다. 브랜드들은 주어진 상황에서 가장 적절한 선택을 해야 한다. 각 매장에서는 매장 운영에 필수적인 손익분기점 분석 외에도 다음 세 가지 요소를 성과지표로 사용할 수 있다.

- ㎡당 매출액

- ㎡당 판매된 제품 수

- 풀타임 근무자로 환산한 판매 직원 1명당 매출

이러한 기준을 사용해 해당 브랜드는 자사 매장들과 서로 미리 비교해 볼 수 있고 타 브랜드 평균과도 비교해 볼 수도 있다.

매출총이익 분석 스토어 매니저들은 항상 마진(정확한 용어는 그로스 마진이다)에 관해 이야기하는데, 마진은 제품의 판매가와 원가의 차이다. 하지만 마진을 다른 방식으로 표현할 수도 있다.

마진율은 판매 이익을 판매가로 나눈 비율, 즉 마크다운 방식으로 표현할 수 있는데, 표 16.1에서 마진율을 30%이다. 또, 판매 이익을 제품 원가로 나눈 비율, 즉 마크업 방식으로도 구할 수도 있는데, 같은 표에서 마진율은 42.8%이다. 리테일에서는 마크다운 방식만을 사용하는데 매출 대비 계산하고 비교하기가 쉽기 때문이다. (사실, 마크업 방식도 많이 사용한다.)

| 마크업 배수의 개념

때로는 마진이 아니라 마크업 배수를 참조하기도 한다. 리테일에서 마크업 배수는 판매가를 제품 원가로 나눈 값이다. 하이엔드 패션 업계에서 배수는 보통 2.4나 2.6이다. 물론 배수는 표 16.2와 같이 마진율로 나타낼 수 있다.

표 16.1 마진율 분석

	마크다운	마크업
판매 가격	100%	100%
원가	70%	70%
마진율	30%	42.8%

표 16.2 리테일 마크업 배수 및 마진율

	마크업 배수	
	2.4	2.6
판매 가격	240	260
매입 가격	100	100
마진값	140	160
마진율	58.3%	61.5%

실제로 2.4와 2.6 배수는 마진으로는 58.3%와 61.5%인데, 앞서 언급한 60%에 상당히 가깝다.

상품회전율 매장을 운영하면서 발생하는 직접 비용에 관해 설명하면서, 피할 수 없는 사실을 하나 언급하지 않았는데, 상품이 매장에 입고되려면 우선 상품을 제조자로부터 매입해야 하고, 매입 자금을 조달해야 한다는 사실이다.

상품회전율은 연 매출을 연 평균 재고로 나눈 비율이다. 표 16.3은 매장 형태에 따른 상품회전율을 보여주고 있다.

- 슈퍼마켓에서는 상품이 빨리 회전되고, 일부 상품은 매일 입고가 되기도 한다. 이들의 상품은 일 년에 12번 정도 회전된다. 이들 매장의 결제기한은 일

반적으로 60일 또는 90일이므로 연말에는 공급업체에 지불할 대금이 3개월 치쯤 남아있을 것이다.

- 이러한 시스템에서는 슈퍼마켓의 재고 비용은 상당 부분 공급업체가 부담하게 되고, 슈퍼마켓은 33만3천 유로의 현금을 확보하고 있을 것이다. (표 16.3)

표 16.3 상품회전율의 예

	슈퍼마켓	패션 매장	주얼리 매장
연 매출	1,000,000	1,000,000	1,000,000
연 평균 재고	83,000	250,000	1,000,000
상품 회전율	12	4	1
결제 기한	90일	90일	90일
현금 흐름	+333,000	-187,500	-750,000

- 반대로, 주얼리 매장은 판매를 유발하기에 충분한 고가의 제품을 진열하기 위해 항상 1년 치의 재고를 유지해야 한다. 달리 말하면, 공급업체인 주얼리 제조업체가 어느 정도 지원하겠지만 매장은 여전히 재고를 유지하기 위한 자금 부담을 각오해야 한다.

- 패션 매장은 슈퍼마켓과 주얼리 매장 사이 어딘가에 위치한다. 상품 회전이 1년에 4번이고, 연 매출이 100만 유로일 경우 18만 7,500유로의 자금을 조달할 수 있어야 한다.

- 이는 확실히 직영 매장을 운영했을 때가 제품을 중간 업체나 백화점에 공급하는 경우에 비해 비용이 더 많이 든다는 것을 보여준다. 중간 업체나 백화점의 경우 재고 대금은 해당 브랜드가 아닌 이들이 지불하기 때문이다. 브랜드

가 주로 자체 매장을 통해 판매한다면, 투자 계획에 이런 지출을 고려해야 한다. 주얼리 매장은 투자가 특히 많이 들어가기 때문에, 비즈니스 전략을 수립할 때, 재무 예측에 반드시 이를 포함해야 한다.

그렇다면 직영 매장, 숍인숍 매장, 카운터 매장, 홀세일의 적절한 조합은 어떤 것일까? 이는 확실히 중요한 전략적 결정인데, 이러한 결정을 내리는 데는 재무적 제약의 영향이 크다.

이런 유통 시스템 조합에 관해 이야기할 때면 사람들은 때로는 무슨 의미인지 이해하기 어려워한다. 럭셔리 제품은 모두 럭셔리 브랜드가 직접 운영하는 매장에서 판매된다는 인식이 널리 퍼져 있어 사람들은 실제로 대부분의 럭셔리 제품이 직영 매장이 아닌 다른 형태의 매장에서도 판매되고 있다는 사실을 잊는 경향이 있다. 표16.4는 각자 고유의 명성과 고객 유인력을 가지고 있는 3개의 브랜드, 샤넬, 지방시, 발만의 유통 시스템 조합을 보여주고 있다.

얼핏 보면 이 세 브랜드는 매장이 251개에서 400개 사이로 비슷한 매장 수를 가지고 있는 것 같지만, 매장 규모와 구성은 상당히 다르다.

표 16.4 2019년 세 개의 럭셔리 브랜드의 유통 시스템 조합 (매장 수)

	단일 브랜드 매장	백화점 숍인숍 매장	멀티브랜드 매장	합계
샤넬	240 (E)	180 (E)	0	400 (E)
지방시	65	68	120 (E)	253 (E)
발망	19	88	179	286

출처: 웹사이트 & 저자 추정

럭셔리 리테일 매니지먼트

샤넬은 240개의 독립 매장을 주로 유럽에서 운영하면서 강한 존재감을 보여주고 있다. 샤넬은 앞에서 언급했듯이 미국과 일본 두 나라에서 주로 백화점 내 숍인숍 매장 형태로 운영하고 있다. 샤넬은 중국에서보다도 다른 아시아 지역에서 훨씬 많이 보인다. (중국 본토에서 샤넬은 고객이 가장 선호하는 브랜드이지만 매장의 수는 2018년 현재 11개뿐이었다.)

지방시는 전통적으로 백화점에서 많이 보인다. 그룹에서 자체 매장을 확장하는데 필요한 재원을 확보한 것으로 보이지만 수요를 창출하고 수익을 내기에 충분한 소구점이 필요한 것으로 보인다. 지방시는 멀티브랜드 스토어에서도 여전히 많이 보인다.

발망의 매장은 2014년까지 파리의 단독 매장 하나뿐이었다. 카타르 투자자에게 인수된 후 발망은 계속 성장하여 2019년에는 19개의 자체 매장을 보유하게 되었는데, 유럽에서는 주로 파리, 밀라노, 런던에 그 외 미국, 중국, 한국, 일본 등에서도 매장을 열었다. 하지만 매출의 많은 부분은 여전히 멀티브랜드 스토어를 통해 창출되고 있다.

이 세 브랜드는 각기 다른 형태의 비즈니스에 중점을 두고 있다.

- 샤넬이 중점을 두는 것은 백화점 매출을 증대하고 브랜드 소구점을 관리하면서 직영 매장과 숍인숍 매장 사이 균형을 유지하는 것이다.
- 지방시의 주요 매출은 단독 매장과 백화점에서 창출되고 있지만, 자체 매장 개발과 확장에 중점을 두고 있다.
- 발망의 경우는 다르다. 발망은 자체 매장을 운영하면서 대형 쇼핑센터에서 입지를 확보하고 패션을 좋아하는 고객들 사이에서 명성을 확보하고 있다. 하지만 매출은 여전히 멀티브랜드 스토어를 통해 창출되고 있다.

위 세 가지 사례를 언급한 이유는 모든 브랜드에 적용되는 하나의 비즈니스 전략은 존재하지 않으며 브랜드 고유의 소구점과 재정 상황에 맞춘 성장 전략이 필요하다는 사실을 설명하기 위해서다.

| 서로 다른 매장의 실적 비교

어떤 매장은 수익이 나는 반면 어떤 매장은 손실이 커진다면, 그 이유를 설명해 줄 수 있는 요소는 많다. 변수가 두세 가지만 바뀌어도 수익을 내던 매장이 손해를 볼 수 있고, 결과는 상당히 달라질 수 있다. 표 16.5의 예를 살펴보자.

B 매장은 매출의 53.75% 손실을 봤는데, 이는 정말 최악의 상황이다. B 매장의 저조한 실적의 이유는 무엇일까?

- 가장 큰 이유는 ㎡ 당 매출액이 너무 낮다는 사실이다.
- 매출총이익은 A 매장보다 10% 낮다. 사실 매출이 너무 낮으면 직원들은 좌절감을 느끼며 가격 인하를 포함해 매출을 올리기 위한 방법은 모두 시도해 보려 한다. 매장의 위치가 좋지 않다면, 매장의 고객은 마진이 높은 제품이 아니라 마진이 낮은 더 저렴한 제품만 구입하는 고객들일 것이다.
- B 매장은 매장 입지의 생산성과 비교했을 때 임대료가 너무 높다.
- B 매장의 직원 급여가 통제되지 않았고, 매출액 대비 너무 높다.

이 예시는 모든 측면에서 최적화가 이루어지지 않았을 때에 수익을 내기가 얼마나 어려운지를 보여주고 있다. 이 매장은 어쩌면 위치가 좋지 않기 때문에 문을 닫아야 할 것이지만, 스토어 매니저는 분명 저조한 실적에 대해 여러 변명을 할 것이다. 매장 정면에 공사가 크게 진행 중이어서 고객들이 매장에 접근하기 어렵다든지, 제품이 현지 고객의 취향에 맞지 않는다든지, 도로 공사가 내년에서야 끝난다든지, 제품 선정 방식을 개선할 예정이므로 앞으로 나아질 것이며, 손익분기점에 도달할 것이라는 등의 이야기를 할 것이다. 이를 믿어야 할까? 비즈니스에서 중요한 결정이란 항상 이런 종류의 문제에 대한 것이다. 게임이 끝났다는 선언은 언제쯤 해야 할까? 모든 것이 잘되어 가면, 새로운 매장을 열고 긍정적인 결과를 내기 쉽지만, 일이 예상 밖으로 벗어난다면 상당히 다른 상황이 전개된다.

표 16.5 매장의 실적 비교

	A	B
	성공적인 매장	성공적이지 않은 매장
매장 규모	200 ㎡	200 ㎡
매출액	€1,600,000	€800,000
㎡당 매출액	€8,000	€4,000
매출총이익률	50%	40%
연간 임차료	€300,000	€400,000
직원 급여	€300,000	€350,000
영업 손익	€200,000	−€430,000

성과를 평가하는 주요 지표

길 맞은편에 차를 주차하거나 쇼핑몰의 벤치에 앉아서 매장에 들어가는 사람들의 수를 세어보고, 여기에 우선 구매전환율을 곱한 후 평균 결제금액을 곱하면 그 매장이 달성할 것으로 예상되는 매출액을 일 단위 또는 주 단위로 산정할 수 있다. 구매전환율을 계산하기는 쉬울까? 그렇다. 대부분의 고객이 매장에서 무언가를 구입하고 해당 브랜드의 쇼핑백을 들고 자랑스럽게 나간다고 가정을 한다면 말이다. 평균 결제금액을 계산하는 것은 조금 더 복잡하지만, 연구를 진행하는 상황에서는 10명의 평가자가 며칠에 걸쳐 하루 10번 서로 다른 시간대에 매출 단말기에 표시된 금액을 적는다. 이렇게 모인 100개의 정보는 어느 특정 위치에 자리한 경쟁사의 평균 결제금액을 대략 예측하는 데 사용될 수 있다. 이를 통해 경쟁사의 비즈니스 모델을 이해할 수 있을 뿐만 아니라 해당 입지에서 기대할 수 있는 매출의 수준을 예상할 수 있다. 또한 같은 럭셔리 브랜드의 여러 매장의 실적을 비교하는 데에도 사용할 수 있다.

그림 16.3은 서로 다른 매장의 데이터를 수집하기 위해 우리가 개발한 고객-성과 매트릭스다. 이는 결제 건수와 평균 결제금액 간 상관관계를 바탕으로 만들었다.

		평균 결제 금액	
		증가	감소
결제 건수	증가	선靈 단계	모집 단계
	감소	로열티 단계	쇠퇴 단계

그림 16.3 고객-성과 매트릭스

여러 매장의 연간 실적을 비교해 보면, 몇몇 매장에서는 결제 건수와 평균 결제 금액이 증가한 것을 볼 수도 있다. 우리는 이를 가리켜 '선靈 단계'라고 부른다. 하지만, 평균 결제금액이 낮아졌다 해도 동시에 결제 건수가 늘었다면 이것이 반드시 저조한 실적을 나타내는 것은 아니다. 우리는 이것을 '모집 단계'라고 부른다. 평균 결제금액이 증가하고 결제 건수가 낮아지면, '로열티 단계'에 도달한 것이다. 피해야 할 단계는 물론 '쇠퇴 단계'이다. 앞의 세 단계 중 하나에 속한 매장이라면 여러 이유가 있더라도 성장하고 있다고 여길 수 있다. 여기서 우리는 단계마다 다른 형태의 프로모션 캠페인이 필요하다는 것을 언급할 필요가 있겠다.

여성 기성복의 뉴 컬렉션이 출시된 경우라면, 출시 첫 2주 동안 구매전환율을 조사해 지난 2년 또는 3년 동안의 구매전환율과 비교하면서 뉴 컬렉션의 매출이 좋을지, 평균일지, 저조할지 즉시 예상할 수 있을 것이다.

매출 예상하기

새로운 장소에 매장을 열 경우 예상 매출을 계산하려면, 브랜드의 고객 유인 계수, 구매전환율, 평균 결제 금액 등의 지표들을 이용해야 한다. 이렇게 얻은 정보에 잠재고객의 평균 수입이나 지나가는 행인의 프로필 (이들의 구매가 데스티네이션 구매인지 컨비니언스 구매인지) 등 주어진 장소의 특성을 고려하여 조정한 후 행인의 수를 세어 간단히 예상 매출을 추정할 수 있다.

일반적으로 매출은 (이 경우 구매전환율과 평균 결제 금액) 계획한 매장의 규모에 따라 달라진다.

실제로 매니저들은 여러 판매 수치들을 분석하거나 같은 브랜드의 여러 매장을 비교하기 위해 종종 전체 매출을 매장 규모로 나누어 보는데, 이는 일반적으로 ㎡당 매출을 계산하는 방법이다.

일반적으로 백화점 그룹은 여러 지점의 실적을 측정하기 위해 ㎡ 당 매출을 사용한다. ㎡ 당 매출을 고려하는 것은 또한 운영하고 있는 여러 매장의 초기 투자 비용이나 임대 비용을 고려하는 것이기도 하다. 매장의 규모가 클수록 특정 매출을 달성하기 위해 필요한 재고량도 많아지고 (제품에 대한) 투자도 커진다고 가정할 수도 있다.

하지만 같은 백화점에서도 어느 카테고리의 실적이 성공적인지 비교하기 위해 ㎡ 당 매출 지표를 사용할 수 있는데, 예를 들어 여성복 부문의 실적을 남성복이나 홈데코, 향수, 코스메틱 부문의 실적과 비교할 수도 있다.

㎡ 당 매출 지표는 향수나 코스메틱 제품처럼 선반이나 랙에 진열해 판매하는 매장에서도 적용할 수가 있는데, 이 경우 리니어 미터당 매출이라 부르며, 이 지표는 같은 브랜드 체인점의 여러 매장의 실적을 비교하는 데 쓰인다.

예를 들어 향수 전문점 체인의 경우, 여러 브랜드의 수익성을 비교하거나 메이크업이나 스킨케어 제품과 비교해 향수 제품이 얼마나 성공적인지 비교할 수 있고, 또한 이 세 부문의 제품 유통에 있어 여러 다른 상권을 비교할 수도 있다. 하지만 모든 부문에서 같은 수익률이 창출되는 것은 아니기 때문에 ㎡ 당 매출총이익이라는 지표도 많이 사용하는데, 이 지표를 사용해 판매의 효율성을 분석할 수 있다.

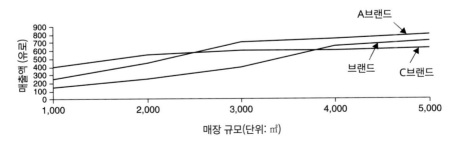

그림 16.4 매장 규모에 따른 매출액 비교

그림 16.4는 매장 규모에 따른 매출액 그래프이다. 전체 매출액과 매장 규모와 직접적인 관계가 있는 것은 아니다. 예를 들어, A 브랜드는 매출이 천천히 상승하다가 (매장이 너무 작을 때엔 많은 고객을 유인하지 못하지만 매장의 규모가 커지면서 매출은 매우 빨리 증가한다) 완만해진다.

한편 B 브랜드는 매장 규모가 커지지 않는 한 제품이 잘 팔리지 않는다. 처음에는 ㎡ 당 매출액이 A 브랜드의 절반에도 못 미치지만, 매장이 커지면 전체 매출이 A 브랜드와 거의 맞먹는다.

C 브랜드는 매장이 작아도 실적이 좋은데, 매장 규모가 커져도 실적이 많이 증가하지는 않는다.

수익을 나타내는 곡선은 브랜드의 명성에 따라 달라진다. 까르띠에의 ㎡ 당 매출액은 오랫동안 비슷한 지역에 위치한 불가리의 ㎡ 당 매출보다 훨씬 높았다. 하지만 제품의 종류가 적을수록 매장이 크면 수익성은 낮아진다. 500 ㎡ 규모의 매장에 가장 고가의 핸드백과 여행 가방만 진열한다면 공간을 가장 효율적으로 활용하는 방법은 아닐 것이다.

㎡ 당 가장 적절한 매출액의 수준을 예측하기는 쉽지 않은데 매장 분위기, 브랜드의 소구력, 상품의 종류에 따라 달라지기 때문이다. 하지만 보통 2019년 월 매출 수준은 아래와 같다고 말할 수 있다.

- 동남아시아 국가에 있는 멀티브랜드 스토어라면 ㎡ 당 목표 매출액은 1,500 유로 정도일 것이다.
- 미국에서 일반 쇼핑센터는 ㎡ 당 2,500유로를 달성해야 한다. 몰 오브 아메리카는 ㎡ 당 4,100유로를 벌어들인다.
- 뉴욕 현대 미술관MoMA의 북스토어는 ㎡ 당 18,000유로 정도의 매출을 올리는 것으로 추정된다.

㎡ 당 매출액은 판매 생산성을 보여주는 중요한 지표이다. 럭셔리 브랜드의 세일즈 매니저가 이런 정보를 얻을 수 있다면, 경쟁사의 ㎡ 당 매출액과 비교할 수 있을 것이다. 만약 ㎡ 당 매출액이 낮다면, 브랜드의 소구력이 충분하지 않다거나 매장의 규모에 비해 제품이 다양하지 않다는 것이다.

업계 선두업체보다 ㎡ 당 매출이 항상 40% 쯤 낮았던 한 브랜드가 있었다. 이 회사의 주요 목표는 브랜드의 인지도와 소구력을 높이기 위해 효과적인 광고 캠페인을 진행하여 이 차이를 줄이는 것이었다.

표 16.6은 미국의 티파니 매장을 분석한 것이다. 미국의 티파니 매장 수는 2007년 70개에서 2012년 114개로 늘었다가 2018년 94개로 감소했다. 같은 기간 티파니의 매출은 급격히 하락했다. 2008년 미국 시장을 강타한, 특히 주얼리 시장을 강타한 경제 위기와 티파니가 위기에서 충분히 회복하지 못했기 때문이다. 그러나 상황을 정확하게 파악하려면 ㎡ 당 매출액을 살펴봐야 한다. 이 기간 ㎡ 당 매출은 30% 줄어들었다.

하지만 ㎡ 당 매출액 분석이 항상 가능한 것은 아닌데, 가용 가능한 데이터가 거의 없기 때문이다. 예를 들어, 표 16.7은 북아메리카에 있는 코치 매장에 관한 데이터인데, 코치의 연례 사업보고서에는 이렇게 많은 매장의 개폐점과 관련하여 매출 변동 사항을 보여주는 그 어떠한 지표도 찾을 수가 없다.

표 16.6과 16.7은 매장 네트워크의 상황과 이들 매장의 성과를 보여준다. 매장별 또는 ㎡당 매출액의 변화는 면밀히 검토하고 설명되어야 한다.

표 16.6 미국 티파니 매장 분석

	2018	2012	2007
매장 수	94	114	70
총면적 (㎡)	67,838	69,290	49,300
매장 평균 면적 (㎡)	722	608	704
미국 내 매출액	1,688,000	1,840,137	1,759,868
㎡당 연간 매출액	€24.90	€26.50	€35.50

출처: 연례 보고서의 데이터 기반

표 16.7 미국 코치 매장 현황

	2017	2012	2007
매장 수	221	354	259
총면적 (㎡)	67,838	95,910	62,774
매장 평균 면적 (㎡)	306	270	260

출처: 연례 보고서의 데이터 기반

– 새로운 매장을 오픈하면 가능한 최대 매출을 달성하기까지 대략 2년이 걸린다.

– 매장의 수가 증가하면 신규 매장은 이론적으로 매출 가능성이 낮아지는 차선의 입지에 문을 열게 된다.

– 브랜드의 매장이 넓어지면 판매되는 제품의 종류도 늘어나야 한다. 때로는 제품 마케팅 팀이 제품 선정에 변화를 주어야 한다는 사실을 깨닫는 데에는 시간이 걸린다.

재고와 마진 관리하기

여기에서는 구매 예산을 살펴본 후 재고와 마진 관리에 대해 살펴보려고 한다.

| 매입 예산

매장은 매 시즌 판매할 수 있는 것만 매입해야 한다. 따라서 매입 예산을 편성할 때에는 예상 매출액을 산정하고 이를 월별로 나눈 후 매입 계획을 세워 자금을 조달해야 한다.

매입 한도OTB; Open to Buy 개념은 미국의 백화점들이 처음 만든 것이다. 백화점의 각 부문 담당 매니저는 담당하는 브랜드별로 예산을 편성하고 해당하는 OTB를 작성한다. OTB는 다음 해 X 브랜드로부터 매입할 예산을 말한다.

X 브랜드가 지난 2~3년 동안 실적이 좋았다면 다음 해 X 브랜드에 대한 OTB는 해당 브랜드의 영업 담당 매니저들의 기대에 부응하면서, 분명 늘어날 것이다. 반대로 X 브랜드가 잘 팔리지 않았다면 다음 해 해당브랜드의 OTB는 줄어들 것이다. 많은 럭셔리 브랜드 매니저들은 자신들의 브랜드 OTB를 매우 낮게 책정한 백화점 바이어가 있다면 이들과 협상하는 동안 OTB를 더 높이기 위해 싸워야만 한다.

OTB 시스템은 현재 거의 모든 럭셔리 매장 운영업체가 사용하고 있다. 브랜드별, 시즌별 매입 예산은 모든 매입 시스템의 기본이다.

브랜드마다 서로 다른 방법들을 사용하고 있는데, 다음을 살펴보자.

– 일부 경우에, 특정 국가의 세일즈 매니저나 스토어 매니저에게 여러 다양한 범위

내에서 이들이 충분하다고 생각하는 만큼 매입하도록 허락하기도 한다.

- 때로는 스토어 매니저가 결정하지 않고, 본사에서 직접 매장으로 입고시키기도 한다. 본사에서는 중앙 집중화된 정보시스템이 이전 판매 기록(컬러, 사이즈 등)과 제품 유형을 고려해 자동으로 제품을 선정한다.
- 대부분의 경우 컬렉션의 일부가 자동으로 매장에 입고되고 매니저들은 남은 40% 또는 60%를 매장에 가장 적합하다고 판단되는 제품들로 선정할 수 있다.
- 때로는 매입 예산을 세 부분으로 나누어, 첫 번째 부분은 본사에서 결정하고, 두 번째 부분은 특정 국가 할당량으로, 마지막 부분은 스토어 매니저의 전적인 책임하에 결정하기도 한다. 이 문제에 관해서는 브랜드마다 자체 정책과 절차를 정립해야 한다.

2005년 프라다는 매장에서 판매될 제품을 선택하는 데 있어 스토어 매니저와 해외 지사장들에게 자율권을 주지 않았다. 입고는 자동으로 이루어졌고, 조금도 유연하지 않았다. 루이비통도 상대적으로 엄격한 입고 정책을 가지고 있지만, 데이터를 기반으로 수정이 가능하고 프로세스상 특정한 부분에 대해서는 꽤 많은 자율권을 허용하고 있다. 그러므로 브랜드가 강할수록 스토어 매니저에게 허락하는 자율권은 덜 것처럼 보이는데, 물론 반드시 그렇다는 것은 아니다.

현실에서는 상황이 그렇게 간단하지는 않다. 같은 브랜드 제품을 유통하더라도 일본의 매장과 중국의 매장에서 판매되는 제품은 완전히 다르므로 각 시장에 맞게 제품을 구성하는 것은 당연하다. 중국 내에서도 북쪽 지역 사람들은 남쪽 지역 사람들과는 다른 색상과 모양을 선호한다. 만약 조직이 잘 구성되어 있고 지난 몇 년간 세심하게 수집한 데이터를 활용할 수 있는 브랜드라면 파리나 밀라노의 본사에서 중국 톈진 매장에 적합한 제품들을 결정할 수 있을 것이다. 만약 추세를 알 수 있는 데이터가 없다거나 매장 통합 시스템에 문제가 있다면, 본사는 제품 선정을 매장 직원들의 주관적인 판단에 맡길 수밖에 없다.

매입 단계에서는 타협하기도 하는데 타협이 항상 쉬운 것은 아니다. 가죽 제품을 예로 들어보자. 고객들은 보통 블랙, 브라운 또는 베이지색을 구매하게 되지만 매장의 디스플레이가 활기차고 시선을 사로잡으려면 화이트, 옐로, 레드 색상의 제품도 선반에 진열해야 한다. 본사는 매장에 모든 제품을 진열하라고 요구하겠지만 스토어 매니저는 단기적으로는 이런 아이템은 소홀히 하고, 결국 이들 대부분은 세일 기간까지 남아있게 될 것이다.

시계의 상황은 또 다르다. 전체 컬렉션을 구비해 고객들에게 소개할 수 있다면 판매 직원은 판매할 가능성이 크다. 하지만 일반적으로는 고가의, 이른바 골드 제품은 좀 더 구매 가능한, 상대적으로 더 낮은 가격의 제품보다는 덜 팔린다. 그러므로 스토어 매니저는 브랜드의 명성을 보여주기 위해 덜 팔리더라도 반드시 전시해야 할 전체 컬렉션 대신 보다 저렴한 시계를 입고하려 할 수 있다. 본사는 아마도 전 제품을 입고해야 한다고 주장할 것이며, 결국 스토어 매니저들을 평가할 때 상품회전율에 따라 평가할 것이다.

지금까지는 봄여름 컬렉션과 가을겨울 컬렉션, 이렇게 일 년에 두 번 컬렉션을 선보이는 시스템을 집중적으로 살펴보았다. 그러나 '크루즈' 컬렉션의 등장으로 입고 횟수가 일 년에 네 번으로 늘어나게 되었다.

실제로 소매업체들은 가을겨울 컬렉션 전체를 9월에 선보이면, 몇몇 충성도 높은 고객들은 10월 말 11월 초에 매장을 다시 방문해 새로 입고된 모델이 있는지 물어본다는 것을 알게 되었다. 그래서 이들 매장에서는 컬렉션을 여러 테마로 나누어 일부는 10월에 선보이고 남은 일부는 11월에 선보이기 위해 별도로 보관한다. 이들은 사실 자발적으로 시스템을 변경해 운영하는 셈이다.

물론 업계의 모든 사람이 알고 있지만, 자라는 일 년에 컬렉션을 무려 26차례나 선보이면서도 매우 체계적으로 잘 운영하고 있다. 아마도 일부 브랜드는 그들도 자라처럼 할 수 있을지 궁금해 하겠지만 답은 아마도 부정적일 것이다. 자라의 운영 모델은 그들과는 근본적으로 다르기 때문이다. 그러나 럭셔리 브랜드도 분명 자라의 사례에서 배울 점이 있다. 일부 브랜드는 이미 자라와 비슷한 모델을 실행하고 있는데, 스페인의 중간 럭셔리 주얼리 브랜드인 투스Tous도 컬렉션을 일 년에 26차례 선보인다.

| 상품 회전율

상품 회전율이란 매장에서 1년 동안 판매된 제품의 수를 평균 재고량으로 나눈 비율이다. 일반적으로 럭셔리 매장에서는 제품의 단위가 서로 다르기 때문에 매출(회계에서 재고 회전율을 말할 때는 제품 원가를 사용한다)을 평균 재고량로 나누어 계산한다.

표 16.8은 미국 백화점의 전형적인 상품 회전율의 예를 보여준다. 여성복의 재고 회전율은 4.3~5.4로 남성의 재고 회전율보다 두 배 이상 많다. 여성복의 판매 주기가 한 시즌이라는 점이 아마도 재고 회전율에 긍정적인 영향을 미친 것 같다. 반대로 시즌에 덜 민감하다고 인식되는 남성복의 경우 판매되기까지 더 오랜 시간이 걸린다.

표 16.8 매장의 규모에 따른 상품회전율

상품회전율 = 판매된 제품의 수 / 평균 재고량

	미국 백화점의 판매량 또는 매출액		
	소규모	중간규모	대형규모
남성복	2.0	2.2	2.4
가구와 침구	2.1	2.4	2.8
아동복	2.5	2.6	3.4
도서	2.8	2.85	3.1
가전제품	3.2	3.1	3.9
양말과 스타킹	3.5	3.1	3.4
여성복	4.3	4.5	5.4

| 재고 부족과 재고 이동

고객 입장에서는 원하는 제품이 없을 때보다 짜증 나는 일은 없다. 예를 들어 한 여성이 제품을 보고, 이삼일 기다렸다가 제품을 구매하려고 마음먹고 매장에 다시 왔다. 제품이 품절이라는 걸 알았을 때 그녀의 좌절감은 어떨지 상상을 해보라. 또 다른 시나리오를 상상해보자. 고객이 매장의 쇼윈도에서 드레스를 보고 구입하기를 원한다. 매장에 들어갔는데 그녀에게 맞는 사이즈가 없거나, 더 난감하게도 모든 사이즈가 다 팔리고 쇼윈도에 걸린 제품 딱 하나 남았다고 한다. 그런데 그 옷은 그녀에게 맞지 않는 사이즈이다. 그녀는 재고도 없는 상품을 왜 쇼윈도에 진열했냐면서 판매 직원에게 불평을 할 수도 있다. 물론 소용없는 일이다. 고객은 매장의 재고 상황과는 상관없이 본사에서 쇼윈도에 진열할 제품을 결정한다는 답변을 들을 것이다.

재고 부족 상황을 어떻게 피할 수 있을까? 해당 컬렉션 전체가 정가로 판매하는 마지막 날까지 모든 사이즈와 색상의 구색을 갖춰 판매하려면, 많이 매입하면 된다. 그러나 이 방법은 지나치게 부담스럽다.

재입고와 관련하여서는, 의류의 경우 대개 멀리 외국의 생산업체에서 제조되어 한 대의 차량, 혹은 한 대의 컨테이너 등 특정 단위로 묶어 배송되기 때문에, 특정 아이템을 재주문하면 입고까지 2~3개월이 걸린다.

다른 해결책으로는 제품을 매장들끼리 주고받는 것이다. 많은 브랜드가 일주일에 두세 번 전 매장으로 배송을 하므로 2일 이내로 반품과 추가 입고를 계획할 수 있다. 고객은 원하는 제품을 구매하러 며칠 후에 오라는 말을 들을 것이다. 고객은 매장에 다시 안 올 수도 있지만, 매장은 적어도 고객에게 서비스는 제공한 셈이다. 이 책의 첫 부분에서 살펴보았지만, 이런 과정은 디지털화가 이루어진다면 모두 자동화될 수 있다.

하나의 지역 내 6개 이상의 매장을 가지고 있는 브랜드라면 매일 저녁 매장별 재고를 확인한다. 그 결과에 따라 필요하다면 다음 날 아침에 몇몇 제품의 추가 입고 혹은 재고 이동을 계획할 수 있다. 오늘날, 이런 절차는 전산화되어 있다. 모든 매장은 매출을 기록하는 중앙 정보 시스템에 연결되어 필요한 재고 이동을 계획할 수 있다. 이런 시스템 중의 하나로 스털링 올웨이즈 인스톡Sterling Always in Stock이라는 재고 관리 시스템이 있다. 이 분야는 앞으로도 더 많은 혁신이 가능하다. 예를 들어, 특정 사이즈의 제품이 다른 매장에 있다면, 재고가 있는 매장에서 다음 날 고객의 집으로 제품을 직접 발송하게 할 수 있다. 이러한 매장과 고객 배송 서비스의 결합 형태가 개발돼야 한다.

시즌 말 너무 많은 재고를 가지고 있으면 또 다른 문제가 발생한다. 고객은 종종 매장에 들어와 상황을 파악하고는 세일을 기다리기로 한다는 것이다. 12월 12일 매장에 들어온 고객이 마음에 드는 드레스를 발견했는데 진열대에 서너 벌이 남아있다면 1월까지 몇 주 더 기다려 세일 기간에 구매하려 할 수도 있다. 하지만 만약 그녀에게 누군가가 "운이 좋으시네요. 당신 사이즈는 이것 한 벌 남았어요."라고 말한다면, 그녀는 아마도 정가에 구매하기로 할 것이다.

2008년 4분기 미국의 백화점 매출이 급감한 이후 2009년 1월 큰 폭의 세일 판매를 하자 판매가 엄청났다. 그러나 고객들이 2009년 10월, 11월 다시 돌아가 가을/겨울 컬렉션을 정가에 구매하도록 삭스 5번가, 니먼 마커스, 노드스트롬은 자신들의 해당 시즌 매입을 두 자리 수 줄였다.

| 마진 관리하기

앞에서 설명하였듯이, 마진은 판매가와 제품 원가의 차이로 판매가의 비율로 나타낸 것이다. 각 POS는 중앙 컴퓨터 시스템에 연결되어 있고, 각 매장의 마진과 판매 상황이 실시간으로 추적될 수 있다.

물론, 들리는 것만큼 간단하지는 않다. 제품 카테고리마다 마크업 배수를 다르게 적용하고 있기 때문이다. 하지만 기대 마진을 달성하지 못할 때마다 관련 내용이 표시될 것이다.

브랜드의 영업 철학에 따라, 할인과 관련하여 여러 다양한 가이드라인이 만들어지는데, 판매 직원에게 판매를 진작시키기 위해서, 특히 재구매 고객 비율을 높이기 위해 할인 권한을 주기도 한다. 일부 브랜드의 정책은 판매 직원에게 5%까지 할인을 제공할 권한을 주는데, 일부 예외적인 경우에는 스토어 매니저나 해당 지역의 총괄 매니저의 승인을 받아 10%까지 할인할 수 있는 재량을 준다. 마진에 대한 데이터나 자세한 사항은 각 매장에서 매일 판매 직원이 집계해야 한다.

기타 특별 할인에는 직원 할인(월별이나 시즌별 한도를 정해서)이나 기자 할인을 포함 한다.

매장 내 도난 사건은 재고를 실사해 보니 사라진 제품이 장부상으로는 존재하는 것으로 표시되어 있을 때 비로소 확인할 수 있다. 보통, 재고 조사는 일 년에 세 번, 회계연도 말(보통 1월 1일)과 두 번의 세일 기간이 끝날 때 (2월 28일과 8월 31일) 진행된다. 여름 세일이 시작되기 전인 6월 말과 각 시즌 중간쯤인 4월 말이나 10월 말에도 재고를 확인하는 것이 좋다.

비정상적인 상황을 쉽게 발견할 수 있도록 매출 확인 과정을 예정에 없이 실사하는 것도 필요하다.

투자수익률 분석

투자 수익률은 모든 분야에서 공통으로 중요하게 생각하는 문제다. 리테일에서는 매장 개점 비용과 임대에 필요한 비용을 제외한다면 투자수익률은 평균 재고량에 따라 달라진다.

그러므로 총 투자 대비 수익률GMROI; gross margin return on investment을 언급하기도 하는데, 이는 다음 공식을 사용하여 계산할 수 있다.

$$\text{총투자대비수익률} = \frac{\text{매출총이익}}{\text{총매출액}} \times \frac{\text{총매출액}}{\text{평균 재고}}$$

위 공식은 사실 이미 잘 알려진 아래 두 비율을 곱한 것이다.

매출총이익률 = (매출총이익/총매출액)
상품 순환율 = (총매출액/평균 재고)

표 16.9는 같은 투자 수익률을 달리 변형한 것을 보여준다.

표의 세 경우 모두 재고 투자 수익률은 동일하므로 재무적 성과는 동일하다. 하지만 첫 번째 경우, 매장은 상품을 연 8회 회전하는데, 이는 매장에서 제품 전체에 해당하는 매출을 올리는데 6주가 걸리지 않는다는 의미이다. 이 경우 마진이 25%라면 받아들일 수 있는 비율 그 이상의 수치이고, 여전히 실적은 매우 좋은 것이다. 매출총이익에 우선순위를 둔 두 번째 경우에서는 마진은 40%이고, 상품 회전율은 낮아졌다. 세 번째의 경우는 첫 번째와 두 번째 경우의 균형점을 찾은 것이다.

여기서 우리는 상품 회전율이 빠르면 마진이 작아도 수익을 낼 수 있다는 것을 알 수 있다. 중요한 점은 상품이 충분히 빨리 회전하면, 마진이 상당히 줄어들 수 있지만, 전체 투자수익률에는 영향을 미치지 않는다는 사실이다.

표 16.9 영업 전략

	총 투자 대비 수익률(GMROI)	상품회전율	투자수익률(ROI)
매출액 우선	20.0%	8	200%
매출총이익 우선	40.0%	5	200%
균형 전략 우선	33.3%	6	200%

정보 시스템

정보 시스템의 가장 중요한 특징은 모든 POS가 중앙 서버에 연결되어 매출, 재고, 마진을 실시간으로 모니터링할 수 있으며, 각 매장이나 판매 직원이 여러 다양한 부문의 제품에 관한 자세한 사항을 확인할 수 있다는 것이다.

리테일에서는 매출이 예상보다 빠르게 증가하거나(매장의 재고가 곧 바닥날 것이다) 지체되고 있다면(주문을 즉시 중단해야 할 수도 있다. 그렇지 않으면 현금이 바닥날 것이다) 재빠르게 대응해야 한다.

월 매출을 추적하는 것은 생각보다 쉽지가 않은데, 어떤 달에는 토요일(판매에 있어 가장 중요한 요일이다)이 5번이지만 다른 달에는 4번뿐이어서 단순하게 비교하기 어렵기 때문이다. 일부 정보 시스템은 알고리즘을 이용해 이를 자동으로 수정하고 있다. 미국의 많은 무역회사가 월 통계자료에 의존하지 않고, 대신 1년을 4주씩 13개의 기간으로 나누는 것을 선호한다. 럭셔리 업계에서는 이런 경우가 거의 없다. 판매는 럭셔리 비즈니스의 일부분일 뿐이고, 그 외의 다른 업무들은 월 단위로 작동하기 때문이다.

정보시스템은 현재와 앞으로 예상되는 재고 부족 상황을 분석하고 재고 이동을 권유할 수 있다. 이론적인 OTB를 계산하고, 입고 일정을 분석해 예상 매출과 실제 매출이 같은 선상에 있는지 확인할 수도 있다.

정보시스템은 또한 이론적으로 마진, 재고, 가격을 계산해 이들 데이터와 비교하여 차이가 발생한다면 이 차이를 분석할 수 있다. 이는 매장별, 심지어 직원별로도 분석할 수 있다.

럭셔리 매장 관리에서 관찰의 기본 단위는 매장이다. 살바토레 페라가모 휴고 보스의 총괄 사장과 얘기할 때, 조금 뜻밖이지만 이들이 시카고나 상하이 매장의 최근 실적에 대해 말하는 것을 듣게 된다. 이는 이들이 필요할 경우 재빠르게 대응할 수 있도록 매일 이런 수치들을 분석하고 있다는 것을 의미한다.

내용 요약:

- 유통은 매우 정밀하고 분석적인 분야이다. 모든 것을 측정하고 모든 것을 통

제한다. 그러므로 매일 매니저들이 전 세계 매장의 매출과 마진을 확인하고, 적어도 구매전환율을 (품절인 상황도 잊지 않고) 확인한다는 것은 놀랍지가 않다. 중앙 컴퓨터 시스템에 연결된 POS는 전 세계 어느 곳에서든지 실시간으로 이런 정보를 제공할 수 있다.

- 특정 매장, 특정 국가 혹은 특정 제품 카테고리 사이 차이점을 비교한 후, 각 매장, 국가, 제품 카테고리의 평균과 비교한다.
- 한 해 동안의 실적을 살펴보고 이를 전년도의 실적과 비교하고, 또한 시즌별로 비교하는 것도 유용하다.
- 매장이 한 곳이든 아니면 여러 곳이든 매장을 매일 관리한다는 것은 분명 정밀함과 분석적인 사고를 필요로 하는 활동이다.

Epilogue

이 책을 쓰면서 우리는 럭셔리 업계의 경영진들에게 물리적 유통 조직을 최적화하는데 필요한 경영 도구를 제시하고자 했다. 오프라인 유통(매장의 위치와 콘셉트, 물류, 고객 데이터 식별 및 관리)과 온라인 유통(온라인-오프라인 연계, 물리적 유통에서 인터넷의 역할)에서 무엇을 선택해야 하고 어떻게 조직해야 하는지 강조한 이유다. 일부 독자들은 자신들이 운영하고 있는 브랜드는 규모나 분야가 다르기 때문에 별로 관심이 없다고 말할 수도 있다. 하지만 이 책에서 우리가 다룬 모든 내용은 모든 분야에 적용할 수 있다고 믿는다. 이에 대해서 에필로그에서 다루려 한다.

우선, 비즈니스를 분야별로 구분해 생각해보자. 우리가 언급한 내용들은 패션, 액세서리, 주얼리, 테이블웨어 분야에만 관계된 것처럼 보일 수 있다. 사실 지난 30년간 트렌드는 단일 브랜드 매장의 개발이 두드러지고 매장 관리에 디지털이라는 대안들이 도입되어 일상의 관심을 끌며 리테일 경영의 우선순위가 되었다는 점이다. 우리가 만난 모든 브랜드 매니저들은 고객들과 꾸준히 신뢰를 쌓고 서로에게 이익이 되는 관계를 맺는 것이 얼마나 중요한지 이야기한다. 물론 고객과의 관계는 매장 방문을 통해서 맺어질 수도 있고 온라인에서 유니크하고 포괄적인 방식의 일대일 서비스를 통해 맺어질 수도 있다.

얼핏 보면, 뷰티 분야는 독자적이고 직접적인 유통시스템을 덜 활용하고 자체 매장 네크워크 개발에도 관심이 덜한 것처럼 보일 수 있다. 하지만 최근 뷰티 브랜드들은 뷰티 익스클루시브 스토어을 개발하고 있다. (샤넬, 로레알, 디올, 아르마니 등 브랜드가 다양하다.) 게다가 백화점의 카운터 매장(뷰티 제품 판매에 매우 중요한 매장이다)도 직영 매장과 같은 규칙으로 운영되고 있다. 특히 뷰티 분야에서는 고객 데이터베이스를 직접 구축해 고객과 좀 더 친밀한 관계를 맺고 직접 대화를 할 수 있는 값진 기회를 만들 수 있다. 게다가 아래에서 설명하겠지만, 니치 향수 비즈니스가 발달하면서 향수 전문 매장이 향수 업계의 중심으로 자리 잡아 가고 있다.

이 책에서 여러 번 다루었듯이 시계 업계도 변화하고 있는데, 이 분야를 선도하는 브랜드들은 익스클루시브 매장을 효과적인 성장도구로 생각하는 것 같다.

그 결과, 거의 대부분의 개인 럭셔리 제품 영역에서는, 넓은 의미에서 매장을 관리하는 것과 온라인 유통 채널을 동시에 관리하는 것은 브랜드의 성장과 해외시장에서의 입지 구축에 중요한 요소가 되었다.

이제 브랜드를 규모별로 구분해 생각해보자. 매출액이 5억 유로 이상인 대규모 브랜드에게는 자체 매장이든 백화점 내 숍인숍 매장이나 코너 매장이든 모든 매장을 전 세계 차원에서 통합하는 것에 우선순위를 두어야 한다. 이 책에서는 전 세계 매장의 운영에 필요한 규칙에 대해 자세히 설명했으며, 짚고 가야할 이슈들을 살펴보고 매장을 성공적으로 운영하기 위한 조건들에 대해 개략적으로 설명했다.

매출액이 3,000만 유로에서 1억 유로인 소규모 럭셔리 브랜드라면 매장을 열고 관리하는 문제에 있어 우선순위로 삼아야 할 것이 다르다. 이들의 전략은 주로 적절한 마케팅을 활용하며 전체 컬렉션을 선보이는 플래그십 매장을 여는 것이다. 플래그십 매장을 열고 난 후에는 매장의 글로벌 네트워크 개발을 위해 종종 창의적인 해결책이 필요할 것이다. 매출의 절반은 멀티브랜드 스토어에서 창출되지만 많은 나라에서 이들의 물리적 유통은 수입업체나 유통업체가 취급한다. 이런 수입업체나 유통업체는 종종 멀티브랜드 소매업체들과 협력하거나 브랜드 본사의 축복과 함께 익스클루시브를 직접 열기도 한다.

이런 일반적인 상황에서는 브랜드의 입장에서 바라본 매장 관리는 이 책에서 우리가 설명한 내용과 많이 다르지 않다. 하지만 여러 단계에서 이해관계자들이 더해지기 때문에 이 시스템은 조금 더 복잡해질 수 있다. 어려운 점이 있다면 O2O 연계 시스템의 실행에 있다. 대부분의 오프라인 유통이 제3자에 의해 통제되고 있는 상황에서 어떻게 브랜드가 유통을 통제할 수 있을까?

완전히 다른 분야가 있다면 니치 브랜드다. 이들 브랜드들은 새롭게 구별되는 하나의 카테고리로서, 일반적으로 위의 두 카테고리보다는 매출이 낮다. (주로 연 매출이 1,500만 유로 이하이다.) 하지만 이들 브랜드들을 차별화하는 것은 이 점만이 아니다. 럭셔리 세상에서 이들 브랜드들의 특징이라면 우선적으로 핸드 크래프트 제품을 한정판으로 만드는 것인데, 이를 통해 장인들의 수작업의 가치를 인정하고 이들의 창작과 작업 활동에 대한 존중이 브랜드의 존재이유가 된다.

중간 규모의 럭셔리 브랜드와 달리 니치 브랜드는 자체 매장을 선호한다. 이들 브랜드의 매장은 대개 작으며, 꼭 사람이 붐비는 장소에 자리잡을 필요도 없다. 고객은 이들 매장을 찾기 위해 특별한 수고를 하기도 하고, 때로는 길을 가다 찾게 될 수도 있다. 이런 니치 브랜드에게 있어 가장 중요한 것은 특별한 제품을 만들어 이를 통해 창출해 내는 부가가치와 정밀하고 독특한 포지셔닝, 그리고 타깃 고객층이다.

니치 브랜드는 주로 향수나 화장품 분야에 많지만 패션, 가죽 공예품과 같은 액세서리, 홈데코, 시계, 스페셜 와인, 양주 등의 분야에서도 성장할 가능성이 있다.

니치 브랜드들은 어떻게 글로벌 브랜드로 성장할 수 있을까? 이들도 일부 브랜드는 유통업체나 현지 수입업체 등 중간 업체를 이용할 것이지만 이들도 분명 여력이 되는 즉시 해외와 자국에서 직영 매장을 열려고 할 것이다. 이는 이 세그먼트에서도 매장 관리 경험이 없어서는 안 된다는 사실을 강조할 뿐이다.

니치 브랜드는 이 책에서는 다루지 않은 또 다른 특징을 가지고 있다. 이들은 타깃 고객과 건설적인 대화를 하기 위해 페이스북과 인스타그램과 같은 소셜 미디어를 매우 많이 이용한다는 사실이다. 니치 브랜드 마케팅에서 중요한 소셜미디어는 온라인 활동의 일부이다. 하지만, 온오프라인 유통관리에 집중한 이 책에서 다루지는 않았다.

니치 럭셔리 브랜드의 성장은 대부분 소셜 미디어를 통한 고객과의 개별적인 접촉을 통해 이루어졌고, 블로거나 인플루언서들에 의해 그 성장이 탄력 받았다는 사실을 기억해야 한다. 이런 관점에서 볼 때, 두지타와 르 쟈르뎅 르 투르베, 두 니치 향수 브랜드는 상징적인 예라고 할 수 있다.

우리가 좀 더 알아야 할 세 번째 구분 대상은 고객의 유형이다. 우리는 충성고객에 대해 살펴보았고, 간헐적으로 쇼핑하는 고객들이 럭셔리 브랜드 매출의 적어도 20%를 차지하는데도 스쳐가듯 언급만 했다. 이 책에서는 충성고객의 중요성을 강조하면서 타깃을 명확히 설정하고 세밀히 잘 구성한 온라인 활동들을 통해 이들 고객을 식별하고, 분류하며, 만족시켜야 한다고 설명했다. 하지만 간헐적으로 쇼핑하는 고객의 중요성도 소홀히 해서는 안 된다.

이들 고객을 충성고객으로 바꾸려는 관점에서 이들 고객을 설득하고 고객에게 재구입의 동기를 부여해야 한다. 이들에게 소셜 미디어의 사용은 그리 효과적이지 않다. 이들 고객의 많은 수가 등록이 되어 있지 않아 고객정보를 알 수 없는 고객으로 그저 조용한 관찰자다. 이들에게 동기를 부여하기 위해선, 가능한 가장 폭넓게 대중을 타깃으로 삼을 수 있는, 바로 광고라는 '구식' 매개체를 활용해야 한다. 또한 바로 알아볼 수 있는 심벌을 만들어야 한다. 에르메스의 오렌지색 박스나 뵈프 클리코Veuve Clicquot 샴페인 병의 라벨처럼 슈퍼마켓 진열대에서 바로 시선을 잡을 수 있는 심벌을 만들어야 하는 것이다. 이 단계에서는 제휴affiliation 개발하여 이런 캐쥬얼한 고객들이 브랜드를 식별하고 이들의 구매 브랜드 리스트에 해당 브랜드를 포함할 수 있게 해야 한다. 또한 인쇄 매체 광고에 대한 대안도 마련해 잠재 고객에게 최대한 도달해 간헐적인 구매 고객층을 새롭게 교체할 수 있어야 하는데, 이는 오늘날 온라인 인플루언서들이 하는 역할이다. 온라인 인플루언서들은 브랜드의 규모나 분야가 무엇이든 브랜드의 인지도를 구축하고 때로는 판매도 가능하게 한다.

《럭셔리 브랜드 경영Luxury Brand Management》의 공동 저자인 슈발리에Chevalier와 마짤로보Mazzalovo는 많은 고객들이 2년에 한번만 구매하는 소풍객excursionist이라고 언급했다. 이들은 설득해야 할 고객들인데, 이들을 설득하는 데 가장 좋은 방법은 아마도 마케팅 믹스에서 '커뮤니케이션'이라는 기본요소일 것이다.

이 마지막 페이지에서 우리는 이 책의 주제인 '유통'과 '온라인 유통의 도전과제'에서 멀리 벗어났지만, 우리는 마케팅의 기본 규칙을 잊었다는 인상을 주고 싶지는 않았다. 럭셔리 제품의 온오프라인 유통에 필요한 모든 도구들을 독자들에게 이해시키고, 앞으로 10년 동안 주요 의제로 언급될 이슈와 상황들에 대해 살펴보는 것이 중요하다고 생각했다.

옴니 채널 시대의 럭셔리 브랜드 성공 전략

럭셔리 리테일 매니지먼트

초판 1쇄 발행 2022년 4월 15일

지은이	미셸 슈발리에 · 미셸 구사츠
옮긴이	편집부
발행처	예미
발행인	박진희, 황부현
기 획	서정은
편 집	김재서
디자인	김민정

출판등록 2018년 5월 10일(제2018-000084호)

주소 경기도 고양시 일산서구 중앙로 1568 하성프라자 601호
전화 031)917-7279 **팩스** 031)918-3088
전자우편 yemmibooks@naver.com

ⓒ미셸 슈발리에 · 미셸 구사츠, 2022

ISBN 979-11-89877-83-5 03320